普通高等教育职业院校交通运输大类"十四五"规划教材
高等职业教育交通运输大类"互联网+教育"创新规划教材
普通高等教育"楚怡工匠计划"示范性土木类创新教材

U0742936

铁路桥梁与隧道工程 第二版

（下册）

主编 ⊙ 杨维国　许红叶

**RAILWAY
BRIDGE AND
TUNNEL
ENGINEERING**

（Volume 2）

中南大学出版社
www.csupress.com.cn
·长沙·

图书在版编目（CIP）数据

铁路桥梁与隧道工程. 下册／杨维国，许红叶主编.
长沙：中南大学出版社，2024.11.
ISBN 978-7-5487-6090-0
Ⅰ. U448.13；U459.1
中国国家版本馆 CIP 数据核字第 2024TF2552 号

铁路桥梁与隧道工程（下册）
TIELU QIAOLIANG YU SUIDAO GONGCHENG（XIACE）
杨维国　许红叶　主编

□出 版 人　林绵优
□责任编辑　刘锦伟
□责任印制　唐　曦
□出版发行　中南大学出版社
　　　　　　社址：长沙市麓山南路　　　　邮编：410083
　　　　　　发行科电话：0731-88876770　　传真：0731-88710482
□印　　装　湖南省众鑫印务有限公司

□开　　本　787 mm×1092 mm　1/16　□印张 20.75　□字数 525 千字
□版　　次　2024 年 11 月第 1 版　　　□印次 2024 年 11 月第 1 次印刷
□书　　号　ISBN 978-7-5487-6090-0
□定　　价　64.00 元

普通高等教育职业院校交通运输类"十四五"规划教材

编审委员会

丛书主编

田红旗

编委会委员

（按姓氏笔画排序）

方晓平	邓连波	叶峻青	史　峰	冯芬玲
朱晓立	许红叶	杨　岳	杨维国	李明华
李夏苗	肖龙文	张云丽	罗意平	郑国华
姚加林	秦　进	夏伟怀	雷定猷	

《铁路桥梁与隧道工程》教材

编委会

◎ **主　编**

杨维国　　许红叶

◎ **副主编**

伍旭凤　　杨建兰

◎ **主　审**

赵建昌　　张同文

◎ **参　编**

吴　晶　　罗世干　　甄精莲　　谭春腾

蒋　超　　宋亚科

总 序 / Preface

  交通运输业是国民经济体系的重要组成部分，也是促进国民经济发展的重要基础产业和推动社会发展的先决条件。最近30年，我国交通运输业取得了飞速发展，交通基础设施、现代化运输装备、客货运总量和规模等都迅速扩展，大量的新技术、新设备投入应用于铁路、公路、水运等交通运输中。同时，大量的交通基础设施建设不断投入使用，特别是我国的高速铁路，使我国的交通供需矛盾得到了一定的缓解，我国交通运输网络结构也得到了明显的改善，颇具规模的现代化综合型交通运输网络已经初步形成。

  我国交通运输业日新月异的发展对专业人才需求提出了更高的要求，而在人才完善中教材建设成了专业建设的重点和难点之一。为解决当前国内高校交通运输类专业教材内容落后于专业与学科科技发展实际的难题，中南大学出版社组织国内交通运输领域内的一批专家学者，协同编写了这套交通运输类"十四五"规划教材。参与规划和编写这套教材的人员都是长期从事交通运输专业科研、教学和管理实践的一线专家学者，不仅拥有丰富的教学和科研经验，而且对我国交通运输相关科学技术的发展和变革也有深入的了解。这套教材全面、系统地介绍了目前国内交通运输领域(尤其是高速铁路)的客货运输管理、运营技术、车站设计、载运工具、交通信息与控制、道路与铁道工程等方面的内容，在编写时也吸收了国内外最新的实践和理论成果，突出了实用性和操作性，能满足大中专院校交通运输类以及相关专业的培养目标和教学需求，是较为系统和完整的交通运输类教材。这套教材不仅可以作为普通高等院校交通运输专业课程的教材，而且可以作为各类、各层次学历教育和短期培训的首选教材，同时也比较适合作为广大交通运输从业人员的学习参考用书。

由于我们的水平和经验所限，这套教材的编写也有不尽如人意的地方，敬请读者朋友不吝赐教。编者在一段时间之后会根据读者意见及学科发展和教学等实际需要，再次对教材进行认真修订，以期保持这套教材的时代性和实用性。

最后衷心感谢参加这套教材编写的全体同仁，正是由于他们的辛勤劳动，编写工作才得以顺利完成。我们真诚感谢中南大学出版社的领导和编辑，正是由于他们的大力支持和认真督促，才使这套教材能够如期与读者见面。

田红旗

中国工程院院士

第二版前言 /
/ Foreword

　　铁路桥梁与隧道工程是高等职业教育交通运输大类的一门重要的专业课，内容覆盖高速铁路工程、道路与桥梁工程等高职本科专业与铁道工程、土木工程(含"楚怡工匠计划")等普通本科专业，以及铁道桥梁隧道工程技术专业、铁道工程技术专业、城市轨道交通工程技术专业、高速铁路施工与维护专业、高速铁路综合维修技术专业、道路与桥梁工程技术专业等高职专科及中高职衔接五年制高职三二分段制相关专业。对标第一版，第二版增加了"课程思政"元素、"精品在线课程"元素、"任务单"元素等，落实立德树人的根本任务，适应智慧教育的发展。本书专为高等教育编写。

　　本书内容坚持高等职业教育教学以"必需、够用"为度，依据《高等职业学校专业教学标准》和《土木类教学质量国家标准(土木工程专业)》针对高等教育注重实践、注重应用的特点，以掌握概念和结构基本原理为重点，侧重理解及知识应用，培养能面向未来的、高素质、高层次技术技能人才。

　　本书第二版以模块为导向，将内容进行了优化重组，按桥隧构造、桥隧施工和桥隧维护三大模块进行编写。为了便于理论及实践教学，本书首次分为上下两册，上册是模块一，下册是模块二和模块三。

　　通过3个模块的学习、28个项目和126个学习任务的训练，学生能够掌握铁路桥梁与铁路隧道构造、施工及维护核心知识，能够达到工程技术人员必备的核心技能要求。

本书由湖南高速铁路职业技术学院杨维国、许红叶担任主编,中铁株洲桥梁有限公司伍旭凤、中铁八局集团昆明铁路建设有限公司杨建兰担任副主编,兰州交通大学赵建昌、湖南高速铁路职业技术学院张同文担任主审,广深铁路股份有限公司吴晶、湖南高速铁路职业技术学院甄精莲、谭春腾、罗世干、蒋超、宋亚科参编。杨维国(项目1-3、5、8、12、26-28)、许红叶(项目6-7、15-20、23-25)、伍旭凤(项目13-14)、杨建兰(项目10、21)、吴晶(项目22)、甄精莲(项目9)、谭春腾(任务4.1)、罗世干(任务4.2-4.3)、蒋超(任务11.1-11.2)、宋亚科(任务11.3)。全书由杨维国、许红叶统稿。

本书在编写过程中参考了很多专家学者的论著,在此向他们表示衷心的感谢。由于时间仓促,编者水平和经验有限,本书中难免有欠妥和错误之处,恳请读者批评指正。

编 者

2024 年 11 月于湖南衡阳

第一版前言 /
/ Foreword

　　铁路桥梁与隧道工程是高等职业教育交通运输大类的一门重要的专业课，也是一门非常重要的职业岗位技术课，内容覆盖铁道工程技术、铁路桥梁与隧道工程、城市轨道交通工程技术、高速铁路工程及维护技术和桥隧检测与加固工程技术等专业。"互联网+教育"是当前教育信息化发展的新高度，本书结合了许多"互联网+教育"元素，将其融入教材中，适应智慧教育的发展。本书专为高职高专教育编写。

　　本书内容坚持职业教育教学以"必需、够用"为度，按照应用可成长技能型人才培养的要求，针对高职、高专院校注重实践、注重应用的特点，以掌握概念和结构的基本原理为重点，侧重知识理解及应用。重点加强应用知识能力的培养和强化学生分析问题、解决问题水平的提高。

　　本书以模块为导向，按铁路桥梁和铁路隧道两大模块开展情景教学。

　　通过2个模块的学习、28个项目、82个学习任务的训练，学生能够掌握铁路桥梁与铁路隧道的基本结构、构造，熟悉其原理、施工、病害和养护，从而达到工程技术人员必备的核心技能。

　　本书由湖南高速铁路职业技术学院杨维国、许红叶主编。

　　本书在编写过程中，参考了很多专家学者的论著，在此向他们表示衷心的感谢。本书提供的网址，只涉及查询浏览，不涉及下载及商业用途。由于时间仓促，编者水平和经验有限，书中难免有欠妥和错误之处，恳请读者批评指正。

编 者

2016 年 12 月于湖南衡阳

目录 / Contents

（下册）

模块 2　铁路桥隧施工

模块 3　铁路桥隧维护

模块 2

铁路桥隧施工

项目 10

桥梁施工基本知识

任务 10.1 桥梁施工方法

桥梁结构施工包括桥梁基础施工、桥梁墩台施工及桥梁上部结构施工，遵循的施工顺序为从下到上，与设计顺序相反。

一、桥梁基础施工

桥梁基础工程分为扩大基础、桩基础、沉井基础和组合基础等。由于桥梁基础工程位于地面以下或水中，涉及面非常广，施工难度大，无法采用统一模式。从桥梁所处的水文、地质状况来看，其施工方法大致分为旱地施工和水域施工两大类。

二、桥梁墩台施工

桥梁墩台施工是桥梁施工中的一个重要部分，其施工方法一般分为两类：就地浇筑与石砌；拼装预制混凝土砌块、钢筋混凝土与预应力混凝土构件。在实际工程中，前者应用较多。

三、桥梁上部结构施工

1. 就地浇筑法

就地浇筑法是在桥位处搭设支架，在支架上浇筑桥体混凝土，达到强度后拆除模板、支架。就地浇筑施工无须预制场地，而且不需要大型起吊、运输设备，梁体的主筋可不中断，桥梁整体性好。就地浇筑法的缺点主要是工期长，施工质量不容易控制；对预应力混凝土梁来说，由于混凝土的收缩、徐变引起的应力损失较大；施工中的支架、模板耗用量大，施工费用高；搭设支架影响排洪、通航，施工期间可能受到洪水和漂流物的影响。

2. 预制安装法

预制安装又称装配式施工，在预制工厂或运输方便的桥址附近设置预制场进行梁的预制工作，然后采用一定的架设方法进行安装。预制安装法施工一般是指钢筋混凝土或预应力混凝土简支梁的预制安装。

3. 悬臂施工法

悬臂施工法是从桥墩开始，两侧对称进行现浇梁段或将预制节段对称进行拼装。前者称悬臂浇注施工，后者为悬臂拼装施工。

4. 转体施工法

转体施工法是将桥梁构件先在桥位处岸边（或路边及适当位置）进行预制，待混凝土达到设计强度后旋转构件就位的施工方法。转体施工法的静力组合不变，其支座位置就是施工时的旋转支承和旋转轴，桥梁完工后，按设计要求改变支承情况。

5. 顶推施工法

顶推施工法是沿桥纵轴方向的台后设置预制场地，分节段预制，并用纵向预应力筋将预制节段与施工完成的梁体连成整体，然后通过水平千斤顶施力，将梁体向前推出预制场地，之后继续在预制场进行下一节段梁的预制，循环操作直至施工完成。

6. 移动模架逐孔施工法

移动模架逐孔施工法是中等跨径预应力混凝土连续梁中的一种施工方法，从桥梁的一端逐孔施工，直到对岸使用一套设备。

7. 横移施工法

横移施工法是在拟在待安置结构的位置旁预制该结构物，并横向移运该结构物，将其安置在规定的位置。

8. 提升与浮运施工法

提升与浮运施工法是一种采用竖向运动施工就位的方法。提升施工是指在未来安置结构物以下的地面上预制该结构并将其提升就位。浮运施工是将梁在岸上预制，通过大型浮船移运至桥位，利用船的上下起落将其安装就位的方法。

四、桥梁施工方法的选择

桥梁施工方法的选定，可依据下列条件综合考虑。

1. 使用条件

包括桥梁的类型、使用跨径、墩高，梁下空间的限制、平面场地的限制、桥墩的形状等。

2. 施工条件

包括工期要求、起重能力和机具设备要求、架设时是否封闭交通、架设时所需的临时设施、材料可供情况、架设施工的经济核算等。

3. 自然环境条件

包括山区或平原、地质条件及软弱层状况、对河道的影响、运输线路的限制等。

4. 社会环境影响

对施工现场环境的影响，包括公害、景观、污染，架设孔下的障碍、道路交通的阻碍、公共道路的使用及建筑限界等。

✦【思政小故事】

肖传仁(1924—1983)，湖南醴陵人，1947 年毕业于唐山交通大学土木工程系，后在兰天铁路、粤汉铁路从事施工工作。1953 年调进大桥局，参与汉水铁路桥施工，锻炼成为优秀的桥梁建设者。1956 年，肖传仁荣获全国先进生产者、全国铁路先进生产者、湖北省劳动模范、武汉市特等劳模、大桥局甲等先进工作者等荣誉称号。

1956 年 2 月 21 日上午，大桥局召开局长办公会议，研究确定了 1957 年全部完成武汉长江大桥的工程计划。

钻岩工程是最关键的环节，起初遇到大困难，钻头特别容易折断或弯曲，大部分时间用在修机具上，一个多月完不成一个钻孔。肖传仁焦急不安，加紧研究，终于发明了新钻头，推广后加快了施工进度，降低了工费。

经过是这样的：钻头问题成了拦路虎，工程无法继续。肖传仁开始钻研《钻探工程学》，在现场仔细观察绘图，认为主因是钻头刃脚结构不坚实，形状为凸形，外面用三层厚铁钣包住，铁钣用普通钢做成，经不起冲击，容易翘起。他打算改成凹形，用刃脚将三层铁钣包住，刃脚用优质钢制成，怎么冲击也不会变形。肖传仁和一些同事讨论，但大家都不赞成这个办法。这时总机械师普罗赫罗夫正在青岛休假，提前赶回来，肖传仁拿出方案和图纸，向苏联专家详细讲解了改进钻头构想，专家表示赞同，很快做出了凹形钻头，拿去试验，结果大获成功，钻了 12000 min，连续钻成 11 个岩孔，使管柱钻孔法得到突破和完善。

(资料来源：中铁大桥局一公司)

✦【精品在线课程资源小链接】

图 10-1　《铁路桥隧施工与维护》精品在线课程二维码

任务 10.2　支架、拱架及模板

一、支架

支架按其构造分为梁式、立柱式和梁-柱式支架,图 10-2～图 10-4 为各种支架的构造简图。

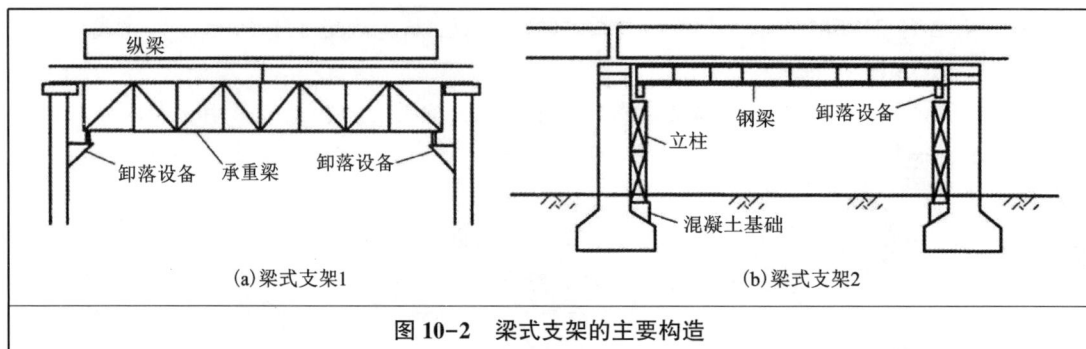

图 10-2　梁式支架的主要构造

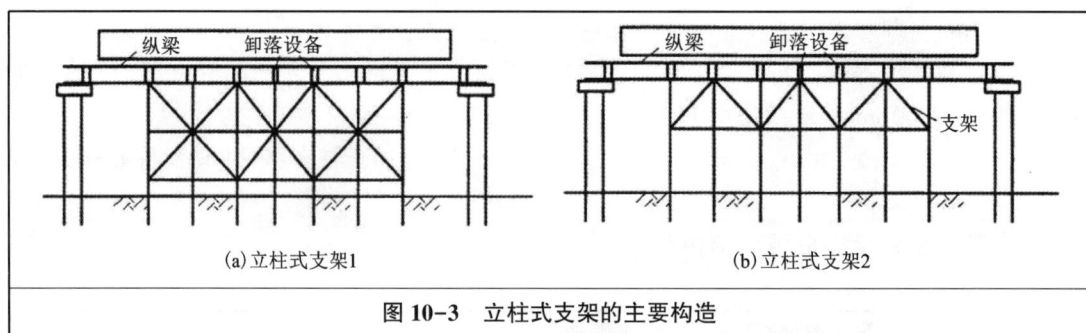

图 10-3　立柱式支架的主要构造

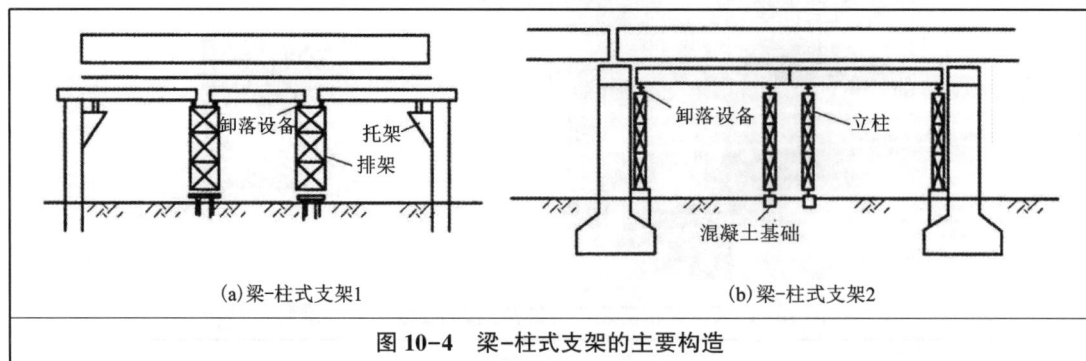

图 10-4　梁-柱式支架的主要构造

1.梁式支架

根据跨径不同,梁可采用工字钢、钢板梁或钢桁梁(见图 10-2)。一般工字钢用于跨径小于 10 m 的情况,钢板梁用于跨径小于 20 m 的情况,钢桁梁用于跨径大于 20 m 的情况。梁可以支承在桥墩旁的支柱上,也可支承在桥墩上预留的托架或桥墩处的横梁上。

2.立柱式支架

立柱式支架构造简单，可用于陆地或不通航河道以及桥墩不高的小跨径桥梁施工。支架通常由排架和纵梁等构件组成。排架由枕木或桩、立柱和盖梁组成(见图 10-3)。一般排架间距 4 m，桩的入土深度按施工设计要求设置，但不小于 3 m。当水深大于 3 m 时，桩要用拉杆加强。一般需在纵梁下布置卸落设备。

3.梁-柱式支架

当桥梁较高、跨径较大或必须在支架下设孔通航或排洪时，可用梁-柱式支架(见图 10-4)。梁支承在桥墩台以及临时支柱或临时墩上，形成多跨的梁-柱式支架。

二、拱架

拱架一般可分为上下两部分，上部为拱架，下部为支架，上下部之间设置卸落设备。拱架按结构分，有支柱式、撑架式、扇形、桁式、组合式拱架等。

(1)支柱式木拱架(图 10-5)，支柱间距小，结构简单且稳定性好，适于干岸河滩和流速小、不受洪水威胁、不通航的河道上使用。

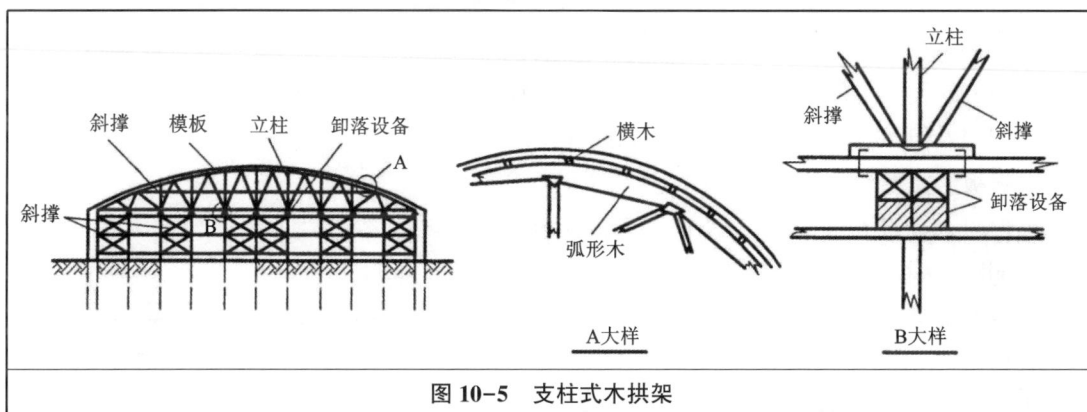

图 10-5　支柱式木拱架

(2)撑架式木拱架(图 10-6)。构造较为复杂，但支点间距可较大，对于较大跨径且桥墩较高时，可节省木材并可适应通航。

(3)扇形拱架(图 10-7)。扇形拱架是从桥中的一个基础上设置斜杆，并用横木连成整体的扇形，用以支承砌筑的施工荷载。扇形拱架比撑架式拱架更加复杂，但支点间距可比撑架式拱架更大，宜在拱度很大时采用。

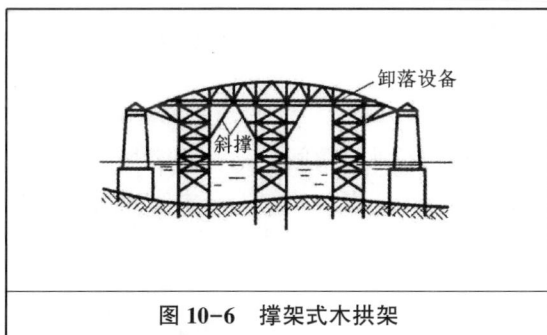

图 10-6　撑架式木拱架

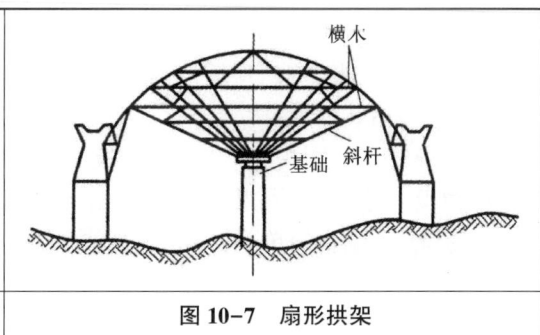

图 10-7　扇形拱架

（4）钢木组合拱架（图 10-8）。钢木组合拱架是在木支架上用钢梁代替木斜梁，可以加大支架的间距，减少材料用量。在钢梁上可设置变高的横木形成拱度，并用以支承模板。

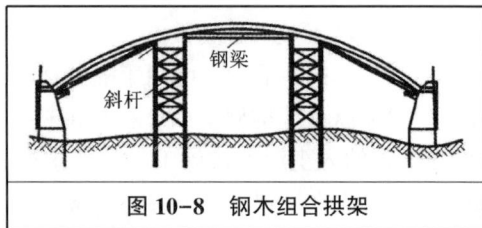

图 10-8　钢木组合拱架

（5）钢桁式拱架。通常用常备拼装式桁架拼成拱形拱架，即拱架由标准节段、拱顶段、拱脚段和连接杆等以钢销或螺栓连接而成。

三、模板

1.对模板的基本要求

模板的作用是控制混凝土构件的造型，因此，直接影响到混凝土工程的质量。一般使用的模板有：木模、钢模塑料模板及各种混合材料的模板。现代桥梁施工的总趋势是快速、轻型、拼装化，因此模板工程势必朝着标准定型、以钢代木、整体吊装和自动滑升等方面发展。

对模板的要求主要有以下几点：

（1）模板应力求结构简单，利于施工，要便于制造、安装、拆卸、倒用。

（2）模板必须具有足够的刚度、强度和稳定性，施工中不允许有较大的变形或移位。

（3）模板尺寸必须准确，接缝严密不漏浆、板面光滑平整，以确保混凝土构件的质量。

（4）模板考虑多次倒用，能省工、省料，达到节约的目的。

2.模板的类型

根据施工方法不同，可以分为以下 4 种类型。

（1）拼装木模板

拼装木模板分为零拼式固定模板和拼块式组合模板，如图 10-9 所示。

零拼式固定模板适用于少量或零星混凝土灌注，如桥涵基础、拱座、帽石、端翼墙等零星分散、模板不便成套倒用的情况。这种模板结构简单，可因地制宜，直接拼装，缺点是木材使用率低、损耗率大。

拼块式组合模板是预先在木工场把模板制成大块板扇，将这些半成品构件设计成能

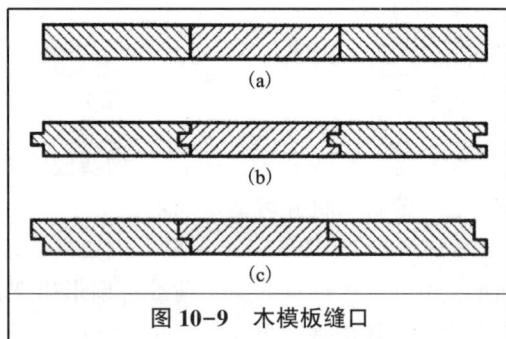

图 10-9　木模板缝口

通用的尺寸，可在类似的工程中倒用。这样就可以节省工料，加速施工，使用于预制构件和桥墩台类型相同的工地，应用范围较广。

（2）整体吊装模板

当墩身较高，在墩上拼装组合模板较困难时，可利用桥头、墩间空地设拼装场，预先拼成整段模板，利用大型吊装设备（爬行吊车、缆索吊车等），一次吊装就位。主要优点是速度快，节约拉筋，结构简单，装拆方便，如图 10-10 所示。

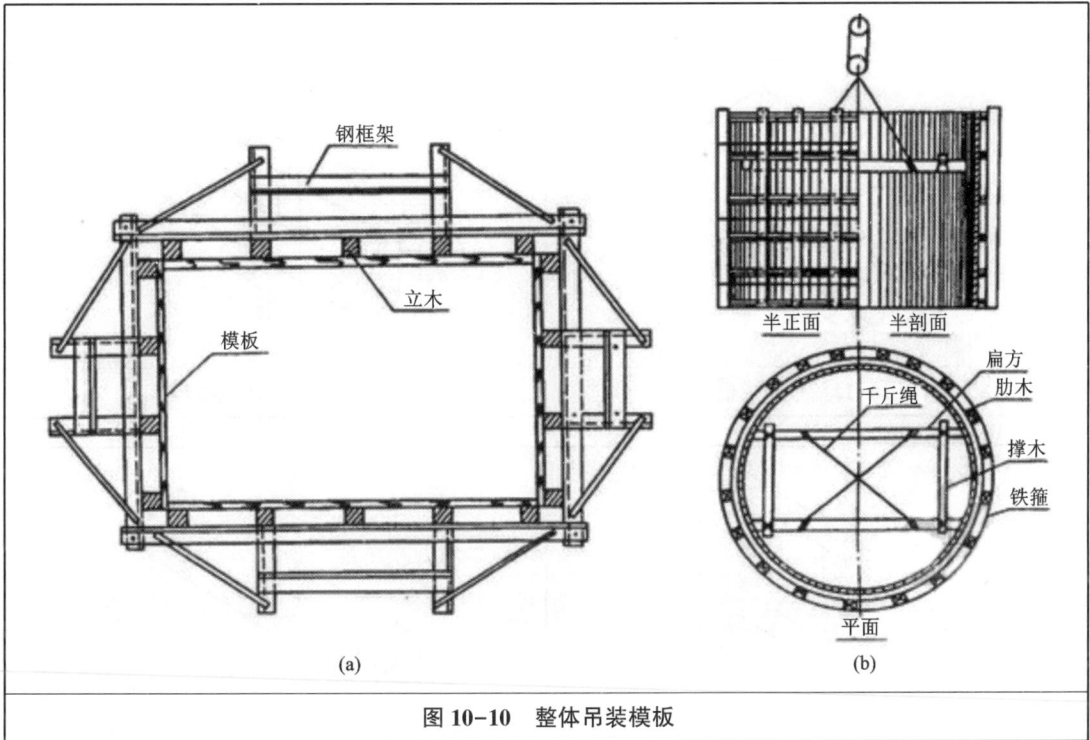

钢框架

立木

模板

半正面　半剖面

扁方
肋木

千斤绳

撑木

铁箍

平面

(a)　　　　　　　　　(b)

图 10-10　整体吊装模板

（3）滑升钢模板

滑升钢模板可以使工程机械化，施工时先在墩位组装好模板，灌注一定高度的混凝土后，用人力或机械传动（液压或电力），使模板沿导杆向上滑升，即可随滑升灌注混凝土，如图 10-11 所示。滑升模板适用于高桥墩，在深谷和水中的桥墩更能显示其优越性。

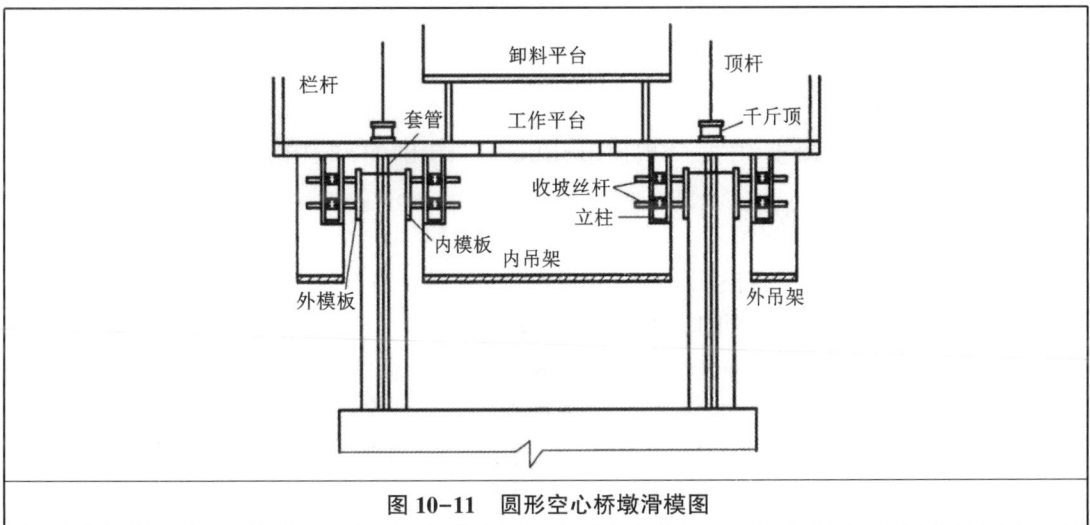

栏杆

套管

卸料平台

工作平台

顶杆

千斤顶

收坡丝杆

立柱

内模板

内吊架

外模板

外吊架

图 10-11　圆形空心桥墩滑模图

（4）组合型钢模板

组合型钢模板是以标准钢模构件，用定型的连接件将钢模拼成结构的模板，如图 10-

12~图 10-15 所示,具有体积小、重量轻、运输方便、装拆简单、接缝紧密等优点。

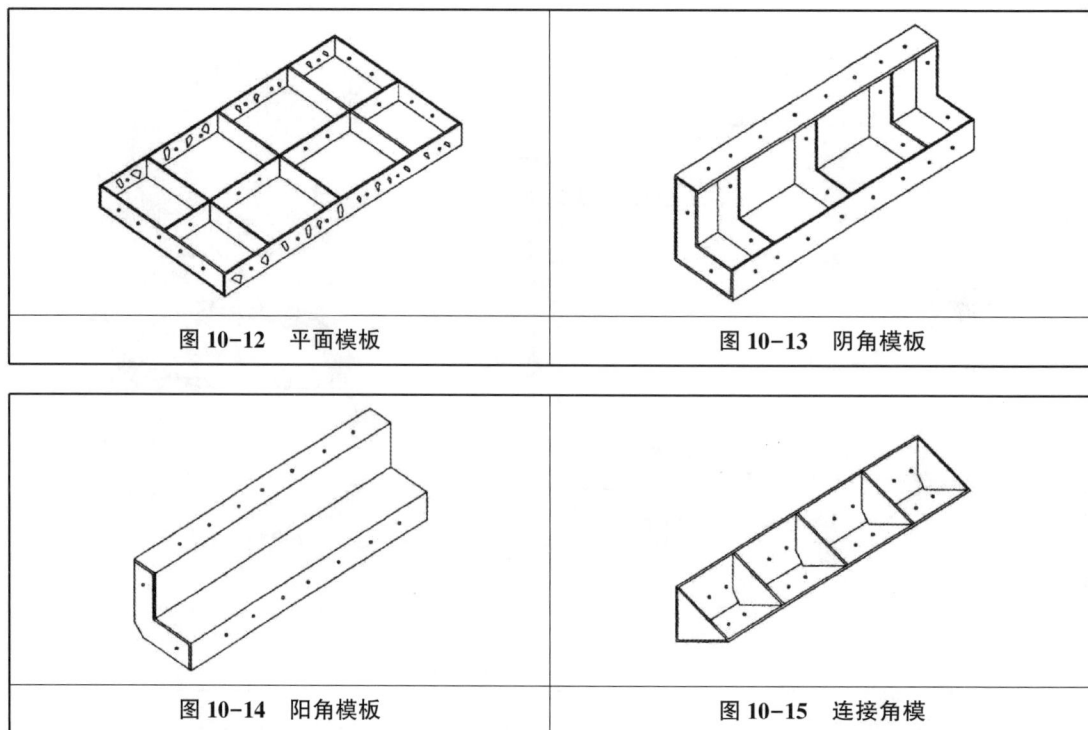

图 10-12 平面模板

图 10-13 阴角模板

图 10-14 阳角模板

图 10-15 连接角模

任务 10.3　钢筋与混凝土施工

一、钢筋施工

铁路建筑物钢筋混凝土构件,一般使用 HPB300、HRB400 和 HRB500。

(一)钢筋的检验和保管

(1)钢筋均应附有出厂合格证明或试验报告单,质量合格方能使用。

(2)应采用挂牌制,对钢筋的品种牌号必须分清。

(3)堆放钢筋应在工地设库房或料棚,按钢号、类型、直径等分类存放,钢筋必须离地面不小于 20 cm。

(4)库房或料棚的四周应挖掘排水沟,经常保持库棚内地面干燥,以防钢筋锈蚀。

(5)堆存钢筋的库棚及工作房,不能存放酸性和油、盐一类的物品,并远离有害气体,以免污染或腐蚀钢筋。

(二)钢筋加工

钢筋一般在钢筋车间或施工现场的钢筋加工厂加工,然后运至施工现场安装或绑扎。钢筋加工过程有冷加工、调直、除锈、剪切、焊接、弯曲、绑扎、安装等工序。

1. 钢筋调直

盘条——直径在 12 mm 以下的钢筋,一般卷成圆盘出厂,故又称为盘条。

辗条——直径在 12 mm 以上(含 12 mm)的钢筋,其长度为 6~12 m,可放长到 24 m(出厂供应),称为辗条。为运输方便,大多钢筋弯曲成 U 形以利于装卸。因此,钢筋在使用前,都必须进行调直。

调直方法分为机械和人工两种方法。

2. 除锈

钢筋除锈方法,简单的有钢丝刷除锈、砂盘除锈,可以用机械喷砂及电动机刷锈之类的小型机械除锈,也可以采用激光除锈。

用钢丝刷除锈的办法,因其效率低、成本高(钢丝刷的消耗很大),一般很少采用。在工地上常用大木箱或桶盛入干燥的粗砾石,在木箱两端开槽穿孔,将钢筋插入槽孔并穿过砂砾来回摩擦,就可除锈。这种砂盘除锈法效果好,而且设备简单,故采用较多。

3. 配料

钢筋配料工作,就是根据设计图纸和规范要求,计算出每种规格的钢筋根数和长度,正确地进行配料加工。最好将一个施工单位钢筋混凝土工程所需的全部钢筋规格、数量汇总成表,然后据此统筹安排,进行配料。

(1)下料长度:一般情况下,受拉的光面钢筋末端应弯成 180° 的半圆形弯钩,如图 10-16 所示。设计图纸上标注钢筋尺寸时,对于有弯钩的钢筋,都注明至钢筋端点的尺寸。因此,在计算下料长度时,必须算出钢筋弯钩增加的长度,即图 10-16 中所示的 l。由图 10-16 可以看出,l 值包括 180° 弧长、末端直线段再扣除切点至端点的距离(即 2.25d),可计算如下:

$$l = \frac{\pi}{2}(3.5d) + 3d - 2.25d = 6.25d \tag{10-1}$$

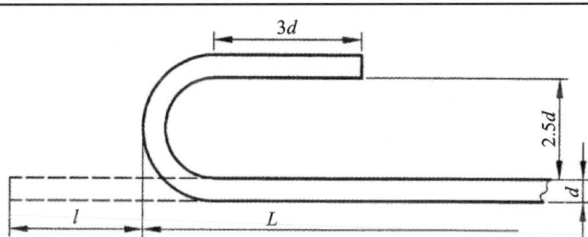

L—标注钢筋长度由钢筋端点算起;d—钢筋直径。

图 10-16　标准弯钩

钢筋经过弯曲,因塑性变形引起的长度增加,称为钢筋弯曲伸长值,一般情况下 45°、90°、180° 弯曲的伸长值分别为 0.5d、1.0d、1.5d。但伸长值与钢筋材质、直径、弯曲度及加工方式有关,采用时宜通过试弯校核。计算下料长度时,应减去钢筋弯曲伸长值。如图 10-17 所示的钢筋,其下料长度为:

$$L = 7560 + 2 \times (6.25 \times 16) - 2 \times (1.5 \times 16) = 7712 \text{ mm}$$

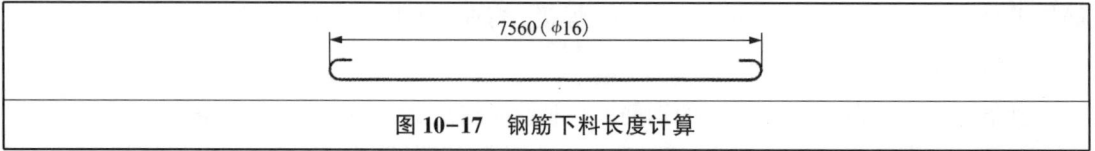

图 10-17　钢筋下料长度计算

（2）接头：钢筋的接头应按桥规要求布置。在钢筋配料时，还要考虑绑扎接头的搭接长度。至于焊接接头，一般是先焊接后下料。

4. 钢筋的切断

（1）手工切断：盘条可用断丝钳，较粗的钢筋可用大锤、克子切断。此种方法劳动强度大，工效低。手工可切断直径 6~32 mm 的钢筋。

（2）手动切断机：利用杠杆原理来切断钢筋，一般只能切断直径 19 mm 以下的钢筋。

（3）电动切断机：电动切断机效率高，适用于工程量较大的工地，可以切断直径 6~40 mm 的钢筋，直径较小的钢筋可一次切断数根。

5. 钢筋弯曲成型

将已切断的钢筋弯成所要求的尺寸形状，是钢筋加工中主要工序之一。如果钢筋弯曲成型不正确，或有翘曲不平现象，将使绑扎、安装发生困难，甚至造成质量事故。

钢筋的弯曲成型可分为人工及机械（如电动弯筋机）两种方法：

（1）人工弯钢筋通常采用扳子在硬木工作台上进行，工作台必须稳固牢靠，弯筋器具如图 10-18 所示。

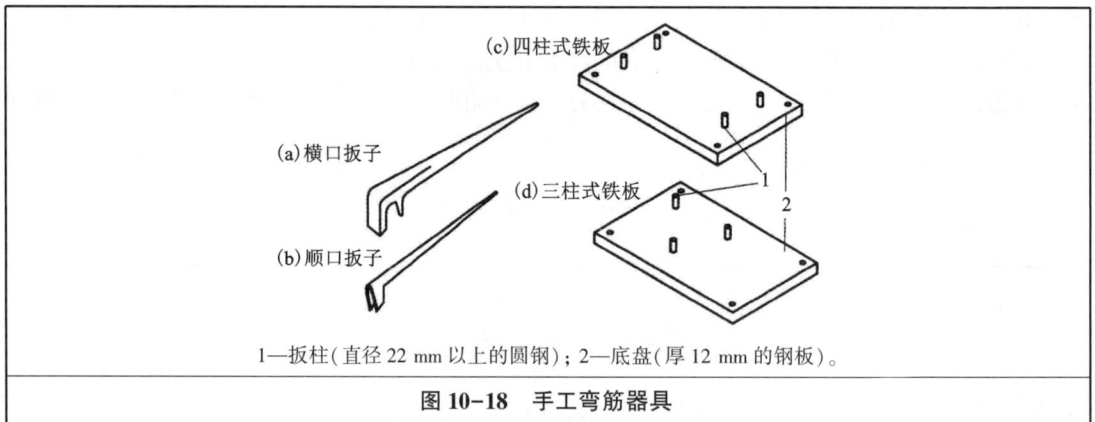

1—扳柱（直径 22 mm 以上的圆钢）；2—底盘（厚 12 mm 的钢板）。

图 10-18　手工弯筋器具

（2）机械弯筋，工效较高，劳动强度低，适用于大型建筑工地，可弯直径 6~40 mm 的钢筋。

（三）钢筋的接头

当成型的钢筋长度超过原材长度，或把剩余的短料接长使用时，都会遇到钢筋接头的问题。钢筋接头的形式有绑扎和焊接两种。

1. 绑扎接头

绑扎接头简便易行，即将钢筋按规定搭接起来，然后在搭接部分的中心和两端用铅丝扎紧，如图 10-19 所示。

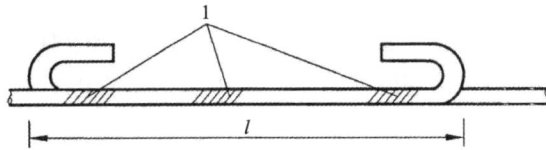

1—用铅丝扎紧；l—搭接长度；
受拉钢筋的接头，$l = (30\sim40)d$ 且 $\geqslant250$ mm；受压钢筋的接头，$l = (20\sim30)d$ 且 $\geqslant200$ mm。

图 10-19　绑扎接头

2. 焊接接头

焊接接头有节约钢材、提高工程质量、缩短工期的优点，因此，使用广泛，特别适用于钢筋工程量较大的工地。焊接接头分接触对焊和电弧焊两种。电弧焊焊接接头如图 10-20 所示。

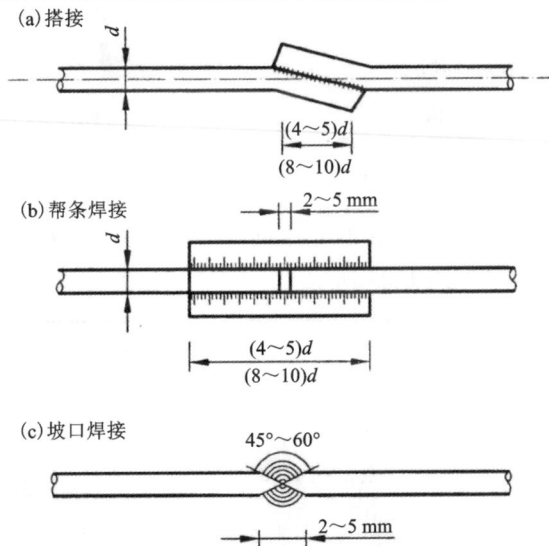

图 10-20　电弧焊焊接接头

二、混凝土施工

（一）混凝土的拌制

混凝土的拌制就是将水泥、水、粗细骨料和外加剂等原材料混在一起均匀搅拌的过程。搅拌后的混凝土要求均质，且达到设计要求的和易性与强度。

混凝土的拌制方法分为人工与机械两种，一般采用机械拌制，只有零星小工程，方可采用人工拌制。混凝土机械拌制，一般使用混凝土搅拌机。搅拌机分自落式与强制式两种，自落式搅拌机适用于塑性混凝土，强制式搅拌机适用于干硬性混凝土。

1. 自落式搅拌机

自落式搅拌机的工作原理是利用旋转着的搅拌筒上的叶片，使物料在重力作用下，相互穿插、翻拌、混合，以达到均匀拌和的目的，如图 10-21 及图 10-22 所示。

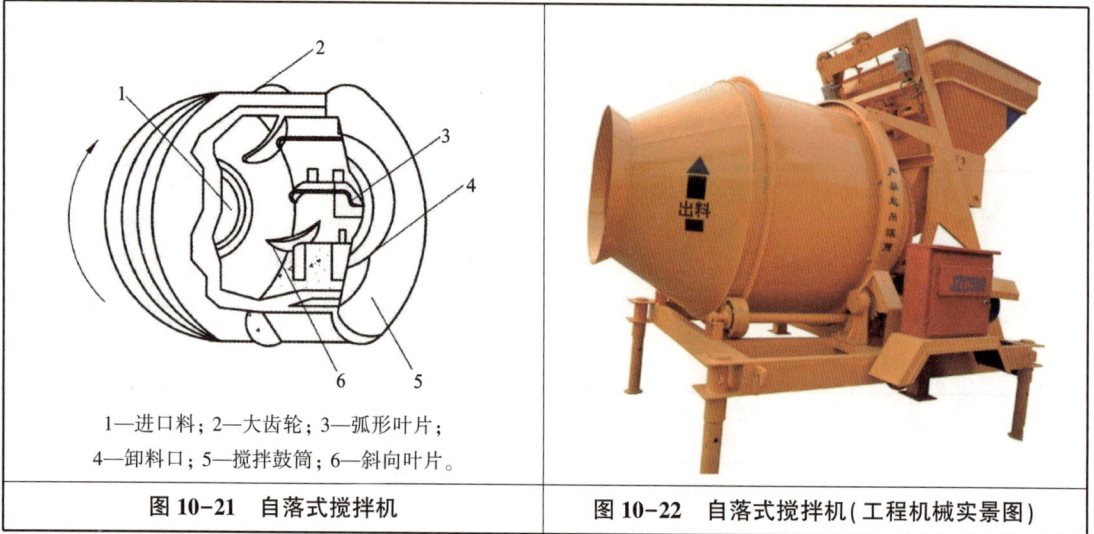

1—进口料；2—大齿轮；3—弧形叶片；
4—卸料口；5—搅拌鼓筒；6—斜向叶片。

图 10-21 自落式搅拌机

图 10-22 自落式搅拌机（工程机械实景图）

2. 强制式搅拌机

强制式搅拌机工作原理是依靠旋转的叶片对物料产生剪切、挤压、翻转和抛出等的组合作用进行拌合，如图 10-23 及图 10-24 所示。

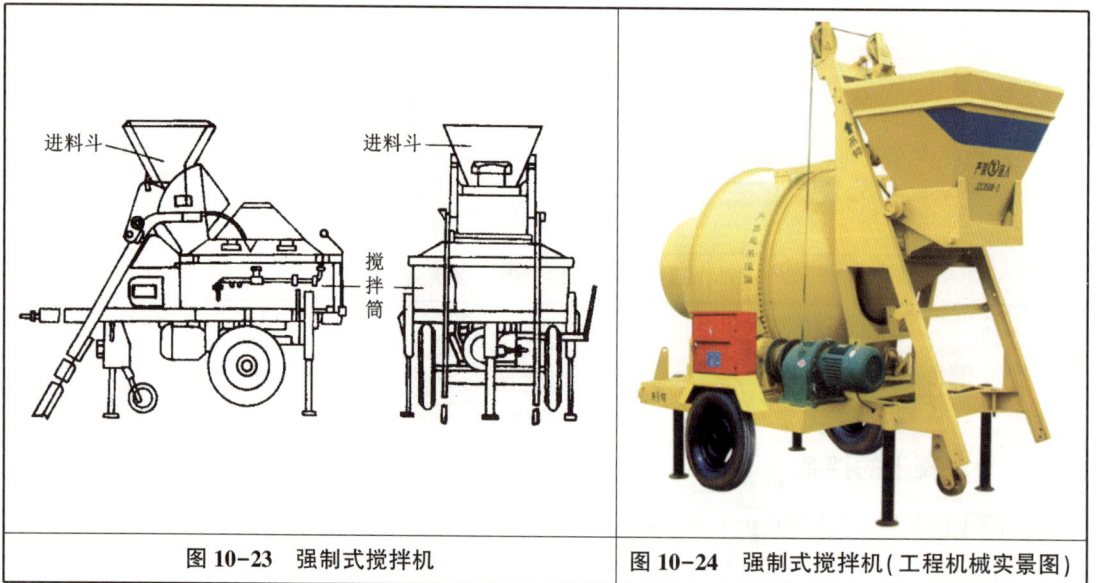

图 10-23 强制式搅拌机

图 10-24 强制式搅拌机（工程机械实景图）

(二)搅拌制度

1. 搅拌时间

搅拌时间指的是从全部原材料装入拌筒时起,到开始卸料时为止的时间。普通混凝土的最短搅拌时间见表 10-1 所示。

表 10-1　普通混凝土的最短搅拌时间(单位:s)

混凝土的塌落度/cm	搅拌机类型	搅拌机容积/L		
		<250	250~500	>500
≤3	自落式 强制式	90 60	120 90	150 120
>3	自落式 强制式	90 60	90 60	120 90

2. 加料顺序

常用投料方法有一次投料法和二次投料法两种。

(1)一次投料法

一次投料法应用最普遍。对自落式搅拌机采用一次投料法应先在筒内加入部分水,然后在搅拌机料斗中依次装入石子、水泥、砂,一次投料,同时陆续加水。

(2)二次投料法

二次投料法有水泥裹砂法、预拌水泥砂浆法和预拌水泥浆法。

水泥裹砂法是先加一定量的水,将砂表面的含水量调节到某一定值,再将石子加入与湿砂一起搅拌均匀,然后投入全部水泥,与湿润后的砂、石拌和,使水泥在砂、石表面形成低水灰比的水泥浆壳,最后将剩余的水和外加剂加入,搅拌成混凝土。

这种工艺与一次投料法相比可提高强度 20%~30%,而且混凝土不易产生离析现象、泌水性也大为降低,施工性也好。

预拌水泥砂浆法是将水泥、砂和水加入强制式搅拌机中搅拌均匀,再加石子搅拌成混凝土。此法与一次投料法相比可减水 4%~5%,提高混凝土强度 3%~8%。

预拌水泥浆法是先将水泥加水充分搅拌成均匀的水泥净浆,再加入砂、石搅拌成混凝土,可改善混凝土内部结构、减少离析、节约水泥 20%或提高混凝土强度 15%。

3. 进料容量

进料容量指可装入搅拌机的材料体积之和。装料过多(超过进料容量的 10%),会使搅拌筒中无充分的拌和空间;装料过少,则不能发挥搅拌机的效率。进料容量载于搅拌机性能表中。搅拌机规格用出料容量表示,出料容量与进料容量有一定的关系。

(三)混凝土运输

混凝土在运输过程中的一般要求:

(1)应保持混凝土的均匀性,不产生严重离析现象,否则浇筑后容易形成蜂窝或麻面。

(2)运输时间应保证混凝土在初凝前浇入模板内并捣实完毕。

(3)混凝土从搅拌机卸出后到浇筑进模板后时间间隔不得超过所列的数值。若使用快硬水泥或掺有促凝剂的混凝土,其运输时间应由试验确定;轻骨料混凝土的运输、浇筑延续时间应适当缩短。

(4)运输混凝土的工具(容器)应不吸水、不漏浆。天气炎热时,容器应遮盖,以防阳光直射而水分蒸发。容器在使用前应先用水湿润。

混凝土运输分水平运输、垂直运输和混凝土泵运输。

(四)混凝土浇筑和振捣

混凝土的浇筑工作包括布料摊平、捣实和抹面修整等工序。混凝土浇筑质量的好坏,直接影响其结构的承载能力和耐久性。

1.混凝土浇筑的一般要求

(1)浇筑前的准备工作

在地基或基土上浇筑混凝土时应清除淤泥和杂物,并应有排水或防水措施。对干燥的非黏性土,应用水湿润;对未风化的岩石,应用水清洗,但其表面不得留有积水。

模板上的杂物和钢筋上的油污等应清理干净;模板的缝隙和孔洞应堵严;模板应浇水润湿,但不得有积水。

(2)浇筑的基本要求

①防止混凝土离析,混凝土离析会影响混凝土均质性。因此除在运输中应防止剧烈颠簸外,混凝土在浇筑时自由下落高度不宜超过2 m,否则应用串筒、斜槽等下料。

②在浇筑竖向结构混凝土前,应先在浇筑处底部填入厚50~100 mm与混凝土内砂浆成分相同的水泥浆或水泥砂浆。

③在降雨、降雪时不宜露天浇筑混凝土。

④混凝土应分层浇筑。

⑤混凝土应连续浇筑,当必须有间歇时,间歇时间宜缩短,并在下层混凝土初凝前将上层混凝土浇筑振捣完毕。

⑥在混凝土浇筑过程中应经常观察模板及其支架、钢筋、埋设件和预留孔洞的情况。

2.混凝土的振动捣实

混凝土拌合物浇入模板后,呈疏松状态,其中含有占混凝土体积5%~20%(体积分数)的空隙和气泡。必须经过振实,才能使浇筑的混凝土达到设计要求。捣实混凝土有人工和机械振捣两种方式:

(1)人工捣实是用人工冲击(夯或插)来使混凝土密实、成型(图10-25~图10-28)。

(2)用于振动捣实混凝土拌合物的机械(图10-29~图10-32)。

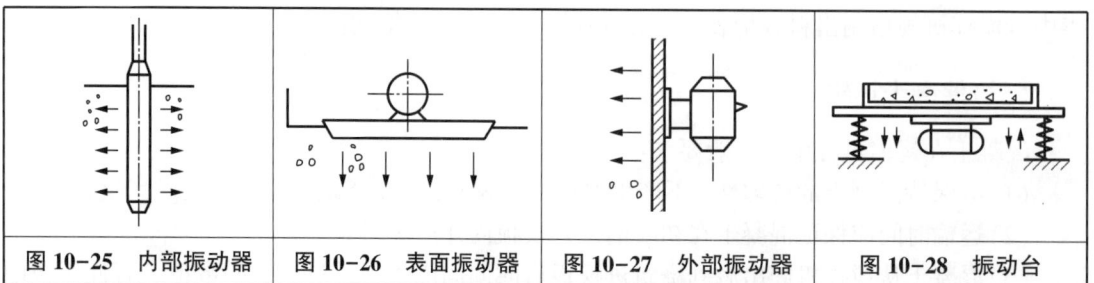

| 图10-25 内部振动器 | 图10-26 表面振动器 | 图10-27 外部振动器 | 图10-28 振动台 |

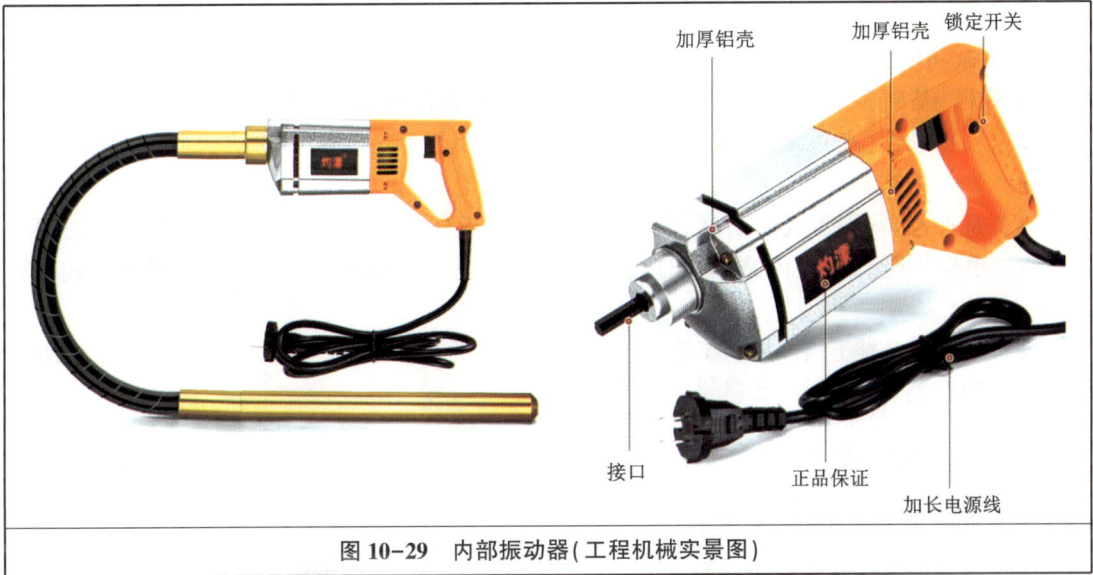

加厚铝壳　加厚铝壳　锁定开关

接口　正品保证　加长电源线

图 10-29　内部振动器(工程机械实景图)

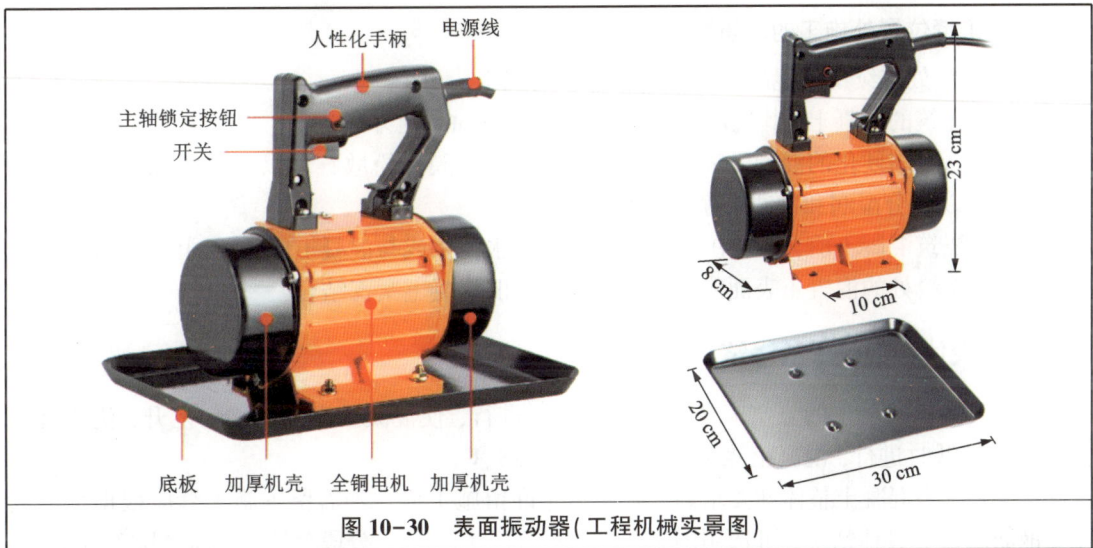

人性化手柄　电源线

主轴锁定按钮

开关

23 cm

8 cm　10 cm

20 cm　30 cm

底板　加厚机壳　全铜电机　加厚机壳

图 10-30　表面振动器(工程机械实景图)

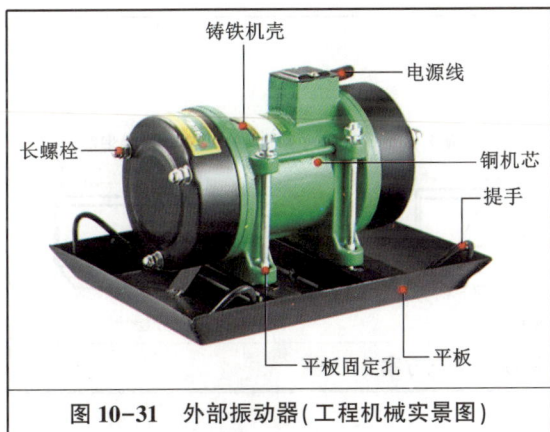

铸铁机壳

电源线

长螺栓

铜机芯

提手

平板固定孔　平板

图 10-31　外部振动器(工程机械实景图)

振动台面

振动台底架　振动台电机　振动台弹簧

图 10-32　振动台(工程机械实景图)

①内部振动器：又称为插入式振动器，主要由振动棒、软轴和电动机 3 部分组成（图10-29）。振动棒和混凝土接触时，便将振动传给混凝土，使混凝土很快密实成型。可用于大体积混凝土、基础、柱、梁、墙、厚度较大的板及预制构件的捣实工作。

②表面振动器（平板振动器）：适用于表面积大且平整、厚度小的结构或预制构件（图10-30）。

③外部振动器（附着式振动器）：直接安装在模板外侧，利用偏心块旋转时产生的振动力，通过模板传递给混凝土（图 10-31）。适用于钢筋较密、厚度较小、不宜使用插入式振动器的结构构件。

④振动台：混凝土构件成型工艺中生产效率较高的一种设备（图 10-32）。适用于混凝土预制构件的振捣。

（五）施工缝的设置

1.设置施工缝位置的一般要求

施工缝的位置应在混凝土浇筑之前确定，并宜在结构抗剪强度较小且便于施工的部位。

2.施工缝位置处施工的注意事项

在施工缝处继续浇筑混凝土时，应符合下列规定：

（1）已浇筑的混凝土，其抗压强度不小于 1.2 N/mm² 时才可进行。

（2）在已凝结硬化的混凝土表面上，应清除水泥浆膜和松散石子以及软弱混凝土层并凿毛，然后加以充分湿润和冲洗干净，且不得积水。

（3）在浇筑混凝土前，宜先在施工缝处铺一层水泥浆或与混凝土成分相同的水泥砂浆。

（4）施工缝处的混凝土表面应加强振捣，使新旧混凝土紧密结合。

（六）大体积混凝土的浇筑

（1）大体积混凝土的浇筑应合理地分段分层进行，使混凝土沿高度均匀上升；浇筑宜在室外气温较低时进行，混凝土浇筑温度不宜超过 28 ℃。

（2）大体积混凝土整体性要求高，通常不允许留施工缝。若需留置施工缝应根据结构大小、钢筋疏密等具体情况，可选用图 10-33 所示的全面分层、分段分层、斜面分层等方案。

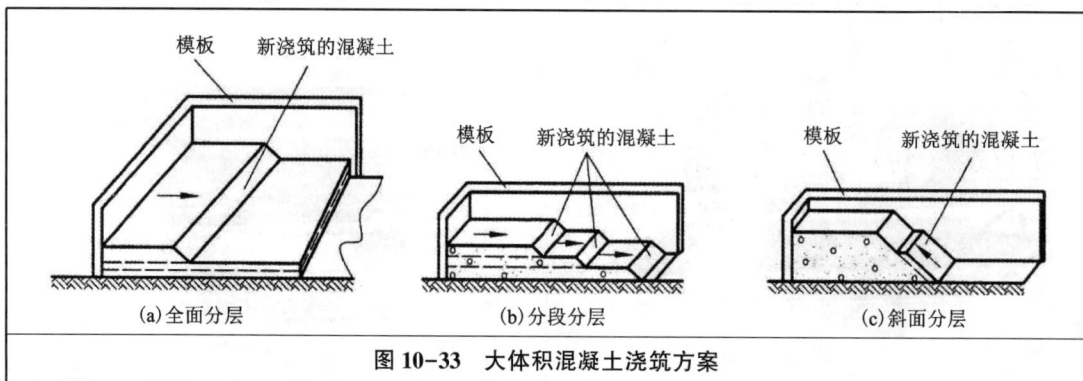

图 10-33　大体积混凝土浇筑方案

(3)浇筑大体积混凝土时,由于水泥水化热大,形成较大的温度应力,以致混凝土产生温度裂缝。

(七)混凝土养护与拆模

1.混凝土养护

(1)自然养护。自然养护是指在高于日平均气温 5 ℃的自然条件下,对混凝土采取的覆盖、浇水、挡风、保温等的养护措施。

(2)蒸汽养护。蒸汽养护就是将浇筑成型的混凝土构件置于固定的养护坑(或棚、窑)内,先静置 2~6 h,然后蒸汽,使混凝土在较高的温度和湿度的条件下迅速凝结、硬化,达到要求的强度。

2.混凝土拆模

混凝土或钢筋混凝土结构拆模时的强度应符合设计要求,当设计无要求时应符合下列规定:

(1)不承重的侧面模板,应在混凝土强度达到能保证其表面及棱角不因拆除而受损时,方可拆模;一般情况宜使混凝土强度达到 2.5 MPa 以上,方可拆模。

(2)承重的底面模板应在混凝土强度足以安全地承受其结构自身重力和外加施工荷载时,方可拆模。

(3)在新浇筑的混凝土强度未达到 1.2 MPa 以前,不得在其表面上来往行人、堆放机具、架设上层结构用的支撑或模板等设施。

(4)拆模工作应按立模顺序逆向进行,不应使混凝土损伤,应减少模板破损。

(5)拆模后的建筑物,应在混凝土获得 100%设计强度后,方可承受全部设计荷载。

✦ 【思政大故事】

蒙华洞庭湖大桥,是中国湖南省岳阳市境内连接君山区与岳阳楼区的跨湖通道。2013 年 6 月 5 日,蒙华洞庭湖大桥动工建设(图 10-34~图 10-41)。

蒙华洞庭湖大桥线路西起君山站,上跨洞庭湖水道,东至坪田站,桥梁总长 10444.659 m,主桥长 1290.24 m,桥面为国铁 I 级双线电气化重载铁路,设计速度 120 km/h。

温度计实测温度 49.2 ℃

湖北电视台综合频道拍摄
(2016 年 8 月 5 日)

图 10-34 桥面实测温度为 49.2 ℃

"烧电焊很坏眼睛,晚上眼睛经常痛得睡不着。"

图 10-35 钢筋工 龙海

"每天在 180 m 高的地方工作,活动范围不到 1 m²,有时一天都不能下来,最怕对讲机不响,感觉很孤独。"

图 10-36 塔吊工 吕斌

夜深人静，湖北电视台综合频道栏目组在工地上设置了一台无人操作的摄像机，想让忙碌了一天工作的建设者们，对着镜头说说心里话。这么多人里面，竟然没有一个人说苦说累，而是对家人满满的愧疚，很多人提到了远在老家的孩子，说得最多的就是"对不起，爸爸想你们了"！

| 图 10-37　普工 胡美祖 | 图 10-38　架子工 张平贵 | 图 10-39　项目副经理 陈贵桥 |

| 为了抢工期，有时顾不上吃饭，只能把饭送上桥，吃完继续干。 | 因为在滩涂区进行施工，工人们只能住在芦苇荡上搭起来的简易工棚，这里地方狭窄、闷热潮湿。 |
| 图 10-40　工地饭菜 | 图 10-41　工棚生活环境 |

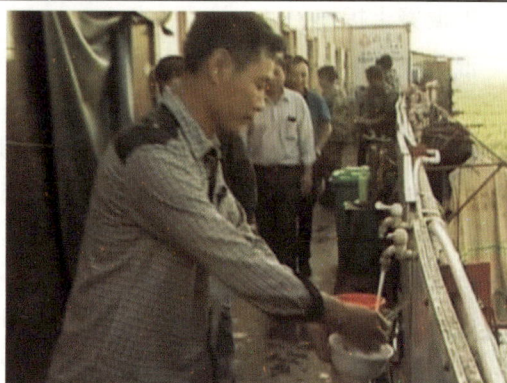

正是由于这些建设者们的辛苦付出，蒙华洞庭湖大桥才能在 2019 年 9 月 28 日如期通车运营。

✦ 【习题】

1. 支架和拱桥有什么区别？
2. 模板施工要点是什么？

项目 11

桥梁墩台施工

墩台是桥梁的重要结构，墩台施工工程量大，高空作业多，往往成为桥梁工程施工中控制工期的关键工程，其施工质量的好坏，直接关系到桥梁上部结构的制作与安装质量，且对桥梁建成后的使用状况影响甚大。

墩台的施工方法与结构形式有关，通常分为两种：一种是在桥位处就地施工；另一种是预制装配。目前多采用前一种方法，其特点是施工较为简单，技术难度较小，但工期较长。预制装配法建造桥梁墩台的优点是建桥速度快，预制构件质量有保证，工人劳动强度不大，特别适用于施工场地狭窄、干旱缺水及砂石供应困难地区。

任务 11.1　混凝土墩台

一、提升设备

混凝土墩台施工常用的提升设备有井架、缆索吊机及吊车等。

1. 井架

在施工现场就地灌注桥梁墩台混凝土（或砌筑）时，利用井字形钢塔架提升材料非常方便，特别是用于高桥墩，更能显出其优越性。井架一般采用万能杆件拼制，水平截面为 2 m× 2 m；也可采用扣件式小钢管搭设井架，如图 11-1 所示。

2. 缆索吊车

山区修建桥梁，桥址地形陡峻，机具材料不便运至墩台附近，而桥头两岸地势较高时，宜采用缆索吊车法施工。平原地区跨河亦可采用此种方法。缆索吊车既可作垂直运输，又可作水平运输，不受桥高和地形的限制，一套设备可以担任几个墩台甚至全桥的运输，如图 11-2 所示。

3. 混凝土泵

泵送混凝土用压力把混凝土通过硬的或软的管道输送到指定地点，是一种先进的施工方法。泵送混凝土应具有较大的流动性，泵的出口处混凝土坍落度宜为 8~12 cm。为此，拌和机出料坍落度宜控制在 13~17 cm。坍落度过小,管道易堵塞;过大则混凝土可能发生离析现象,也可能导致管道堵塞。为了提高混凝土的流动性,减少管道堵塞的危险,可掺加减水剂或加气剂,如图 11-3 所示。

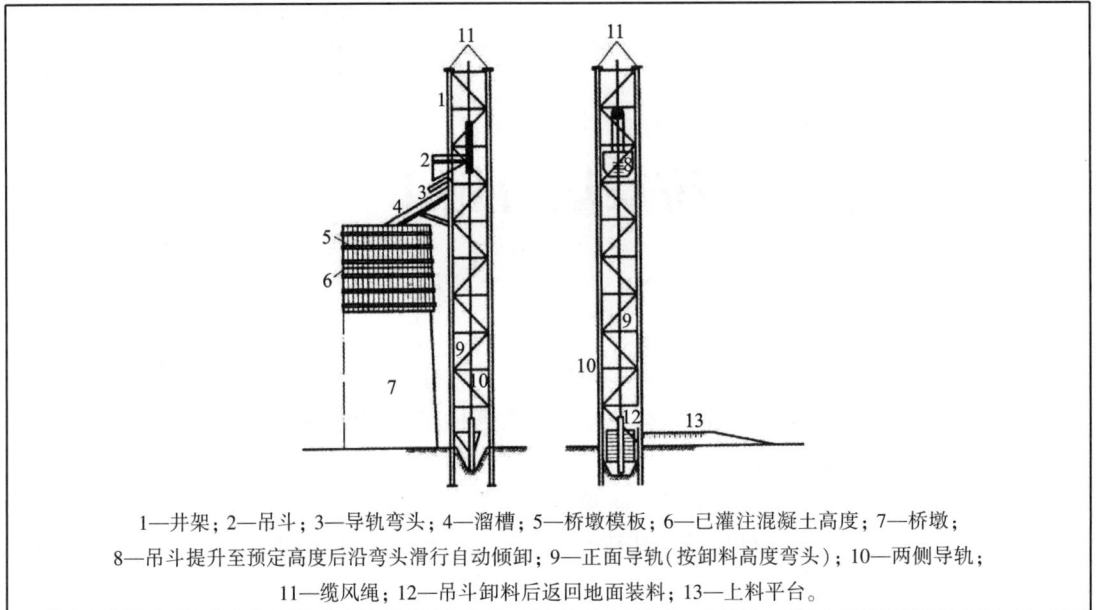

1—井架;2—吊斗;3—导轨弯头;4—溜槽;5—桥墩模板;6—已灌注混凝土高度;7—桥墩;
8—吊斗提升至预定高度后沿弯头滑行自动倾卸;9—正面导轨(按卸料高度弯头);10—两侧导轨;
11—缆风绳;12—吊斗卸料后返回地面装料;13—上料平台。

图 11-1 混凝土输送塔架

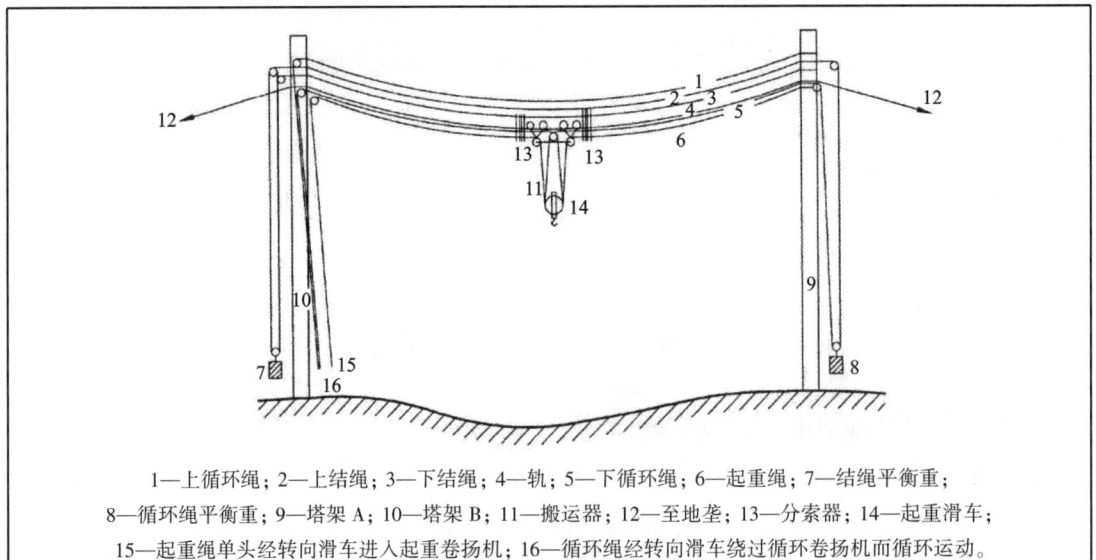

1—上循环绳;2—上结绳;3—下结绳;4—轨;5—下循环绳;6—起重绳;7—结绳平衡重;
8—循环绳平衡重;9—塔架 A;10—塔架 B;11—搬运器;12—至地垄;13—分索器;14—起重滑车;
15—起重绳单头经转向滑车进入起重卷扬机;16—循环绳经转向滑车绕过循环卷扬机而循环运动。

图 11-2 缆索吊车

常见的混凝土输送泵有两种:一种是移动式混凝土泵,一般只垂直运送混凝土,运送高度在 50 m 左右;另一种是固定式混凝土泵,垂直与水平均可运送,其运送距离可在 200 m 以上。

图 11-3 混凝土泵车

二、高墩滑动模板施工

滑动模板是用一节模板连同工作脚手架以整体形式安装在基础顶面，依靠自身的支承和提升系统，在灌注混凝土的同时，模板也慢慢向上滑升，可连续不断地灌注混凝土。此法施工的墩台整体性好，施工速度快，高空施工安全。缺点是由于使用了半干硬性混凝土，表面质量难以控制

1. 滑模的构造

根据桥墩类型、墩身坡度、截面形式和提升方式的不同，滑模可以设计成不同的形式。电动液压千斤顶提升的圆形空心墩滑模的构造，如图 11-4 所示。

（1）卸料平台：由钢环、横梁、立柱、栏杆、步板和串筒等组成，是堆放、灌注混凝土和起重指挥的作业台。

（2）工作平台：由内外钢环、辐射梁、栏杆和步板等组成，是整个模板结构的骨架。

（3）内外模板：内外模板采用钢面板、角钢和槽钢制成，分固定模板和活动模板两种。

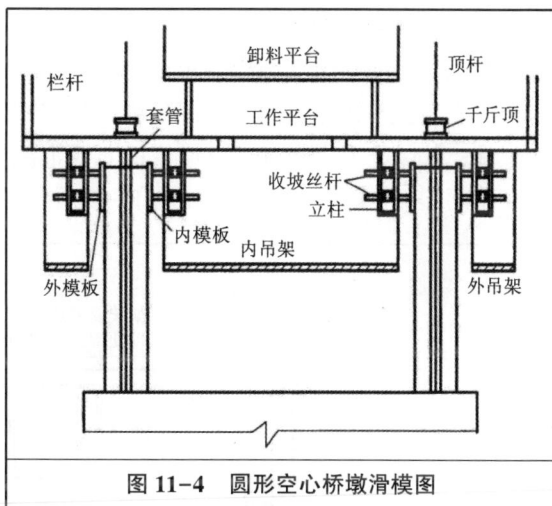

图 11-4 圆形空心桥墩滑模图

（4）内外立柱和收坡丝杆：内外立柱安装在辐射梁上，是内外模板的支承。

（5）内外吊架：吊架由竖杆、横杆、步板和安全网等组成，是抹面、养护和收坡作业的脚手架。

（6）提升设备：提升设备由液压千斤顶、顶杆与套管、液压操纵台和输油管路等组成。

2. 混凝土灌注与滑模提升

灌注混凝土前，先向模内铺灌一层 2~3 cm 的砂浆。混凝土入模时，要四周均匀对称分

布,每层表面应基本水平,宜采用小型内插式振动器捣实,避免接触钢筋、套管及模板。插入已捣实好的前一层混凝土中不超过 5 cm。

整个桥墩灌注过程可分为初灌滑升、正常滑升与末次滑升 3 个阶段。

(1)初灌滑升阶段。从开始灌注混凝土到模板首次试升为初灌滑升阶段。初灌混凝土的高度一般为 60~70 cm,分 3 次灌注。在底层混凝土强度达到 0.2~0.4 MPa 时,即可试升。将所有千斤顶同时缓慢起升 5 cm 左右,以观察底层混凝土的凝固情况。

经初升后,应全面检查所有设备,认为符合要求,即可进入正常滑升阶段。

(2)正常滑升阶段。正常滑升阶段即每灌注一层混凝土,模板滑升一次,使每次灌注的厚度与每次提升的高度基本一致。在正常气温条件下,提升时间不宜超过 1 h。

(3)末次滑升阶段。末次滑升阶段是混凝土已经灌注到所需要高度,不再继续灌注,但模板尚需继续滑升的阶段。灌完最后一层混凝土后,每隔 1~2 h 将模提升 5~10 cm,滑动 2~3 次后即可避免混凝土与模板胶合。

三、墩台顶帽施工

1. 顶帽放线

墩台混凝土或砌石离顶帽底约 30 cm 时,测出墩台纵横中心轴线,并据竖立顶帽模板,安装锚栓孔、安扎钢筋等。桥台顶帽放线时应注意不要以基础中心线作为顶帽背墙线,以免放错。

2. 混凝土墩台顶帽模板

墩台顶帽是支承上部结构的重要部分,对其尺寸位置和水平高程的准确度要求较严。墩台身混凝土灌注至顶帽下约 30 cm 处就预埋接榫停止灌注,上部分混凝土待顶帽模板立好后一次灌注,以保证顶帽底有足够厚度的紧密混凝土,顶帽模板下面的一根拉杆可由顶帽下层的分布钢筋担任,以节省铁件。如图 11-5 所示,支承垫石的模板挂装在上部的木拉杆上。

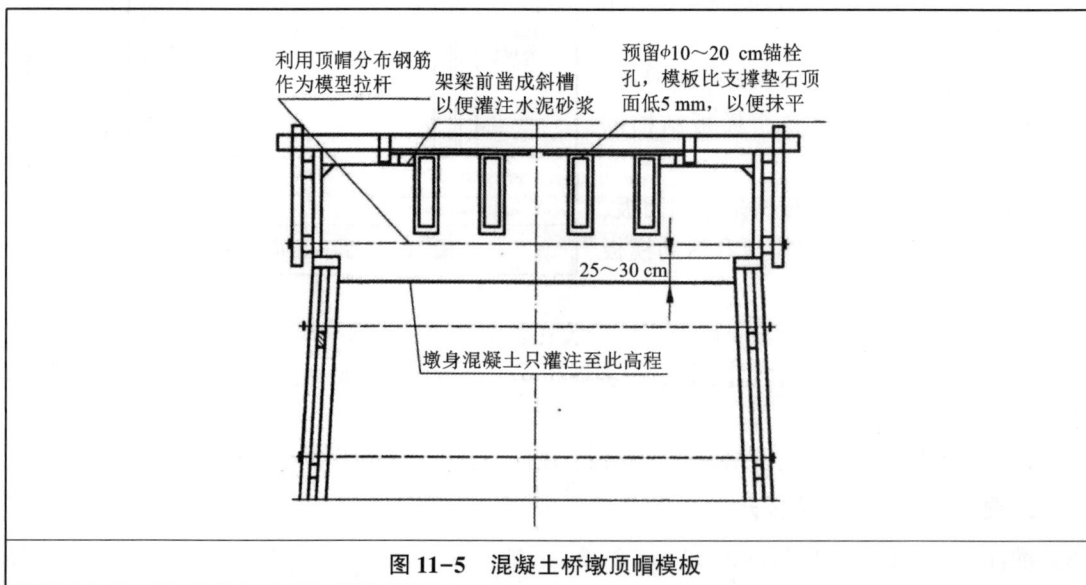

图 11-5 混凝土桥墩顶帽模板

【思政小故事】

　　长江安徽省江面上将崛起一座世界级桥梁——巢马城际铁路马鞍山长江公铁大桥，这座大桥将成为世界大跨度三塔斜拉桥(图 11-6)。Z4 号中塔是大桥的最高塔，它深深地扎根在江底，屹立在大江之上。负责这座主塔施工作业是"桥梁工匠"胡建丰(图 11-7)。他参加过京沪高铁南京大胜关长江大桥、乌苏大桥、商合杭铁路芜湖长江公铁大桥等 9 座国家重点、大型桥梁的建设。曾获得"中国中铁首席桥梁工""总公司青年岗位能手""湖北省技能大师""湖北省五一劳动奖章""全国技术交通能手"等荣誉称号。

(资料来源：中铁大桥局二公司微信公众号)

(Z4 号中塔塔高 345 m，相当于 115 层楼高)

图 11-6　巢马城际铁路马鞍山长江公铁大桥

主塔作业队长胡建丰

图 11-7　巢马城际铁路马鞍山长江公铁大桥

任务 11.2　砌筑墩台

　　砌筑墩台是指用石料、预制块及大块件拼装的墩台，具有就地取材、节省水泥和钢材、经久耐用等特点，在石料供应充分和适宜建造石砌桥墩的条件下，石砌桥墩应优先考虑。

一、砂浆及石料

　　桥墩台砌石，应采用水泥砂浆砌筑。砂浆强度按设计规定或《铁路桥涵混凝土结构设计规范》(TB 10092—2017)要求，重要结构的水泥砂浆强度等级应不低于 M20，次要结构及附属工程，砂浆的强度等级应为 M10。

　　石砌体所用石料，应不易风化。对于浸水和潮湿地区的石砌体主体工程石料，软化系数(石料在饱和状态下与干燥状态下试块极限抗压强度的比值)应不低于 0.8。桥涵所用石料分片石、块石和粗料石 3 种。

1. 浆砌片石

片石砌筑的实体墩台高度不宜大于 20 m。当高度超过 15 m 时，应在墩台中部用整齐块石砌一垫层或灌注一层混凝土，厚度为 0.6~1.0 m。当高度超过 6 m 时，应全部用块石镶面；高度在 6 m 以下，则用浆砌片石镶面。

挤浆法砌筑片石的主要操作：在砌筑第一层石块时，按所挂线选择比较方正的石块作角石先砌，再砌面石，最后砌填腹石，如图 11-8 所示。

2. 浆砌块石

块石厚度不小于 20 cm，形状大致呈方形。用于镶面时，外露面应稍加修凿，并丁顺相间排列，与填腹石连成整体。镶面石的灰缝宽度为 1~2 cm，上下层错缝不小于 8 cm。用块石填腹时，水平灰缝不大于 3 cm，垂直灰缝不大于 4 cm，填腹石灰缝也要错开。

砌筑步骤与浆砌片石大体相同。块石的砌筑可不按照每块石料的厚度分层，但每隔 70~120 cm 必须找平一次作为一段，如图 11-9 所示。

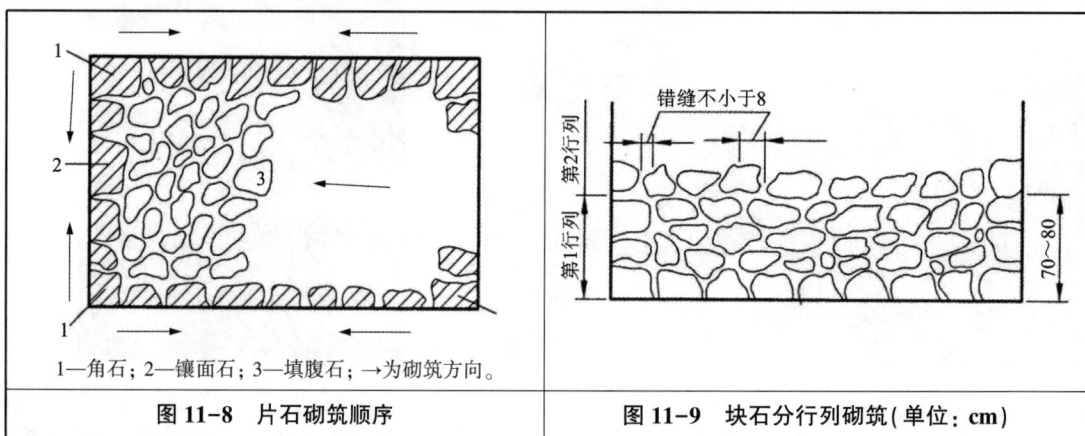

1—角石；2—镶面石；3—填腹石；→为砌筑方向。

图 11-8 片石砌筑顺序　　**图 11-9 块石分行列砌筑(单位: cm)**

3. 浆砌粗料石

浆砌粗料石用于圆形、圆端形桥墩或破冰棱体的曲面部分及石拱桥的拱圈、拱座等。这些砌块的尺寸与规格要求较高，必须定型加工修凿。粗料石用于镶面时，应水平分层，每层厚度不变或向上递减，但最薄不小于 20 cm。每层均应按一丁一顺交错排列(图 11-10)，垂直错缝不小于 10 cm，灰缝宽度为 1.5~2.0 cm。

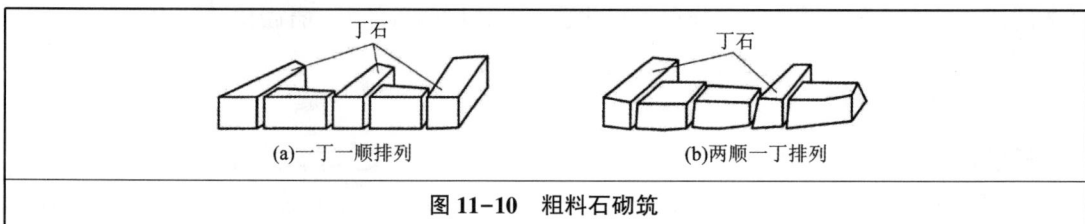

(a)一丁一顺排列　　　(b)两顺一丁排列

图 11-10 粗料石砌筑

二、石砌墩台顶帽施工

墩台身砌筑到顶帽下 20~30 cm 处立即停止填腹石的砌筑，开始安装预帽模型。先用长螺栓拉夹两根大约 15 cm×15 cm 的方木于顶帽以下 30 cm 处,如图 11-11 所示。方木 1 的上面放置方木 2,然后在方木 1 与 2 上安装顶帽模型。

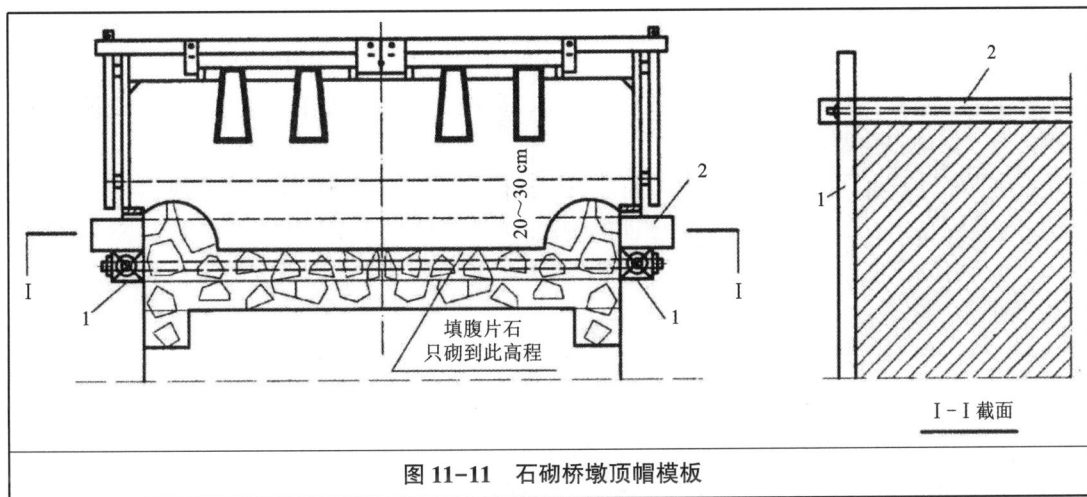

图 11-11　石砌桥墩顶帽模板

任务 11.3　锥体护坡

一、锥体护坡一般规定

(1)桥台与路堤连接处,必须设置桥头锥体护坡,其作用是保护桥头路堤填土,保证桥台稳定和免受洪水冲刷。

(2)锥体填土坡面一般要设防护,防护的标准根据地形和水文情况而定。

(3)桥台与路基连接处应符合下列要求:

①台尾上部伸入路肩至少 0.75 m;

②锥体坡面距支承垫石顶面后缘不小于 0.3 m;

③埋式桥台锥体坡面与合身前缘相交处设计洪水频率水位不小于 0.25 m;

④锥体顺线路方向的坡度,路肩下 0~6 m 不陡于 1∶1,6~12 m 不陡于 1∶1.25,大于 12 m 不陡于 1∶1.5;

⑤钢筋混凝土刚架桥和桩排架的锥体坡面顺线路方向的坡度,不陡于 1∶1.5。

二、锥体护坡施工

1. 锥体填土部分

(1)锥体填土必须分层夯打密实,应达到最佳密实度的 90% 以上。

(2)砂砾石土类,应洒水夯填。采用不易风化的块石填料,应注意层次均匀,铺填密实,不可堆填或倾填。

(3)有坡面防护的护坡,在锥体填土时,应留出坡面防护砌筑位置。

（4）为使桥台与路堤连接良好，必要时可在锥体顶面下 1.5 m 范围内，采用干砌片石实体砌筑。

2. 锥体坡面砌筑

（1）一般采用干砌片石或铺砌大卵石，也有采用预制块砌筑，以及铺草皮等防护办法。

（2）使用片石或大卵石砌筑护坡的底层，应以卵砾石或碎石等作为垫层，在砌筑坡面时，随砌随垫，保证垫层厚度。

（3）坡面以栽砌为主，预制块和大面片石可以码砌，但不如栽砌牢固、美观。

（4）栽砌是把石料轴线垂直于斜坡面的砌法，如图 11-12 所示。

（5）石料砌筑应相互咬合错缝，其空隙应用小石楔紧塞实；大卵石要分出层次砌筑，要求上下错缝，左右挤紧，层层压牢。

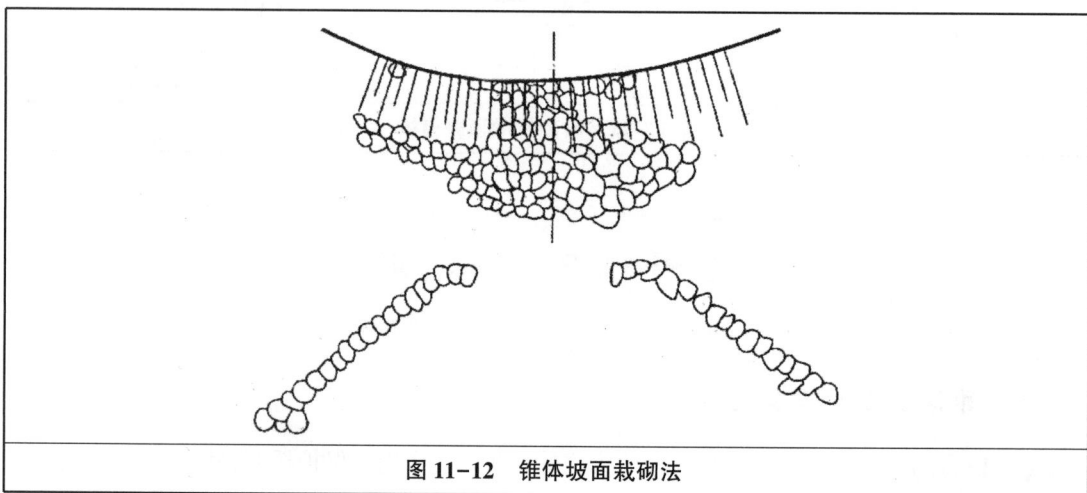

图 11-12　锥体坡面栽砌法

3. 护坡施工要点

（1）在大孔土地区，应检查护坡基底及护坡附近有无陷穴，并彻底进行处理，保证护坡稳定。

（2）锥体填土应按高程及坡度填足，砌筑片石厚度不够时再将土挖去；不允许填土不足，临时边砌石，边补填土。

（3）护坡基础与坡脚的连接面应同护坡坡度垂直，以防坡脚滑走。

（4）砌石时拉线要张紧，表面要平顺，护坡片石背后应按规定做碎石反滤层，防止锥体土方被水浸蚀变形。

（5）护坡与路肩或地面的连接必须平顺，便于排水，以免砌体背后冲刷或渗透坍塌。

✦ 【习题】

1. 混凝土墩台施工和砌筑墩台施工有什么区别？
2. 简述锥体护坡施工要点。

项目 12

钢筋混凝土梁桥施工

任务 12.1 钢筋混凝土梁现场制造

一、施工现场

混凝土梁的现场制造施工场地布置非常重要。合理布置其场地，主要考虑以下几个方面：

(1) 施工便利，场地运输合理；

(2) 施工场地应在整个施工期间不被水淹；

(3) 力求少用耕地，避免拆迁已有建筑；

(4) 场地布置应符合劳动保护、技术安全和防火要求；

(5) 力求减少临时建筑费用；

(6) 施工场地应注意临时排水。

二、模板

(1) 现场预制混凝土梁的模板主要按材料分类，一般可分为金属模板、非金属模板、钢木结合模板 3 种。

(2) 大型预制构件的模板均设计为拆装式模板，模板的形状和尺寸应符合设计要求。模板结构要有足够的刚度和强度；能承受混凝土的重量和施工过程中产生的各项荷载；在混凝土振捣器的强烈振动下其变形不超过容许误差；模板的拼缝必须严密、不漏浆；模板拼装接头构造要牢固，拆装要方便。

(3) 预制 T 梁全套模板由底模、侧模、端模和挡砟槽等部分组成。①底模为纵横梁体系，横梁直接锚固在混凝土底座上，纵梁在横梁上面，底模直接铺在纵梁上。钢模底板通常采用 10 mm 厚的钢板，木模底板一般采用厚度为 50~60 mm 的木板。②侧模位于梁体的两侧，沿梁长度方向由若干个具有独立结构的模扇组成。模扇的长度一般为梁体横隔板的节间长度。

③端模位于梁体两端,安装时与侧模相连。端模板主要作用为封堵端头、控制预应力孔道和锚垫板位置。

(4)模板安装程序。模扇修整→模扇及底模涂隔离剂→固定端模→安装钢筋骨架→穿预应力筋→立侧模→绑扎桥面钢筋→模板紧固安装上口撑拉杆→模板找正→安装附着振捣器→全面检查→灌筑梁体混凝土。

三、梁的存放与运输

1. 移梁

(1)吊梁可用大型龙门吊将梁从台座上吊起落到运梁平车上,再把梁运到存梁场地,也可用龙门吊直接运梁到存梁场。

(2)无论是吊梁或顶梁,受力点的位置必须在梁体规定的允许最大临时支点之外(即保证此时梁的临时最小跨度,以防梁跨中上部出现裂纹)。

(3)在顶梁过程中,需要用圆木或钢件构成人字撑支顶梁的上缘,以确保梁体的稳定。

2. 存梁

(1)存放场地的面积主要取决于制梁的数量和运梁出厂的时间,边制梁边运出的存梁场占地面积最小。存放场地通常可按存全部制梁数量的一半考虑。

(2)存梁道的基础应夯实、平整,最好不要有坡度。在存梁道的一侧设卷扬机作为移梁拖拉动力。

(3)存梁场地较大时,可采用移梁方式装卸桥梁。

(4)布置装卸线路时,应考虑取送和停放车辆等作业的便利,避免装卸时与邻近线路的行车互相干扰。

(5)规划场地不应设在低洼积水处,同时场内须有可靠的简易排水设施和系统。

(6)规划存梁台位宜根据曲、直线梁的跨度、孔数,结合架梁次序、装卸方法等安排。

(7)两行桥梁端部宜留出 2 m 左右的空间。

3. 装车

装车方法与场地布置和装梁设备有关,大致有两种方法可供选择。

(1)用大型龙门吊吊装,此时龙门吊应跨越至少两条线路,且需要两台龙门吊才能吊装16 m 以上的梁。这种方法可不降低装梁线的高程。

(2)高站台低货位的平移装梁法。装梁线低于存梁台位高程,这种方法可省去装梁龙门吊,但装梁线要有较长的爬坡距离。

任务 12.2　顶推法施工

桥梁顶推施工法是 20 世纪 60 年代初提出的一种新的施工方法,其构思来源于钢桥的纵向拖拉施工法。顶推法主要用于多孔预应力连续梁施工。

一、顶推流程

顶推流程为：先在桥台后路堤上将梁分段制造（一段约 10~30 m），并用纵向预应力筋将各节段连成整体，然后以水平液压千斤顶为动力，借助不锈钢板和摩擦系数很低的聚四氟乙烯组成的滑移装置，使梁在已建成的墩台或临时支墩上滑移，逐段预制，逐段顶推。待全部顶推就位后，落梁、更换正式支座，完成桥梁施工。

二、预制场的布置

（1）在桥台后面的引桥或刚性好的临时支架上设置预制场，即预制箱梁和顶推过渡的场地，其长度一般为预制梁段长度的 3 倍以上，宽度为桥梁宽度加 5 m。

（2）预制场上空宜搭设固定或活动的作业棚，其长度应大于 3 倍的预制梁段长度，这样做主要是为了使梁段预制作业不受天气变化的影响及便于混凝土的养护。

（3）预制场主要包括主梁梁段的浇注平台，模板、钢筋和钢索的加工场地，混凝土搅拌站以及砂、石、水泥的堆放和运输路线用地。

三、梁段制造

1. 模板与钢筋的制作及安装

2. 混凝土的灌筑

由于梁段预制工作量很大，加快预制工作对缩短工期具有很重要的意义。为加快预制周期，可采取以下措施：

（1）组织专业化施工队伍，在统一指挥下实行岗位责任制。

（2）在混凝土中加入减水剂，提高混凝土早期施工和易性，以加快施工速度。

（3）使用大型模板，提高机械化和装配化程度。

四、顶推施工法的分类

顶推施工法的种类和方法很多，归纳起来大致有几种：

（1）梁体制造方法：就地浇筑顶推和连续拼装顶推。

（2）按顶推设备：水平千斤顶加竖向千斤顶顶推和拉杆式顶推。

（3）按顶推设备布置情况：单点顶推和多点顶推。

（4）按顶推方向：单向顶推和双向顶推。下面主要介绍单向顶推和双向顶推施工法。

单向顶推：单向顶推是预制场设置在桥梁一端台后中线上，主梁在预制场逐段预制，逐段顶推直至对岸的顶推方法（图 12-1~图 12-3）。

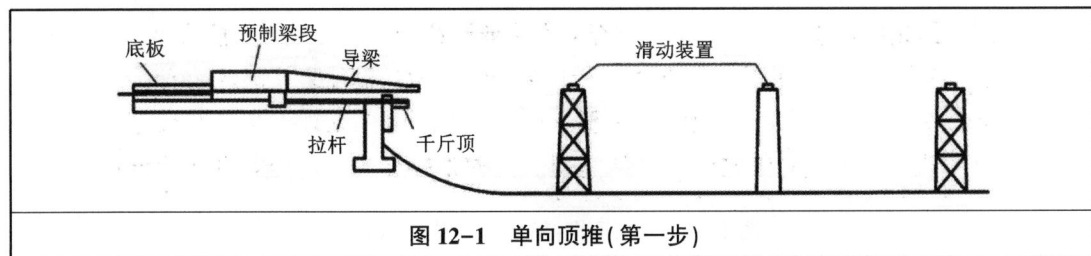

图 12-1　单向顶推（第一步）

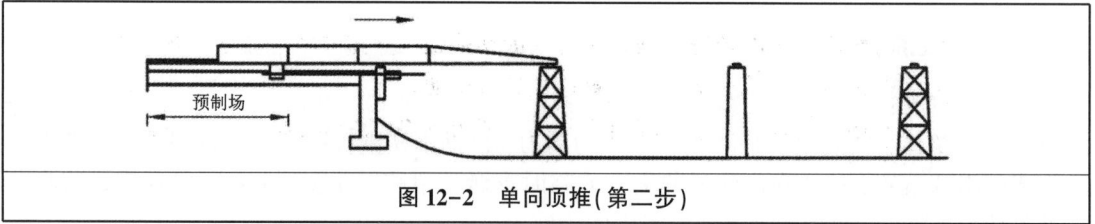

图 12-2　单向顶推(第二步)

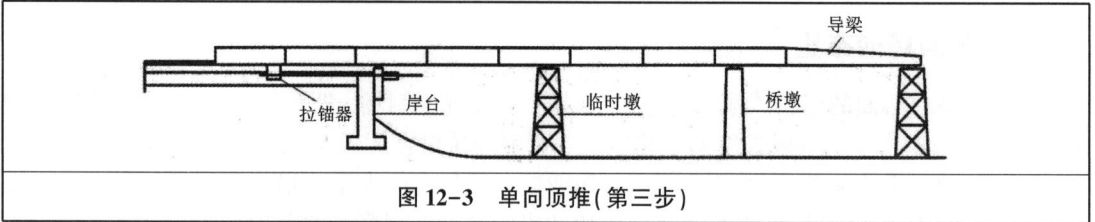

图 12-3　单向顶推(第三步)

　　双向顶推:双向顶推是在桥梁的两岸台后同时设置预制场,主要从两个预制场逐段预制、逐段顶推,在跨中某一位置将全桥合龙(图 12-4~图 12-7)。

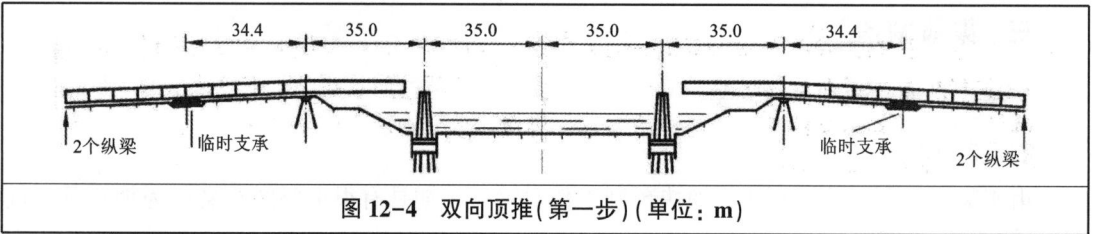

图 12-4　双向顶推(第一步)(单位:m)

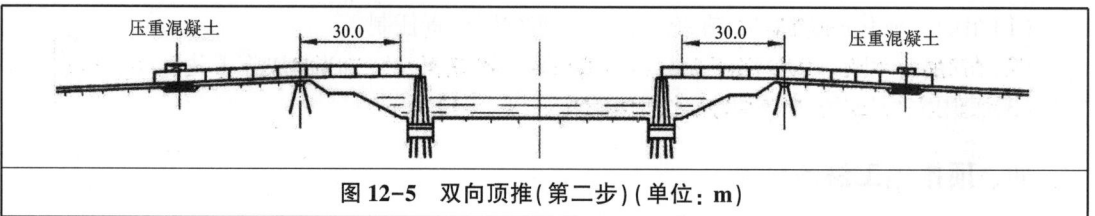

图 12-5　双向顶推(第二步)(单位:m)

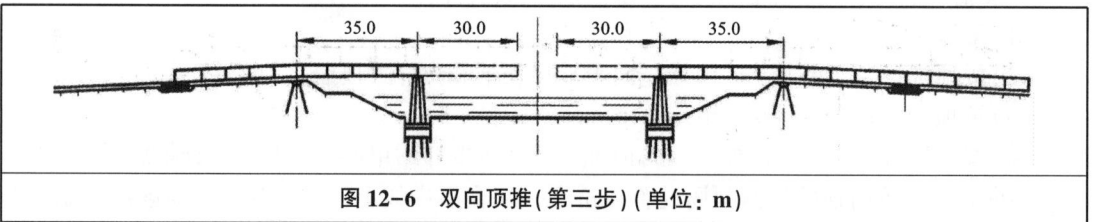

图 12-6　双向顶推(第三步)(单位:m)

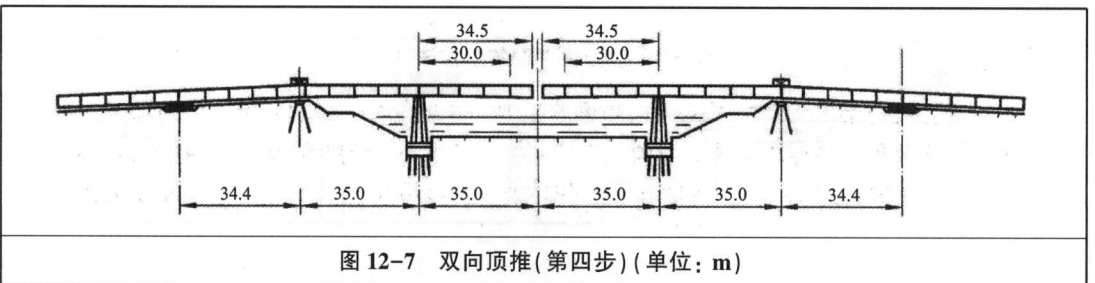

图 12-7　双向顶推(第四步)(单位:m)

双向顶推需要从两岸同时预制，因此要有两个预制场、两套设备，施工费用较高，且在两端合龙时施工顶推比较麻烦。同时，边跨顶推数段后，主梁的倾覆稳定需要得到保证，常采用临时支柱、梁后压重或加临时支点等措施解决。一般只在跨度大于 650 m 的连续梁桥顶推施工中采用。

✦ **【思政小故事】**

站在莲花大桥上，华南公司横琴口岸项目经理李奇志脸上露出了舒心的笑容，不久前，项目团队解决了世界级施工难题，挑战了世界最小半径弯桥顶推，用实际行动拼出了"横琴精神"！

每一个地方，每一个环节，每一个设想……技术团队根据设计方案对多项施工技术进行可行性优化，再将整体施工组织思路、成本控制、质量安全相结合，经多方安全论证，最终制定了 60 m 极限半径弯桥顶推的施工方案。

步履式顶推是项目团队将图纸化为现实、不懈攻坚的智慧结晶。该技术不仅实现了顶推时无水平力施工，有效减小了顶推时临时工程用量，而且整个系统采用计算机集中控制，实时反映各顶推点的顶推情况，可实现顶推时姿态可控、可调、可视，确保施工精度和安全性，保证顶推段和传统施工段的完美对接。

（资料来源：中建二局华南公司）

任务 12.3　混凝土简支梁架设

架设重量不很大的预制梁，早期曾经采用人字扒杆单吊或抬吊、双扒杆隔河吊架、铺便线纵移或横移等以人力为主的架设方法。但随着施工技术的发展，陆续出现了一些机械化程度高、架设能力大的架设方法。下面主要介绍目前经常使用的几种铁路预制梁的架设方法。

一、龙门吊机架梁

（1）利用龙门吊机架梁的情况，在我国比较普遍。凡是桥孔众多，桥墩高度不大，地形较为平坦又需铺轨到达桥头前架好桥梁的工点都可以采用。

（2）龙门吊机架梁之前，先在紧靠桥墩一侧铺设运梁便线，或就地现浇混凝土的台座，跨过便线或台座及桥墩铺设龙门轨道(一般是标准轨距线路)。安放走行台车，然后在走行台车上组拼与预制梁重量、宽度、高度相应的龙门架，顶上设横移轨道和吊重设备，下垂滑轮组、铁扁担和吊杆等吊梁工具，当运梁车辆送来梁片后，先将两台龙门架对好位置，然后从梁车上吊起桥梁横移到墩台顶面落梁就位。

（3）龙门架多采用万能杆件组拼，各种不同吊重、不同跨度和不同高度的组拼方法及所需杆件总重详见万能杆件有关手册。走行台车、吊重设施等，因吊重不同各有不同的设计方法。

二、铁路架桥机架设

1. 单梁式架桥机

目前在我国使用的单梁式架桥机只有胜利型一种。该架桥机由 3 大部分组成：1 号车（主机）、2 号车（机动平车）及龙门吊，如图 12-8 所示。

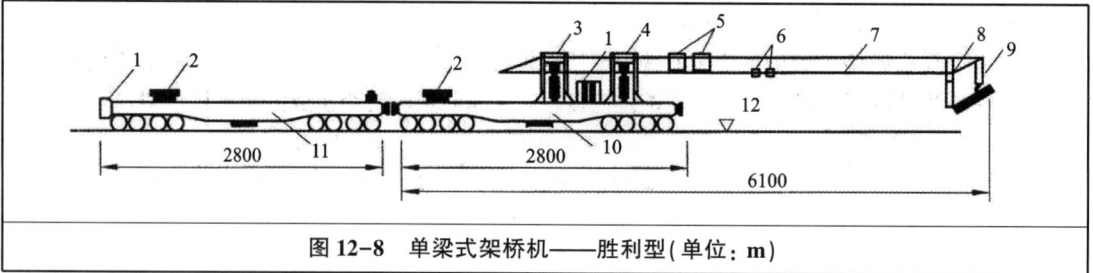

图 12-8　单梁式架桥机——胜利型（单位：m）

2. 双梁式架桥机

双梁式架桥机整机分为机身、前大臂和后大臂等三部分，如图 12-9～图 12-10 所示。

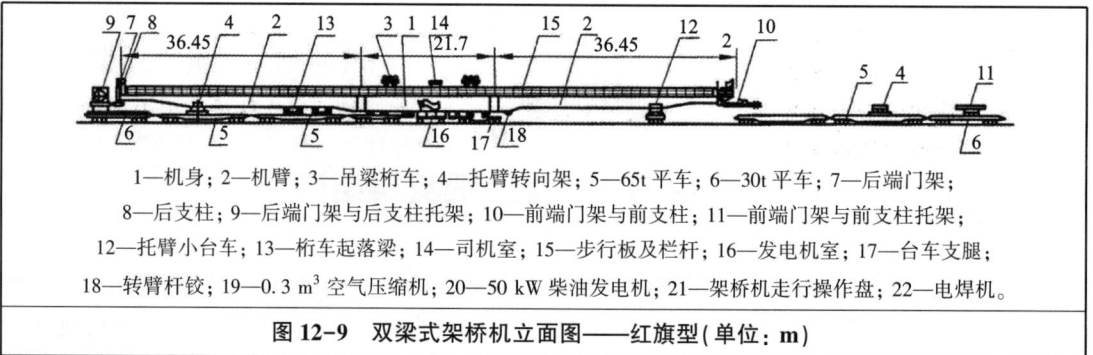

1—机身；2—机臂；3—吊梁桁车；4—托臂转向架；5—65t 平车；6—30t 平车；7—后端门架；
8—后支柱；9—后端门架与后支柱托架；10—前端门架与前支柱；11—前端门架与前支柱托架；
12—托臂小台车；13—桁车起落梁；14—司机室；15—步行板及栏杆；16—发电机室；17—台车支腿；
18—转臂杆铰；19—0.3 m³ 空气压缩机；20—50 kW 柴油发电机；21—架桥机走行操作盘；22—电焊机。

图 12-9　双梁式架桥机立面图——红旗型（单位：m）

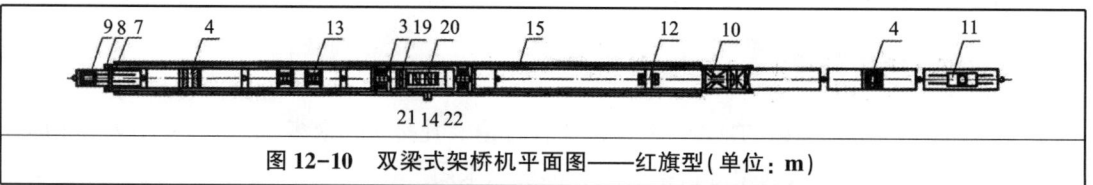

图 12-10　双梁式架桥机平面图——红旗型（单位：m）

任务 12.4　悬臂法施工

用悬臂法施工预应力混凝土梁桥时，不需要在河中搭设支架，而直接从已建墩台顶部逐段向孔径方向延伸施工，每延伸一段就施加预应力使其与已成部分连接成整体，如图 12-11 所示。由于在悬臂施工时梁内出现负弯矩，因此必须在建的上缘逐段施加预应力，使其与已完成梁段连成整体。为此，悬臂法施工可在预应力混凝土连续梁桥、T 形刚构桥或连续梁桥和其他类型的桥梁上采用。

悬臂施工法是从桥墩开始,两侧对称进行现浇梁段或将预制节段对称进行拼装。前者称悬臂浇筑施工,后者称悬臂拼装施工,有时也将两种方法结合使用,如图 12-11 所示。

(a)悬臂浇筑施工

(b)悬臂拼装施工

图 12-11 悬臂法施工

一、悬臂现浇法

1.施工步骤

悬臂现浇法又称为无支架平衡伸臂法或挂(吊)篮法,是以已经完成的墩顶节段(0 号块)为起点,通过挂篮的前移对称地向两侧跨中逐段现浇混凝土,并施加预应力的悬出循环作业方法(图 12-12～图 12-15)。悬臂现浇法每节段长一般为 2～5 m(在斜拉桥施工中 8～10 m)。我国已建成的大跨度预应力混凝土,大多数采用此种方法施工。

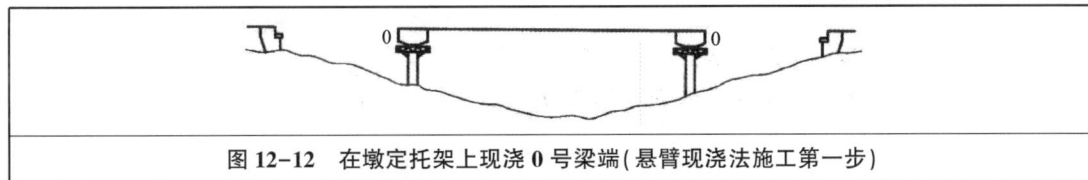

图 12-12 在墩定托架上现浇 0 号梁端(悬臂现浇法施工第一步)

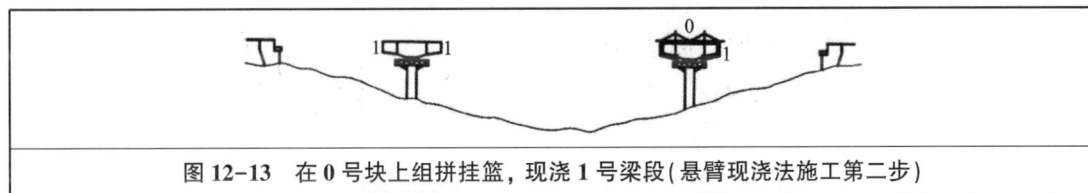

图 12-13 在 0 号块上组拼挂篮,现浇 1 号梁段(悬臂现浇法施工第二步)

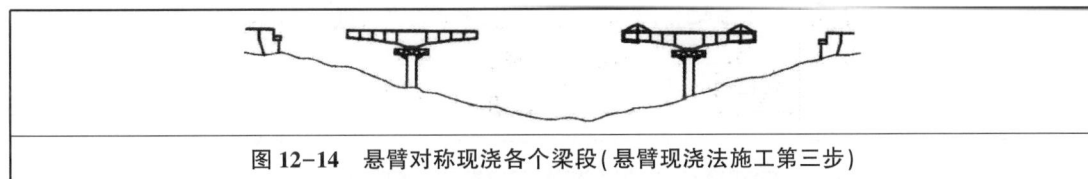

图 12-14 悬臂对称现浇各个梁段(悬臂现浇法施工第三步)

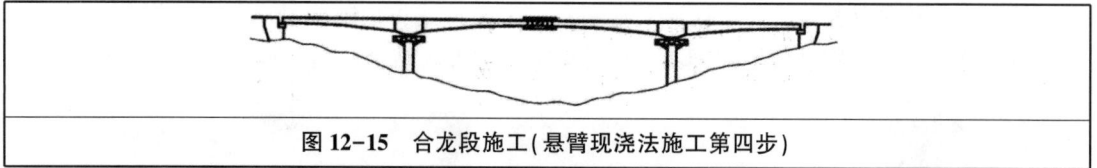

图 12-15　合龙段施工（悬臂现浇法施工第四步）

2.挂篮

挂篮是一个能够沿轨道行走的活动脚手架，悬挂在已经张拉锚固并与墩身连成整体的箱梁节段上，在挂篮上可以进行下一节段模板、钢筋、管道的安设，混凝土浇筑和预应力张拉、孔道灌浆等作业（图 12-16~图 12-17）。完成一个循环后，新节段已和桥墩连成整体，成为悬臂梁的一部分，挂篮即可前移一个节段，固定在新的节段位置上，如此循环直至悬臂浇筑完成。

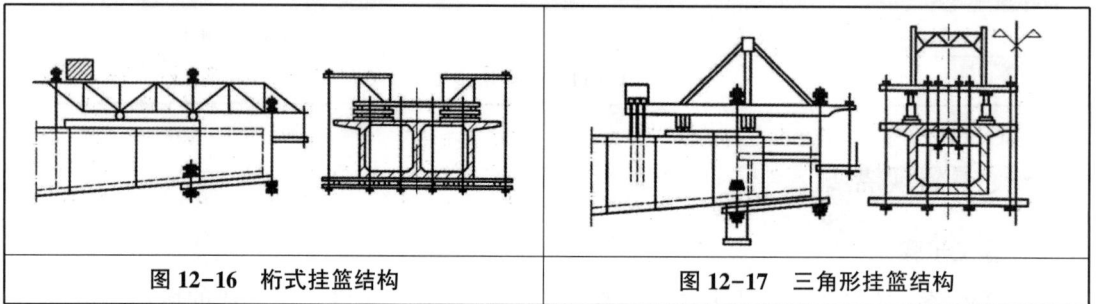

| **图 12-16　桁式挂篮结构** | **图 12-17　三角形挂篮结构** |

二、悬臂拼装法

1.施工步骤

悬臂拼装法指的是在桥墩两侧设置吊架，平衡地逐段向跨中悬臂拼装混凝土梁体预制件，并逐段施加预应力的施工方法（图 12-18~图 12-24）。悬臂拼装施工包括块件的预制、运输、拼装及合龙。

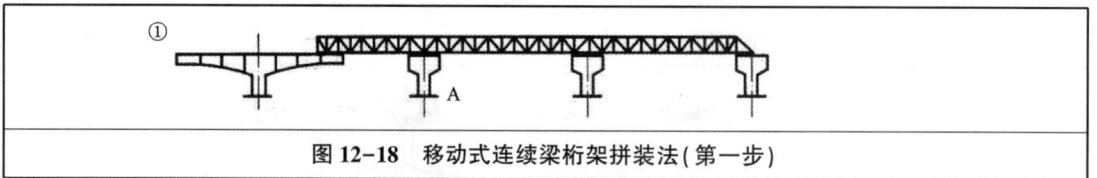

图 12-18　移动式连续梁桁架拼装法（第一步）

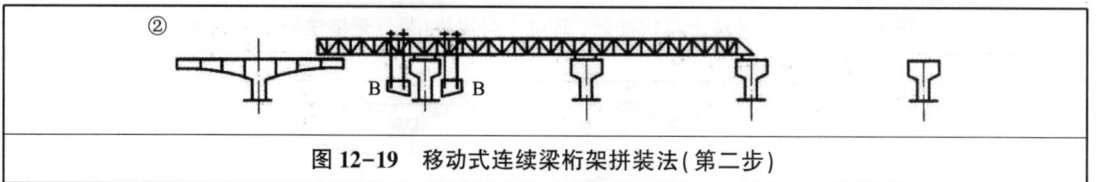

图 12-19　移动式连续梁桁架拼装法（第二步）

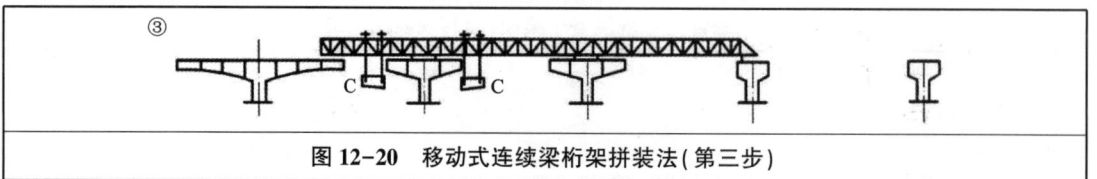

图 12-20　移动式连续梁桁架拼装法（第三步）

④

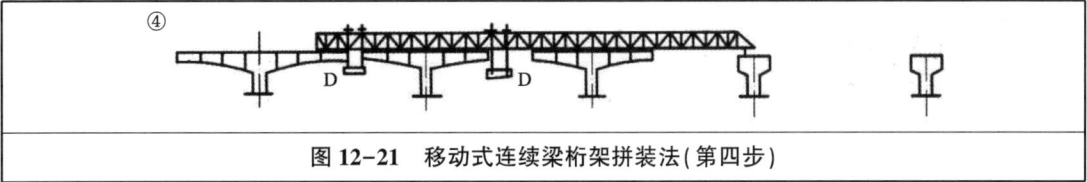

图 12-21　移动式连续梁桁架拼装法(第四步)

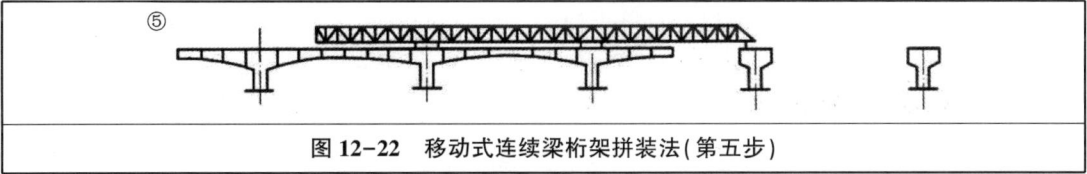

⑤

图 12-22　移动式连续梁桁架拼装法(第五步)

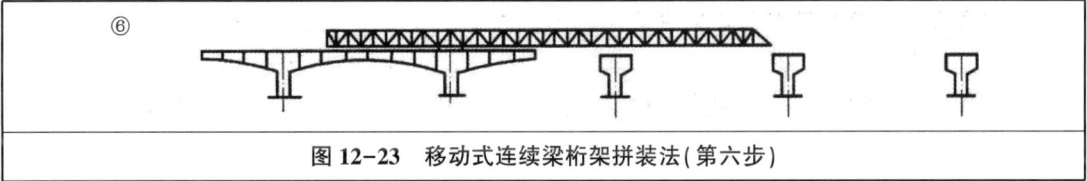

⑥

图 12-23　移动式连续梁桁架拼装法(第六步)

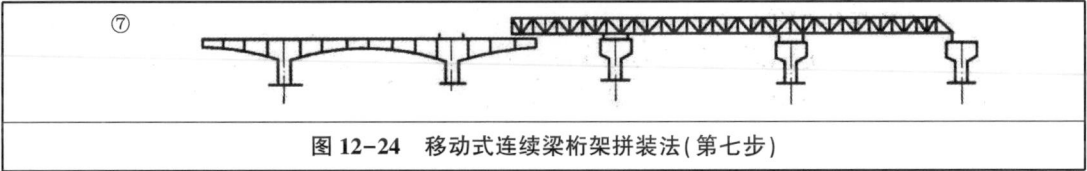

⑦

图 12-24　移动式连续梁桁架拼装法(第七步)

2.悬拼吊机

悬拼吊机由纵向主桁架、横向起重桁架、锚固装置、平衡重、起重系、行走系和工作吊篮等部分组成(图 12-25)。

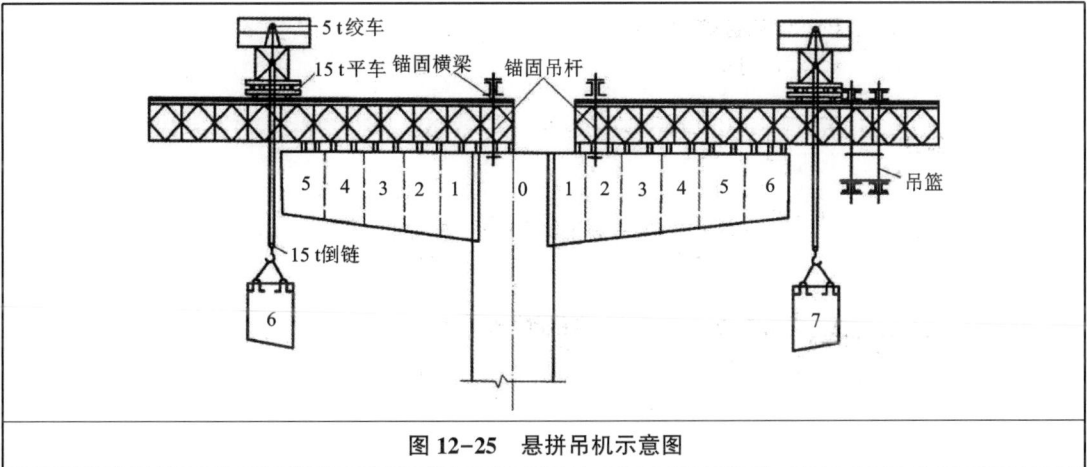

图 12-25　悬拼吊机示意图

悬臂施工法不受桥高、河深等影响,适应性强,在钢筋混凝土梁桥、预应力混凝土斜拉桥以及钢筋混凝土拱桥施工中,已被广泛采用。事实上新型桥的问世及跨度的增大,与桥梁施工方法的研究和发展有着密切的关系。悬臂施工法的采用,进一步促进了预应力混凝土梁桥的迅速发展。

【习题】

1. 顶推法施工流程是什么？
2. 悬臂现浇法施工要点是什么？
3. 悬臂拼装法施工要点是什么？

項目 13

拱桥施工

任务 13.1　拱桥悬臂法施工

拱桥悬臂灌筑法和悬臂拼装施工法是近期发展起来的一种无支架施工方法。这种施工方法的要点是将基肋、立柱、临时斜杆(拉或压杆)及上拉杆(可利用行车道梁或用临时的上拉杆)组成桁架,并用拉杆或缆索将其锚固于台后,然后向跨中悬臂逐节施工,最后于拱顶合龙。

一、悬臂现浇法

1974 年,日本首次成功地采用悬臂现浇法建成了一孔跨径 170 m、矢高 26.5 m 的变截面四次抛物线两铰拱桥(外津桥)。该桥拱圈为双室箱,拱顶宽 8 m,拱脚宽 16 m,采用专用挂篮,结合使用斜拉钢筋的斜吊式悬臂现浇法施工,其主要施工步骤如图 13-1 所示。

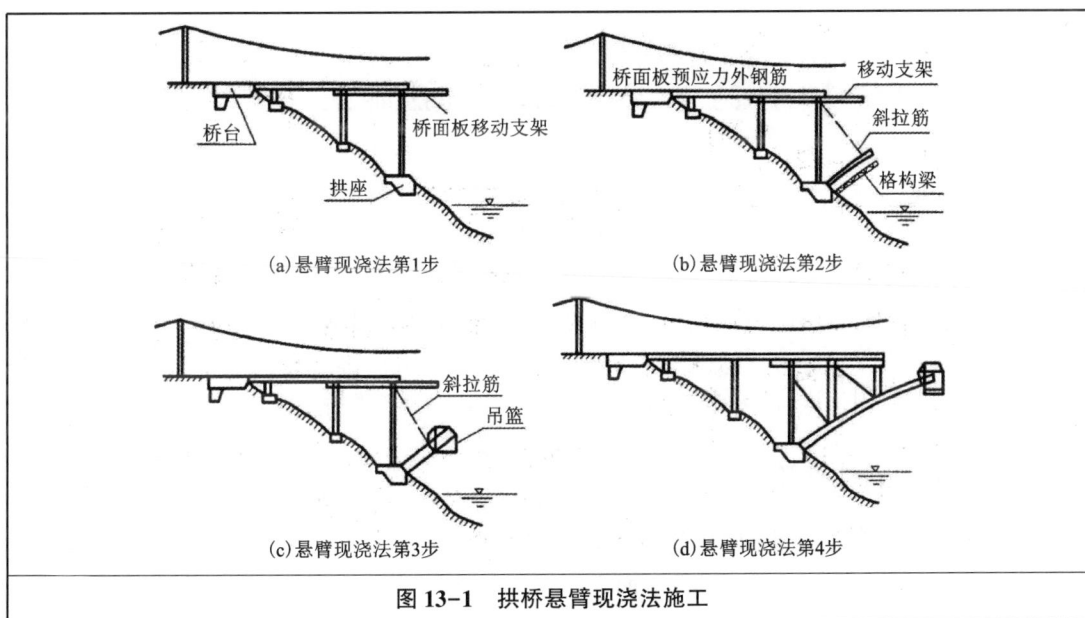

图 13-1　拱桥悬臂现浇法施工

二、悬臂拼装法

图 13-2 为悬臂拼装的一种方法,将拱圈组成的各个部分(侧板、上下底板)和拱上立柱等预制成拼装构件,然后按分段(一般分 3~7 段)组拼成桁架拱片,再用横系梁和临时风构将两个桁架拱片组装成框构,每节框构整体运至桥孔,由两端向跨中逐段悬臂拼装。悬伸出去的拱体通过上弦拉杆和锚固装置固定在墩台上,保持稳定。

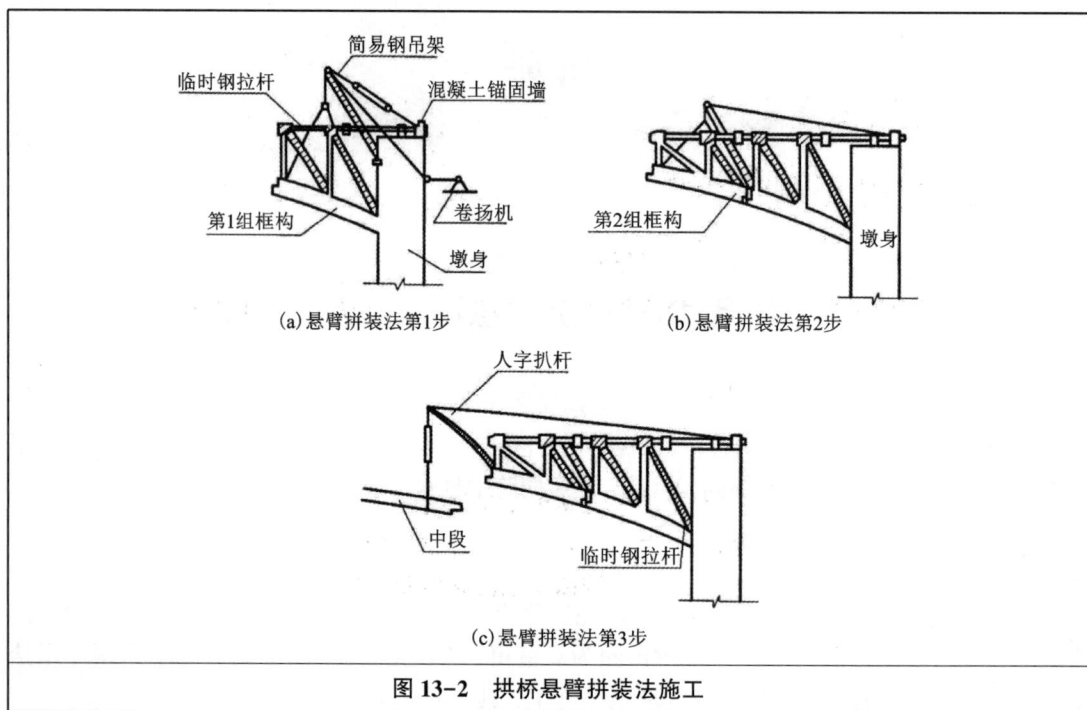

(a)悬臂拼装法第1步
(b)悬臂拼装法第2步
(c)悬臂拼装法第3步

图 13-2 拱桥悬臂拼装法施工

任务 13.2 拱桥转体法施工

当桥梁跨越深谷、水深流急的河道,在城市建造跨越交通繁忙主干道的立交桥,河道不允许断航等情况下,采用转体施工法施工能得到良好的技术和经济效益。转体施工法分为平面转体和竖向转体。平面转体是在河流的两岸或城市主干道两侧进行半桥的预制工作,之后将预制桥梁水平转动至桥位轴线位置,这样就避开在桥位轴线上施工的困难。竖向转体是在桥下地面或水面进行半桥的预制拼装,之后将桥梁结构竖向转动至设计标高。目前我国已将转体施工法广泛应用于拱桥、梁桥、斜拉桥、斜腿刚架桥等各类桥型上部结构的施工中。

一、平面内转体施工

平面转体可分为有平衡重转体施工和无平衡重转体施工。有平衡重转体施工是通过桥梁自身的构件与临时配重组成平衡体系,而无平衡重转体施工则完全通过桥梁自身构件维持转动体系的平衡,可减少因平衡转体而增加的重量与圬工数量。平面内转体施工因转体重量轻,故能增大跨度。

(一)有平衡重平面转体施工

有平衡重转体施工系统由以下几部分组成:转动体系、平衡体系、牵引体系。

1.转动体系

(1)滑道转盘转动体系

滑道转盘转动体系构造由固定的底盘和能旋转的上转盘构成。底盘就是桥台的下部,在底盘和上转盘间设有轴心和环形滑道,如图13-3所示。

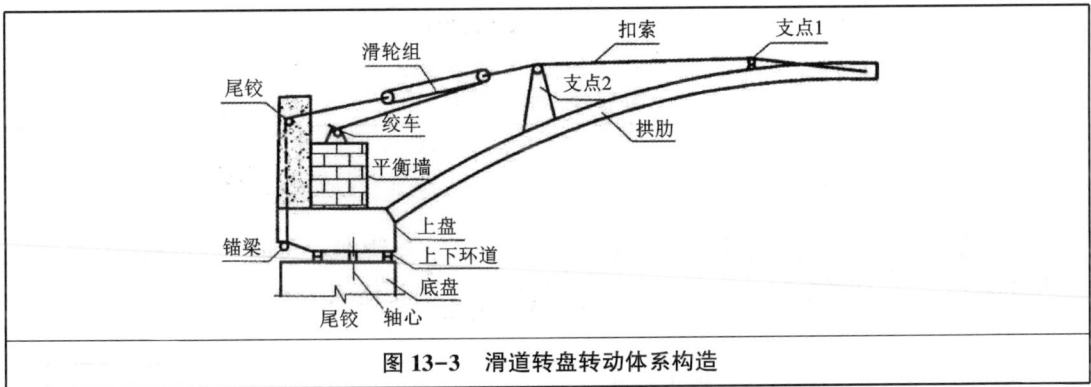

图 13-3 滑道转盘转动体系构造

(2)球面铰转动体系

球面铰转动体系构造是一种以铰为轴心承重的转动装置(图13-4),其特点是整个转动体系的重心必须落在轴心铰上,球面铰既起定位作用,又承受全部转体重力。

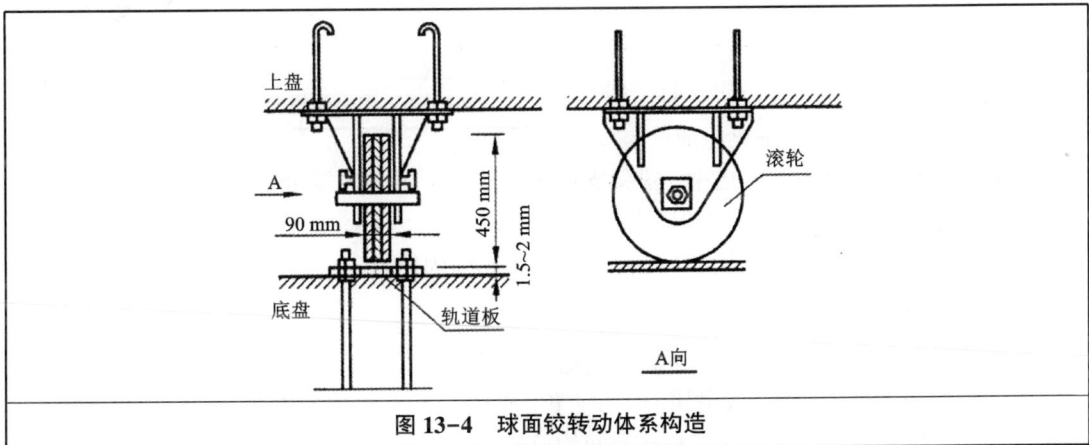

图 13-4 球面铰转动体系构造

2.平衡体系

拱桥转体时,半跨悬臂桥体的稳定依靠平衡重与扣锚体系维持。平衡重可利用部分台身(平衡墙)或另加临时配重。扣锚体系有两种,一种是外加扣索或拉杆,相当于对拱肋施加外部预应力,另一种是利用结构本身构件作拉杆,如桁架拱、钢架拱的上弦,但需加强主筋并将主筋延伸至台背锚固。

3. 牵引体系

拱体转动牵引可利用手摇绞车或手推绞磨配以滑车组和滑车进行(图 13-5)。为使启动平稳，还可用水平放置的液压千斤顶先行启动，后用卷扬机牵引。启动和牵引都应缓慢进行，以免发生过大的振动。

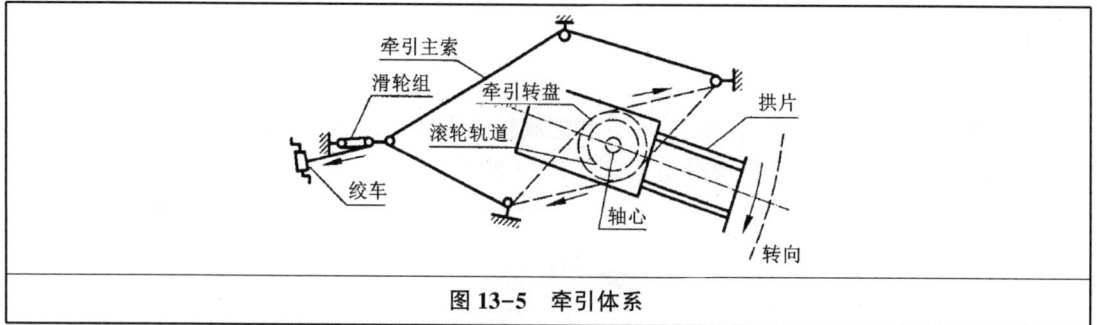

图 13-5 牵引体系

(二)无平衡重平面转体施工

有平衡重转体施工的平衡重，随跨度的增大而增大，当跨度增大至 200 m 时，其平衡重将达 7000 t 以上，这将给施工带来很大困难，同时也将使转体施工方法失去一定的优越性，为此，研究采用无平衡重转体施工新工艺也就变得十分必要。

无平衡重转体施工是将有平衡重转体施工中的扣索锚在两岸岩体中(图 13-6)，从而节省了庞大的平衡重。

无平衡重转动体系由锚固体系、转动体系、位控体系 3 部分组成。

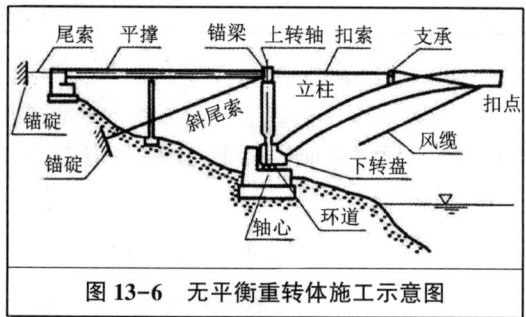

图 13-6 无平衡重转体施工示意图

1. 锚固体系

锚固体系由锚碇、尾索、立柱(桥台)、平撑(或引桥桥面)、锚梁组成。

锚碇布设在引道或边坡岩层中，锚梁支撑在立柱上，尾索两端分别在锚碇及立柱顶的锚梁上。当在尾索(斜尾索)上施加预应力时，平撑承受压力，平撑及尾索(斜尾索)形成三角稳定体，使锚梁和上转轴成为确定的固定点，从而组成锚固体系。

2. 转动体系

转动体系包括有上转动构造、下转动构造、拱箱及扣索。

上转动构造由埋入锚梁(或锚块)中的轴套、转轴和环套组成，扣索一端与环套连接，另一端与拱箱顶端连接，转轴在轴套与环套间均可转动。

下转动构造由下转盘、下环道与下转轴组成。拱箱通过拱座支承在转盘上，转盘卡套在下转轴上，并支承在下环道上，转盘可在下环道上沿下转轴作弧形滑动。

3. 位控体系

位控体系是指扣于拱箱顶端的风缆、无级调速自控卷扬机、光电测角装置和控制台等，用以控制转动过程中转体的转动速度和位置。

二、竖直面内转体施工

如果桥址地形适宜,可将桥跨分为两个半拱,分别在两岸简易支架上灌筑,灌筑时的半拱轴线应与桥轴线一致,支架既可竖直向上(图 13-7),也可沿地面向下。待混凝土硬结后,在半拱的两端间拉一钢索作为临时系杆承受力,然后借复式滑车和钢丝绳使两个半拱在立面上旋转合龙(或向下或向上旋辖)。用这种方法进行拱桥安装架设比较方便,因此转体施工中优先采用的是竖转。

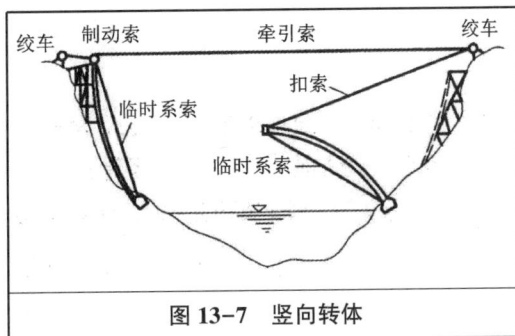

图 13-7 竖向转体

【思政小故事】

郑皆连,1941 年生,四川内江人,桥梁工程专家,中国工程院院士、广西大学土木建筑工程学院教授。自 1965 年起,郑皆连长期从事拱桥科研和工程技术创新工作,曾获 3 项国家科技进步奖、茅以升科学技术奖——桥梁大奖、李国豪原创桥梁技术奖;所主持的大桥项目相继荣获国际桥梁大会最高奖——乔治·理查德森奖、中国土木工程詹天佑奖、中国建设工程鲁班奖等。

很长一段时间,拱桥施工,必搭支架。有一年发大水,百色地区的拱桥支架被冲垮,顺着右江直漂进南宁。郑皆连深受触动:"能不能不立支架建立拱桥?"

"除了怕洪水,传统的支架法还有很多制约:水深流急之地,支架搭建难度大;跨铁路的支架,阻碍火车运行;支架本身还要毁林伐木,成本很高。"郑皆连分析道。

支架的作用是托住拱肋。那么,无支架施工怎么搞?郑皆连反其道而行:"用钢丝绳把拱肋吊起来。"时任广西公路局局长王秀堂非常支持郑皆连的想法,鼓励他大胆攻关。

无先例可循,便蹚出一条新路。简陋的工棚里,郑皆连席地而坐,画图设计——斜拉扣挂松索合龙架设拱肋的方法由此问世。1968 年 10 月 24 日,我国第一座无支架施工双曲拱桥——灵山三里江大桥建成,跨径 46 m。那一年,郑皆连刚满 27 岁。

(资料来源:人民日报)

【习题】

1. 拱桥悬臂施工法的思路是什么?
2. 简述拱桥转体施工。

项目 14

钢桥架设

任务 14.1　悬臂法安装钢梁

一、概述

悬臂拼装是在桥位上拼装钢梁时,不用临时赝架支承,而是将杆件逐根地依次拼装在平衡梁上或在已拼好的部分钢梁上,形成向桥孔中逐渐增长的悬臂,直至拼至次一墩台上。以上称为全悬臂拼装。

若在桥孔中设置一个或一个以上临时支承进行悬臂拼装时称为半悬臂拼装。用悬臂法安装多孔钢梁时,第一孔钢梁多用半悬臂法进行安装。

一般来说,在下列情况下适宜采用悬臂法安装钢梁:

(1)桥比较高,跨度较大的通航河流;水深流急,有流冰或有较多木排的河流;不宜浮运或不能修建满布式膺架时,可考虑采用悬臂安装。

(2)钢梁的结构形式有利于悬臂安装时,如连续桁梁、悬臂桁梁以及多孔简支桁梁等,可考虑悬臂安装。

(3)在安装单孔大跨度简支梁,如借用其他桥的钢梁作平衡梁时,亦可采用悬臂安装。

二、降低钢梁安装应力和伸臂端挠度的措施

1.加设加劲梁

临时拼就的加劲梁和钢梁结合成一个整体结构,使之增大该区段的刚度和强度,从而降低了该段杆件的安装应力,减小了悬臂端的挠度,如图 14-1 所示。

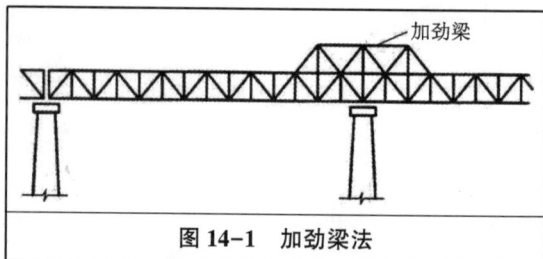

图 14-1　加劲梁法

2. 吊索塔架法

吊索塔架是钢梁安装的辅助结构，如图 14-2~图 14-3 所示。吊索塔架由支承于钢架上的塔架、高强度钢丝束（即吊索）、上下锚箱、上下拉板以及锚箱小车等组成。

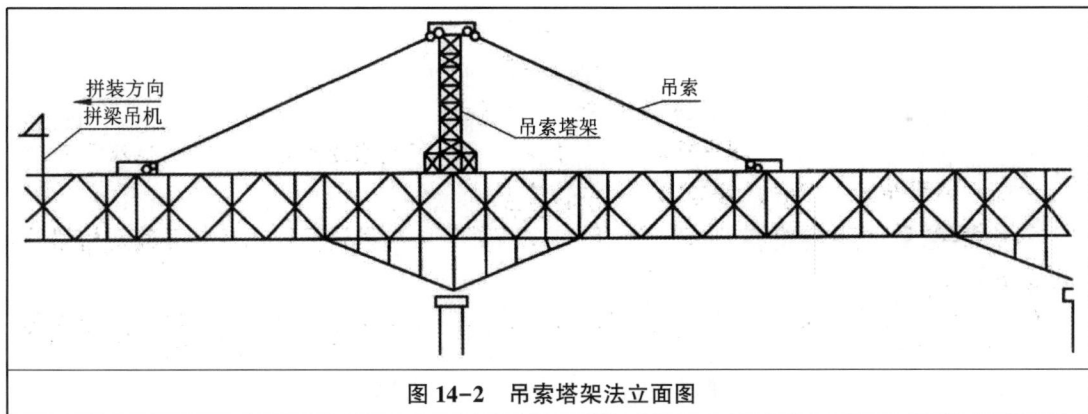

图 14-2 吊索塔架法立面图

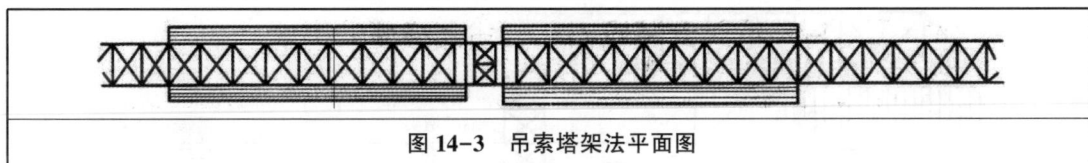

图 14-3 吊索塔架法平面图

3. 安装墩旁托架

为避免钢梁超过安装应力或加固杆件过多，悬臂拼装钢梁时，可在前方墩台的一侧，安装一定长度的临时钢梁（即墩旁托架），如图 14-4 所示。当钢梁悬臂拼装至托架顶部时，则可将梁端支承在托架上，以减小悬臂长度，改善悬臂时的受力状态，减小梁端挠度。

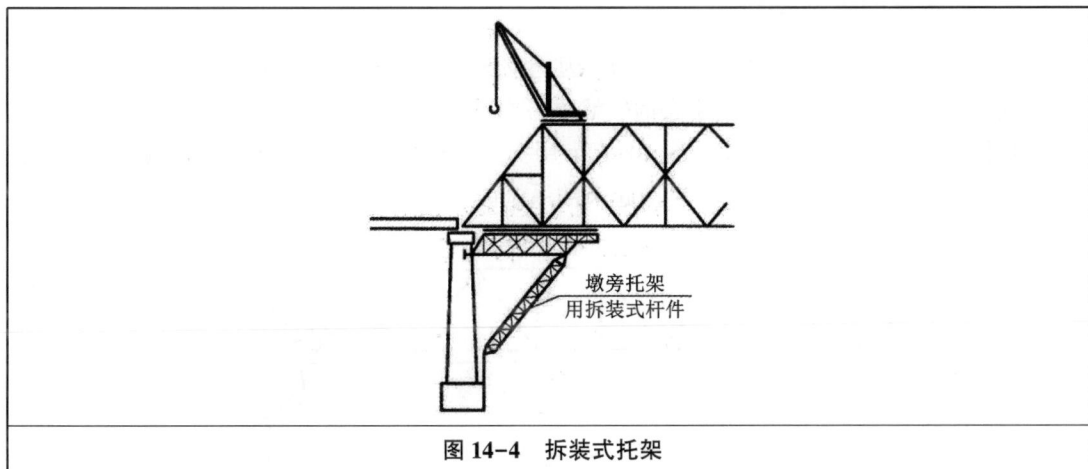

图 14-4 拆装式托架

任务 14.2　拖拉法架设钢梁

钢梁拖拉架设法是将钢梁在桥头路基或临时膺架上进行拼组（铆合或栓接），并在钢梁下（纵梁下或主桁节点下）安设"上滑道"，而在路基或膺架、墩台顶面安置"下滑道"，在"上、下滑道"之间根据施工设计的需要放置一定数量的滚轴，然后通过滑车组、绞车等牵引设备，沿桥轴纵向拖拉钢梁至预定的桥孔，最后拆除附属设备，落梁就位。

一、半悬臂的纵向拖拉

根据被拖拉桥跨结构杆件的受力情况和结构本身稳定的要求，拖拉过程中有时需要在永久性墩、台之间设置临时性的中间墩架，以承托被拖拉的桥跨结构，这就是半悬臂的纵向拖拉，图 14-5 为用拆装式杆件组拼成中间临时墩架的墩架支撑纵向拖拉。

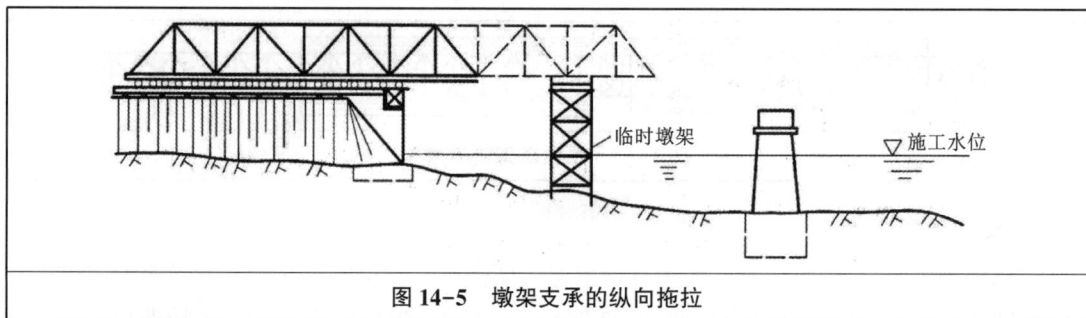

图 14-5　墩架支承的纵向拖拉

二、全悬臂的纵向拖拉

当水流湍急时，不能采用浮运或浮拖，因为河床覆盖层较浅，有时冲淤，不稳定。当不宜于用桩基或在岩盘上建筑临时墩架时，就要考虑使用在两个永久性墩、台之间不设置任何临时中间支承的全悬臂纵向拖拉。图 14-6 为用拆装式杆件组成导梁的全悬臂纵向拖拉。在纵向拖拉时，导梁的长度须使整个连接起来的系统能保证稳定。

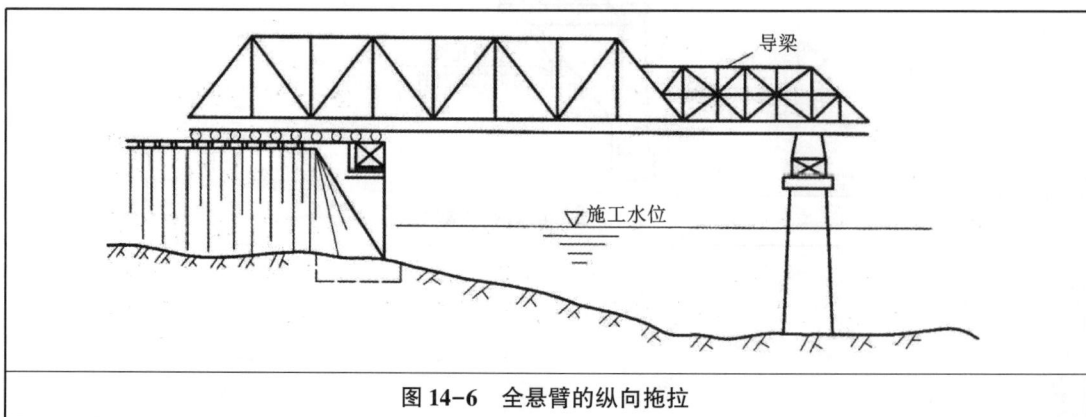

图 14-6　全悬臂的纵向拖拉

任务 14.3　顶推法架设钢梁

一、顶推法思路

在沿桥纵轴的路基或墩架上拼组钢梁，然后用固定在桥台上的千斤顶通过临时安装在梁身上的拉条，向桥位上顶推梁体使之在桥墩台顶上滑动(不用拉条，而用千斤顶直接在梁体后顶推亦可)，推顶一段后，用预先布置在桥台顶上的千斤顶，将梁顶起，更换滑板的位置，继续推顶，直至全梁到达正式桥位后，落梁就位(图14-7)。

桥梁的顶推施工多用于预应力钢筋混凝土等截面连续梁桥和钢箱梁、钢桁梁桥的施工。

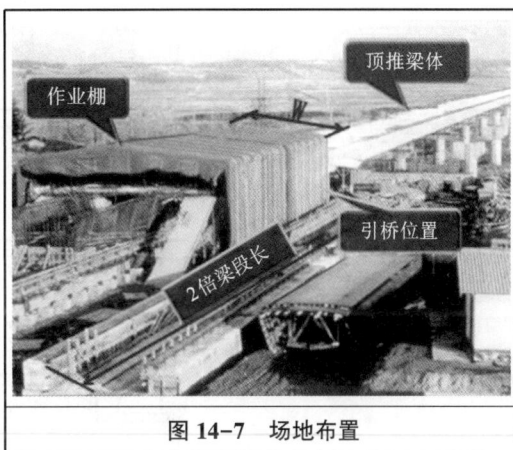

图 14-7　场地布置

二、顶推装备

顶推过程(图14-8)中使用的装备主要是滑动装备、千斤顶(拉力千斤顶和起落梁用的千斤顶)，必要时可采用导梁及吊索。

滑动装置一般采用的是聚四氟乙烯材料的支撑板(图14-9)以及安全放在墩台支承上的刨光镀铬的不锈钢板。图14-10为顶推法墩顶布置的示意图。

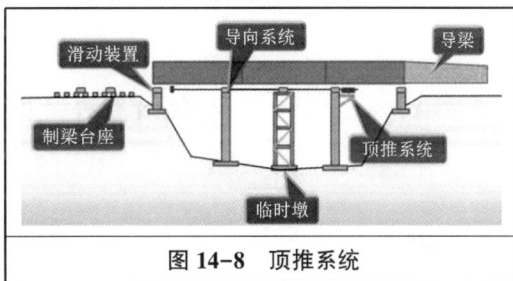

图 14-8　顶推系统

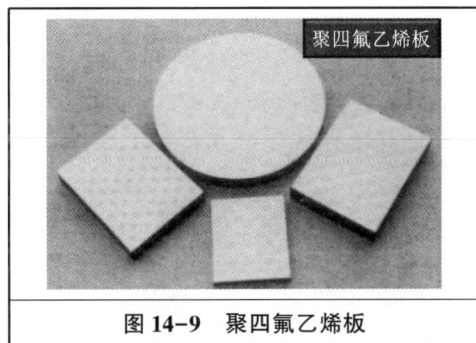

图 14-9　聚四氟乙烯板

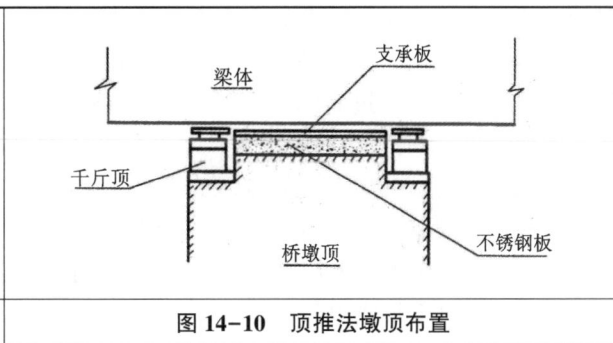

图 14-10　顶推法墩顶布置

三、分段顶推法

每次顶推的行程可视桥墩的顺桥向宽度适当决定，一般限制在 1 m 左右。每推顶一次前进 1 m，逐次进行。该法被称为分段推进法，其主要步骤如图 14-11 所示。

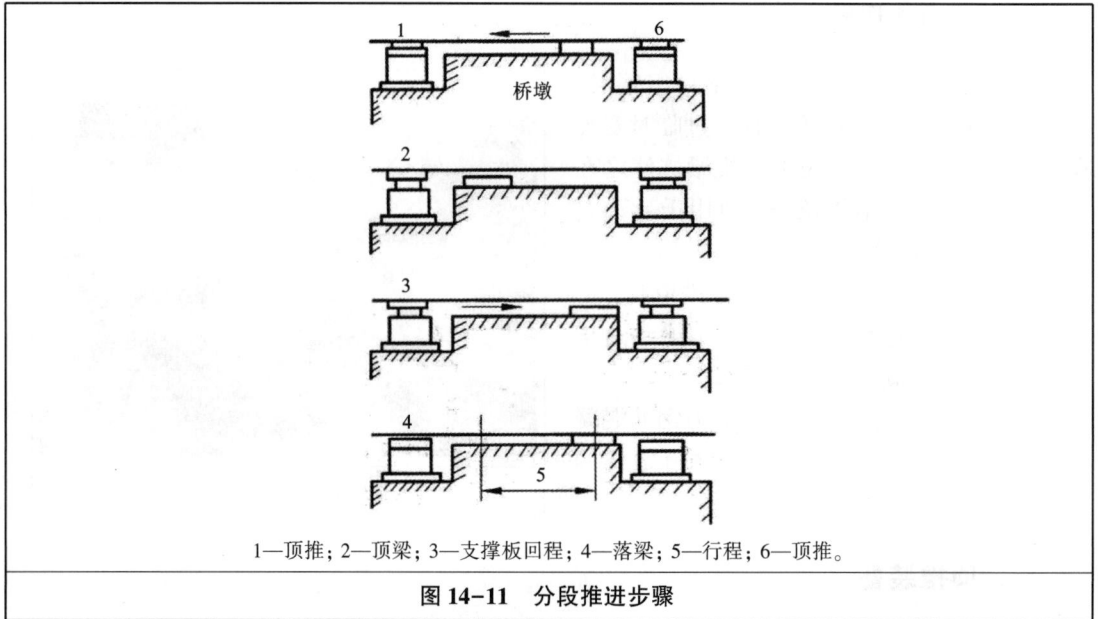

1—顶推；2—顶梁；3—支撑板回程；4—落梁；5—行程；6—顶推。

图 14-11　分段推进步骤

任务 14.4　浮运法架设钢梁

一、概述

浮运架设法是在桥位下游侧的岸上，将钢梁拼铆（或栓合）成整孔后，利用码头把钢梁移到浮船上，再浮运至预定架设的桥孔上落梁就位。

浮运法架梁对自然条件有一定要求，比如：要求桥孔中有适当水深（如，大于 2 m）；钢梁底面距施工水位不宜过高（如，不大于 12～15 m）；浮运过程中风力与流速不大（如，风力不大于 5 级）；架梁时水位应较稳定；岸边有拼装钢梁的场地和修建码头的条件等。浮运法比较适宜在通航河流和架设孔数较多的情况下使用。

浮运法架梁的主要优点：钢梁拼铆或栓合可在岸上进行，不但减少了在桥孔中的高空作业，而且可与墩台施工平行作业，从而加速全桥的施工进度；架设多孔钢梁时，浮运设备如码头、浮船等可重复使用，节省投资。

二、浮运方法

由于施工季节、水文变化、河床断面、两岸地形以及机具设备等的限制，对浮运法的选择要十分慎重，应进行认真地调查研究，选择一种方法或几种方法配合使用，目前常用的方法有以下两种。

1. 纵移钢梁

在与河岸垂直方向修建一座临时码头，拼铆好的钢梁沿码头纵向移出一定位置后，第1组浮船进入，托起钢梁前半部，继续纵向移出一定位置，第2组浮船进入，托起钢梁后半部，然后浮运至预定桥孔，落梁就位，如图 14-12~图 14-15 所示。

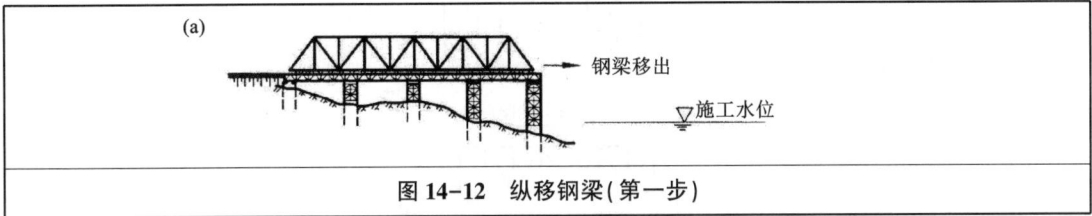

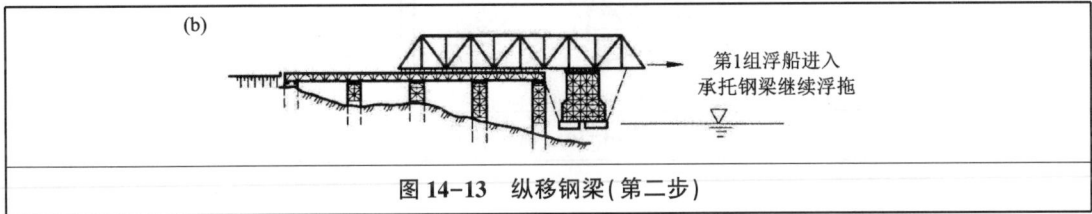

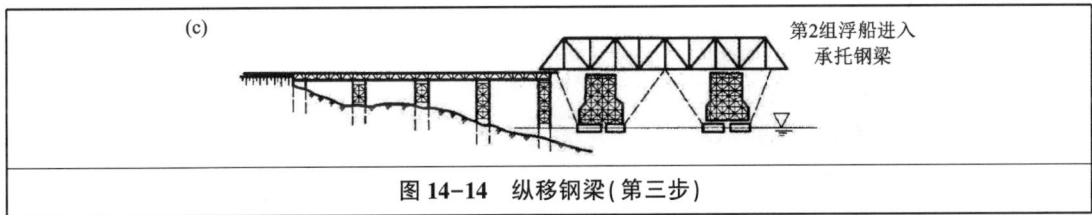

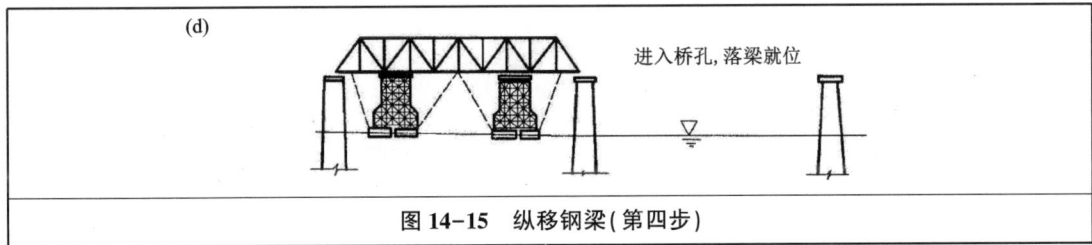

图 14-12　纵移钢梁（第一步）

图 14-13　纵移钢梁（第二步）

图 14-14　纵移钢梁（第三步）

图 14-15　纵移钢梁（第四步）

2. 横移钢梁

根据钢梁的长度，修建两座伸入河中的临时码头。拼铆好的钢梁沿码头横向滚移至码头前端，再将浮船驶入钢梁下面预定的位置，从浮船内抽水，使浮船托起钢梁，然后将钢梁浮运至预定桥孔，落梁就位。这种方法较方便、简单，但码头工作量大，如图 14-16 所示。

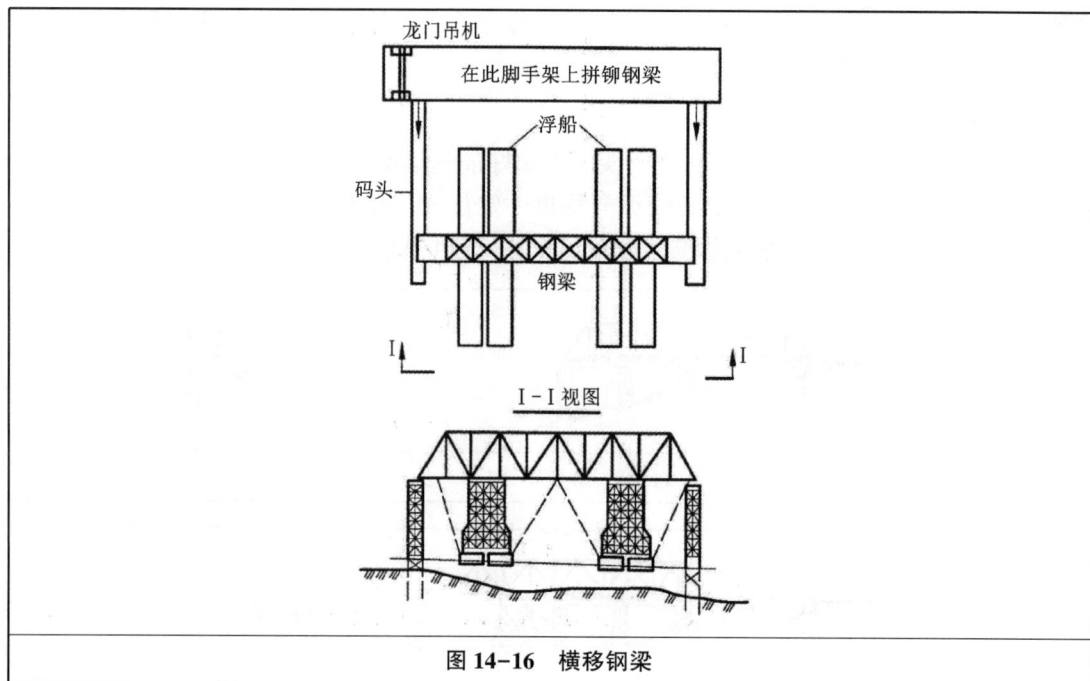

图 14-16 横移钢梁

【习题】

1. 简述拖拉法架设钢梁的思路。
2. 简述浮运法架设钢梁的思路。

项目 15

涵洞施工

铁路跨越河川溪谷时需修建桥梁,跨越较小沟渠时需修建涵洞。涵洞是铁路跨越水流较小的河沟,或为排泄路堤附近的地面水,或路堤在跨越农业排灌沟渠时作为通道而设置的一种建筑物。它还可作为横跨大小道路的立交涵洞,兼作排水和人、畜及车辆的通道。

和小桥相比,涵洞作为过水建筑物有施工简便、构造简单、维修工作量小、承受大于设计洪水时出现水害的机遇比小桥小等优点。然而在纵坡较陡的沟床上布置涵洞比布置小桥困难,在泥沙较多的沟床上,涵洞容易淤塞。

任务 15.1 一般涵洞施工

一、涵洞的施工准备工作

(1)涵洞施工前,应将涵洞的位置、孔径、长度、方向、出入口高程等,与既有沟槽、排水渠道及道路的连接,结合实际地形、地质情况与设计文件进行核对。

(2)修筑涵洞的准备工作主要有场地规划、砂石备料以及基底疏干。

(3)应尽量选择在旱季施工。

(4)为防止水流进入基坑,有小股流水的河沟应临时改沟导流。

二、涵洞基础施工

(一)基坑放样与开挖

(1)涵洞基底纵向有坡度,因此端墙的基础比涵身的基础埋得深。

(2)基坑开挖线应大于基础轮廓线尺寸,以方便施工。

(3)为减少挖基数量,基坑边坡的坡度可比明挖基础放坡开挖的坡度适当放陡。

(4)基坑开挖至设计高程后,作业人员进行清理整平,经监理人员检查确认后定好基础样线,方可修筑基础。

（5）当涵洞较长，挖基数量大，且基底不需作特别处理时，可以采用自上游端开始，逐节开挖、逐节下基、逐节封闭的方法，以免基坑暴露时间过长，且可将涵洞后段开挖的弃土用于前段的回填封闭。

（二）基础砌筑

（1）基坑经检查合格后，应尽可能快地修筑基础，以免基底被水浸泡软化。

（2）基础修筑可分段进行，段与段之间用沉降缝隔离。

（3）上拱度的设置一般采用三角形拱度。

（4）圆涵需将预制的管节安装在基础上作为洞身，这要求各段基础的长度准确，以免造成基础和洞身的沉降缝对不齐。

（5）拱涵和盖板箱涵的基础顶面即为流水面，流水槽两侧应接砌边墙。

三、圆涵施工

新建铁路常需跨越众多的洼地、沟渠等，需要通过水流量很小，适宜采用圆涵，因此，圆涵数量最多。将预制钢筋混凝土管节铺设在事先做好的基础上，就构成了圆涵。

（一）管节生产

（1）管节一般是在专门的成品厂集中生产，再运到各工点进行安装。

（2）预制的管节，其质量应满足下列要求：

①管壁内外应平直圆滑，管节端面平正并与其轴线相互垂直。

②管壁不得露筋，管节表面不得有蜂窝，如有蜂窝则其每处面积不得大于 3 cm×3 cm，其面积和不得超过总面积的 1%，且必须经过修补后方可使用。

③管节在运输、装卸过程中，应防止碰撞和应力集中，避免损坏或产生裂纹。

（二）管节安装

（1）管节安装是指按照管节布置图和安装前在基础上画出的中心线位置把管节安到基础上形成涵洞的施工过程。

（2）管节安装前必须核对基底高程、基础尺寸、质量以及沉降缝的位置。

（3）安装管节的顺序，由下游或上游开始向另一端推进，亦可从中间开始向两端推进。

（4）各管节应顺流水坡度成平顺直线，如果管壁厚度不一致，应在内壁取平。

（5）每一管节安装定位后，应用小石块垫稳，以防走动；待全部管节安装好后，应尽快在管节外侧沿涵洞纵向两边全长的范围内填塞混凝土，做成凹形管座。

（6）做管座前应将管节外壁的泥渣清洗干净。

（7）管节安装所形成的整个涵洞，其纵横断面必须符合设计标准。

（8）双孔涵洞进行安装时，其管节要平行，且不得靠在一起，以免妨碍填筑混凝土。

四、拱涵的拱圈施工

（一）拱架的制作与安装

拱涵的拱架常用的有钢轨拱架和木拱架两种，如图 15-1 所示。

（1）钢轨拱架：应尽可能用整根钢轨弯制成型，以热弯或冷弯法加工均可，其优点是构造简单，省工料，能多次使用。

（2）木拱架：通常采用 5 cm 厚的木板锯成梳形弧板，以铁钉或螺栓双层叠合组成。

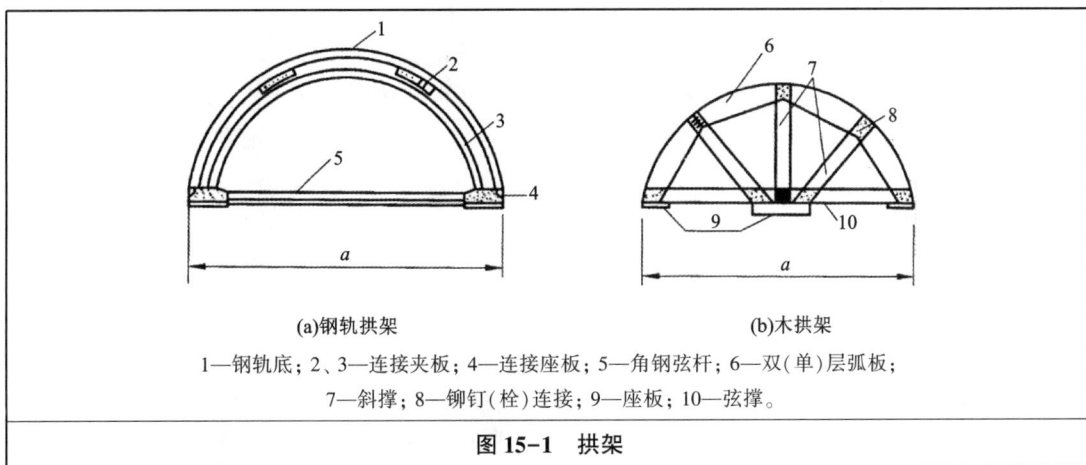

(a)钢轨拱架　　　　　　　　　　(b)木拱架

1—钢轨底；2、3—连接夹板；4—连接座板；5—角钢弦杆；6—双（单）层弧板；

7—斜撑；8—铆钉（栓）连接；9—座板；10—弦撑。

图 15-1　拱架

（二）浇筑拱圈混凝土

（1）已立好的拱架，经过检查无误后，方可砌筑拱圈。

（2）拱圈混凝土应由拱脚两侧向拱顶中间对称浇筑。

（3）就地浇筑的混凝土拱圈，要求一次性浇筑完成，不得中途间歇，以尽量减少施工接缝。

（三）拱架拆除

（1）拱圈砌筑合龙后，拱架的拆除常采用两种方法：

①待拱圈圬工强度达到设计强度的 70% 时，方可拆除拱架，但必须达到设计强度 100% 以后，才能填土。

②当拱架未拆除、拱圈圬工强度达到设计强度的 70% 时，可进行拱顶填土，但应在拱圈圬工强度达到设计强度的 100% 后，再拆除拱架。

（2）拆除拱架，应按程序进行，自中间向两侧，先松开对口木楔，拆除纵向联系，然后再拆除支撑，落拱架。

任务 15.2　防水层、沉降缝及涵洞缺口填土

一、防水层

（1）用作防水层的沥青、麻布、石棉粉等材料，在施工前应检查材质的试验资料，均应符合规定的要求。

（2）沥青与石棉沥青的熬制和敷设：

①铁桶装的沥青，应打开桶口小盖，在火炉上以文火使其熔化。

②熬制处应有屋盖，并应位于工地下风方向。

③熔化后的沥青应熬至175 ℃（不得超过190 ℃）才能使用。

④石棉沥青是将20%的石棉粉掺入80%的沥青中制成。

（3）铺设沥青麻布应在涂敷的热沥青或石棉沥青未凝固时进行，必能黏合成一体。

（4）垫层表面应抹平，凝固后要清刷干净。涂热沥青前垫层必须干燥无水，清洁无杂物。

（5）防水层接头必须重叠，相邻两幅的横向搭接缝应错开，并顺水流方向压盖。

二、沉降缝

（1）为避免涵洞不均匀沉陷的影响，应视土壤情况，每隔3~5 m段间设置一处宽3 cm的沉降缝，但无基涵洞仅在洞身涵节与出入口涵节间设置沉降缝。

（2）基础部分的沉降缝，可用原施工时嵌入的沥青木板防水。如施工时不用木板，也可用黏土或亚黏土填塞。

（3）沉降缝端面应整齐、方正，基础和涵身上下不得交错，填塞物应紧密填实。

（4）斜交涵洞的沉降缝应与涵洞中心线垂直。

（5）岩石地基上的涵洞可不设沉降缝。

三、涵洞缺口填土

（1）建成的涵管圬工达到设计的要求强度后，应及时回填。

（2）填土路堤在涵洞每侧不小于两倍孔径的宽度及高出洞顶1 m的范围内，用不膨胀的土壤从两侧分层对称地填筑并夯实。

（3）用机械填筑涵洞缺口时，须待涵洞圬工达到容许强度后，涵身两侧用人工或小型机具对称夯填高出涵顶至少1 m，然后再用机械填筑。机械填土时，不得从单侧偏推、偏填，以防涵洞遭受偏压产生走动。

（4）冬季施工时，涵洞缺口路堤、涵身两侧及涵顶1 m内，应用未冻结土填筑。

（5）回填缺口时，应将已成路堤的土方挖出台阶。

任务 15.3　桥涵顶进施工

顶进法对铁路运输干扰时间短，不中断行车，能保证铁路正常运营还能保证路基完好和稳定，减少线路恢复工序及大量土方和线上工程。顶进法安全可靠、简便易行、施工进度较快、工期短，特别是所施工的框架成整体结构，刚度大、抗震性能好，有利于防止地表水和地下水渗入桥孔，能保证工程施工质量。另外，基地应力小，顶进施工基本上不受地质条件的限制，受气候条件的影响也较小。

一、一次顶进法工艺原理

(1)在铁路线旁开挖工作坑,做一滑板,在滑板上浇筑钢筋混凝土框架。

(2)为满足开挖土坡的需要及防止两侧土的坍塌,框架前端做成向前突出的刃脚,并安装钢刃。

(3)框架尾部修筑承受反力的后背结构,在后背与框架间安装千斤顶,同时对铁路轨道、轨道的支承进行加固,如图 15-2 所示。

(4)用千斤顶将框架顶进路基。顶进时,不断挖土不断顶进,直至框架按设计要求位置全部顶进路基内。

(5)在顶进过程中,为保障安全,铁路列车要慢行通过。

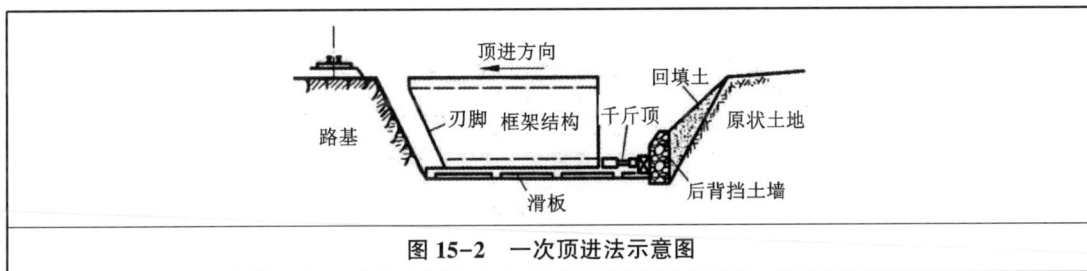

图 15-2　一次顶进法示意图

二、中继间法工艺原理

(1)前节框架以后节框架作后背,用节间设置的中继间千斤顶进行顶进,如图 15-3 所示。

(2)中继间内的千斤顶到达最大行程后,前节框架暂停顶进,而后顶进后节框架。

(3)前节中继间的千斤顶随着后节框架的前进而压缩(回镐),框架最后一节还是要依靠后背的反力完成顶进。

(4)后背的最大反力仅为最后一节框架的顶位,后背工程可大为减少。

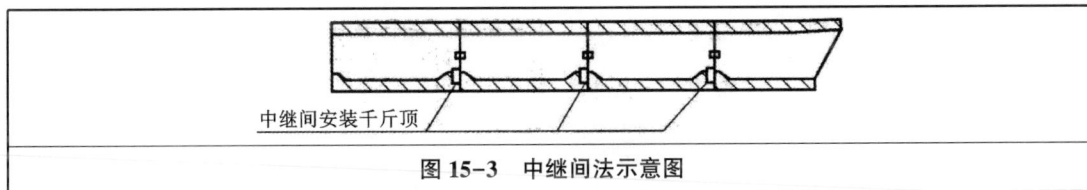

图 15-3　中继间法示意图

三、气垫顶进法工艺原理

(1)在箱身底板与地面接触面之间吸入压缩空气形成垫层。

(2)当气体压力超过箱身自重压力时,箱身将被气体压力微微抬起,可以大大地减少箱身和地面间的接触压力,使箱身摩擦力大为减少,达到减少顶进力的目的,如图 15-4 所示。

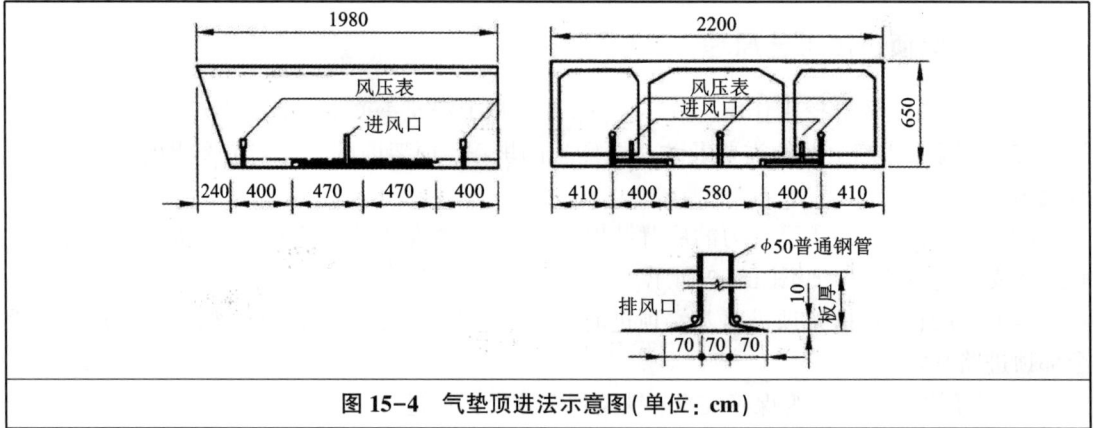

图 15-4　气垫顶进法示意图(单位：cm)

✦✦ 【习题】

1. 简述涵洞的防水措施。
2. 简述涵洞顶进施工的工艺原理。

项目 16

隧道施工基本知识

隧道施工方法是隧道开挖、支护与量测方法、施工技术和施工管理的总称。根据不同的结构用途、水文地质条件、周边环境要求、安全风险分析、成本投入、工程规模、我国国情等条件，我国先后形成了多种隧道工程施工方法。

任务 16.1　隧道施工方法

根据隧道穿越地层的不同情况和目前隧道施工方法的发展，隧道施工方法可按表 16-1 分类。

表 16-1　不同隧道施工方法

隧道类别	山岭隧道	浅埋及软土隧道	水底(江河、海峡)隧道
施工方法	1. 钻爆法(矿山法) (1)传统矿山法 (2)新奥法 2. 明挖法(明洞部分) 3. 掘进机法(TBM 法)	1. 明挖法 2. 地下连续墙法 3. 浅埋暗挖法 4. 盖挖法 5. 盾构法或半盾构法	1. 预制管段沉埋法(沉管法) 2. 盾构法

1. 钻爆法

矿山法因最早应用于矿山开采而得名，在这种方法中，大多数情况都需要采用钻眼爆破进行开挖，故又称为钻爆法。自 20 世纪 60 年代新奥法正式问世以来，矿山法有了长足的发展。由于新奥法从理论到施工上都与旧的矿山法有很大的不同，为了明确概念，矿山法又被分为传统矿山法和新奥法两种。

2. 明挖法

该法是采用先将隧道部位的岩(土)体全部挖除，然后修建洞身、洞门，再进行回填的施工方法。通常用于隧道洞口段、浅埋段或者地下铁道车站施工。

3. 掘进机法

该法以开敞式掘进机破岩，特征是开挖、支护过程为一体的自动化，以围岩自承为主的支护设计理论和复合式衬砌结构为理论与技术为支撑，是一种适用于硬岩特长隧道的施工方法。

4. 浅埋暗挖法

该法适用于隧道埋深浅，多在软弱地层中穿过，对环境保护要求高，施工难度大的情况，强调保护与提高围岩的自承能力，按照"管超前、严注浆、短开挖、强支护、快封闭、勤量测"的"18字方针"，采用复合式衬砌和中小型机械开挖隧道，通常同时采用多种辅助工法以控制地层的变形。

5. 盖挖法

盖挖法是由地面向下开挖至一定深度后，将顶部封闭，其余的下部工程在封闭的顶盖下进行施工的方法。其主体结构可以顺作，也可以逆作。

盖挖顺作法是在地表作业完成挡土结构后，以定型的预制结构（包括纵、横梁和路面板）置于挡土结构上维持交通，往下反复进行开挖和加设横撑，直至设计标高。

盖挖逆作法是先在地表面向下做基坑的维护结构和中间桩柱，和盖挖顺作法一样，基坑维护结构多采用地下连续墙或帷幕桩，中间支撑多利用主体结构本身的中间立柱以降低工程造价。随后开挖表层土体至主体结构顶板地面标高，利用未开挖的土体作为土模浇筑顶板。

6. 盾构法

盾构法是暗挖法施工中的一种全机械化施工方法。它是在地中推进盾构机械，通过盾构外壳和管片支承四周围岩防止发生往隧道内坍塌的危险，同时在开挖面前方用切削装置开挖土体，通过出土机械运出洞外，靠千斤顶在后部加压顶进，并拼装预制混凝土管片，形成隧道结构的一种机械化施工方法。该法的特征是高度自动化，以围岩-支护共同作用为支护设计理论。

7. 沉管法

沉管法是预制管段沉放法的简称，是在水底建筑隧道的一种施工方法。其施工顺序是先在船台上或干坞中制作隧道管段（用钢板和混凝土或钢筋混凝土），管段两端用临时封墙密封后滑移下水（或在坞内放水），使其浮在水中，再拖运到隧道设计位置。定位后，向管段内加载，使其下沉至预先挖好的水底沟槽内。管段逐节沉放，并用水力压接法将相邻管段连接。最后拆除封墙，使各节管段连通成为整体的隧道。

8. 新奥法

1963年，奥地利学者 L·腊布兹维奇教授命名了"新奥地利隧道施工法（New Austrian Tunnelling Method）"，简称"新奥法（NATM）"。它是以控制爆破或机械开挖为主要掘进手段，以锚杆、喷射混凝土为主要支护方法，理论、量测和经验相结合的一种施工方法。同时又是一系列指导隧道设计和施工的原则。新奥法理论的核心是"保护""爱护"岩体，充分发挥围岩的自承能力。

新奥法施工流程如图 16-1 所示。

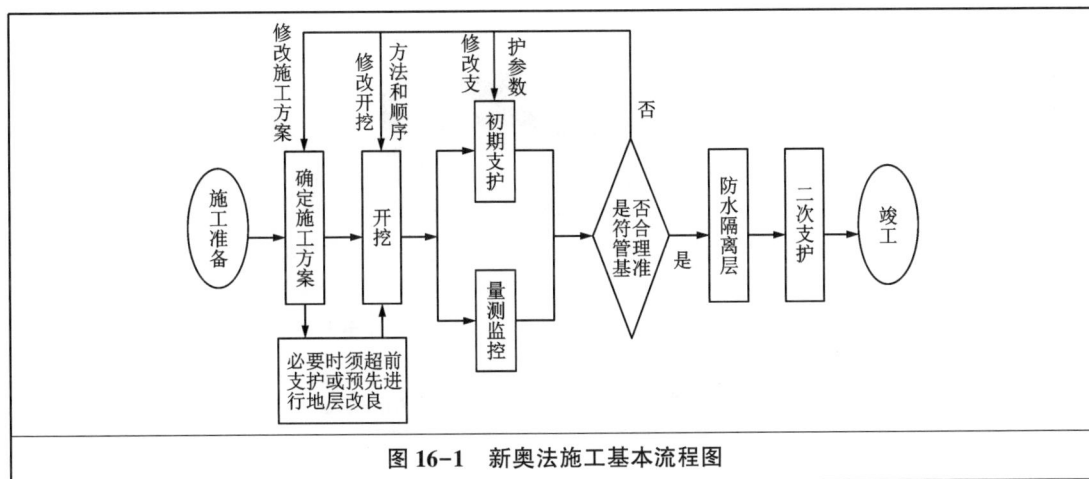

图 16-1 新奥法施工基本流程图

新奥法理论的基本要点：

（1）少扰动。在进行隧道开挖时，要尽量减少对围岩的扰动次数、扰动强度、扰动范围和扰动持续时间。因此，要求能用机械开挖的就不用钻爆法开挖；采用钻爆法开挖时，要严格控制爆破；尽量采用大面积开挖；根据围岩级别、开挖方法和支护条件选择合理的循环掘进尺度；自稳性差的围岩，循环掘进尺度应短一些；支护要尽量紧靠开挖面，缩短围岩应力松弛时间。

（2）早喷锚。开挖后及时施作初期锚喷支护，使围岩的变形进入受控制状态。一方面是使围岩不至因变形过度而产生坍塌失稳；另一方面是使围岩变形适度发展，以充分发挥围岩的自承能力，必要时可采取超前支护措施。

（3）勤量测。以直观、可靠的量测方法和量测数据来准确评价围岩（或围岩加支护）的稳定状态，或判断其动态发展趋势，以便及时调整支护形式和开挖方法，确保施工安全和顺利进行。量测是现代隧道及地下工程理论的重要标志之一，也是掌握围岩动态变化过程的手段和进行工程设计、施工的依据。

（4）紧封闭。一方面采取喷射混凝土等防护措施，避免围岩因长时间暴露而致使强度和稳定性的衰减，尤其是对于易风化的软弱围岩；另一方面更为重要的是适时为围岩旋作封闭支护，这样不仅可以及时阻止围岩变形，而且可以使支护和围岩能进入良好的共同工作状态。

✦ **【思政小故事】**

　　夜深了，你不曾想到，当你熟睡时，衡阳市一隧道深处，有一群穿梭于隧道的工人，正开始他们一天中最重要的工作。直到清晨 7 点，这群"夜行人"才会从隧道深处缓缓走出，此时，他们已是汗流浃背，黝黑的皮肤、灰尘布满的脸颊以及指甲里的污垢，都充分体现着他们那一整晚的工作成效。走出隧道后，他们和交接班的另一群工人相互击掌鼓励，另一群白班工人们便向隧道深处又匆匆走去，留下一道"最美"身影。施工过程虽苦虽累，但他们却以愚公移山的精神，为建设一条过江隧道挥洒汗水，奉献青春年华，他们就是中建市政衡阳市合江套湘江隧道工人（图 16-2）。

（资料来源：衡阳新闻网）

中午12点30分，工人们依然在隧道最深处工作，午饭便放在管片上，用吊机将午饭和管片一同送进隧道，并用轨道车将午饭送到隧道深处的盾构机上。	部分工人会在休息之余喝上一瓶藿香正气水（温度计显示气温为42度）	工人累得趴在栏杆上休息，用冰块敷在额头上降温（温度计显示气温为42度）

图 16-2 中建一局合江套湘江隧道(盾构法施工)

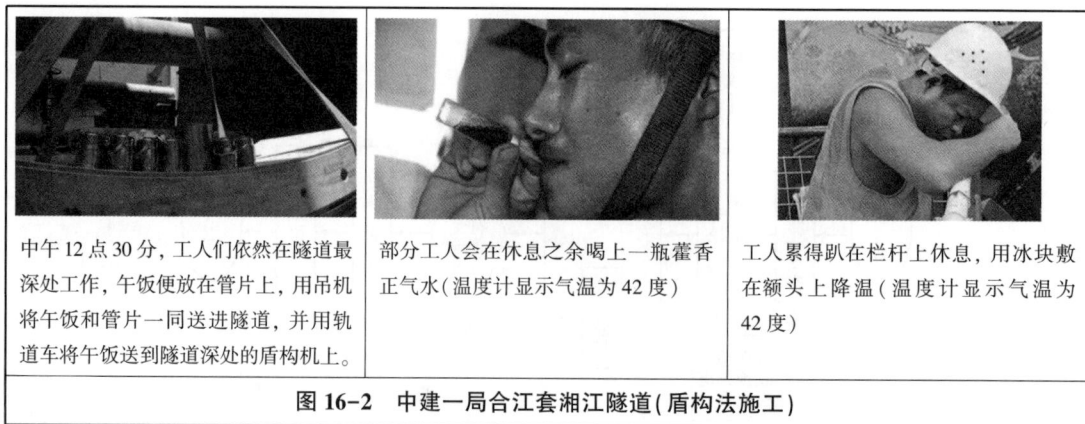

【精品在线课程资源小链接】

图 16-3 《铁路桥隧施工与维护》精品在线课程二维码

任务 16.2 隧道开挖方法

隧道开挖是以钻孔、爆破工序为主，配以装运机械出砟，完成隧道施工的方法，是隧道施工的基本作业之一，占用整个隧道循环中40%左右时间。它的成败与好坏直接影响到围岩的稳定及后续工序的正常进行和施工速度，是隧道建设非常重要的组成部分。

一、凿岩机具

1. 工作原理

工作原理是利用镶嵌在钻头体前端的凿刃反复冲击并转动破碎岩石而成孔。

2. 分类

(1) 风动凿岩机

风动凿岩机又称风钻,如图 16-4 所示,其以压缩空气为动力,优点是结构简单、维修方便、操作容易、使用安全,但压缩空气的供应设备较为复杂,机械效率低、耗能大、噪声大,凿岩速度比液压凿岩机低。

(2)液压凿岩机

液压凿岩机是以电力带动高压油泵,通过改变油路,使活塞往复运动,实现冲击作用,液压凿岩具有以下主要特点:

①动力消耗较小,能量利用率高。液压凿岩机动力消耗仅为风动凿岩机的 1/3~1/2;能量利用率,液压的可达 30%~40%,风动的仅有 15%~20%。

②凿岩速度较快。液压的比风动的凿岩速度快 50%~150%。在花岗岩中纯钻进速度可达 170~200 cm/min。

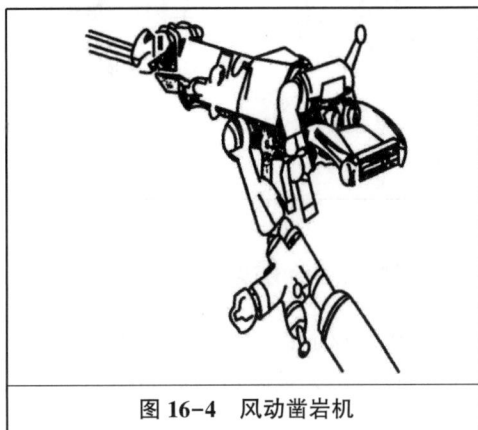

图 16-4 风动凿岩机

(3)凿岩台车

将多台液压凿岩机安装在一个专门的移动设备上,实现多机同时作业,称为凿岩台车,如图 16-5 所示。

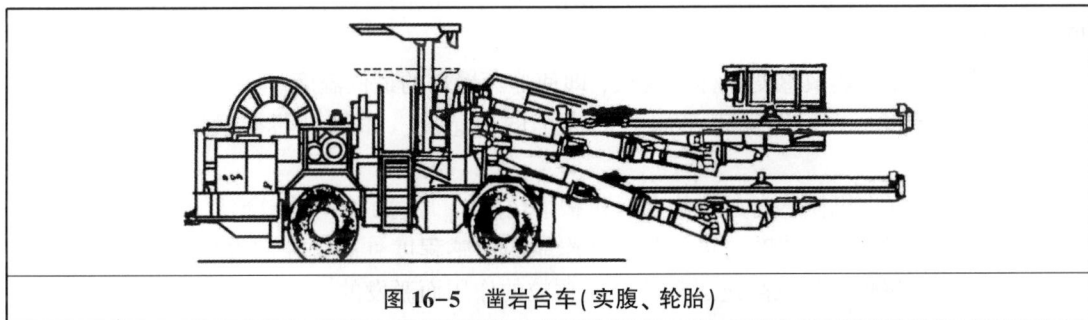

图 16-5 凿岩台车(实腹、轮胎)

实腹式凿岩台车通常为轮胎行走,可以安装 1~4 台凿岩机及一支工作平台臂。其立定工作范围,宽度可达 10~15 m,高度 7~12 m,适用于使用于不同断面的隧道。

二、钻头和钻杆

1.钻头

钻头直接连接在钻杆前端(整体式)或套装在钻杆前端(组合式),常用钻头的钻孔直径有 38 mm、40 mm、42 mm、45 mm、48 mm 等,如图 16-6 所示。

2.钻杆

钻杆尾端套装在凿岩机的机头上,钻头前端则镶入硬质高强耐磨合金钢凿刃。

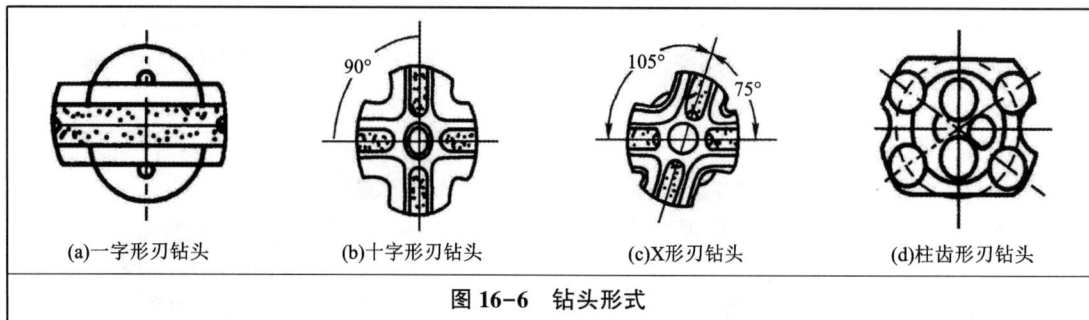

(a)一字形刃钻头   (b)十字形刃钻头   (c)X形刃钻头   (d)柱齿形刃钻头

图 16-6 钻头形式

三、爆破的一般知识

炸药爆炸反应极为迅速，一旦发生爆炸则在瞬间产生大量的高温、高压的气体，在极短的时间内释放出大量能量而对周围介质做功。

(一)炸药的性能

炸药的性能主要取决于其所含的化学成分。主要性能如下：

1.敏感度

敏感度简称为感度，是指炸药在外能作用下爆炸反应的难易程度，也就是炸药爆炸对外界起爆能的需要程度。

(1)热敏感度。热敏感度亦称爆发点，即使炸药爆炸的最低温度。

(2)火焰感度。火焰感度表示炸药对火焰的敏感度。如黑火药接触明火星便易燃烧爆炸。

(3)机械感度。机械感度是指炸药对机械能(撞击、摩擦)作用的敏感程度。

(4)爆轰感度。爆轰感度是指炸药对爆炸能的敏感程度。通常在起爆作用下，炸药的爆炸是由冲击波、爆炸产物或高速运动的介质颗粒的作用而激发的。

2.爆力

爆力是指炸药爆炸所产生的冲击波和爆轰气体对周围介质产生压缩、破坏和抛掷的能力。炸药的爆力越大，其破坏能力越强，破坏的范围及体积也越大。

3.猛度

猛度是指炸药爆炸后对与其接触的局部介质的破碎程度。猛度的大小主要取决于爆速。爆速越高，猛度越大。

4.殉爆距离

殉爆距离是指一个药包爆炸后，能引起与它不相接触的邻近药包爆炸的最大距离。

(二)隧道工程常用的炸药

1.硝酸铵类炸药

它是铵梯、铵油、浆状、乳化等炸药的总称。

(1)铵梯炸药一般由硝酸铵、梯恩梯、木粉三种成分配成。铵梯炸药的特性是敏感度较低，安全性好，威力较高，但吸湿性和结块性强。吸湿、结块后其敏感度大大降低，甚至拒爆。

（2）铵油炸药是由硝酸铵、柴油、木粉三种成分配成。铵油炸药的特性是材料来源多，成本低，安全性高，但敏感度低，起爆比较困难，容易吸湿、结块，爆炸威力较低。储存期一般不能超过 7 天。因成本低，还可以在施工现场配制，故多用于大爆破。

（3）浆状炸药是由氧化剂水溶液、敏化剂和凝胶剂为基本成分组成的混合炸药。浆状（水胶）炸药具有抗水性强、密度高、爆炸威力较大、原料广、成本低和安全等优点，常用于露天有水深孔爆破中。

（4）乳化炸药通常以硝酸铵、硝酸钠水溶液与碳质燃料等通过乳化作用，形成混合炸药，又称为乳胶炸药。乳化炸药具有传爆性能好、抗水性能好、环境污染小、原料来源广和生产成本低等优点。

2.硝化甘油炸药

它又称为胶质炸药，是一种高猛度炸药，其主要成分是硝化甘油。硝化甘油炸药具有抗水性强、密度高、爆炸威力大等优点，适用于有水和坚硬岩石的爆破。

（三）起爆方法和起爆材料

1.火雷管起爆法

这是一种利用点燃的导火索产生的火焰先使雷管爆炸，进而引起药包爆炸的起爆方法，如图 16-7 所示。

2.电雷管起爆法

这是一种利用雷管通电起爆，进而引起药包爆炸的起爆方法，如图 16-8 所示。

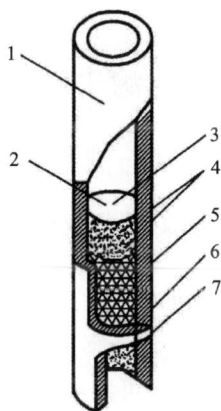

1—加强帽；2—纸壳；3—传火孔；4—副装药；
5—二遍主装药；6—头遍主装药；7—聚能穴。

图 16-7　火雷管构造

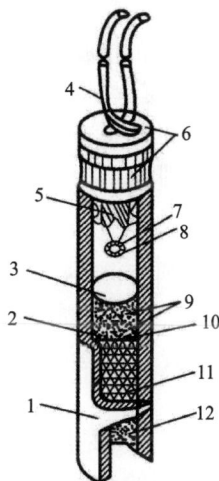

1—纸壳；2—加强帽；3—传火口；4—脚线；
5—铁箍；6—卡口；7—桥丝；8—引火头；
9—副装药；10—二遍主装药；11—头遍主装药；12—聚能穴。

图 16-8　电雷管构造

3.导爆索起爆法

导爆索与导火索外形相似，它是以黑索金等单质炸药为药芯，以棉、麻等纤维为被覆材料制成的索状起爆器材。为了区别导火索，导爆索表面一般染成红色。它的端部用雷管起爆后，便通过自身的爆炸性能引爆整个网路的药包。

4.塑料导爆管起爆法

这是一种新型的不用电起爆的起爆方法。导爆管是一根薄塑料软管，外径约 3 mm，内壁涂有一薄层单质炸药。导爆管必须用起爆枪或者雷管才能起爆，用火或者撞击均不能起爆。

(四) 炮眼布置

合理地确定炮眼布置、数目、深度和角度、装药量和装药结构、起爆方法、起爆顺序等条件，安排好循环作业，正确指导钻爆施工以达到预期的效果。

1.炮眼的种类和作用

隧道开挖爆破的炮眼数目，与隧道断面的大小有关，多在几十至数百范围内，如图 16-9 所示。炮眼类型按其所在位置、爆破作用、布置方式和有关参数的不同可分为如下三种：

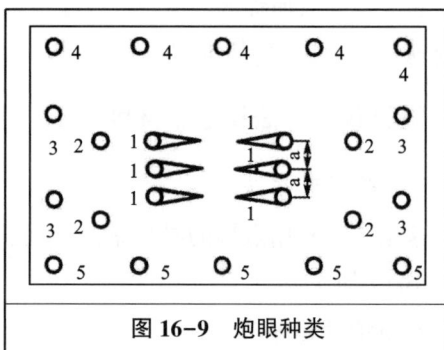

图 16-9　炮眼种类

(1)掏槽眼。针对隧道开挖爆破只有一个临空面的特点，为提高爆破效果，宜先在开挖断面的适当位置(一般在中央偏下部)布置几个装药量较多的炮眼，如图 16-9 的 1 号炮眼。其作用是先在开挖面上炸出一个槽腔，为后续炮眼的爆破创造新的临空面。

(2)辅助眼。位于掏槽眼与周边眼之间的炮眼称为辅助眼，如图 16-9 中的 9 号炮眼。其作用是扩大掏槽眼炸出的槽腔，为周边眼爆破创造临空面。

(3)周边眼。沿隧道周边布置的炮眼称为周边眼，如图 16-9 中的 3 号、4 号、5 号炮眼。其作用是炸出较平整的隧道断面轮廓。按其所在位置的不同，又可分为帮眼(3 号眼)、顶眼(4 号眼)、底眼(5 号眼)。

2.炮眼的布置原则和方法

布置炮眼时，必须获得良好的爆破效果，并考虑钻眼效果。一般按照下列原则：

(1)先布置掏槽眼，其次周边眼，最后辅助眼。

(2)周边眼的位置一般是沿着设计轮廓线均匀布置，其炮眼间距和最小抵抗线长度应比辅助眼小。

(3)辅助眼的布置主要是解决炮眼间距和最小抵抗线的问题，这可以由施工经验决定，一般抵抗线为炮眼间距的 60%~80%。最小抵抗线的值一般取 0.6~0.9 m。

要想取得比较好的爆破效果，除合理布置炮眼及装药外，还应根据各种炮眼所起的作用来确定起爆顺序，一般依次是掏槽眼、辅助眼、底板眼、周边眼。

（五）控制爆破

1.光面爆破

光面爆破是一种控制岩体开挖轮廓的爆破技术，是通过一系列措施对开挖工程周边的部位实行正确的钻孔和爆破，并使周边眼最后起爆的爆破方法。其主要标准为：开挖轮廓成型规则，岩面平整；围岩壁上保存有 50% 以上的半面炮眼痕迹，无明显的爆破裂缝；超欠挖符合规定要求，围岩壁上无危石等。

光面爆破对围岩扰动小，又尽可能保存了围岩自身原有的承载能力，从而改善了衬砌结构的受力状况。围岩壁面平整可以减少应力集中和局部落石现象，保障了施工安全，减少了超挖和回填量。光面爆破还可减轻振动和保护围岩，若与锚喷支护相结合，能节省大量混凝土，降低工程造价，加快施工进度。

2.预裂爆破

预裂爆破是由于起爆周边眼后，其他炮眼尚未爆破之前沿着开挖轮廓线预裂爆破出一条用以反射爆破地震应力波的裂缝而得名。预裂爆破的目的与光面爆破相同，只是在炮眼的爆破顺序上，光面爆破是先引爆掏槽眼，再引爆辅助眼，最后引爆周边眼；而预裂爆破则是先引爆周边眼，使沿周边眼的连心线炸出平顺的预裂面。这个预裂面的存在，对后爆的掏槽眼、辅助眼的爆轰波能起反射和缓冲作用，可以减轻爆轰波对围岩的破坏影响，保持岩体的完整性及爆破后的开挖面整齐规则。

任务 16.3　洞口施工

一、概念

洞口段是指隧道开挖可能给洞口地表造成不良影响（下沉、塌穴等）的洞口范围。一般情况下，可将洞口浅埋段划分为明洞段和暗洞段，如图 16-10 所示。

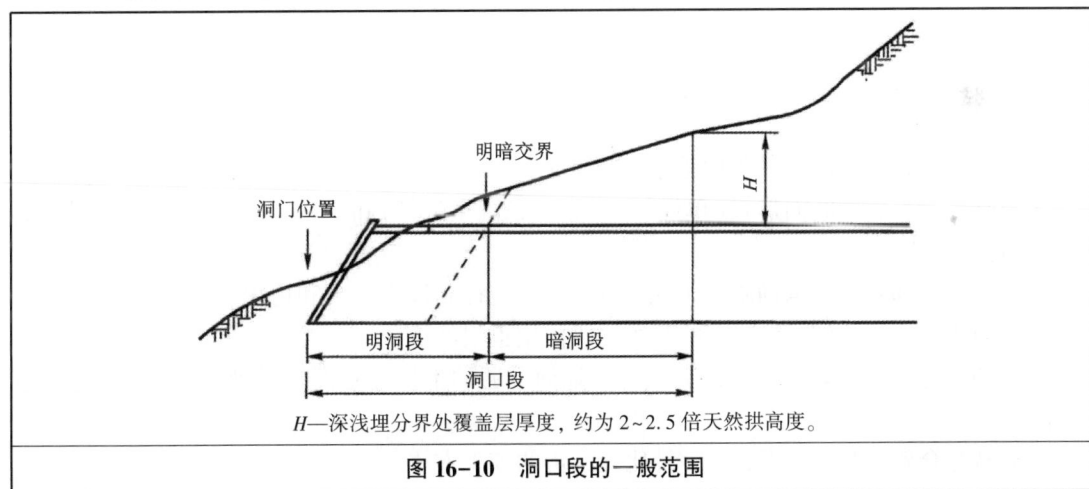

H—深浅埋分界处覆盖层厚度，约为 2~2.5 倍天然拱高度。

图 16-10　洞口段的一般范围

隧道洞口工程主要包括边仰坡土石方、边仰坡防护、路堑挡护、洞门坞工、洞口排水系统、洞口检查设备安装和洞口段洞身衬砌等。洞门结构一般在暗洞施工一段以后再做，边仰坡防护应及时做好。

二、进洞方法

洞口段施工中最关键的工序就是进洞开挖。隧道进洞前应对边仰坡进行妥善防护或加固，做好排水。

1.全断面法进洞

当洞口段围岩为Ⅱ级及以上、地层条件良好时，一般可采用全断面法直接开挖进洞，初始 10~20 m 区段的开挖，应将爆破进尺控制在 2~3 m。洞口 3~5 m 区段可以通过挂网喷混凝土或设钢拱架加强防护，其余施工支护一般采用素喷混凝土支护即可，视情况也可在拱部设置局部锚杆。

2.台阶法进洞

当洞口段围岩为Ⅲ-Ⅳ级、地层条件较好时，可采用台阶法进洞。爆破进尺控制在 1.5~2.5 m。施工支护采用系统锚杆和钢筋网喷射混凝土加强施工支护，必要时设置钢拱架。

隧道洞口地段一般覆盖浅、地质条件差，且地表水汇集，施工难度较大。施工时要结合洞外场地和相邻工程的情况，全面考虑、妥善安排、及早施工，为隧道洞身施工创造条件。

任务 16.4　浅埋暗挖法

一、概念

浅埋暗挖法是以超前加固、处理软弱地层为前提，采用足够刚性的复合衬砌(由初期支护和二次衬砌及中间防水层所组成)为基本支护结构的一种用于软土地层近地表隧道的暗挖施工方法。

二、特点

(1)适用于各种地质条件和地下水条件。

(2)具有适合各种断面形式(单线、双线及多线、车站等)和变化断面(过渡段、多层断面等)的高度灵活性。

(3)通过分部开挖和辅助施工方法，可以有效地控制地表下沉和坍塌。

(4)与盾构法相比较，在较短的开挖地段使用也很经济。

(5)与明挖法相比较，可以极大减轻对地面交通的干扰和对商业活动的影响，避免大量的拆装。

(6)从综合效益观点出发，是一种比较经济的施工方法。

三、原则

(1)管超前。管超前指采用超前管棚或小导管注浆等措施先行支护，实际上是采用超前支护的各种手段，提高掌子面的稳定性，防止围岩松动和坍塌。

(2)严注浆。严注浆指在导管超前支护后，立即压注水泥浆或其他化学浆液，填充围岩空隙，使隧道周围形成一个具有一定强度的客体，以增强围岩的自稳能力。

(3)短开挖。短开挖指一次注浆、多次开挖，即限制一次进尺的长度，减少围岩的松动。

(4)强支护。强支护指在浅埋的松软地层中施工，初期支护必须十分牢固，具有较大的刚度，以控制开挖初期的变形。

(5)快封闭。快封闭指在台阶法施工中，如果上台阶过长，变形增加较快，为及时控制围岩松动，必须采用临时仰拱封闭，开挖一环，封闭一环，以提高初期支护的承载能力。

(6)勤测量。勤测量指对隧道施工过程进行经常性地测量。掌握施工动态，并及时反馈以指导设计和施工。

✦ 【思政小故事】

　　许志仁，隧道及地下工程施工技术专家。在宝成线八庙沟隧道施工中，首创漏斗棚架开挖法。在川黔线凉风垭长隧道首次采用平行导坑辅助施工法，开创了中国长隧道施工的一种模式。在主持和指导成渝、成昆等十多条铁路干线重点隧道施工中，连创快速成洞和顺利通过不良地质新纪录。许志仁指导完成了国内地铁首次采用暗挖法施工，为我国隧道及地下工程技术发展作出了重要贡献。

　　改革开放以来，北京、上海、广州等一些大城市的城市化发展很快，用地紧张。为缓解地面用地紧张压力，开发利用地下空间工作受到重视，如地铁、地下停车场等工程项目的实施建设被提到议事日程。

　　许志仁为推动这一新领域建设项目的发展，作出了很大的贡献。例如计划中的北京地铁复八线，地处东西长安街，途经天安门，如果仍然沿用原来的明挖法建设，对地面和环境的干扰影响必将巨大，是困扰多年起步缓慢的重要因素。

　　许志仁和隧道局职工一起，在军都山隧道浅埋段施工技术基础上，针对北京市冲积砂、砾石浅埋地层，编制了折返线大断面暗挖施工方案，终于在国内完成了第一条用暗挖法修建的地铁工程。该项技术现已发展成为一种施工方法——浅埋暗挖法。

(资料来源：百度百科)

✦ 【习题】

1.隧道常见的施工方法有哪些?
2.洞口施工应注意什么?
3.隧道开挖方法有哪些?

项目 17

辅助坑道施工

辅助坑道施工宜采用喷锚支护，在斜井、竖井井段中地质不良地段、井底调车场、作业洞室等处应加强支护，在特殊情况下，应在开挖前采取超前支护措施。各种辅助坑道的适用条件及其特点见表 17-1。

表 17-1 辅助坑道的适用条件及特点

类型	适用条件	特点
横洞	1. 隧道沿河傍山，侧面覆盖不厚； 2. 隧道洞口桥隧相连施工互相干扰，或影响弃砟及场地布置； 3. 洞口地质不良或路堑土石方数量大，工期紧迫，难以及时从正洞进洞； 4. 横洞长度一般小于 1/10~1/7 隧道长度。	能增加正洞工作面，设备简单，施工及管理方便，出砟、进料运输距离较短，但通风排烟较差，故事先应做好通风机具准备，施工中搞好通风管理。
斜井	1. 隧道傍侧有较低地形，覆盖不厚； 2. 井身地质较好，地下水不大。	能增加正洞工作面，出砟、进料运输距离较短，但要有提升设备。
竖井	1. 隧道洞身局部地段覆盖层较薄； 2. 井身地质较好，地下水不大。	能增加正洞工作面，出砟、进料运输距离较短，但提升设备较复杂，深度大于 150 m 者增加造价很大
平行导坑	1. 长度较大的深埋隧道，难以采用其他类型的辅助坑道； 2. 有大量地下水或瓦斯。	能增加正洞工作面，提高施工速度，解决施工通风、排水和运输干扰等，超前正洞可起到提前预报地质的作用。

一、横洞施工注意事项

1. 进洞时机

横洞施工宜及早进洞，尽量少施作洞口土石方，进洞前应根据地质情况，妥善加固边仰坡。横洞施工方法，应根据其断面大小及地质情况综合确定。横洞洞身应根据地质条件及是否用作永久通风洞而进行局部或全部衬砌。

2. 工作面设置

一般情况下，横洞较短，比较经济，因此在地形条件允许时，宜优先考虑横洞来增辟工作面。

3. 运营通风口

在考虑横洞作为运营时的通风口时，横洞断面大小应按通风要求及施工需要一并考虑，并宜修筑永久衬砌。

4. 正洞衔接

隧道洞口处桥隧相连有时影响施工，或是在地质条件差、地形条件不利、路堑开挖量大尚未完工而需进洞等情况下，可利用横洞进入正洞，从而避免施工干扰并达到提前进洞的目的。

二、斜井施工注意事项

1. 炮眼

开挖时炮眼的方向应与斜井倾角一致，底眼可适当向下倾斜，并加深 10%~20%。

2. 扒砟

采用耙斗装砟机扒砟，一般每 20 m 移动一次，距工作面安全距离不小于 6 m，每次移动后均应检查机身与固定装置是否牢靠。装砟时，除驾驶员外，其他人员均应退至安全地点，工作中要注意保护电线路。装砟后应对机械进行检查、保养并用挡板防护。

3. 倾角

斜井施工需要支护的地段，宜采用喷锚支护。倾角大于 25° 的斜井，也可采用构件支撑，其支柱斜度宜为斜井倾角的一半。

4. 衬砌

斜井一般不做衬砌，对于井口及井底车场地段，为了保证安全，可做一定长度的衬砌。当斜井通过不良地质或渗水严重地段时，也需做衬砌。衬砌一般采用弧形拱圈及直边墙的形式。

三、竖井施工注意事项

1. 炮眼

一般采用钻眼爆破的方法开挖炮眼，用人力装砟。按照平面布置的要求，在布置竖井的抽水管路附近设加深的掏槽炮眼，以便爆出集水坑。

2. 支护

向下掘进时，每掘进一定深度（一般为 2 m）应根据地质条件对竖井井壁进行支护。支护可采用临时木框架，也可灌注混凝土护壁。为了确保安全，竖井的井口应在开挖前设置混凝土锁口圈。

3. 井口

施工中，井口、井底需有必要的安全措施及通信信号设备。

4. 衬砌

围岩较破碎时，竖井需修筑永久衬砌，其开挖面与衬砌之间的距离不宜超过 30 m，衬砌厚度由计算确定，应不小于 20 cm。

四、平行导坑施工注意事项

1. 进度

平行导坑的施工,应配备较强的设备及专业工班快速掘进,以确保平行导坑超前正洞两个横通道的距离。但也不宜超前太远,否则平道坑内通风困难。

2. 风水管路

平行导坑内应单独安设风水管路,采用高效配套的有轨运输。

3. 交叉口

平行导坑与横通道的交叉口,应在平行导坑掘进时一次挖成,以减少对平行导坑掘进的干扰。

4. 支护

平行导坑宜优先使用喷锚支护。平行导坑与横通道交叉口处,跨度较大,围岩压力亦较大,支护应予加强。

5. 衬砌

平行导坑一般可不修筑衬砌,但作为永久通风道或泄水洞时应作衬砌。平行导坑内地质复杂,渗漏严重、空间大、暴露时间长的地段也应修筑衬砌。衬砌一般采用直边墙、曲拱的形式,用衬砌片石或混凝土等材料筑成。

6. 运输

平行导坑一般作有轨运输。

✦⁺ 【思政小故事】

走在鄂北水利项目纪洪隧洞施工现场,韩华林(图 17-1)打着手电筒,一边走一边认真地检查着现场情况,这条长达 10.35 km、高风险的水利隧道对于身经百战的他而言,只是经历的众多难关中的普通一个。而韩华林,如往常一样,以兢兢业业的态度管理着现场。

图 17-1 韩华林

现年 56 岁的韩华林任公司鄂北水资源配置工程项目副经理,自 1984 年入职以来,他一直坚守在施工一线,既有线、桥梁、隧道……各式各样的难题都难不倒这位现场管理专家,特别是隧道施工领域,更是老韩的拿手好戏。

斜井施工是隧道施工的"老大难",该工区 2 号斜井地质条件不稳定,洞内突泥涌水、拱顶掉块,掌子面开挖变形严重,工友们形容这是"在稀泥里面掏洞子"。针对一系列的难题,韩华林首先决定进洞加固,机械无法进洞,就人工开挖,他带领大伙连续奋战两天两夜,排除了险情。随后,韩华林又立刻组织技术人员开展方案研讨,采取了缩短掌子面与二衬施工距离、加强锚杆支护、更换工字钢型号等一系列措施,确保了洞内施工安全和平稳推进。

(资料来源:中铁十五局集团三公司)

【习题】

1. 简述斜井施工要点。
2. 简述平行导坑施工要点。

项目18

隧道防排水技术

任务 18.1 概述

一、防排水原则

《铁路隧道设计规范》(TB 10003—2016)规定,隧道防排水应遵循"防、排、截、堵相结合,因地制宜,综合治理,保护环境"的原则,采取切实可靠的设计、施工措施,保障结构物和设备的正常使用和行车安全。地表水和地下水应妥善处理,隧道的洞内外应形成一个完善的防排水系统。

(1)"防"——要求隧道建立具有一定自防水能力的防水体系,能防止地下水的无度渗入,确保隧道的使用功能,同时也使地下水环境处于可控状态,如衬砌采用防水混凝土或设置防水板、防水层等。

(2)"排"——隧道有完善的排水系统并充分利用,以减小渗水压力、维护结构安全,但需注意防范大量排水诱发的不良后果,如:围岩颗粒流失、围岩稳定性降低、次生灾害及水环境的破坏(造成当地农田灌溉和生活用水困难、水体污染)等。

(3)"截"——隧道顶部如有地表水易于下渗的通道、可能直接补给隧道的水系、坑洼积水等,需设置截、排水沟等设施;当地下水丰富、来源明确而隧道排水能力不足时,应于地下水来源一侧设置具有截水功能的泄水洞。

(4)"堵"——隧道附近有直通隧道的漏斗、管道等设施时,采用堵塞封闭的工程措施防水;隧道施工过程中,有涌、突水时,采用注浆等方式封堵地下水径流通道;运营隧道时渗漏水采用注浆、喷涂防水层、嵌填防水材料等措施堵水。

(5)保护环境——这是防排水设计的重点,应尽可能减少对水环境的影响,防止水土流失,避免次生灾害。

二、分类

隧道可分为防水型隧道和排水型隧道两类。

1.防水型隧道

防水型隧道通过采取各种措施,如防水层、止水带等,将水封堵在隧道衬砌之外。不排水的全封闭防水型隧道广泛应用在静水头不超过 30 m 的地方,如武广客运专线浏阳河隧道就是采用全防水型。防水型隧道中也要设置排水系统,为隧道渗漏水预留排水通道。

2.排水型隧道

排水型隧道又可以分为控制排水型和不控制排水型。在高水位以及不允许过量排放地下水处修建隧道时,应采取"以堵为主,限量排放",即"控制排放"的原则。地下水允许排放量是根据隧道周围的具体情况确定的,如挪威的奥斯陆峡湾跨海通道。

三、防水等级标准

防水等级标准见表 18-1。

表 18-1　防水等级标准

等级	等级标准
一级	不允许渗水,结构内缘表面无湿渍
二级	(1)不允许漏水,结构内缘表面可有少量因渗水形成的湿渍或水膜; (2)总湿渍面积不大于总防水面积的 2/1000; (3)任意 100 m² 防水面积上的渗水点不超过 3 处,其单个形成的湿渍或水膜面积不大于 0.2 m²; (4)平均渗入水量不大于 0.05 L/(m²·d),任意 100 m² 防水面积上的渗入水量不大于 0.15 L/(m²·d)
三级	(1)有少量漏水点,不得有线流或漏泥沙,安装设备的孔眼不渗水; (2)任意 100 m² 防水面积上的漏水、渗水形成的湿渍或水膜不超过 7 处; (3)单个湿渍或水膜面积不大于 0.3 m²; (4)单点漏水量不得大于 2.5L/d
四级	有漏水点,不得漏泥沙

任务 18.2　隧道防水措施

隧道防水工程措施包括:(1)围岩注浆堵水、(2)初期支护喷射混凝土防渗、(3)防水层防水、(4)施工缝及变形缝防水、(5)衬砌自防水、(6)衬砌背后回填注浆等。

一、围岩注浆堵水

对地下水发育、地下水无控制排放影响生态环境等情况,采用开挖前预注浆或开挖后围岩注浆等措施对地下水进行截堵,这是防排水系统设计的重要措施。在隧道开挖线外围一定范围内注浆截断或阻塞地下水与隧道之间的水流通路,如图 18-1~图 18-2 所示,达到限制地下水排放量及排放方向的目的,同时起到加固围岩的作用,改善隧道受力条件,从而保证隧道运营安全。注浆材料可选择普通水泥、超细水泥或化学浆液等。

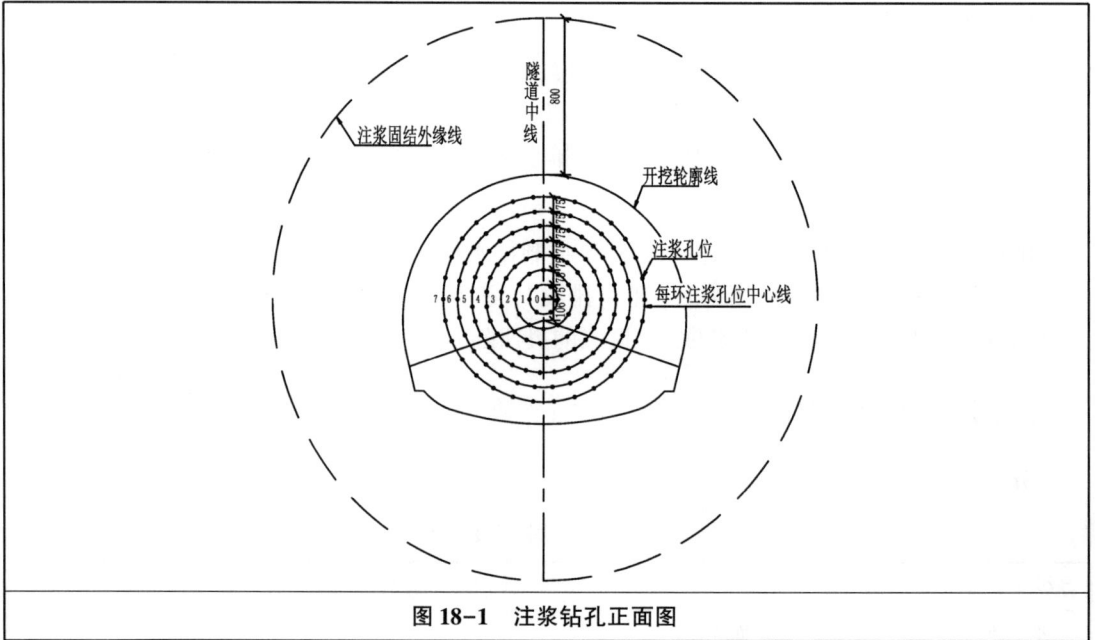

图 18-1 注浆钻孔正面图

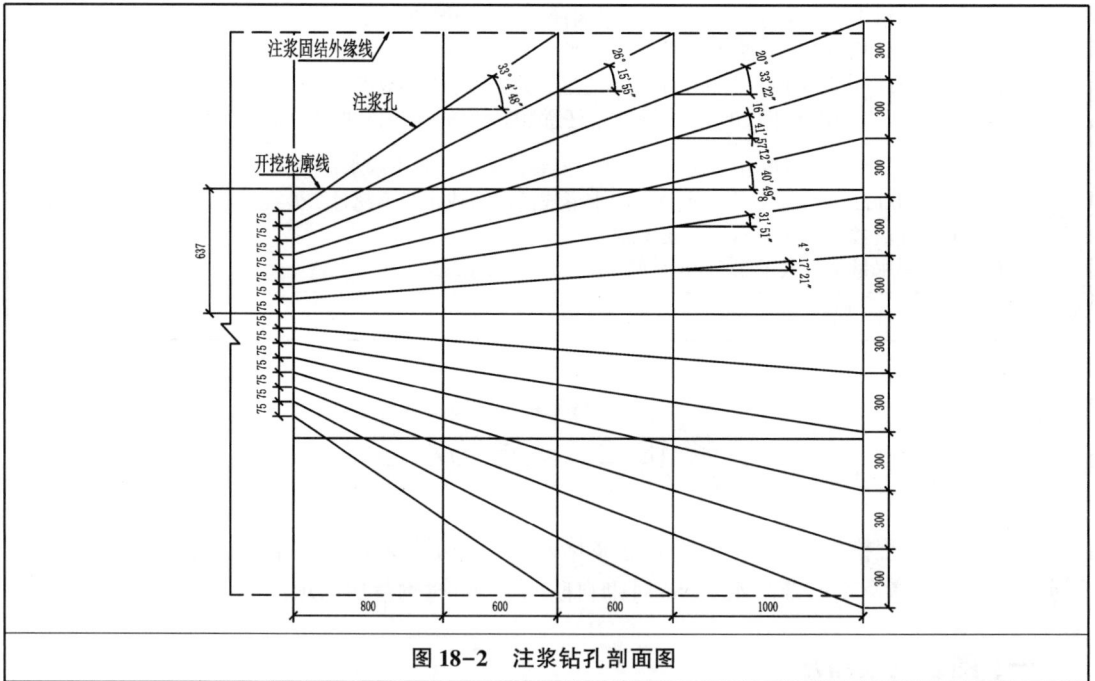

图 18-2 注浆钻孔剖面图

二、初期支护喷射混凝土防渗

喷射混凝土是复合式衬砌的外层支护及第一道防水屏障,其质量好坏对隧道防水效果影响明显。为提高防水质量,应做到以下几点:

(1)喷射前认真处理围岩基面,清除松散危石,大股涌水宜采用注浆堵水,小股涌水或渗水,可采用注浆或导管引排。

（2）加强对钢架等支护体背面喷射的检查，避免造成喷射混凝土内部及其与围岩接触面之间混凝土不密实，形成空隙。

（3）喷射混凝土应覆盖围岩表面露出的锚杆头，对喷头突出的钢筋头应切割后补喷或用砂浆覆盖。

（4）调整混凝土配合比或掺加合适的外加剂，提高混凝土的抗渗能力。特别是当地下水具有腐蚀性时，可通过添加硅粉或钢纤维、采用低化热水泥等措施，提高混凝土防渗性能，加强喷射混凝土的养护，减少裂纹。

三、防水层防水

防水层是提高复合式衬砌防水抗渗能力的重要举措，通常由缓冲垫层与防水板两部分组成，铺设示意如图 18-3～图 18-5 所示。

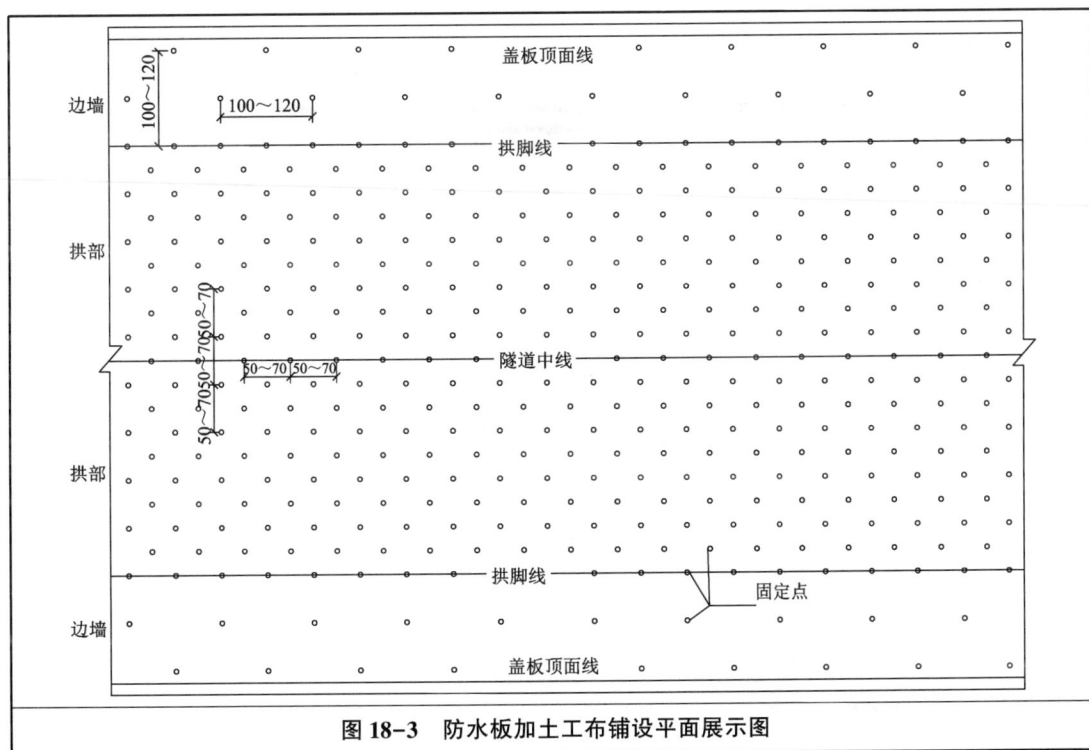

图 18-3　防水板加土工布铺设平面展示图

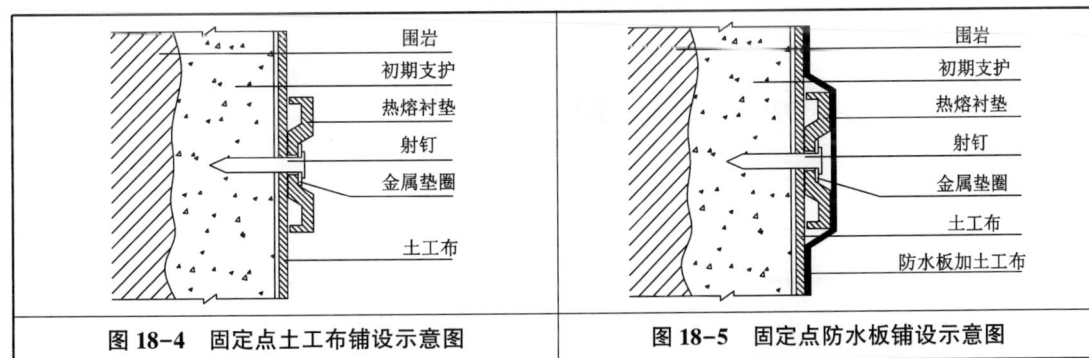

图 18-4　固定点土工布铺设示意图

图 18-5　固定点防水板铺设示意图

缓冲垫层作为防止静力穿刺的保护层直接安设在基层上，也起到一定的排水反滤作用，一般采用不小于 4 mm 的聚乙烯和质量介于 300~400 g/m² 的无纺布制作。

四、施工缝及变形缝防水

1. 施工缝防水

施工缝是施工中由于混凝土的不连续灌注工艺而出现的缝隙，分为环向及纵向两种。纵向施工缝主要采用刷涂混凝土界面剂的措施处理；素混凝土拱墙段环向施工缝可采用设置中埋波纹排水管及钢板腻子止水带等措施防水；仰拱环向施工缝可采用设置中埋式钢板腻子止水带防水；钢筋混凝土拱墙段环向施工缝设置中波纹排水管及橡胶止水带等防水措施。常见的隧道施工缝构造形式如图 18-6 所示。

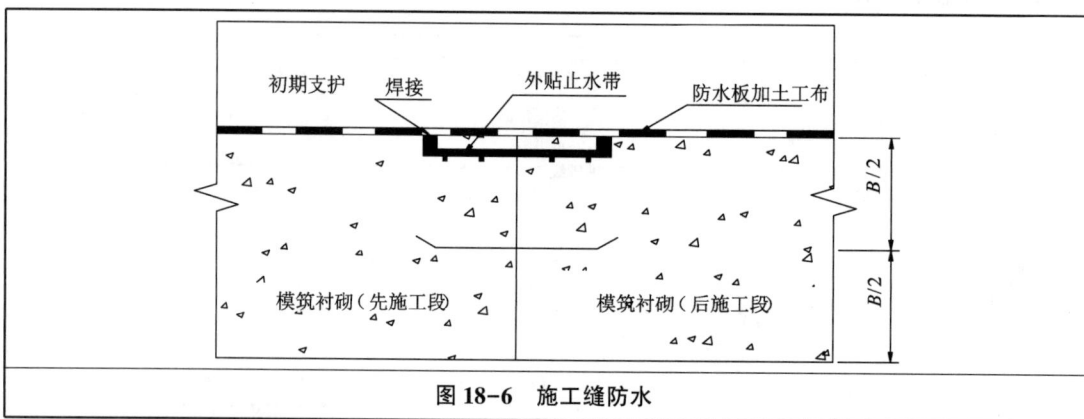

图 18-6　施工缝防水

2. 变形缝防水

变形缝分为沉降缝和伸缩缝两种。为防止由于衬砌产生不均匀下沉而引起裂损，地质条件变化显著、衬砌受力不匀的地段应设置沉降缝。由于温度变化剧烈或混凝土凝结时收缩影响而引起衬砌开裂地段，应设置伸缩缝。常见的变形缝如图 18-7 所示。

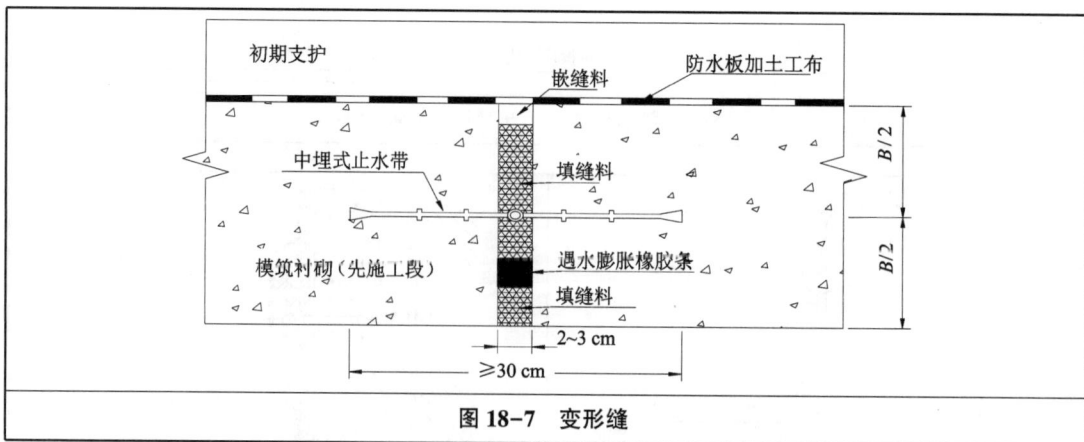

图 18-7　变形缝

五、衬砌自防水

隧道二次衬砌应采用具有自防水能力的混凝土，厚度应不小于 30 cm，裂缝宽度不得大于 0.2 mm，并不得贯通；钢筋混凝土的迎水面主筋保护层厚度应不小于 5 cm。

铁路隧道衬砌混凝土的抗渗等级不得低于 P6，并可根据需要和埋置深度采用抗渗等级不低于 P8 的防水混凝土防水。在有冻害地段或最冷月平均气温低于−15 ℃的地区，防水混凝土的抗渗等级还应适当提高。处于侵蚀性介质中的防水混凝土，其耐侵蚀系数应不小于 0.8。

六、衬砌背后回填注浆

回填注浆是二次衬砌完成后，为了填充二次衬砌与防水板之间的空隙而进行的注浆。注浆材料宜选用水泥浆液、水泥砂浆或掺有石灰、黏土、膨润土、粉煤灰的水泥浆液。回填注浆应在衬砌混凝土强度达到 70% 后进行，注浆压力应小于 0.5 MPa。

✦ **【思政小故事】**

朱祖熹，男，1944 年生，教授级高工，上海市隧道工程轨道交通设计研究院。中国建筑防水协会、中国建筑业协会建筑防水分会、中国工程建设标准化协会防水防护专业委员会专家委员、中国隧道与地下工程学会防排水专业委员会顾问、中国水利学会化学灌浆委员会顾问。

1996 年朱祖熹负责编制的市标《盾构法隧道防水技术规程》(DBJ 08−50—96)实施，这是国内第一本关于盾构隧道防水的标准。

（资料来源：同济微晶）

任务 18.3 隧道排水措施

无论是排水型隧道，还是防水型隧道，都应做好排水系统。

一、排水盲沟

环向排水盲管一般选用直径为 50 mm 的软式透水管，纵向间距不大于 10 m，布置在岩面与初衬、初衬与防水板之间，将渗水引流至纵向排水管。

纵向排水盲管一般选用直径为 80~150 mm 弹簧排水盲管或带孔透水管，如图 18-8 所示，设置在衬砌底部防水板与初衬之间，将环向排水管的水汇集并排至侧沟或中央排水沟。

横向排水盲管一般选用高强度硬质塑料管，沿隧道横向铺设于衬砌基础的下部，连接纵向排水管与侧沟或中央排水沟。施工时需保证与纵向盲管的接头牢固，以免漏水，造成翻浆冒泥。

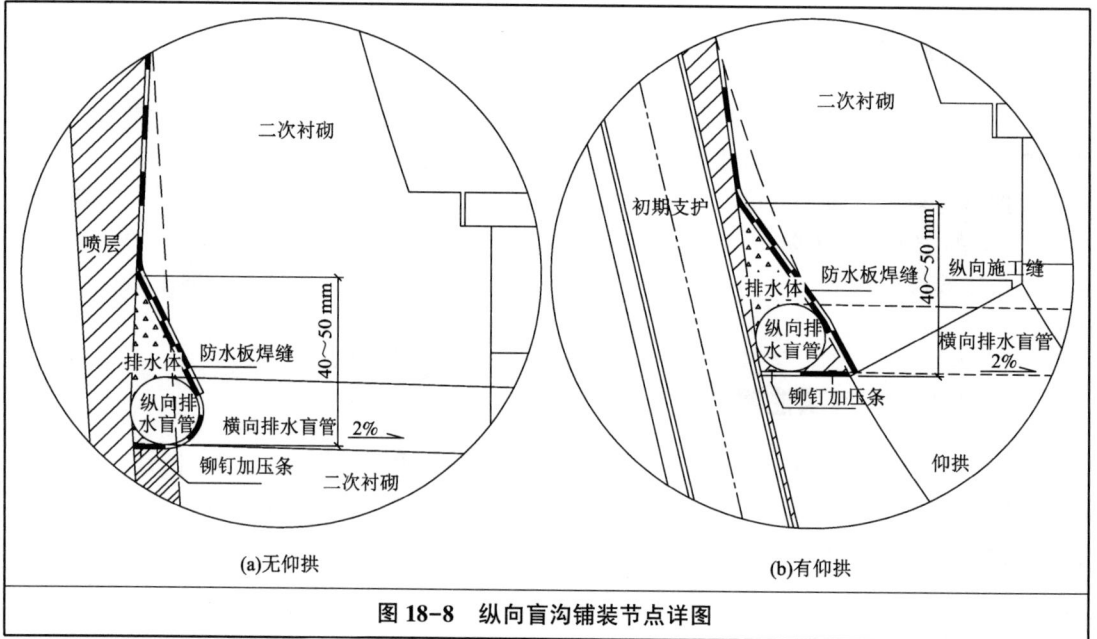

图 18-8 纵向盲沟铺装节点详图

二、侧沟与中央排水沟

隧道内侧沟主要用于汇集地下水，并将水引入中央排水沟。不设中央排水沟时，可直接将水引至隧道外。中央排水沟采用带孔预制混凝土管段拼接而成，纵向间隔一定距离设置检查井。侧沟与中央排水沟设计时需要满足以下要求：

（1）水沟坡度应与线路坡度一致。在隧道中分坡平段范围内和车站内的隧道，排水沟底部应有不小于1‰的坡度。排水沟在一定长度上应设检查井，以便随时清理淤砟。

（2）隧道应设置双侧水沟，对于排水量小且预计今后水量不会有大的增加时，可考虑设置单侧排水沟。

（3）靠道床侧墙体的水沟应预留泄水孔。泄水孔孔径为 4~10 cm，间距为 100~300 cm。在电缆槽底面紧靠水沟侧，应在水沟边墙上预留泄水槽，槽宽不小于 4 cm，间距不大于 500 cm。

（4）水沟断面应视水量大小选定，应有足够的过水能力。单线隧道水沟断面不得小于 25 cm×40 cm（高×宽），双线隧道断面不应小于 30 cm×40 cm（高×宽）。水沟的设置应便于清理和检查，并应铺设盖板。

（5）最冷月平均气温低于-5 ℃地区的冬季有水隧道的冻害地段，应设置保温水沟、中心深埋水沟或防寒泄水洞等措施，配套排水设施应能防寒，确保水流畅通。

三、衬砌局部涌水处置

遇围岩地下水出露处，应在衬砌背后加设竖向盲管或排水管（槽）、集水钻孔等予以引排。对于颗粒易流失的围岩，采用集中疏导排水时，应采取防止颗粒流失的特殊反滤措施。

【习题】

1. 隧道防水措施有哪些?
2. 隧道排水措施有哪些?

项目 19

特殊地质地段隧道施工

在修建隧道中，常遇到一些不利于施工的特殊地质地段，如膨胀土围岩（图19-1）、黄土、溶洞、断层、松散地层、流沙、岩爆等，如果在开挖、支护和衬砌过程中处理不当，极易引起坍方及衬砌下沉等安全质量方面的严重事故，并影响隧道施工的顺利进行。

任务 19.1 膨胀性围岩

膨胀性围岩系指土中黏土矿物成分主要由亲水性矿物组成，同时具有吸水显著膨胀软化和失水收缩硬裂两种特性，且具有湿胀干缩往复变形的高塑性黏性土。

图 19-1 膨胀岩 1

图 19-2 膨胀岩 2

一、膨胀性围岩对隧道施工的危害

由于膨胀性围岩的特殊工程地质及其围岩压力特性，膨胀性围岩的隧道围岩普遍具有开裂、内挤、坍塌和膨胀等变形现象。施工中常见的几种危害情况，如下所述。

1. 围岩裂缝

隧道开挖后，开挖面上土体的原始应力释放产生胀裂，同时，表层土体风干脱水，产生收缩裂缝。

2. 坑道下沉

坑道下部膨胀性围岩的承载力较低，加之上部围岩压力过大，坑道产生下沉变形。坑道下沉往往造成支撑变形、失效，进而引起土体围岩坍塌等现象。

3. 围岩膨胀突出和坍塌

膨胀性围岩在开挖过程中或开挖后，会产生膨胀变形，周边岩体向洞内膨胀突出，使得开挖面缩小。当岩体丧失支撑或支撑力不够时，岩体受到围岩压力和膨胀压力的综合作用产生局部破坏，由裂缝发展到出现溜坍，然后逐渐牵引周围土体产生连续破坏，最终坍塌。

4. 底鼓

隧道底部开挖后，洞底围岩的上部压力解除，又无支护约束的条件下，应力释放使洞底围岩产生卸荷膨胀，加之坑道积水，洞底围岩产生浸水膨胀，因而造成洞底围岩鼓出变形。

二、膨胀性围岩的隧道施工要点

（1）加强调查、量测围岩的压力和流变。施工过程中应对围岩压力及其流变情况进行充分的调查和量测，分析其变化规律。对地下水亦应探明其分布范围及规律，了解地下水对施工的影响程度，以便根据围岩动态采取相应的施工措施。

（2）合理选择施工方法。施工中应以尽量减少对围岩产生扰动和防止水的浸湿为原则。

（3）防止围岩湿度变化。隧道开挖后及时喷射混凝土，封闭和支护围岩。对于有地下水渗流的隧道，应切断水源，加强洞壁与坑道的防、排水，防止施工积水浸湿围岩。

（4）合理进行围岩支护。膨胀性围岩支护必须适应围岩的膨胀特性。在施工时应注意两点：一是喷锚支护，稳定围岩；二是衬砌结构及早闭合。

✦ 【思政小故事】

2022 年 11 月 16 日，"一带一路"建设和中印尼两国务实合作的标志性项目——雅万高铁试验运行取得圆满成功。中国铁路设计集团有限公司印尼雅万高铁项目部常务副经理、总体设计负责人夏健亲眼见证了这一历史时刻（图 19-3）。

图 19-3 夏健

8 年前，设计集团公司选派精兵强将开启雅万高铁设计投标工作，当时只有 33 岁的夏健成为团队负责人。他带领大家肩扛手提 20 kg 重的仪器，深入人迹罕至的热带雨林、走过深山陡坡的崎岖小路，一个月徒步 300 余千米，确定了最适宜的工点方案。

雅万高铁施工过程中，夏健常驻现场，及时提供技术支持。全线施工难度最大的 2 号隧道围岩多为泥岩，一旦与空气、水接触就会膨胀，用手一捏就碎。夏健建议采取地表注浆方案，有效减少了掘进过程中的隧道变形。

（资料来源：人民铁道）

任务 19.2　黄土

黄土在我国分布较广。黄河中游的河南西部、山西南部、陕西、宁夏和甘肃的大部分地区为我国黄土和湿陷性黄土的主要分布区。这些地区的黄土分布厚度大，地层全而连续，发育亦较典型。

黄土是在干燥气候条件下形成的一种具有褐黄、灰黄或黄褐等颜色，并有针状大孔、垂直节理发育的特熟土。

| 图 19-4　黄土 | 图 19-5　湿陷黄土 |

一、黄土地层对隧道施工的影响

1. 黄土节理

在隧道开挖时，土体容易顺着节理张松或剪断。如果这种地层位于坑道顶部，则极易产生坍顶。如果位于侧壁，则普遍出现侧壁掉土，若施工时处理不当，常会引起较大的坍塌。

2. 黄土冲沟地段

在黄土冲沟或塬边地段施工时，隧道在较长范围内沿着冲沟或塬边平行走向，而黄土覆盖较薄或偏压很大时，容易出现较大的坍塌或滑坡现象。

3. 黄土溶洞与陷穴

黄土溶洞与陷穴是黄土地区经常见到的不良地质现象。隧道若修建在其上方，则有基础下沉的危险；隧道若修建在其下方，常有发生冒顶的危险；隧道若修建在其邻侧，则有可能承受偏压。

4.水对黄土隧道施工的影响

黄土层受水浸湿后，呈不同程度的湿陷性，会突然发生下沉现象，使开挖后的围岩迅速丧失自稳能力，如果支护措施满足不了变化后的情况，就容易造成坍塌。

二、黄土地层隧道施工要点

(1)施工中发现工作面有失稳现象，应及时用喷射混凝土封闭、加设锚杆、架立钢支撑等措施加强支护。

(2)施工时特别注意拱脚与墙脚处的断面，如超挖过大，应采用浆砌片石回填。

(3)黄土隧道施工，宜先一次灌注成型，仰拱距离掌子面宜控制在 30 m 以内。

(4)施工中如发现不安全因素，应暂停开挖，加强临时支护，并采取适应的工序安排。

【思政小故事】

"作为一名青年筑路人，很荣幸能以主火炬手的身份参加第 31 届世界大学生夏季运动会，点燃主火炬的那一刻我更加感觉自身责任重大、使命光荣。"姜文涛表示，将继续发扬迎难而上、敢为人先的精神，不断打造祖国交通强国名片，在中华民族伟大复兴征程中奉献青年力量。

他是这样说，也是这样做。自 2008 年 7 月份参加工作以来，姜文涛始终坚守在国家重点工程建设一线，从宝兰高铁到贵南高铁再到高原铁路，祖国西南的莽莽群山之间，留下了姜文涛的足迹，他用实际行动响应"请党放心，强国有我"的青春号召。

"在山西中南部铁路通道建设中，考虑到黄土的地质环境，上边是土，下边是石头，下面石头要爆破，就会引发上面的土震动掉块的风险。怎么解决黄土粉质黏土隧道建设问题，摆在了我们的面前。"敢于挑战、善于创新的姜文涛主动承担起了这个难题，开始了自主技术攻坚。针对黄土具有湿陷性，粉质黏土具有膨胀性、土石分界界面稳定性差等特点，姜文涛瞄准"湿陷性黄土隧道施工及量测技术"、"黄土隧道浅埋段施工技术"等课题强力攻关。通过反复调整循环进尺、计算单孔装药量、单次起爆装药量、起爆顺序及洞内检测等措施，姜文涛掌握了最佳爆破参数及围岩变形规律，形成了具有自主知识产权的土石分界地段隧道施工工法等科研成果，获得省级科技进步奖 3 项，成为指导我国长大黄土隧道施工的"教科书"。

(资料来源：中铁十二局集团有限公司)

任务 19.3　溶洞

溶洞是以岩溶水的溶蚀作用为主，间有潜蚀和机械坍陷作用而造成的向基本水平方向延伸的通道，如图 19-6~图 19-7 所示。

图 19-6　贵南高铁引入贵阳枢纽工程双龙段溶洞

图 19-7　渝怀铁路复线工程
铜仁九龙洞温泉段溶洞

一、溶洞对隧道施工的影响

（1）当隧道穿过可溶性岩层时，有的溶洞岩质破碎，容易发生坍塌；有的溶洞位于隧道底部，充填物松软且深，隧道基底难于处理。

（2）如果遇到被饱含水分的充填物填满的溶槽，当坑道掘进至其边缘时，含水充填物不断涌入坑道，难以遏止，甚至使地表开裂下沉，造成山体压力剧增。

（3）如果遇到大的水囊或暗河，岩溶水或泥沙夹水大量则会涌入隧道。

（4）有的溶洞、暗河迂回交错，分支错综复杂，范围宽广，隧道施工处理十分困难。

二、溶洞地段隧道施工要点

（1）当隧道施工达到溶洞边缘时，各工序应紧密衔接，支护和衬砌工序赶前。隧道施工前应结合施工现场情况，查明溶洞的分布范围、类型、规模、发育程度、填充物及地下水情况，及时正确地制订施工方案及安全措施。

（2）施工应注意检查溶洞顶部，及时处理危石。当溶洞较大较高且顶部破碎时，应先喷混凝土加固，再在溶洞顶部附近打入锚杆，并设置施工防护架或钢筋防护网。

（3）在溶蚀地段的爆破作业应做到多打眼、打浅眼，并控制爆破药量，减少对围岩的扰动。

（4）在溶洞充填体中掘进时，如充填物松软，可同支护超前施工。

（5）溶洞未作处理方案前，不要将弃砟随意倾填于溶洞中。如果弃砟覆盖了溶洞，不但不能了解真实情况，还会造成更多困难。

任务 19.4　松散地层

松散地层为第四系与新近系地层，由土质、砂、砾石、卵石层等组成。

一、松散地层对隧道施工的影响

（1）松散地层结构松散，胶结性弱，稳定性很差，有地下水时更甚，施工中极易产生塌方。

（2）隧道穿过这类地层时，为了减少施工对围岩的扰动，一般采用先护后挖的方法，密闭支撑，边挖边封闭的原则，必要时采用超前注浆等措施改良地层或控制地下水。

（3）在这类地层中施工时，由于地层本身松散不能自立，一旦暴露，很容易坍塌，若有承压水时，更易造成水带石、沙、土一起涌入坑道内。

二、松散地层隧道施工要点

下面介绍几种主要的施工方法。

1. 超前锚杆

开挖前将超前锚杆打入掘进前方岩层内。末端支撑在拱部围岩内的系统锚杆或者钢支撑上，起到支护掘进进尺范围内拱部上方的作用，有效预防围岩在爆破后的一定时间内不发生松弛坍塌。

2. 管棚

此法适用于围岩砂黏土、黏砂土、亚黏土、粉砂、砂夹卵石等松散、破碎的地层，以及钻孔口极易坍孔的地层。管棚长度应按地质情况选用此法，应保证开挖后管棚有足够的超前长度。

3. 超前小导管注浆

超前小导管注浆是沿开挖轮廓线，以一定角度往管壁打入带孔的小导管，并以一定压力向管内注水泥或化学浆液的措施。

4. 降水、堵水

含水时松散地层对隧道施工危害极大，可在洞内或辅助坑道内井点采用降水措施排水。在地下水丰富，而且排水条件或排水费用较高时，经过技术经济比选，可采用注浆堵水的措施。注浆堵水分为地面预注浆和洞内开挖预注浆。

任务 19.5　坍方

一、坍方对隧道施工的影响

隧道开挖时，导致坍方的原因很多种，概括起来可归纳为：①自然因素，即地质状态、受力状态、地下水变化等；②人为因素，即不适当的设计或施工方法等。如图 19-8～图 19-9 所示，坍方往往会给施工带来很大困难和经济损失，因此，需要尽可能排除会导致坍方的各种因素，避免坍方的发生。

图 19-8　玉磨铁路王岗山隧道坍方	图 19-9　兰新铁路大坂山隧道坍方

二、坍方地段隧道施工要点

（1）小坍方一般纵向延伸不长，坍穴不高，处理时应首先加固坍体两端洞身，并抓紧喷射混凝土或采用锚喷联合支护封闭坍穴的顶部和侧部，再进行清砟。

（2）大坍方的坍穴高，坍砟数量大，当坍砟体完全堵住洞身时，宜采用先护后挖的方法。在查清坍穴的规模大小和穴顶位置后，可采用管棚法和注浆固结法稳固围岩岩体和砟体，待其基本稳定后，按先上部后下部的顺序清除砟体，采取短进尺、弱爆破、早封闭的原则挖坍体，并尽快完成衬砌，如图 19-10 所示。

（3）坍方冒顶应在清砟前支护陷穴口，如果地层极差，则在陷穴口附近地面打设地表锚杆从而加强支护，洞内可采用管棚支护和钢架支撑。

（4）洞口坍方一般易坍至地表，可采取暗洞明做的方法防护。

（5）坍方地段的衬砌，应视坍穴大小和地质情况予以加强。

（6）采用新奥法施工的隧道或有条件的隧道，坍方后要加设量测点，增加量测频率，根据量测信息及时研究对策。

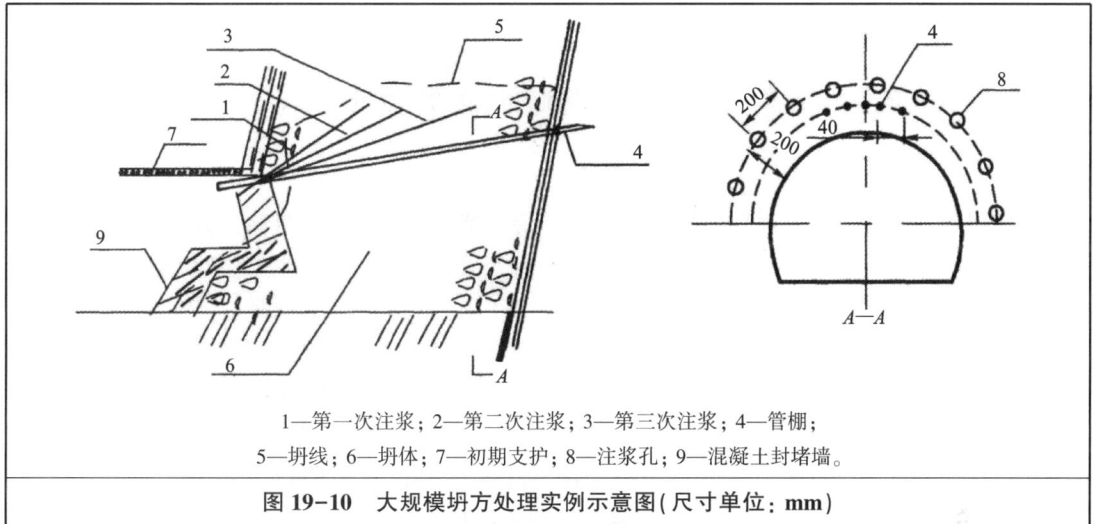

1—第一次注浆；2—第二次注浆；3—第三次注浆；4—管棚；
5—坍线；6—坍体；7—初期支护；8—注浆孔；9—混凝土封堵墙。

图 19-10　大规模坍方处理实例示意图(尺寸单位：mm)

任务 19.6　流沙

　　流沙，简单地说就是沙像液体一样可以流动，也就是可以流动的沙。这是一种自然现象，常出现在地基不稳的沙漠，当有重物置于沙体之上时，就会像沉底一样，沉到底部，如图 19-11~图 19-12 所示。

图 19-11　兰渝线胡麻岭隧道流沙层

图 19-12　青岛地铁二号线
啤苗区间发育第四系流沙层

一、流沙对隧道施工的影响

　　流沙是沙土和粉质黏土在水的作用下丧失内聚力后形成，多呈糊浆状，对隧道施工危害极大。流沙会引起围岩失稳坍塌和支护结构变形，甚至倒塌破坏，因此，治理流沙必先治水，以减少砂层的含水量为主。

二、流沙地段隧道施工要点

（1）加强调查，制定方案。施工前应调查流沙地段的特性和规模，了解其地质构成、贯入度、相对密度、塑性指数、地层承载力、滞水层分布、地下水压力和透水系数等，并制定出切实可行的治理方案。

（2）因地制宜，综合治水。处理通过流沙地段的隧道的地下水，是解决隧道流沙、流泥施工难题中首要关键技术。施工时，必须因地制宜，采取"防、截、排、堵"的治理方法综合治水。

（3）先护后挖，加强支护。隧道开挖必须采取自上而下分步进行，先护后挖，紧密支撑，边挖边封闭，遇缝必堵，严防沙粒从支撑缝隙溢出。也可采用超前注浆的方式改善围岩结构，将水泥浆或水泥、硅酸钠为主的珠江材料注入或用化学药液注浆加固地层，然后开挖。

（4）尽快衬砌，封闭成环。应尽量缩短流沙地段的拱部和边墙衬砌混凝土的灌注时间，尽快与仰拱形成封闭环。这样，即使围岩中出现流沙也不会对洞身衬砌造成破坏。

【思政小故事】

在岁月长河中，总有一些身影在历史上留下深刻印记。新中国铁路领域工程翘楚、著名铁路工程专家、国家科学技术进步特等奖获得者刘建熙就是其中的一位。

新中国的成立，为刘建熙施展才干开辟了广阔天地。他先后担任贵州支前抢修委员会委员兼工程组组长、贵阳铁路工程处副处长、贵阳铁路局总工程师，第二铁路工程局技术处副处长、局副总工程师、局总工程师、技术委员会第二主任等职，把自己的精力和才智全部用在了西南铁路建设中。

在修建成渝铁路期间，刘建熙提出把资阳以西的几座厂制丁字梁改为就地灌注，加快了工程进度；在宝成铁路桥梁施工中，为解决在流沙上修建桥基的技术难题，提出采用钢板桩围堰、堰外压注水泥砂浆的办法，制服了流沙；在修建川黔、贵昆、成昆铁路的西南铁路建设大会战中，已年近花甲的刘建熙，仍以饱满热情，经常深入施工一线，住工棚，钻隧道，跋山涉水、不避艰险，哪里有通车的拦路虎，他就到哪里去解决。

（资料来源：方志四川）

任务 19.7　岩爆

在高应力、脆弱岩体中，埋藏较深的隧道工程施工爆破扰动原岩，掌子面附近的岩体受到破坏后突然释放出潜能，产生脆性破坏，这时围岩表面产生爆裂声，随之有大小不等的片状岩块弹射剥落，这种现象称之岩爆。

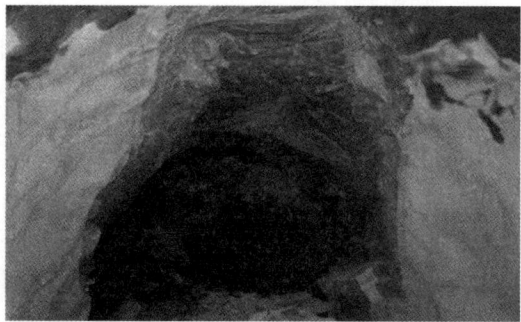

图 19-13 拉林铁路巴玉隧道岩爆留下的爆坑

图 19-14 拉林铁路巴玉隧道微震监测

一、岩爆对隧道施工的影响

(1)岩爆在未发生前并无空响声等明显的预兆。一般认为不会掉块落石的地方，也可能突然发生岩石爆裂声响，石块有时应声而下，有时暂不坠落。

(2)岩爆时，岩块自洞壁围岩母体弹射出来，一般呈中厚边薄的不规则片状，尺寸多呈几厘米长宽的薄片，个别达几十厘米。严重时，上吨重的岩石从拱部弹落，造成岩爆性坍方。

(3)岩爆多发生新开挖工作面及其附近，个别的也有距新工作面较远处。岩爆发生的频率随暴露后的时间延长而降低。岩爆一般发生在十六天之内，但也有的滞后一个月甚至数月才发生。

二、岩爆地段隧道施工要点

(1)如设有平行导坑，则平导应掘进超前正洞一定距离以了解地质，分析可能发生岩爆的地段，为正洞施工达到相应地段时加强防治，采取必要措施。

(2)爆破应选用预先释放部分能量的方法，如超前预裂爆破法，前期将岩层的原始应力释放一些，减少岩爆的发生。爆破应严格控制用药量，尽可能减少爆破对围岩的影响。

(3)根据岩爆发生的频率和规模情况，必要时应考虑缩短爆破循环进尺(1~1.5 m，最大不得大于 2 m)。初期支护和衬砌要紧跟开挖面，尽可能减少岩层的暴露时间，防止岩爆的产生。

(4)岩爆引起坍方时，应迅速将人员和机械撤离到安全地段；采用摩擦型锚杆进行支护，增大初锚固力；采用钢纤维喷射混凝土，抑制开挖面围岩的剥落；采取挂钢筋网或用钢加固支撑；充分做好岩爆现象的观察记录；采用声波探测预报岩爆工作。

【思政小故事】

杨曾自 2014 年 12 月调入拉林项目以来，作为项目工程的技术负责人，他干一行爱一行，钻一行精一行，以勤学长知识、以苦练精技术、以创新求突破，努力成为知识型、技能型、创新型劳动者(图 19-15)。作为一名川藏铁路建设者，面对艰险，他从不顾个人安危奋勇直前，想尽一切办法战胜解决施工过程中遇到的困难。他坚守一线，躬身实践，与超高地温、凶猛岩爆奋力抗争，以工匠的胆魄在困难中进取，在黑暗中摸索。在茫茫征途中，他始终振奋精神，坚定信心，用精湛的技能解决了高海拔复杂地层超高地温隧道中遇到的各种难题，攻克了各类罕见的地质灾害，加快推动了桑珠岭隧道和藏噶隧道的贯通，用一颗赤诚的心为西藏建设浇筑荣光。

图 19-15 杨曾

作为川藏铁路桑珠岭隧道超高岩温和岩爆处理能手，杨曾成功被评选为"西藏工匠"年度人物。而组委会为他撰写的颁奖词"层峦叠嶂的崇山峻岭，起伏的山坡，险峻的悬崖中，你工匠胆魄，脚踏泥泞，俯首躬行，在荆棘中拓荒。飞峡谷，穿群山，征途中，多少障碍，从不退缩。与超高地温、凶猛岩爆奋勇斗争，焦灼难耐的环境，忍受着汗水的洗礼，长出破云腾飞的翅膀，在广阔天空里自由翱翔"也成为了他最真实的工作写照。

（资料来源：中华建设杂志社）

任务 19.8 高地温

中国幅员辽阔，地热和地下热水资源丰富，主要分布在西藏、云南、新疆、四川、福建沿海等地。随着西部大开发和"一带一路"倡议的推进，高地热高地下热水地区陆续出现了多座高地温隧道。

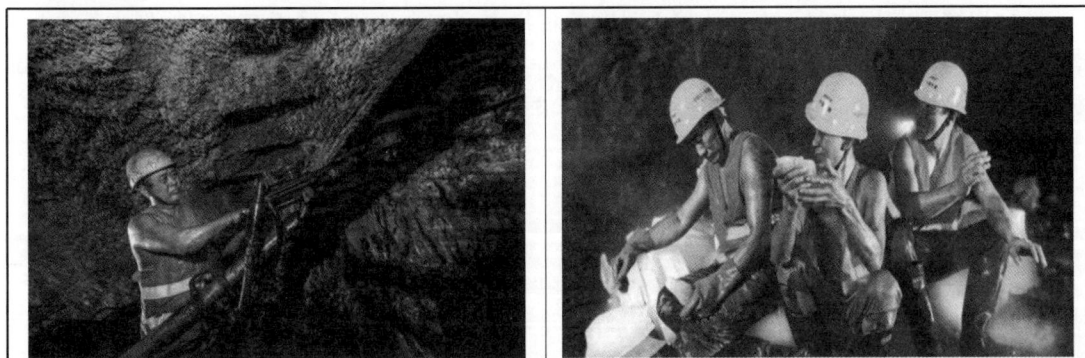

图 19-16 中老铁路新华隧道工人们在高温下打风枪

图 19-17 中老铁路新华隧道工人坐在冰块上降温

一、高地温对隧道施工的影响

高温、高热地段会给隧道施工带来困难。一般在火山地带的地区修建隧道或地下工程时会遇到高温高热的情况，如日本某地发电厂工程的隧道，其围岩温度高达 175 ℃。更有甚者，高温隧道中发生过施工人员由于地层喷出热水或硫化氢等有害气体，而导致烫伤或中毒的事故。

二、高地温隧道施工要点

(1)规定行业标准。为保证隧道施工人员的正常安全生产，我国有关部门对隧道施工作业环境的卫生标准都有规定。如中国国家铁路集团有限公司规定，作业时隧道内气温不得超过 28 ℃。

(2)降温措施。为达到规定的标准，在施工中一般采取通风、洒水及通风与洒水相结合的措施降温。地温较高时，可采用大型通风设备予以降温。地温很高时，在正洞开挖工作面前方一段距离，利用平导超前钻探，如有热水涌出，可在平导内增建降水、排水设施和排水钻孔，以降低正洞的水位。

(3)高地温地段的衬砌混凝土。在高温(如 70 ℃高温)的岩体及喷射混凝土上浇筑二次衬砌混凝土时，即使厚度再薄，水化热也不宜逸出。

(4)中暑症的防治措施。在高温条件下施工除了采取降温措施外，还应注意中暑症的防治工作。

(5)合理安排高温作业时间。根据坑道内的高温程度、劳动强度和劳动效率，合理确定劳动工时，保证施工人员的健康和安全。

(6)加强健康管理。高温作业易引起高血压、心脏病的患者症状恶化，疲劳、空腹、睡眠不足、酒醉等容易诱发中暑症，此类人员应禁止参加施工作业。

任务 19.9 瓦斯地层

瓦斯是地下坑道内有害气体的总称，其成分以沼气(甲烷 CH_4)为主，一般习惯称沼气为瓦斯。

图 19-18 叙毕铁路川滇段新高坡隧道(高瓦斯隧道)

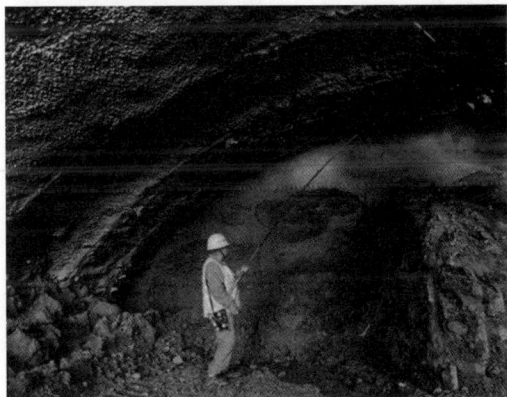

施工工人检测隧道内瓦斯浓度

图 19-19 成都到自贡高铁龙泉山一号隧道

一、瓦斯地层对隧道施工的影响

当隧道穿过煤层、油页岩或含沥青等岩层，或从其附近通过而围岩破碎、节理发育时，可能会遇到瓦斯。如果洞内空气中的瓦斯已达到爆炸限度浓度，一旦与火源接触，就会引起爆炸，对隧道施工会带来很大的危害和损失。所以，在有瓦斯的地层中修建隧道时，必须采取相应措施保障安全顺利施工。

二、瓦斯地层隧道施工要点

(1)隧道穿过瓦斯溢出地段时，应预先确定瓦斯探测方法，并制订瓦斯稀释措施、防爆措施和紧急救援措施等。

(2)隧道通过瓦斯地区的施工方法，宜采取全断面开挖。该法工序简单、面积大、通风好、随掘进随衬砌，能够很快缩短煤层的瓦斯放出时间和缩小围岩暴露面，有利于排除瓦斯。

(3)加强通风是防止瓦斯最有效的办法。

(4)开挖工作面风流中和电动机附近 20 m 以内风流中的瓦斯浓度达到 1.5%时，必须停工、停机，撤出人员，切断电源，进行处理。

(5)开挖工作面内，局部积聚的瓦斯浓度达到 2%时，附近 20 m 内施工作业必须停止，切断电源，进行处理。

(6)因瓦斯浓度超过规定而切断电源的电气设备，都必须在瓦斯浓度降到 1%以下后，方可开动机器。

(7)瓦斯隧道必须加强通风，防止瓦斯积聚。

(8)如开挖进入煤层，瓦斯排放量较大，且使用一般的通风手段难以将瓦斯稀释到安全标准时，可使用超前周边全封闭预注浆的方法处理。

(9)采用防爆设施：

①遵守电气设备及其他设备的安全规则，避免发生电火；瓦斯散发区段，使用防爆安全型的电气设备；洞内运转机械必须有防爆性能，避免运转时发生高温火花。

②采用湿式钻岩法凿岩，防止钻头发生火花。洞内操作时，防止金属与坚石撞击、摩擦产生火花。

③爆破作业应使用安全炸药及毫秒电雷管。采用毫秒电雷管时，最后一段的延期时间不得超过 130 ms。爆破电闸应安装在新鲜风流中，并与开挖面保持 200 m 左右的距离。

✦ 【习题】

1.特殊地质有哪些？

2.黄土地层应如何施工？

项目 20

隧道辅助施工作业

任务 20.1　通风防尘

一、通风防尘的必要性

在隧道施工过程中，洞内氧气逐渐减少，还会混入各种有害气体与岩尘，这是因为在爆破时，炸药分解而放出一氧化碳、二氧化碳，隧道内施工人员的呼吸要消耗氧气，呼出二氧化碳，降低了氧气浓度。与此同时，隧道穿过煤层或某些地层会释放出瓦斯、硫化氢等有害气体，钻眼、爆破和装砟等作业则会产生大量岩尘和污浊空气。此外，随着导坑不断向山体深部延伸，温度和湿度相应提高，对人体亦产生有害影响。

隧道施工通风和防尘的目的，就是为了更换和净化坑道内的空气，冲淡有害气体的浓度，降低粉尘含量，保证施工人员的健康与安全，提高劳动生产率。

二、通风方式

实施机械通风，必须有通风机和风道。按照风道的类型及通风机安装位置，分为以下几种通风方式。

1. 风管式通风

风管式通风是用软管作风道。根据隧道内空气流向的不同，又分为压入式（图 20-1）、吸出式（图 20-2）和混合式（图 20-3）三种形式。

（1）压入式通风。如图 20-1 所示，通风机和局部扇风机把新鲜空气经风筒压入工作面，污浊空气沿隧道流出，它是一般隧道施工的常用方法。

（2）吸出式通风。如图 20-2 所示，通风机或局部扇风机经风筒把工作面的污浊空气抽出，新鲜空气流沿隧洞流入。

（3）混合式通风。混合式通风系统如图 20-3 所示。这种方式综合了前两种方式的优点，适合于大断面长距离隧道通风，在机械化工作时更为有利。

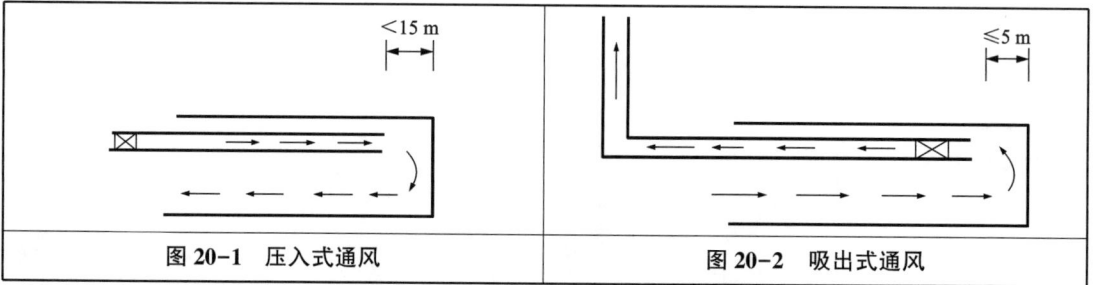

图 20-1　压入式通风

图 20-2　吸出式通风

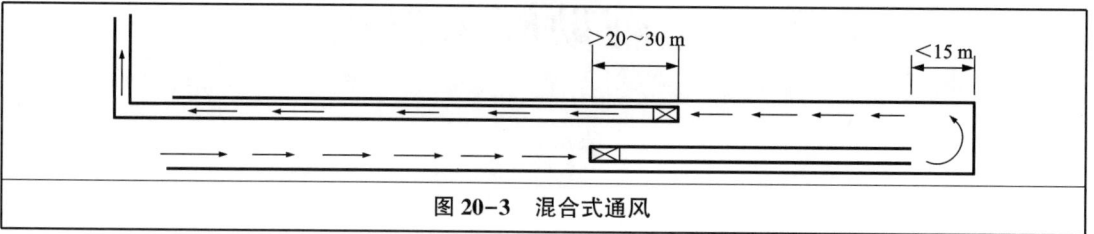

图 20-3　混合式通风

2.巷道式通风

巷道式通风系统如图 20-4 所示。该方法利用隧道本身和辅助坑道组成主风流和局部风流两个系统互相配合而达到通风目的。这种通风方式断面小、阻力小，可供应较大的风量，是目前解决长隧道施工通风比较有效的方法。

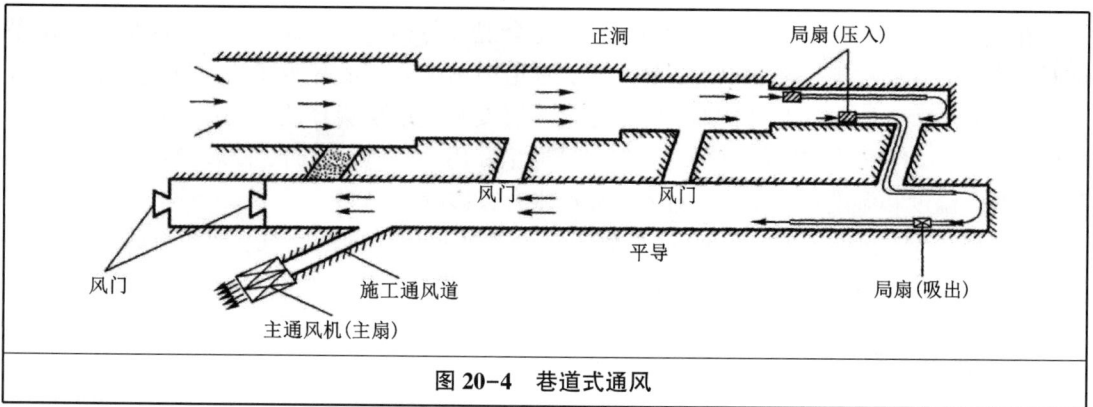

图 20-4　巷道式通风

三、防尘措施

隧道施工中产生的有害气体的危害比较明显，故一般为人们所重视，而粉尘对人体的危害不能立即反映出来，因而往往被忽视。

粉尘的产生主要来自凿岩作业，其约占洞内空气中含尘量来源的 85%，其次由爆破产生的。要让含尘量降到 $2 \ \text{mg/m}^3$ 的标准，只靠湿式凿岩还是不够的，必须采取综合措施。

1.湿式凿岩

湿式凿岩，就是在钻眼过程中利用高压水湿润粉尘，使其成为岩浆流出炮眼，这就防止了岩粉的飞扬。根据现场测定，这种方法可以降低 80% 的粉尘量。对于缺水、易冻害或不适合于湿式钻眼的地区，可采用干式凿岩孔口捕尘。

2. 机械通风

机械通风是降低洞内粉尘浓度的重要手段。但现场有些工点，往往将炮烟吹散后就把通风机关闭，实际上未能发挥机械通风在降低粉尘含量方面的效用。因此，要求在主要作业（钻眼、装砟等）进行期间，必须经常保持通风。

3. 喷雾洒水

喷雾洒水和冲刷岩壁，不仅可以消除爆破、出砟所产生的粉尘，而且可以吸收或溶解少量有害气体，并能降低坑道温度，使空气变得干净清爽。

4. 个人防护

个人防护主要指戴防护口罩。

任务 20.2 施工给水与排水

施工中的给水与排水是同施工安全和创造良好的施工条件密切相关的。坑道内出现地下水会软化围岩，引起落石塌方，轨道底部积水不及时排出则会有碍钻眼、爆破和清底，坑道顶部淋水会对工人健康不利，影响施工效率，水量过大时甚至会淹没工作面，迫使停工整顿。而坑道内凿岩、喷雾洒水、灌注衬砌以及洞外空压机冷却和施工人员生活等均需用水，因此隧道工程既要有给水设施，又要有排水设施，方能确保施工顺利进行。

一、施工给水

1. 水质要求

凡无臭味、不含有害矿物质的洁净天然水都可作施工用水，但仍应做好水质化验工作，以便心中有数。生活用水更要求新鲜洁净。参照国家水质标准，施工用水要求见表 20-1，生活用水必须经水质鉴定，符合卫生标准方可使用。

表 20-1 施工用水水质要求

用水范围	水质项目	允许最大值
混凝土作业	硫酸盐（SO_4^{2-}）含量	≤1000 mg/L
	pH	不得小于 4
	其他杂质	不含油、糖、酸等
湿式凿岩与防尘	细菌总数	在 37 ℃培养 24 h 不超过 100 个/L
	大肠菌总数	不超过 3 个/L
	浑浊度	不大于 500 mg/L，特殊情况下不大于 10 mg/L

2. 给水方式

给水方式主要根据水源情况而定。常用水源有：山上自流水或泉水、河水和钻井取水。施工用水由上述水源自流引导或机械提升到蓄水池储存，并通过管路送达使用地点。个别缺水地区,则用汽车送水。

蓄水一般采用开口水池,其构造简图如图 20-5 所示。水池容积一般为一昼夜用水量的 1/10~1/2(用水量大,则储水系数小),通常为 50~150 m³。

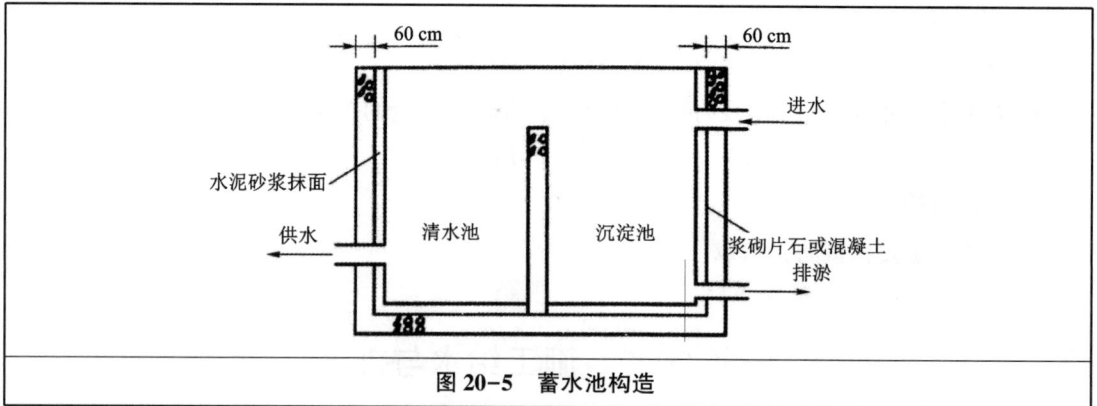

图 20-5　蓄水池构造

二、洞内排水

隧道开挖时经常会有地下水进入坑道,施工防尘则有废水排出,这些水都应及时引出洞外,排水方式应根据线路坡度情况和水量大小确定。

1. 顺坡施工的排水

向洞内开挖是上坡,叫顺坡施工。因此只需随导坑的延伸,在一侧挖水沟,使水顺坡自然排出洞外即可。

若设有平行导坑时,平道较正洞低 0.2~0.6 m,应使正洞的水通过横通道引入平导排出,有利于正洞的正常施工。

2. 反坡施工的排水

向洞内开挖是下坡,叫反坡施工。此时,水向工作面汇集,需用机械排水。排水系统的布置有两种方式。

第一种排水系统布置方式是分段开挖反坡水沟。在分段处挖积水坑,每个积水坑处设一台抽水机,把水抽至后一段反坡,然后用后一个抽水机把水排出洞外,如图 20-6 所示。

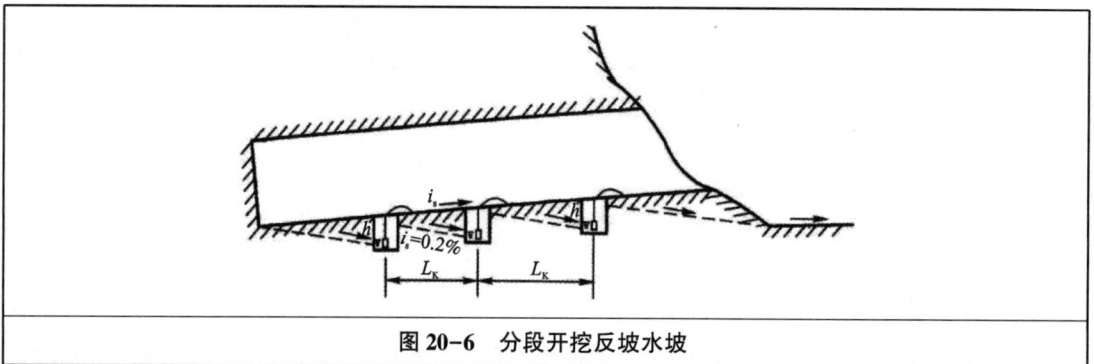

图 20-6　分段开挖反坡水坡

集水坑间距 L_k 用式(20-1)计算:

$$L_k = h_k / (i_k + i_s) \qquad (20\text{-}1)$$

式中：h_k 为水沟最大开挖深度，一般不超过 0.7 m；i_s 为线路坡度；i_k 为水沟底坡度，不小于 0.2%。

这种方式的优点是工作面无积水，抽水机位置固定，亦不需要水管。缺点是所用的抽水机多，而且要开挖反坡水沟。一般隧道较短和坡度较小时采用。

第二种排水系统布置方式是隔开较长距离开挖集水坑。开挖面的积水用水泵抽到最近的集水坑内，再用主抽水机将水排到洞外，如图 20-7 所示。

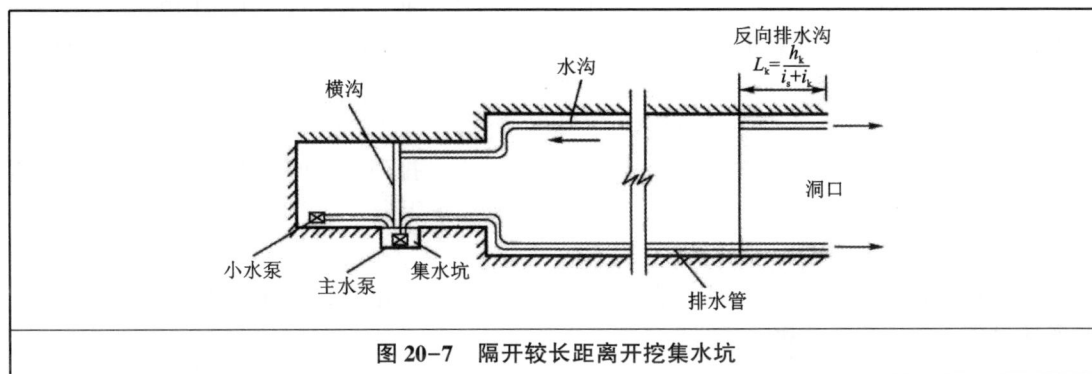

图 20-7　隔开较长距离开挖集水坑

这种方式的优点是所需抽水机数量少，缺点是要安装水管，抽水机随着坑道的掘进而拆迁前移，常在隧道较长、涌水量较大时采用。

任务 20.3　施工供电及照明

随着隧道施工机械化程度的提高，隧道施工的耗电量增大，且负荷集中，为了确保施工质量及施工安全，向隧道内供电的要求也有所提高，因此，施工供电非常重要。

一、供电方式

隧道施工供电方式有自设发电站和地方电网两种。一般情况下应尽量采用地方电网供电，只有在地方供电不能满足施工用电需要或距离地方电网太远时，才自设发电站。此外，当地方电网供电不稳定时，自设发电站还可作为备用发电站供电。在有些重要施工场所还应设置双回路供电网，以保证供电的稳定性。

二、供电线路布置要点

布置在成洞地段的供电线路使用 400 V/230 V 供电，一般采用塑料绝缘铝绞线或橡皮绝缘铝芯线架设；开挖、末衬砌地段及手提灯应使用铜芯橡皮绝缘电缆。

(1)输电干线或动力、照明线路安装在同一侧时，必须分层架设供电线路。其原则是高压在上，低压在下；干线在上，支线在下；动力线在上，照明线在下；且应在风、水管路相对的一侧。

（2）隧道内配电线路分低压进洞和高压进洞两种。一般隧道在 1000 m 以下（独头掘进）时，采用低压进洞，电压为 400 V，配电变压器设在洞外；当隧道在 1000 m 以上时则采用高压进洞，以保证线路终端电压不致过低，高压进洞电压一般为 10 kV，配电变压器设在洞内。

（3）根据隧道作业特点，电线线路架设分两次进行。在进洞初期，先用橡套电缆架设临时电路，随着工作面的推进，在成洞地段用胶皮绝缘线架设固定线路，换下电缆供继续前进的工作面使用。

（4）洞内敷设的高压电缆，在洞外与架空高压线连接时，应安装一组相同电压等级的阀型避雷器及开关设备。架设低压线路进洞时，在洞口的电杆上，应安装一组低压阀型避雷器。

（5）不允许将通电的多余电缆盘绕堆放，以免引起电缆过热发生燃烧或增加线路电压降。

（6）低压进路导线敷设方法分垂直、水平两种。水平排列占空间较大，影响施工机械通过，故一般采用垂直排列。垂直排列时，采用针式绝缘子固定线路，线间距为 0.2 m，下部导线离地面不小于 3 m，横向间距一般为 10 m。

（7）线路需分支时，分支至所接设备的连接应使用橡套电缆，且每一分支接线应在接头与所接设备之间安装开关和熔断器。

三、施工照明

1. 普通光源施工照明

（1）作业地段照明必须使用安全变压器，其容量不宜过大，输入电压为 220 V，输出电压有 36 V、32 V、24 V、12 V 四个等级，并应装有随电源电压下降而能调整电压的插头。

（2）事故照明设施。不安全因素较大的地段可加大照明，在主要通道、竖井、斜井、涌水较大的抽水机站、高压变电站等重要地点，应有照明设施。漏水地段应采用防水灯头和灯罩。

2. 节能新光源照明

普通光源一般使用的是电灯或荧光灯，其价格低、使用方便，但其耗电量较大且亮度较弱。相比而言新光源更加节能，如低压卤钨灯、高压钠灯及钪钠灯等。

节能新光源有如下优点：

（1）大幅度地增加施工工作面和场地的照明，为施工人员创造一个明亮的作业环境，可保证操作质量；

（2）安全性能好；

（3）节电效果明显；

（4）使用寿命长，维修方便，减少电工劳动量。

【习题】

1. 隧道如何通风？
2. 隧道如何照明？

模块 3

铁路桥隧维护

项目 21

铁路桥隧维护概论

铁路桥隧是铁路工务设备中永久性的大型结构物，也是铁路行车设施的重要组成部分和确保铁路运输安全畅通的关键设备，具有结构复杂、技术性强、修建困难、造价较高的特点。铁路桥隧一旦损坏，轻则限速减载，重则中断行车。

随着中国国民经济建设的持续发展，铁路运输强度不断增长，为适应列车提速、重载运输的需要，桥隧必须具有更好的承载、抗灾能力和安全可靠度，这对桥隧维修部门提出了更高的要求。因此，做好桥隧维护工作，对于确保铁路运输安全，促进我国经济建设的发展，具有十分重要的意义。

桥隧比是指铁路建设中，桥梁和隧道占总里程的比例。桥隧比一般用于线路工程（铁路、公路、管道）。桥隧比越大，说明桥梁和隧道占总里程的比例越大，该工程难度就越高。

计算公式：（桥梁里程+隧道里程）/总里程=桥隧比。典型线路桥隧比见表 21-1。

表 21-1　典型线路桥隧比

序号	线路名称	桥隧比
1	郑万高速铁路重庆段	98.3%
2	郑渝高速铁路	97.6%
3	西成高速铁路陕西段	94%

任务 21.1　桥涵维护概述

桥梁在使用中有可能出现问题，这些问题可能源于设计缺陷、施工不当、运用方式不合理以及遭受人为或自然破坏。为了保持桥梁的良好状态，保证铁路正常运营，并最大限度地延长其使用寿命，必须对桥梁病害进行检查和分析、修理和加固、局部更新和全部重建等工作。

一、桥梁检查

1. 经常监视

桥梁巡守工负责巡回检查，经常监视管区桥梁、河道及两端各 30 m 范围内的线路状态，汛期还应观测水位、流速和洪水、漂流物通过桥孔的情况。

2. 经常检查

工长每月对未设桥梁巡守工的桥梁及其他重要桥涵检查一遍，领工员每月有计划地检查重点桥涵。有病害的桥涵，更应勤加检查。

3. 定期检查

每年春秋两次，由工务段进行。

(1)春季检查是在春融或汛前对桥涵进行一次全面检查，重点检查流冰过桥的安全、桥涵排水的疏浚、河流建筑物及防护设备的完好等。

(2)秋季检查是对桥涵的技术状态进行全面细致的检查。

4. 特别检查

对于特别长大、构造复杂、高墩、有严重病害或新型结构的桥涵，铁路局桥梁检定队负责会同工务段对其进行特别检查。

二、桥梁维护

1. 维护工作

维护工作是指按照规定的技术标准和验收条件对桥梁进行的维护工作，主要包括桥梁日常保养、桥梁计划维修和桥梁大修等工作。

2. 日常保养工作

日常保养工作包括保持桥梁清洁，清除积水、冰雪、煤烟、污垢和尘土等；保养各种螺栓，打紧道钉和防爬器；修理桥面木质的个别部分；修补桥梁小片的油漆；添换防火用的砂、水；保养标志等。

3. 计划维修工作

计划维修工作包括桥面修理和钢梁局部油漆；钢结构(包括支座)修理；圬工梁拱及墩台修理；防护设备及调节河流建筑物的修理；安全检查及照明设备的修理。

4. 大修工作

大修工作包括更换整孔桥面；油漆整孔钢梁；加固或更换钢梁、圬工梁拱、桥梁墩台及基础；桥梁扩孔；更换或增设圬工梁拱防水层；进行整座木桥大修；整治河道；增设或修理防护设备及调节河流建筑物；增设或更换安全检查设备等。

三、圬工墩台

墩台在运营中必须保持良好状态，不宜有镶面砌缝开裂、砂浆剥落、石料风化破裂、支承垫石松动等现象，应在日常做好墩台养护与维修工作。维修墩台的主要项目有：

(1)搞好勾缝工作，清除桥上及墩台顶面的污秽，防止顶面积水。疏通改善排水设备，防止雨水浸入砌体。

(2)支承垫石薄弱，在活载冲击作用下砌体可能松动。若发现支承垫石开裂、损坏的现象，应及时修整。

（3）石砌墩台的砌缝如有裂缝，应凿除残砖重新勾缝。若石料风化可采用喷浆处理。

（4）墩台表面局部损伤、裂纹不太严重时，可在其表面喷注一层水泥砂浆，必要时可预先在墩台表面包一层铁丝网再喷浆，效果更好。

（5）对裂纹多而深入圬工内部或内部有空隙的墩台，可用压注环氧树脂或水泥砂浆的方法处理。问题严重时，可用钢筋混凝土箍将破坏处或整个墩台包住，如图 21-1 所示。

（6）桥台由于填土压力过大发生开裂时，桥头填土应改用渗水土壤，必要时改为填石或干砌片石。

（7）注意经常疏通桥址上、下游河道，防止堵塞。经常了解河床变迁、基础冲刷情况，特别是浅基础，更要加强防护，采取必要措施防止冲刷。

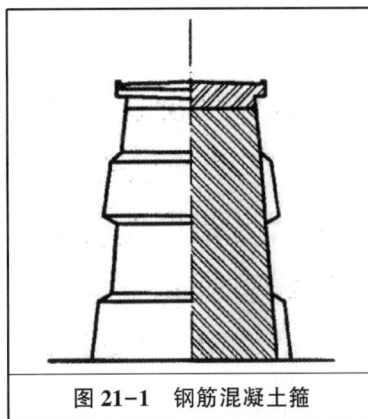

图 21-1　钢筋混凝土箍

四、钢筋混凝土梁

钢筋混凝土梁在运营中必须保持完好，不得有泄水管堵塞、保护层及防水层脱落或开裂、表面出现裂缝或蜂窝麻面等现象。钢筋混凝土梁的裂缝主要有以下几种类型。

1. 收缩裂缝

收缩裂缝是在混凝土硬化时，因混凝土收缩或徐变而引起的细小裂纹，无明显的方向，长度、深度均不大，仅限于表面，可不予处理。

2. 分层裂缝

分层裂缝是位于工作缝上或沿水平方向的裂缝，主要是由于混凝土灌注不良导致接合缝处的黏结力差而引起的。

3. 受力裂缝

受力裂缝一般在跨中是竖向的，在两端是斜向的。裂缝形成的原因有受拉区钢筋不足、支座活动性差、受拉钢筋接头不良及锚固不好等，这些因素使裂缝有可能继续发展。钢筋混凝土结构产生裂缝后，水分和空气中的有害气体将浸入裂缝，引起钢筋锈蚀，圬工变质。若裂缝继续发展，则问题会更为严重，因此，必须加强养护和维修。细小裂缝可用沥青漆涂塞，较大裂缝可用水泥砂浆或用环氧树脂修补。把机车放在桥上使裂缝张开以填塞裂缝，效果最好。当表面有蜂窝麻面时，应喷注灰浆或填补混凝土从而修复裂缝。

五、钢桥

1. 桥面

（1）桥面和桥上线路直接承受列车荷载，桥面状态直接关系到行车安全和建筑物的使用年限。

（2）桥面除了要坚固耐用外，还需要保证列车运行时平稳，以免对梁和墩台冲击过大而引起病害。另外还应保证万一列车脱轨时，列车能沿护轨滑行，不至于在桥上倾覆。

（3）在检查桥面时，主要查看桥头和桥上线路的平面位置及纵断面是否平顺良好，同时，还要检查钢轨接头位置、轨缝大小是否适当,桥枕间距与方向是否符合规范。此外,还需关注桥枕是否腐朽、螺栓是否松动,并检查有无吊板(即桥枕下面悬空吊在钢轨下),最后还要检查附属设备,如护轨、防火设备、人行道等。

(4)经常保持桥面清洁。除用肉眼观察线路是否平直、圆顺、高低平顺外,还要依靠道尺进行检查,必要时可借助经纬仪、水平仪等工具,一旦发现问题应及时纠正。

2.钢梁

(1)清洁:要经常清扫污垢,防止钢梁锈蚀,特别注意桥面系、箱式梁的下弦杆、上承式梁的上弦杆、端节点、支座和缝隙等处。冬季应及时清除积雪。

(2)油漆:为防止钢梁锈蚀,除支座的辊轴、底板和其他活动部件外,都需进行油漆,并根据具体情况决定油漆年限。

(3)铆钉:检查铆钉一般采用表面观察、钎探或敲打的办法,若发现铆钉松动必须及时更换。

(4)高强度螺栓:检查螺栓是否转动或松动,可观察螺帽、垫圈的油漆是否破坏,也可用手锤敲击来进一步判断螺栓是否松动。如发现问题应及时更换。

(5)焊缝:栓焊梁的焊缝,最好用探伤仪检查,也可用高倍数的放大镜检查。发现裂缝应加强观测,当裂缝继续发展问题严重时,应及时采取措施。

(6)钢梁杆件:凡是钢梁杆件有裂纹、脱层、扭曲、损坏等缺陷,应及时修补或予以更换。

(7)支座:应加强养护使其保持良好状态,辊轴与底板必须密贴,所有螺栓须拧紧。

六、拱桥

(1)检查时应着重查看拱圈、拱上结构和墩台。

(2)若出现裂缝应特别注意,加强观测,查明原因,及时补救。此外,还应检查排水设备与防护层的状态,凡发现拱圈下表面有水流痕迹或有雨水渗透到圬工内的现象,可能是防水层性能不良所致,应及时检查修补。

(3)维修养护措施:

①加固修补损伤的桥孔结构。在拱跨结构受到损伤,但尚未变形的情况下,可对拱桥进行加固修补。当拱跨结构虽仍被支承在墩台上,但圬工损伤较严重而损及拱圈,影响拱圈的荷载能力时,则应先将拱圈修补。

②加固修补多孔拱桥中部分损坏的拱跨结构。当多孔拱桥有部分拱跨损坏而其邻孔拱跨结构仍完好无损,致使桥墩受到单向推力时,应考虑采取临时平衡单向推力的加固措施并及时修复桥孔结构。

③将拱桥改成梁式桥。当损坏的拱跨结构拱孔过多或跨度较大,修复原有拱跨的工作量太大而有很多困难时,可利用残存墩台或临时墩台将拱桥改为一孔或多孔的梁式桥孔结构。

七、涵洞

1.堵塞

涵渠内如有泥砂沉积物应及时清除,可在涵渠洞前设置护栅或拦砂坝,保证排水畅通。

2.防寒

在严寒地区,冬季要用树枝或篱笆把涵洞进口挡起来(下面留出必要的流水口),并及时清除积雪,以防冰冻和冰雪堵塞。如发现有冻害,则须加筑垂裙伸入冻结线以下,并加深翼墙基础。

3.裂缝

由于基础沉降不均、洞顶填土过薄、列车冲击严重等原因,涵洞会产生裂缝。发现有裂缝时,应先消除产生裂缝的原因,再修补裂缝。遇涵洞破裂严重时,如过水断面有富余,可在涵内加套拱,如图 21-2 所示,也可拆除破损部位重做,但应先在线路上扣轨束梁,以保证行车安全。

图 21-2 套拱

4.下沉和脱节

当涵洞基础发生不均匀下沉时,就会出现脱节现象。处理办法是在线路上扣轨束梁,然后逐节抬高。若问题严重则只能改建。

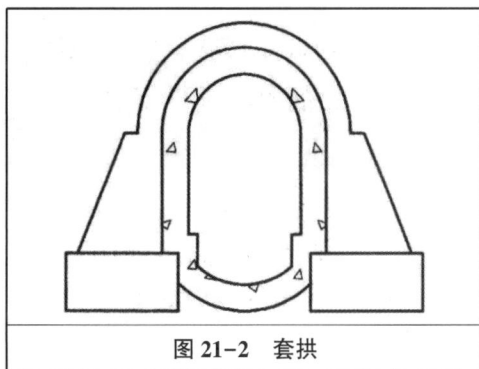

【思政大故事】

李玉斌,1980 年生,中国铁路郑州局集团有限公司洛阳工务段三门峡桥隧车间杨连第大桥隧工区工长。他的祖孙三代不忘初心,坚守奉献,传承"登高精神",守好、护好杨连第大桥的感人故事,被广为传颂。2018 年以来,曾先后获得全路"最美春运人"、集团公司"安全功臣""星耀家园年度榜样"、河南省"省直好人榜""河南好人"。2021 年当选国铁集团"新时代铁路榜样""最美铁路人"。

图 21-3 2021 年"最美铁路人"先进事迹报告会

图 21-4 维修杨连第大桥

图 21-5 杨连第大桥

1. 传

"信念坚定、爱岗敬业、勇于攀登、拼搏奉献",这是杨连第用生命谱写的登高精神,成为铁路人始终听党话、永远跟党走红色基因的具体写照,也深深融入了李玉斌祖孙三代的血脉。李玉斌的爷爷作为新中国第一代铁路人,守护杨连第大桥 18 年直到退休。后来,李玉斌的父亲也扎根这里,一干就是 38 年。李玉斌在英雄桥边长大,听得最多的是杨连第和前辈们修桥、守桥的故事,一颗守护英雄桥的种子也埋进了李玉斌的心底。2008 年,李玉斌怀揣梦想来到杨连第工区报到,父亲反复叮嘱李玉斌:"你要接好班,守好桥,比我们干得更好……"李玉斌知道,父亲上班时,爷爷也是这样说的。接力棒传到李玉斌的手上,李玉斌一定要承担起这份使命和责任。

2. 承

为当好杨连第大桥的守护人,李玉斌苦练业务强技能,很快就成了技术骨干。2016 年,李玉斌光荣地成为杨连第大桥隧工区最年轻的工长,当时就下定决心,一定要像登高英雄杨连第那样,带着大伙把工作干得更出色!

陇海铁路是横贯我国东西部地区的主要交通干线,杨连第大桥就处在这条咽喉要道上,繁忙时每 5 分钟就有一趟列车通过,安全畅通尤为重要。李玉斌和工友们都有一个共同信念:英雄桥不能在我们手上出一点闪失,任何隐患,都决不放过。有一次,李玉斌带队检查梁内设备时,在钢步板下方一处不易观察到的地方,发现一颗铆钉折断了。一颗铆钉不受力,就会导致相邻铆钉受力不均,李玉斌和工友立即凿掉断钉,穿好并上紧了新螺栓。像这样的铆钉在大桥上一共有 28140 个,任何一个都不能出问题。李玉斌和工友用了 4 年时间,将桥腹中 312 块木板,换成高强度的钢制步行板,整体更换了 360 根桥枕和 256 米护木,从桥头到桥尾铺上了崭新的橡胶步行板,对 3840 平方米的钢梁全面喷砂、除锈、油漆,还对桥枕防腐、钢梁防锈等课题展开技术攻关,历经百年风雨的英雄桥旧貌换新颜。李玉斌自豪地告诉大家:英雄桥在李玉斌和工友的精心养护下,设备优良率始终保持在 100%!

【背景小知识】

一、"最美铁路人"先进事迹报告会

2021 年"最美铁路人"先进事迹报告会是由中宣部宣教局、国铁集团党组宣传部共同主

办，10 名"最美铁路人"全部来自铁路基层一线工作的平凡岗位，是铁路行业 200 多万干部职工的优秀代表，展示了铁路人在新时代新征程中的先行风采、服务本色、担当品格、奋斗精神。

二、杨连第大桥

在陇海铁路上，有一座全国唯一用人名命名的铁路桥——杨连第大桥。这座英雄桥，高 45 m、长 172.5 m，耸立在秦岭余脉的峭壁之中，是陇海铁路第一高桥，李玉斌就在这座桥上守护了 14 年。

在这座大桥上，镌刻着一个可歌可泣的英雄故事。1949 年 5 月，解放军进军大西北，铁道兵临危受命，抢修陇海铁路 8 号桥。当地流传着这么一句话："8 号顶，8 号顶，失手掉成饼！8 号端，8 号端，上桥如上天！"时间紧、任务重，没有登高设备，杨连第冒着生命危险，凭着一根带钩的木杆，率先攀上光秃秃的桥墩，带领战士们提前 20 天抢通大桥，为运输战略物资争取了宝贵的时间，杨连第也荣获"登高英雄"称号。1952 年 5 月，杨连第在抗美援朝战场上壮烈牺牲。同年，8 号桥被命名为杨连第大桥。

任务 21.2　隧道维护概述

一、隧道档案的建立

每座隧道都应建立隧道档案，特别是长大隧道的档案建立更应详细。隧道档案应收集有关隧道的设计、施工及竣工资料，此外还包括养护与维修过程中的一些记录资料。

(一)隧道设备的概况

(1)隧道概况。隧道所处线路及区间名称、隧道全长、起讫里程、开关及竣工日期、地质状况等。

(2)隧道结构的断面形状。内轮廓尺寸、衬砌材料、避车洞的设置情况等。

(3)辅助坑道。记录竖井、斜井、横洞及平衡导坑的位置及其他情况。

(4)线路情况。纵坡、平面、设备、道床、轨枕、钢轨等情况。

(5)洞内排水设施。排水沟类型、长度、深度；检查井形状、间距数量；盲沟情况，钻孔排水、泄水洞排水等情况。

(6)洞内排水设施。洞外排水沟及山上排水沟的类型、长度等。

(7)路堑的起讫里程、护坡材料。

(8)通风设备情况。

(9)电力及照明设备情况。

(10)通信设施情况。

(二)主要病害状况卡片

主要病害状况卡片如表 21-2 所示。

表 21-2 主要病害状况卡片

记录日期	病害性质	位置	长度	最大数量	发生时间	危险程度	简要分析

在填写卡片时应注意以下几点:

(1)病害性质包括隧道水害、冻害、衬砌病害、整体道床病害、界限不足及有害气体危害等。

(2)隧道水害分为涌水、漏水、滴水、渗水;隧道冻害分为衬砌冻害、线路冻害、排水沟冻结及挂冰;衬砌病害包括衬砌变形裂损、侵蚀等。

(3)至少每年记录或修改一次。

(4)最大数量是指漏水量或刨冰量(t/d),以及冻胀量的最高纪录。

(5)发生时间是指与季节有关的病害发生时间,如长年漏水、季节漏水或雨后几天漏水等。

(三)隧道历史概况与现状分析

1.隧道历史概况

在档案建立时要注意收集整理下述资料:

(1)写明开工日期、交付运营日期、设计及施工单位等。

(2)隧道工程中地质及水文地质情况等。

(3)在修建过程中,曾发生过塌方等事故的地点及处理措施等。

(4)交付运营时的工程质量及存在的问题等。

2.隧道现状分析

在定期检查、专项检查及维修之后,应总结分析下述问题:

(1)针对隧道的主要病害状况,分析其原因及危害性,并预测其发展趋向。

(2)对主要病害曾采取过哪些整治措施,有何收效及教训。

(3)历史上经过基建、大修解决了哪些问题,还存在哪些问题。

(4)对整治病害及技术改造的意见。

(四)图纸存档

1.技术图纸

(1)设计单位提供的纵断面图、横断面图、平面图。

(2)施工单位提供的衬砌内轮廓断面图、隧道断面开挖图、山上地形及排水设施图。

(3)其他有关隧道的技术图纸。

2.隧道衬砌展示图

3.隧道综合最小限界图

(五)各种检查观测记录

(1)衬砌裂缝记录。

(2)隧道洞外降雨记录。

(3)衬砌漏水记录。

(4)隧道洞外内地下水的资源、流量及流速观测记录。

(5)其他观测项目记录(如衬砌腐蚀记录、冬天刨冰记录、洞内排水沟冻结记录、衬砌变形记录等)。

隧道档案的建立是一项细致的工作,需要工务技术人员长期的积累,为隧道的长期使用、维修、改修和扩建提供依据。

二、隧道水害及整治

隧道水害会对隧道稳定、洞内设施、行车安全、地面建筑和隧道周围水环境产生诸多不良影响甚至威胁,影响隧道的内部结构及附属设施,降低使用寿命,严重时将危害到隧道及地下工程的运营安全。

(一)隧道渗漏水的影响和危害

(1)渗漏水促使混凝土衬砌风化、剥蚀,造成衬砌结构破坏,还会软化围岩,引起围岩变形。有些隧道渗漏水中含有侵蚀性介质,造成一般的衬砌混凝土和砌筑砂浆腐蚀损坏,降低衬砌的承载能力。在寒冷和严寒地区,隧道渗漏水会造成边墙结冰,侵入隧道建筑限界,还会造成衬砌冻胀裂损。

(2)渗漏水加快内部设备(通信、照明、钢轨等)锈蚀,影响设备的正常使用,缩短线路设备的使用寿命,增加维修费用。

(3)水害引发路基下沉、基底裂损、翻浆冒泥等病害,导致铁路线路轨距水平变形超限,冻胀则引发洞内线路起伏不平,以及洞内漏水潮湿降低轮轨黏着力,这些危害均会影响行车安全。水害还会使电绝缘失效、短路、跳闸,影响安全运营,引发漏电伤人事故。少数隧道在暴雨后出现铺底破损涌水,造成轨道淹没、道床冲空等现象,影响行车安全。

(二)隧道渗漏水的成因

成因、机理是解决工程问题的基础。隧道水害的成因是隧道修建破坏了山体原始的水系统平衡,隧道成为所穿过山体附近地下水集聚的通道。当隧道围岩与含水地层连通,而衬砌的防水及排水设施、方法不完善时,就必然要发生隧道水害。

(三)隧道渗漏水的防水

隧道防水要"防患于未然",首先从设计做起,要在水文地质调查的基础上,从工程规划、结构设计、材料选择、施工工艺等方面进行合理设计。防水设计应考虑地表水、地下水、毛细管水等的作用,以及由于人为因素引起的附近水文地质改变的影响。防水设计还要遵循隧道防水原则,定级准确、方案可靠、施工简单、经济合理。

山岭隧道,特别是长大隧道,为保护地面生态环境,城市地下水工程为防止水压在衬砌背后聚集而破坏结构，均不宜单独采用排水型设计，而应采用"排堵结合，以堵为主"的原则，或者称为"以堵为主，适量排放"的原则。

(四)隧道渗漏水病害治理

运营隧道的漏水整治，除利用原有排水设施外，在不影响交通的情况下，常采取以下措施。

1. 堵治法

对于漏水不严重的渗水或滴水地段可采取堵的方法，通常把衬砌大部分漏水部位，尤其是拱部，设法堵住。

2. 引治法

将漏水孔及裂缝凿成连通的倒八字槽，然后在槽内设置塑料管，并用胶浆填塞。水流通过塑料管引至排水沟。

3. 排治法

在水源处凿槽(排水暗沟)与排水沟连通，将水引入排水沟。虽然此法凿槽费工，但排水效果明显。不过，使用时间久后可能会引起暗槽堵塞而失效。

4. 外部防水法

在隧道漏水地段，可向衬砌背后压注化学聚合物防水浆液充填围岩裂隙，并在围岩与衬砌之间形成一层隔水层来防水。

三、衬砌裂损及整治

由于形变压力、松动压力、地层沿隧道纵向分布及力学性态的不均匀性、温度和收缩应力、围岩膨胀性或冻胀性压力、腐蚀性介质的作用，以及施工中人为因素和运营车辆的循环荷载作用等，隧道衬砌结构物会产生裂缝和变形，这些现象统称为隧道衬砌裂损病害，它们严重影响了隧道的正常使用。

(一)隧道衬砌裂损的影响和危害

衬砌裂损是隧道病害的主要形式，隧道衬砌裂损会破坏隧道结构的稳定性，降低衬砌结构的安全可靠性，影响隧道的正常使用，甚至危及行车安全。衬砌裂损变形的主要危害有：

(1)降低衬砌结构对围岩的承载能力；

(2)使隧道净空变小，侵入建筑限界，影响车辆安全通过；

(3)拱部衬砌掉块，影响行车和人身安全；

(4)裂缝漏水，造成洞内设施锈蚀、道床翻浆，严寒和寒冷地区产生冻害；

(5)铺底和仰拱破损，造成基床翻浆、线路变形，危及行车安全，车辆被迫降低运行速度，大量增加养护维修工作量；

(6)在运营条件下对裂损衬砌进行大修整治，施工与运输互相干扰，费用增加。

(二)隧道衬砌开裂的类型

隧道衬砌裂缝根据裂缝走向及其和隧道长度方向的相互关系，分为纵向裂缝(图21-6)、环向裂缝(图21-7)和斜向裂缝(图21-8)三种。

图 21-6　隧道纵向裂缝图

图 21-7　隧道环向裂缝图

图 21-8　隧道斜向裂缝图

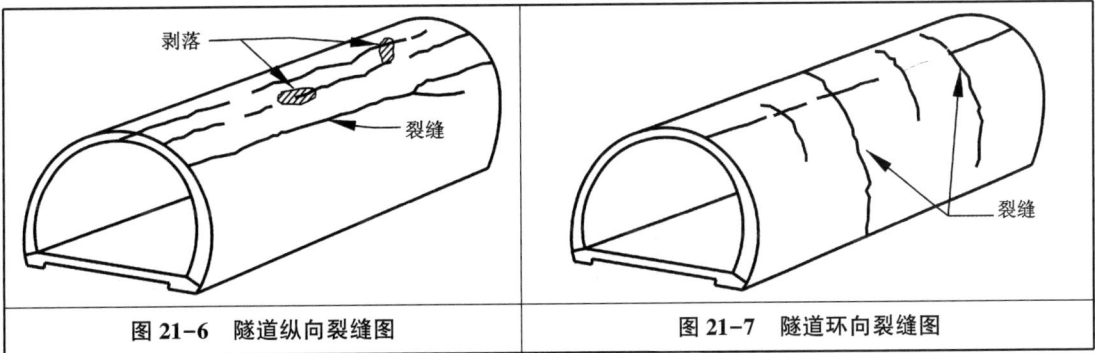

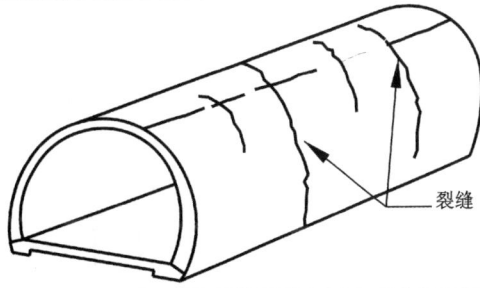

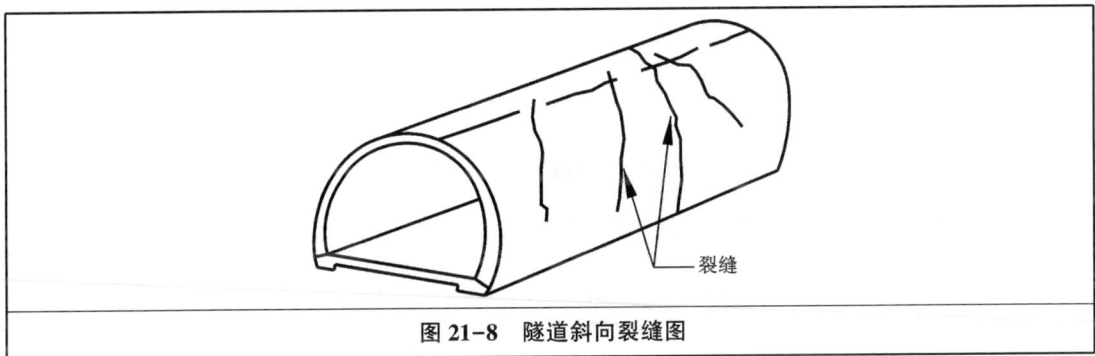

(三)衬砌裂损的整治

1.整治原则

(1)加强观测,掌握裂缝变形情况和地质资料。

(2)对渗漏水、腐蚀等病害综合整治,贯彻彻底整治的原则。

(3)合理安排施工慢行封锁计划,尽量减少对正常运营的干扰。

(4)精心测量,保证加固后的隧道净空满足隧道限界要求。

2.衬砌裂损整治措施

首先应该明确的是,已裂损的衬砌仍然具有相当大的承载能力,可以充分利用。多数情况下采取加固手段就可以达到稳定的效果,只有在衬砌没有加固、经济上不合理、或根据长远技术改造的规划要求下才考虑更换衬砌。

(1)衬砌背后压浆加固。这种压浆和围岩固结压浆的目的不同,它主要是针对衬砌的外鼓、侧移。压浆可以增加对衬砌的约束作用,提高衬砌的刚度和稳定性。 一般为局部压浆,主要用在外鼓变形的部位。

(2)嵌补。对于不严重且已呈稳定的裂缝,可以进行嵌补处理。先将裂缝修凿剔深,然后在缝口用水泥砂浆、环氧树脂砂浆或环氧混凝土等材料进行嵌补。

(3)套拱。套拱加固衬砌适用于拱顶净空有富余的情况,如图 21-9 所示。

(4)嵌钢拱架。在拱顶净空无富余的情况下,可以考虑采用嵌钢拱架方法,如图 21-10 所示。在原衬砌上按一定间距(小于 1 m)环向凿槽,嵌入钢拱架(多为工字钢),然后灌筑混凝土,成为一环形钢筋混凝土结构物,以加固原有拱圈。

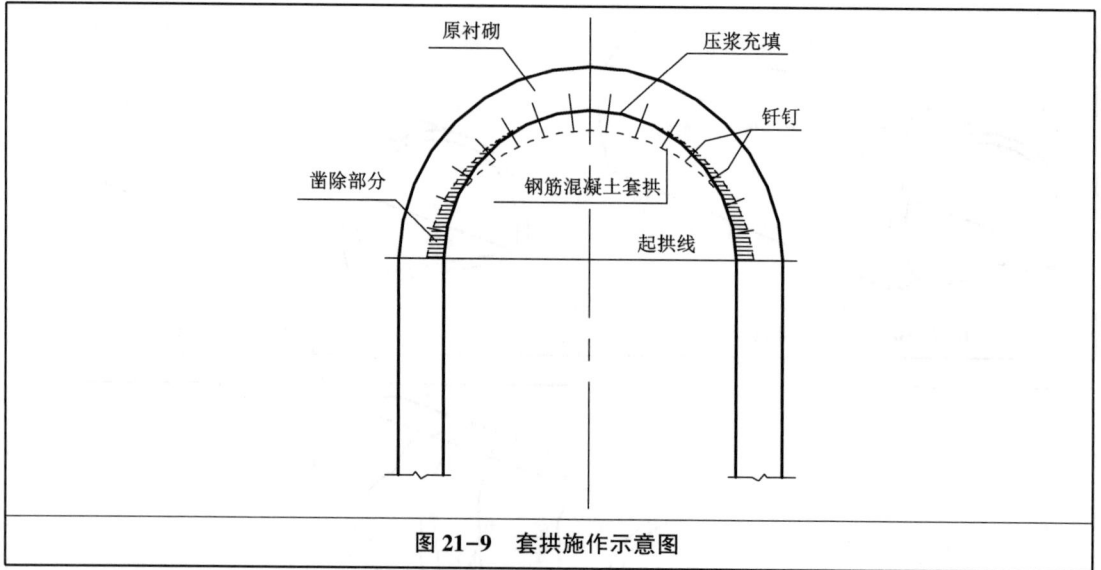

图 21-9　套拱施作示意图

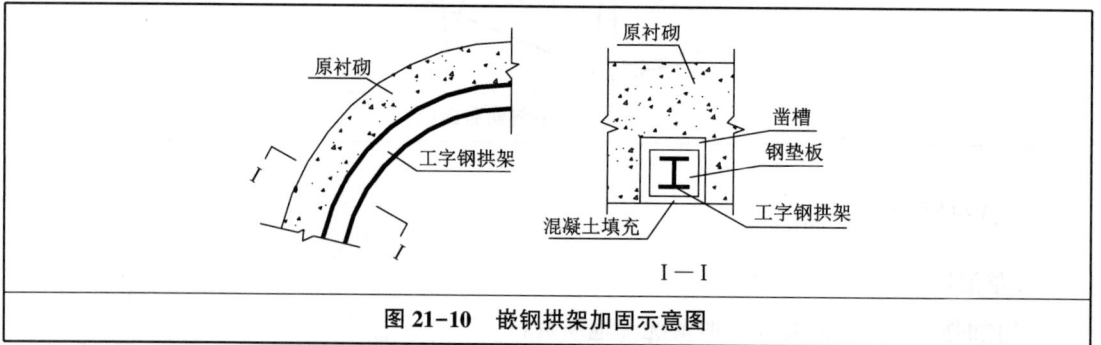

图 21-10　嵌钢拱架加固示意图

（5）全拱更换。当拱架衬砌严重破损，用其他方法已难以保证结构的稳定，或是衬砌严重侵入限界，采用其他整治措施有困难时，才考虑更换全拱。

（6）增设仰拱或水平支撑。

（7）锚喷加固。

四、衬砌侵蚀及整治

铁路线分布广，隧道所接触的地质条件千差万别，有些地区还富含侵蚀性介质，比如衬砌背后的侵蚀性环境水，容易沿衬砌的毛细孔、工作缝、变形缝及其他孔洞渗流到衬砌内侧，成为隧道渗漏水，对衬砌混凝土和砌石、灰缝等产生物理性或化学性的侵蚀作用，造成衬砌侵蚀。

（一）衬砌侵蚀的类型及机理

隧道衬砌侵蚀分为物理性侵蚀和化学性侵蚀两类。隧道衬砌侵蚀的主要影响因素有：衬砌圬工的质量和水泥的品种；渗流到衬砌内部的环境水含侵蚀性介质的种类和浓度；环境的温度和湿度等自然条件。

1. 衬砌的物理性侵蚀

隧道衬砌受到物理性侵蚀的种类主要有冻融交替冻胀性裂损和干湿交替盐类结晶性胀裂损坏两种。

（1）冻融交替冻胀性裂损。

①产生条件：隧道在寒冷和严寒地区衬砌混凝土充水部位。

②侵蚀机理：普通混凝土是一种非均质的多孔性材料，其毛细孔、施工孔隙和工作缝等，易被环境水渗透。充水的混凝土衬砌部位，受到反复的冻融交替冻胀破坏作用，产生和发展冻胀性裂损病害，造成混凝土裂损。

（2）干湿交替盐类结晶性胀裂损坏。

①产生条件：隧道周围有含石膏、芒硝和岩盐的环境水。

②侵蚀机理：渗透到混凝土衬砌的表面毛细孔和其他缝隙的盐类溶液，在干湿交替条件下，由于低温蒸发浓缩析出白毛状或棱柱状结晶，产生胀压作用，促使混凝土由表及里，逐层破裂疏松脱落。

2. 衬砌的化学性侵蚀

隧道衬砌混凝土侵蚀是一个很复杂的物理及化学的过程。综合国内外目前的研究成果，根据主要物质因素和侵蚀破坏机理，将衬砌的化学性侵蚀分为硫酸盐侵蚀、镁盐侵蚀、软水溶出性侵蚀、碳酸性侵蚀和一般酸性侵蚀五种。

（1）硫酸盐侵蚀的腐蚀机理是水中的 SO_4^{2-} 浓度过高。

（2）镁盐侵蚀的腐蚀机理是水中含有的 $MgSO_4$、$MgCl_2$ 等镁盐与水泥石中的 $Ca(OH)_2$ 发生反应。

（3）溶出性侵蚀（软水侵蚀）的腐蚀机理是水中 HCO_3^- 含量过少，在渗透水的作用下，混凝土结构变得松散，强度逐渐降低。

（4）碳酸盐侵蚀的腐蚀机理是水中的 CaO_2 含量过高，超过了与 $Ca(HCO_3)_2$ 平衡所需的 CO_2 数量。

（5）一般酸性慢蚀的腐蚀机理是水中含有大量的 H^+，各种酸与 $Ca(OH)_2$ 作用后，生成相应的钙盐。

（二）隧道衬砌侵蚀的防治措施

1. 提高衬砌的密实度和整体性

这是提高混凝土抗侵蚀性能最主要的，也是最重要的措施。因为不管是混凝土或砌块、砂浆遭受化学侵蚀，还是冻融交替或干湿交替作用，甚至几种情况同时存在的最不利情况，共同的必要条件是衬砌的透水性。只有水及其中的侵蚀介质能渗透到衬砌内部，才会发生一系列物理、化学变化，致使衬砌混凝土或砌块、灰缝产生侵蚀损坏。

2. 外掺加料法

由于侵蚀主要是混凝土中游离的 $Ca(OH)_2$ 等引起的，可以采取降低混凝土中 $Ca(OH)_2$ 浓度的措施来达到抗侵蚀的目的。比如：掺加粉煤灰可以去除游离的 $Ca(OH)_2$。

3. 选用耐侵蚀水泥

目前隧道工程常用的防侵蚀水泥有抗硫酸盐水泥、高抗硫酸盐水泥、低碱高抗硫酸盐水泥、矾土水泥和石膏矿渣水泥等。

4. 加强衬砌外排水措施

将侵蚀性环境水排离隧道周围，减少侵蚀性地下水与衬砌的接触。

5. 使用密实的与混凝土不起化学作用的材料，在衬砌外表面做隔离防水层

国内常用的防水卷材有 EVA、ECB、PE、PVC 等，这些材料的耐酸碱性能稳定，是较理想的隔离防水层材料。

6. 采用与侵蚀性环境水不起化学反应的天然石料砌筑衬砌

这种方法适用于地质条件较好的隧道。

7. 向衬砌背后压注防蚀浆液

目前，常用的防蚀浆液材料有阳离子乳化沥青、沥青水泥浆液等沥青类的乳液和高抗硫酸盐、抗硫酸盐水泥类浆液。

在衬砌表面涂抹防水防蚀涂料也可防治衬砌侵蚀，常用的涂料有阳离子乳化沥青胶乳涂料、编织乙烯共聚涂料，近几年又使用了焦油聚氨醋涂料、RG 防水涂料等。

8. 防侵蚀混凝土

防侵蚀混凝土是针对环境水侵蚀性介质的不同，选用相应抗侵蚀性能较好的水泥品种，通过调整配合比、掺减水剂、引气剂，并采用机械拌和、机械振捣生产的一种密实性和整体性较高的抗侵蚀的防水混凝土。

【习题】

1. 简述桥梁检查的形式及各自的要求。
2. 简述钢筋混凝土梁的裂缝类型。
3. 隧道档案包括哪些内容？
4. 衬砌裂损应如何整治？

【精品在线课程资源小链接】

图 21-11 《铁路桥隧施工与维护》精品在线课程二维码

铁路桥隧工职工队伍建设

任务 22.1　桥隧工岗位描述

桥隧工主要从事桥隧设备的检查、养护维修工作，使桥隧设备保持均衡完好，确保列车按规定速度、平稳、不间断地运行。

图 22-1　包兰铁路兰州东岗黄河大桥每月例行检查

图 22-2　用检查锤挨个敲打检查钢拱拱脚根部螺丝

兰州西桥隧检查工区(东岗黄河大桥)

一、岗位主要职责

岗位主要职责

1. 作业人员对安全、质量负责

2. 严格执行劳动安全有关规定，正确佩戴和使用劳动防护用品

3. 拒绝违章指挥，制止他人违章作业

4. 熟知桥隧工作业标准，具备桥隧养修技能

5. 及时准确填写本岗位相关记录与表格

图 22-3　桥隧工岗位主要职责思维导图

二、岗位资格要求

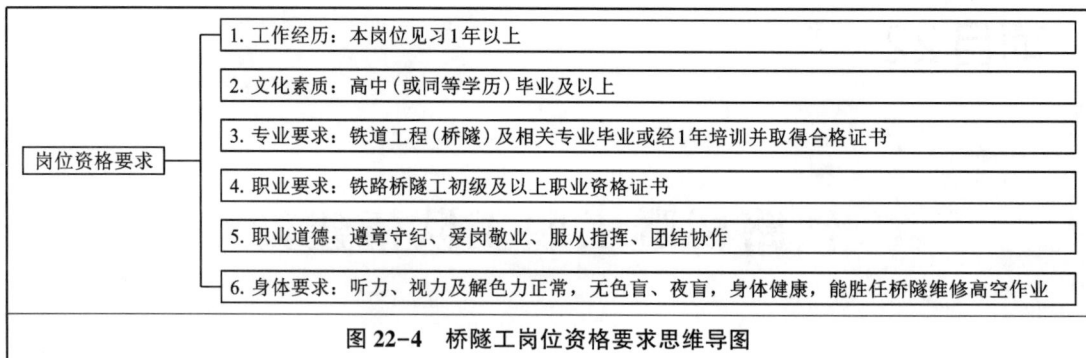

图 22-4　桥隧工岗位资格要求思维导图

三、职业资格基础性知识

1. 分级

国家职业资格等级分为首席技师（首席级）、特级技师（特级）、高级技师（一级）、技师（二级）、高级（三级）、中级（四级）、初级（五级）、学徒工（学徒级）共八个等级（2023 年10 月施行）。

（1）国家职业资格"首席级"（首席技师）

指在聘的特级技师满 3 年，通过综合评审确定的专业水平领先、业绩贡献重大的高技能领军人才，分为地方铁路局集团公司首席技师和国铁集团全路首席技师两种。

（2）国家职业资格特级（特级技师）

指在聘的高级技师满 5 年，通过综合评审确定的专业技能精通、业绩贡献突出的优秀高技能人才。（2021 年 9 月设立）

（3）国家职业资格一级（高级技师）

能够熟练运用基本技能和特殊技能在本职业的各个领域完成复杂的、非常规性的工作；熟练掌握本职业的关键操作技能技术；能够独立处理和解决高难度的技术或工艺问题；在技术攻关、工艺革新和技术改革方面有创新；能组织开展技术改造、技术革新和进行专业技术培训；具有管理能力。

（4）国家职业资格二级（技师）

能够熟练运用基本技能和专门技能完成较为复杂的、非常规性的工作；掌握本职业的关键操作技能技术；能够独立处理和解决技术或工艺问题；在操作技能技术方面有创新；能组织指导他人进行工作；能培训一般操作人员；具有一定的管理能力。

（5）国家职业资格三级（高级工）

高级技能：能够熟练运用基本技能和专门技能完成较为复杂的工作；包括完成部分非常规性工作；能够独立处理工作中出现的问题；能指导他人进行工作或协助培训一般操作人员。

（6）国家职业资格四级（中级工）

中级技能：能够熟练运用基本技能独立完成本职业的常规工作；并在特定情况下，能够运用专门技能完成较为复杂的工作；能够与他人进行合作。

（7）国家职业资格五级（初级工）

初级技能：能够运用基本技能独立完成本职业的常规工作。

（8）国家职业资格"学徒级"（学徒工）

指处于学徒阶段、尚未取得拟从事职业（工种）最低技能等级的新职人员。

2. 职业资格和职称对应关系

（1）首席技师（首席级）相当于首席正高级工程师、首席教授【高级职称】；

（2）特级技师（特级）相当于正高级工程师、教授【高级职称】；

（3）一级（高级技师）相当于高级经济师、高级工程师、副教授【高级职称】；

（4）二级（技师）相当于经济师、工程师、讲师【中级职称】；

（5）三级（高级工）相当于助理工程师、助教【初级职称（助理级）】；

（6）四级（中级工）相当于技术员【初级职称（员级）】；

（7）五级（初级工）相当于助理技术员【无职称对应级别】；

（8）学徒级（学徒工）相当于见习员工【无职称对应级别】。

3. 技能等级岗位设置职数及技能津贴

（1）首席技师

首席技师岗位设置一般不超过集团公司特级技师总数的 5%，每月津贴 1600 元。

（2）特级技师

特级技师岗位设置一般不超过集团公司高级技师总数的 10%，每月津贴 800 元。

（3）高级技师

高级技师岗位设置一般不超过集团公司技能人才总数的 5%，每月津贴 300 元。

（4）技师

技师岗位设置一般不超过集团公司技能人才总数的 15%，每月津贴 200 元。

（5）学徒工、初级工、中级工、高级工

不设置岗位比例或数量限制，凡符合条件或具有相应职业技能等级的操作技能岗位人员，均可担任，高级工每月津贴 100 元。

任务 22.2　管理体制

一、桥隧建筑物修理管理体制

桥隧建筑物修理实行检查与养修分开的管理体制，如图 22-5 所示，具体分为桥隧检查工区和桥隧养修工区。

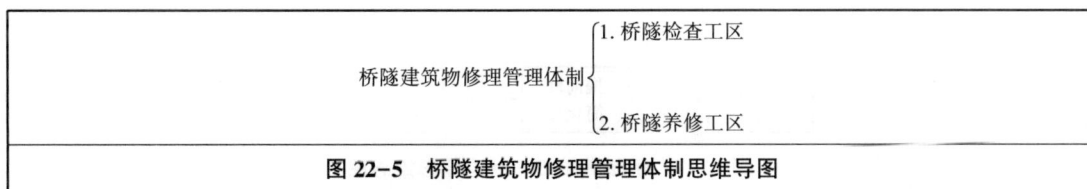

图 22-5　桥隧建筑物修理管理体制思维导图

（1）桥隧检查工区——负责桥隧设备经常检查，对桥隧车间制定的日计划提出建议，提报周检查报告；参加工务段组织的定期检查；参与保养质量评定、维修质量复验、维修工作量调查等工作。

（2）桥隧养修工区——负责桥隧设备保养维修、部分大修工作及桥隧周边环境检查工作，除完成河床断面测量以外的水文观测项目外，还应对桥隧车间制定的日计划提出建议；完成保养质量自评、维修质量自验；参与维修工作量调查；参与防洪、地震等临时检查工作和现场应急处置。

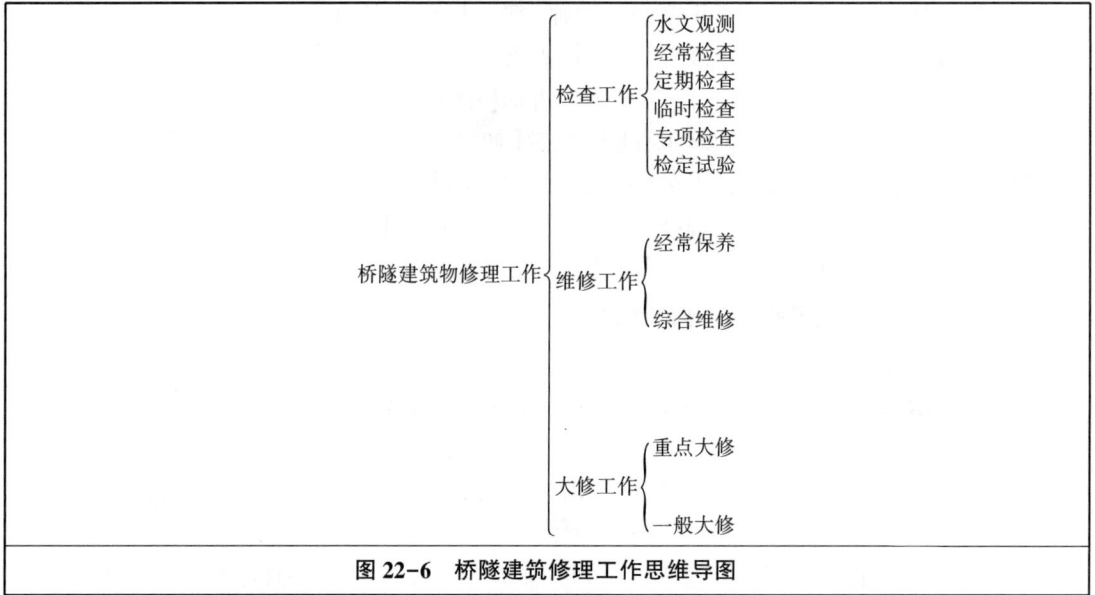

图 22-6　桥隧建筑修理工作思维导图

二、桥隧修理工作方式

桥隧修理工作采用状态修与周期修相结合的方式进行，以状态修为主，如图 22-7 所示。

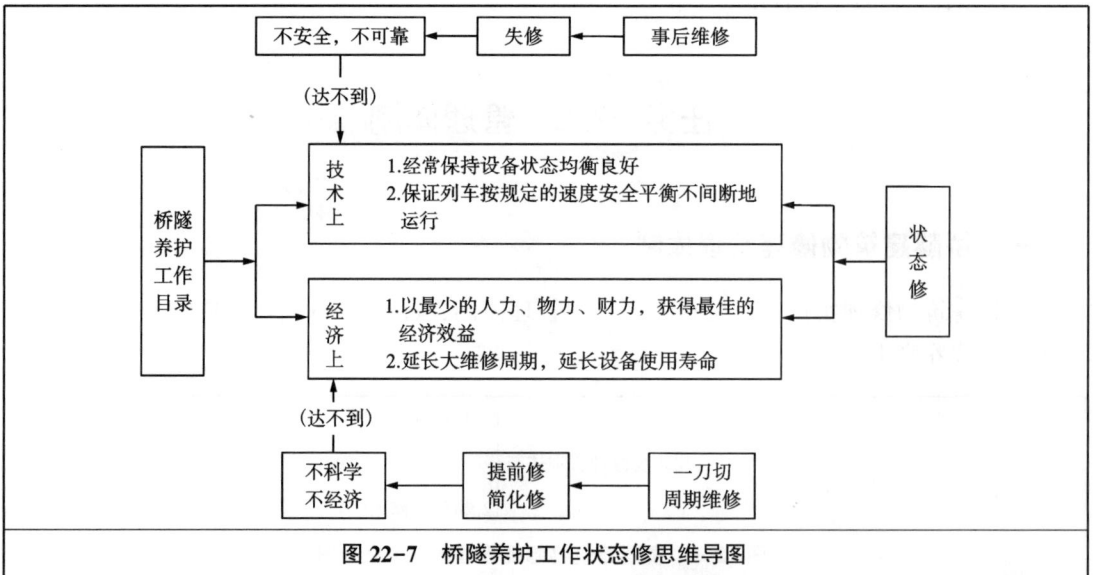

图 22-7　桥隧养护工作状态修思维导图

维修工作通过经常保养与综合维修相结合的方式，整治既有病害，及时消除危及行车安全问题，经常保持桥隧建筑物状态均衡完好，使列车能以规定的速度安全、平稳、不间断地运行。

三、机构设置

1. 铁路桥隧维修组织机构

我国铁路桥隧维修组织机构如图 22-8 所示。铁路桥隧设备的维修管理工作业务隶属中国国家铁路集团有限公司，负责制订发布有关桥隧维修总的方针、原则和标准；铁路局集团公司直接管理工务段，负责决策、组织，工务段作为基层设备管理部门，具体负责桥隧设备的检查和维修管理工作，分级管理，有机结合，加以实施。为做好专业技术业务管理，工务段必须设立专门的桥隧科或路桥科，且通过"工务段—车间—工区"的分工运作，实现设备检查和维修全过程管理。检查维修组织实行"检查和维修"分开的体制，工务段设置一定数量的桥隧车间，车间分别下设检查工区和养修工区，实现检查、维修的专业化和一体监督维修质量。

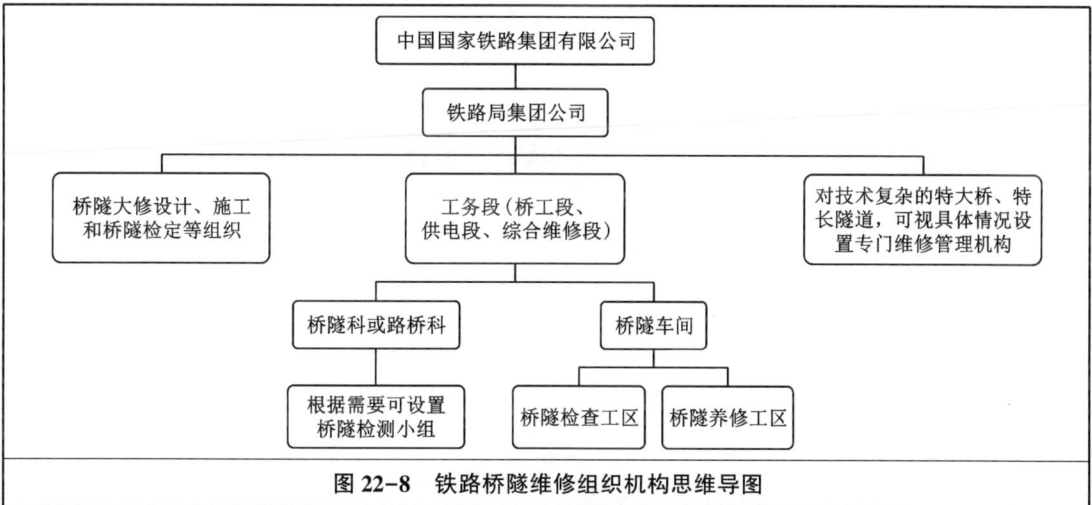

图 22-8　铁路桥隧维修组织机构思维导图

（1）工务段桥隧科或路桥科

全面负责桥隧设备技术状态的管理。按照铁路局集团公司相关要求及批准下达的桥隧生产任务、指标，根据管内桥隧设备实际状态并结合维修周期，制定年度维修计划及组织、技术措施；审核批准桥隧车间维修的月度生产计划、保养和检查的年度、月度生产计划等；组织定期检查，掌握安全生产信息；对生产过程进行指导、监督、验收和考核。工务段根据需要设置桥隧检测小组，由工务段桥隧科或路桥科直接管理。

（2）桥隧车间

全面负责所辖设备状态的检查维护和组织生产，掌控作业安全、质量和进度；编制本车间维修月度生产计划、保养和检查的年度、月度生产计划，报工务段审核批准后执行；根据批准计划，制定各工区月度生产计划和检查、养修作业日计划，申报天窗作业计划；按规定完成设备检查、保养质量评定和维修质量复验，并对作业安全和质量进行全过程跟踪检查和考核；定期分析设备质量状态适时调整生产计划。

（3）桥隧检测小组

桥隧检测小组负责桥隧专项检测，以及水文观测中的河床断面测量，技术复杂、难度大的项目可委托专业单位进行检测。

2. 桥隧设备的修理管理工作

桥隧设备的修理管理工作由工务段（桥工段、工电段、综合维修段，以下统称"工务段"）负责。工务段应根据管辖桥隧建筑物的管辖长度、设备数量、交通条件、地形地貌等因素，设置桥隧车间，桥隧车间下设桥隧检查工区和养修工区。

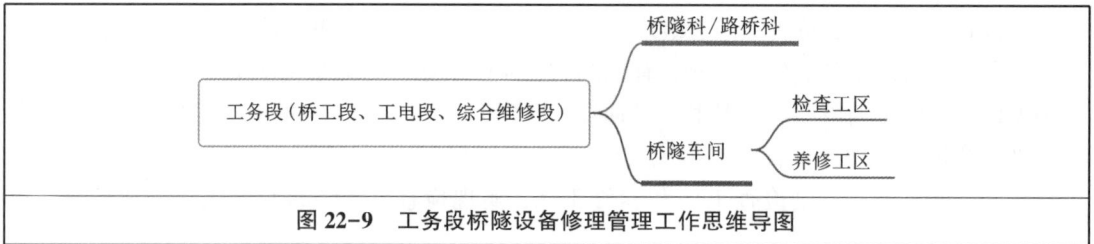

图 22-9　工务段桥隧设备修理管理工作思维导图

3. 段、车间、班组的工务段三级安全生产管理制度

4. 班组构成

（1）一长——班组长；

（2）五员——安全员、政治宣传员、技术培训员、考勤员、材料员。

（3）铁路班组 6S 管理

①整理：要与不要，一留一弃；

②整顿：科学布局，取用快捷；

③清扫：清除垃圾，美化环境；

④清洁：形成制度，贯彻到底；

⑤素养：形成制度，养成习惯；

⑥安全：安全操作，生命第一。

图 22-10　襄渝铁路嘉陵江铁路钢梁大桥

图 22-11　班组列队安排工作

（班前点名、布置人员分工、详解安全注意事项、工机具使用落实到人、安全卡控措施步步到位）

襄渝铁路嘉陵江铁路钢梁大桥

四、五环节闭环管理

桥隧修理工作应运用工务安全生产管理系统,实现检查、分析、计划、作业和验收共五个环节的闭环管理,如图 22-12~图 22-13 所示。

| 图 22-12 新系统:工务安全生产管理系统 | 图 22-13 系统功能模块 |

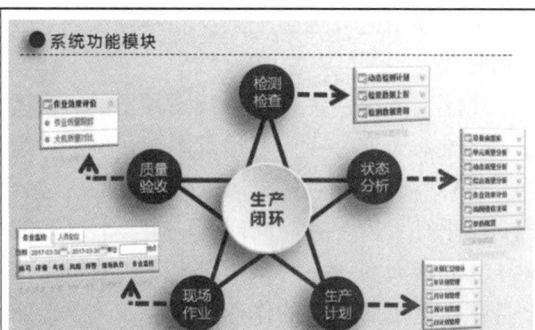

五、桥隧维护工作的目标和原则

1. 桥隧维护的目标

桥隧维护工作以"保证行车安全"为主要目标,遵循"设备质量保安全"的指导思想,合理投入人力、物力,适时进行维修维护,做到每座设备"基础牢固,结构良好,状态均衡,设备改善,保证安全"。

2. 桥隧维护的要求

桥隧维护工作按业务范围和工作性质可分为检查、保养、维修和大修。桥隧维护工作要满足铁路运输发展和行车安全的需要,因此,大部分施工作业是在行车条件下进行既有设备的拆除、恢复或修理更换。

(1)按照铁路管理部门要求,结合实际需要和具体条件,制订桥隧维护维修工作计划和规划目标。

(2)严格执行修理规则、技术规则、安全规则及其他有关规章、规范、标准的规定,并将它们作为桥隧维护维修的基本法则。

(3)桥隧维护工作作业,应特别注意行车和人身安全,正确处理施工与运输的关系,在保证安全和质量的前提下,尽量缩短中断行车和限制行车速度的时间。

六、天窗修制度

天窗修制度是铁路营业线施工的基本制度。根据《铁路营业线施工安全营理办法》(国铁运输监〔2021〕31 号)第七条规定:"严格执行天窗修制度。编制列车运行图应当明确各条线路天窗时间和位置。天窗时间和次数,应当满足施工和维修需要。安排施工和维修应当适应天窗条件,并满足安全生产、作业标准和质量要求。"

1. 天窗的概念

天窗——列车运行图中不铺画列车运行线或调整、抽减列车运行线为营业线行车设备进行施工、维修等作业预留、安排的时间。

2. 天窗分类

天窗按用途分为施工天窗和维修天窗，按影响范围分为 V 型天窗、垂直天窗、同步天窗和临时天窗。

①施工天窗——列车运行图预留的、在运营线上进行施工作业的时间。

②维修天窗——列车运行图预留的、对运营线行车设备进行维修作业的时间。

③V 型天窗——列车运行图预留的、对运营线单方向行车设备进行维修作业的时间。

④垂直天窗——需同时影响上、下行正线行车设备正常使用而安排的作业时间。

⑤同步天窗——两条及以上干线在同一车站相连时，需同时影响同一车站两条干线行车设备正常使用而安排的作业时间。

⑥临时天窗——对严重危及行车安全的设备隐患及线路病害严重需临时封锁要点施工而安排的作业时间。

3. 天窗时间

严格实行天窗修制度。天窗时间应固定，一般不得少于 240 min，有条件时可适当延长。在维修天窗的基础上，铁路局集团公司可根据列车运行情况，临时安排昼间天窗，用于重点设备检查。

4. 天窗修制度

(1)天窗综合利用

施工(维修)现场为两个及以上施工(维修)单位综合利用天窗在同一区间或站内作业时，铁路运输企业应当明确施工(维修)主体单位和主体施工(维修)负责人。主体施工(维修)负责人负责协调各单位施工(维修)组织，各单位服从主体施工(维修)负责人指挥，按时完成施工(维修)任务，确保达到规定的列车放行条件。两个及以上单位作业车进入同一个区间移动作业时，由主体施工(维修)负责人划分各单位作业车作业范围及分界点，各作业单位按规定分别设置防护。

(2)科学、安全、高效地组织营业线施工

各项施工(维修)应当统筹安排、平行作业，综合利用天窗，提高天窗的利用率。有关单位(部门)在制定作业计划涉及其他单位(部门)时应当加强联系、共同协调，减少或避免作业时相互干扰。

(3)技术交底及确认

营业线施工前，施工单位应当做好充分准备，并提前向设备管理和使用单位进行技术交底，特别是影响行车安全的工程和隐蔽工程，应提前向设备管理单位提出施工计划、施工地点及影响范围。设备管理单位接到营业线施工单位的申请后，应当对施工方案、施工计划及影响范围进行认真核对，并在营业线施工开始前派员进行施工配合和安全监督。营业线施工开始前不准安排危及行车安全的列车慢行、超范围准备等作业。

(4)营业线施工中，施工单位应当在施工调度命令指定的时间内完成作业

严格执行技术标准、作业标准、工艺流程和安全防护、作业卡控措施，严禁无计划、超范

围、无命令作业，确保施工质量。设备管理单位应当认真配合并严格把关。

(5)严把列车放行关

营业线施工完成，经营业线施工、设备管理单位检查确认达到列车放行条件后，由施工(维修)负责人(驻站、驻调度部门联络员)、设备单位检查人(或设备单位指定人员)办理开通登记(施工销记)，经车站值班员(或列车调度员)签认后，按规定开通线路。

(6)加强运输组织和调度指挥，确保天窗次数和时间兑现

因旅客列车晚点等原因，准许变更天窗起止时间。列车调度员应当提前通知驻调度部门(驻站)联络员或通过车站值班员通知驻站联络员，驻调度部门(驻站)联络员通知施工(维修)负责人。

(7)加强营业线施工登销记管理

制定管理措施，明确《行车设备施工登记簿》和《行车设备检查登记簿》的设置处所及有关人员登销记、签认和保存期限等要求。未经签认(须调度命令准许的施工，无调度命令准许)，严禁上道作业。

(8)加强营业线施工安全防护

营业线施工前应当按规定设置驻站(调度部门)联络员、防护员，驻站(调度部门)联络员、现场防护员不得临时调换。现场防护员应当根据作业现场地形条件、列车运行特点、人员和机具布置等情况确定站位和移动路径，做好作业人员和自身防护。作业过程中，驻站(调度部门)联络员与现场防护员须保持通信畅通并定时联系。一旦联控通信中断，作业负责人应当立即命令所有作业人员下道。铁路运输企业应当制定驻站(调度部门)联络员、现场防护员及作业负责人之间的联控办法，明确通信设备管理要求，规范联控时机、联控内容、联控对象、联控标准用语及复诵确认等环节。

(9)双线(V型天窗)互不干扰

普速铁路维修作业时，双线V型天窗区段一线作业不得影响另一线行车设备的正常使用，涉及上下行渡线时由铁路运输企业安排。

(10)原则上维修作业应当纳入天窗，不得利用列车间隔时间作业

高速铁路天窗时间外，任何人员、机具不得进入桥面、隧道和路基地段栅栏范围内。普速铁路确需在天窗时间外安排维修作业的，不得影响行车安全。铁路运输企业应当明确维修作业项目，制定安全保障措施，但严禁利用速度160 km/h及以上的列车与前一趟列车之间的间隔时间进行作业。

(11)落实作业门管理制度

根据线路封闭情况，明确作业门看守、进入作业门查验、人员和机具登销记以及确保人身、行车、作业安全措施等要求。桥梁救援疏散通道门和防护栅栏、围墙处通道门统称为作业门。

(12)加强汛期营业线施工安全工作

严格执行铁路防洪工作管理规定，落实防洪安全措施。营业线施工中应保持营业线排水系统的畅通，对可能影响营业线路基、桥涵、隧道等设施设备稳定的任何作业，必须制定有效的安全防护措施，制定汛期防洪专项预案，有效应对突发事件。

【专业小知识】

工务段都有哪些工种?

(1)线路工:工务段人数最多的工种,在工人中岗位工资最高,工作最累,负责线路的维修保养。

(2)桥隧工:工作压力比线路工轻一些,负责桥梁、隧道的维修保养。

(3)探伤工:负责铁路钢轨的伤损检查,推仪器,走路多。

主要有此三大工种,另外还有道口工、搬运工、测量工、喷焊工等,另外工务段工厂还有电工、钳工、车工等工种。

任务 22.3　新职工入段

一、企业信息(示例)

1.基本概况

(1)赣州工务段

赣州工务段因 1996 年 7 月接管京九线南段而成立,属南昌局"南大门",负责京港高铁、赣瑞龙、京九、吉衡、赣韶、兴泉、赣龙线等工务设备基础设施的维护管理工作。

(2)鹰潭工务段

鹰潭工务段于 2011 年 12 月 1 日成立,主要承担衢九、沪昆、皖赣、鹰厦、峰福、乐德、上联、弋樟以及鹰潭编组场的线桥设备养护维修工作。

2.管辖范围

管辖范围见表 2-22。

表 22-2　管辖范围

工务段	
赣州工务段	鹰潭工务段
京港高速线 516.666 km,赣瑞龙线 112.350 km,京九线 376.7 km,吉衡线 19.063 km,赣韶线 66.819 km,兴泉线 129 km,赣龙线 131.3 km	全段共管辖正线 1086.065 km(营业里程 738.646 km),站线、专用线共计 478.342 km,延展长 1660.338 km 的线路设备。共管辖道岔 1691 组、桥梁 400 座/67864 延长米、隧道 102 座/52.88 km、涵渠 2792 座/64.146 km;有人看守道口 13 处,无人看守道口 32 处、限高架 810 个

3.机构设立

(1)管理机构

①段机关设"七科两办一车间",分别为线路技术科、路桥技术科、安全科、劳动人事科、计划财务科、材料科、职工教育科,行政办公室、党委办公室和林务车间,另设 1 个安全生产

调度指挥中心(赣州工务段)。

②段本部设有线路技术科、路桥技术科、安全科、材料科、职工教育科、劳动人事科、计划财务科、武装保卫科、林务车间、多元经营部、工会、行政办公室和党群办公室等 13 个科室(鹰潭工务段)。

(2)车间设置

①段设 20 个车间,其中线路车间 12 个、路桥车间 6 个、综合机修车间 1 个、探伤车间 1 个(赣州工务段)。

②段共管辖 1 个高铁车间、9 个普速线路车间、3 个路桥车间(鹰潭、上饶、景德镇)和安全生产调度指挥中心、探伤车间、综合机修车间等 16 个车间级生产机构,下设班组 109 个(鹰潭工务段)。

二、主要工种

1. 桥隧工

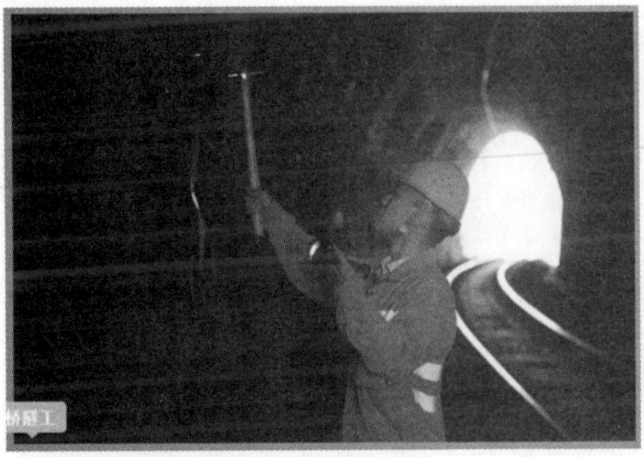

负责铁路桥隧涵、路基的施工和维护	
图 22-14 桥隧工(赣州工务段)	图 22-15 桥隧工(鹰潭工务段)

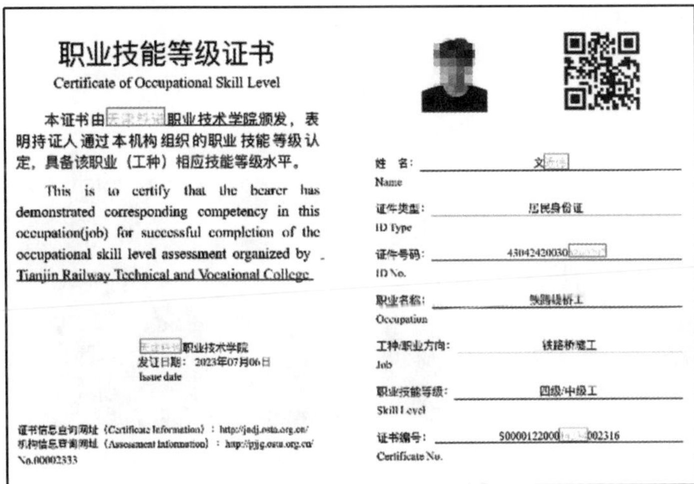

图 22-16 铁路线桥工/铁路桥隧工(四级/中级工)	图 22-17 铁路线桥工(考评员证)

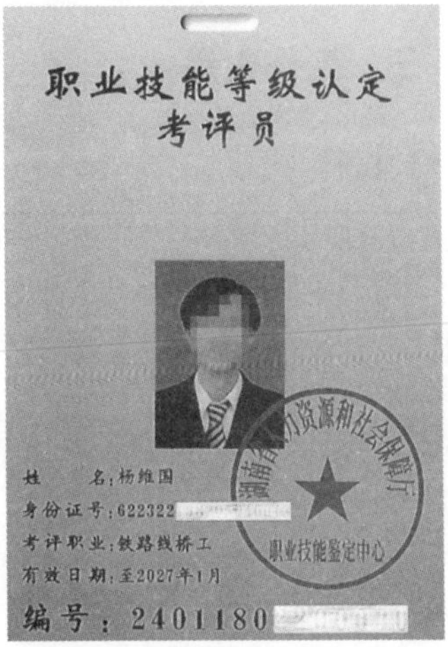

2. 线路工

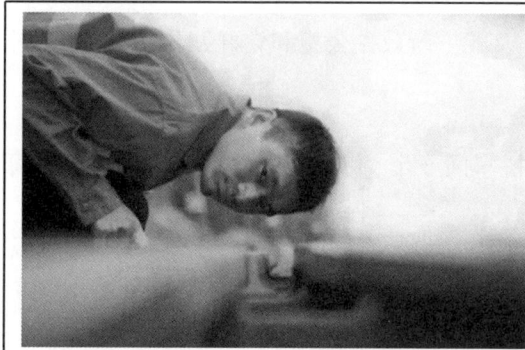

负责铁路线路的施工、大修、维修及巡守

| 图 22-18　线路工 (赣州工务段) | 图 22-19　线路工 (鹰潭工务段) |

3. 探伤工

负责定期使用仪器检查钢轨发现各种钢轨病害

| 图 22-20　探伤工 (赣州工务段) | 图 22-21　探伤工 (鹰潭工务段) |

三、工作生活

1. 榜样

| 吉安路桥车间学技练功比武活动 | 大余线路车间职业技能竞赛 | 探伤车间青工练兵场 |

图 22-22　赣州工务段

2.师傅领进门，修行靠个人

图 22-23　赣州工务段现场实景

四、温馨提示

(1)党组织关系转接——段机关党委办公室；

(2)团组织关系转接——段机关团委；

(3)工作证、探亲证办理——段机关劳人科。

【思政小课堂】

　　鹰潭工务机械段于 2022 年 9 月 21 日在新余职工培训所举办"师者常在、拜师传承"拜师仪式。

(资料来源：鹰潭工务机械段)

图 22-24　2022 年鹰潭工务机械段拜师仪式

图 22-25　拜师贴

图 22-26　作揖

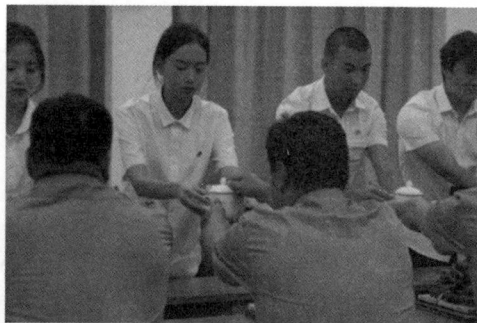

图 22-27　敬茶

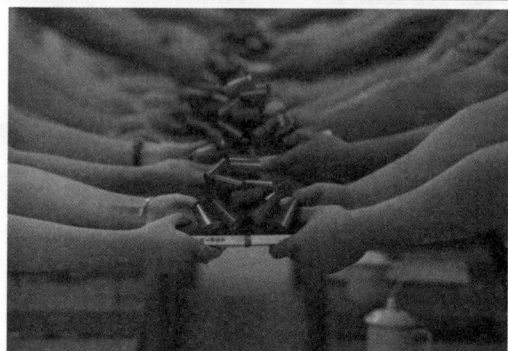

图 22-28　赠书《铁路工务安全》

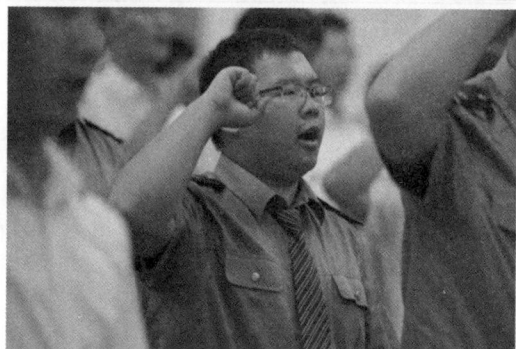

图 22-29　师徒宣誓

【习题】

1. 简述桥隧工岗位职责。
2. 桥隧建筑物修理工作包括哪些?

项目 23

铁路桥隧工作制度

任务 23.1　桥隧检查工作制度

桥隧设备检查是掌握设备状态的主要手段，为了保证各项检查工作的全面落实，铁路局集团公司、工务段应根据规则的要求结合本单位具体实际，建立检查工作制度，明确检查的项目、方法时间、人员和要求，规定检查工作的分级监督和考核办法，保证各项检查工作的高效有序开展和保质保量实施。

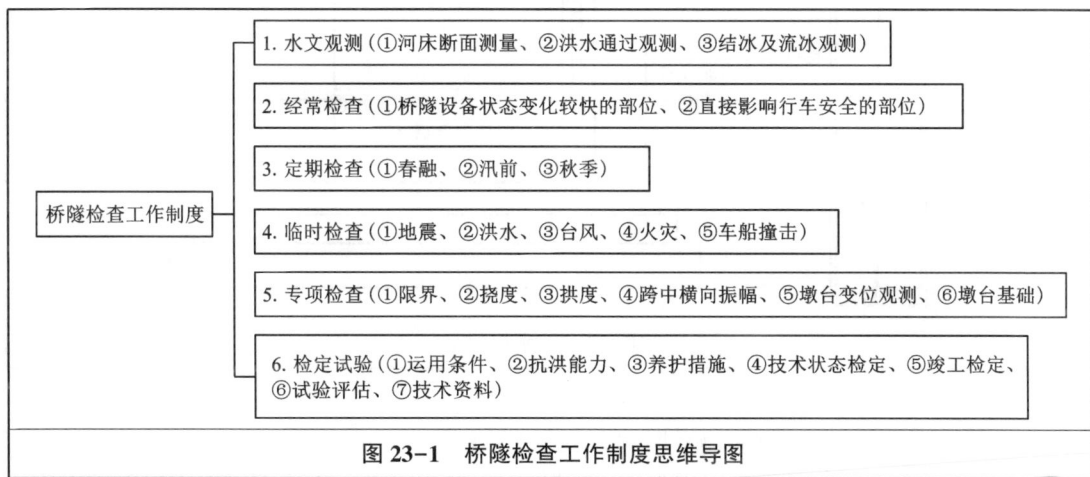

```
                  ┌─ 1. 水文观测（①河床断面测量、②洪水通过观测、③结冰及流冰观测）
                  │
                  ├─ 2. 经常检查（①桥隧设备状态变化较快的部位、②直接影响行车安全的部位）
                  │
                  ├─ 3. 定期检查（①春融、②汛前、③秋季）
桥隧检查工作制度 ─┤
                  ├─ 4. 临时检查（①地震、②洪水、③台风、④火灾、⑤车船撞击）
                  │
                  ├─ 5. 专项检查（①限界、②挠度、③拱度、④跨中横向振幅、⑤墩台变位观测、⑥墩台基础）
                  │
                  └─ 6. 检定试验（①运用条件、②抗洪能力、③养护措施、④技术状态检定、⑤竣工检定、
                        ⑥试验评估、⑦技术资料）
```

图 23-1　桥隧检查工作制度思维导图

各有关单位（工务段、桥隧车间、桥隧工区等）应建立检查记录和病害观测记录，并按规定认真填写，保证数据准确可靠，为状态分析评定和修理工作计划的编制提供依据。

为保证检查的工作效率和质量，应配备必要的交通工具和检查器机具。仪器、仪表应定期标定。

一、水文观测

1. 水文观测

水文观测包括河床断面测量、洪水通过观测和结冰及流冰观测等三项。

凡有洪水通过的桥涵，应在上游设置稳固而垂直的水标尺，或在墩台侧面的上游处、涵洞的进口端用油漆画出水标尺。水标尺的起点须与国家水准基点高程相对应，标出历史最高洪水位和发生年月日。

2. 水标尺

水标尺是测量铁路桥下水位深度的标识标记，如图 23-2 所示。汛期山洪来袭，铁路桥下水深不明，人员无法接近检查，需要利用望远镜站在远处，观测水标尺掌握水深水位。

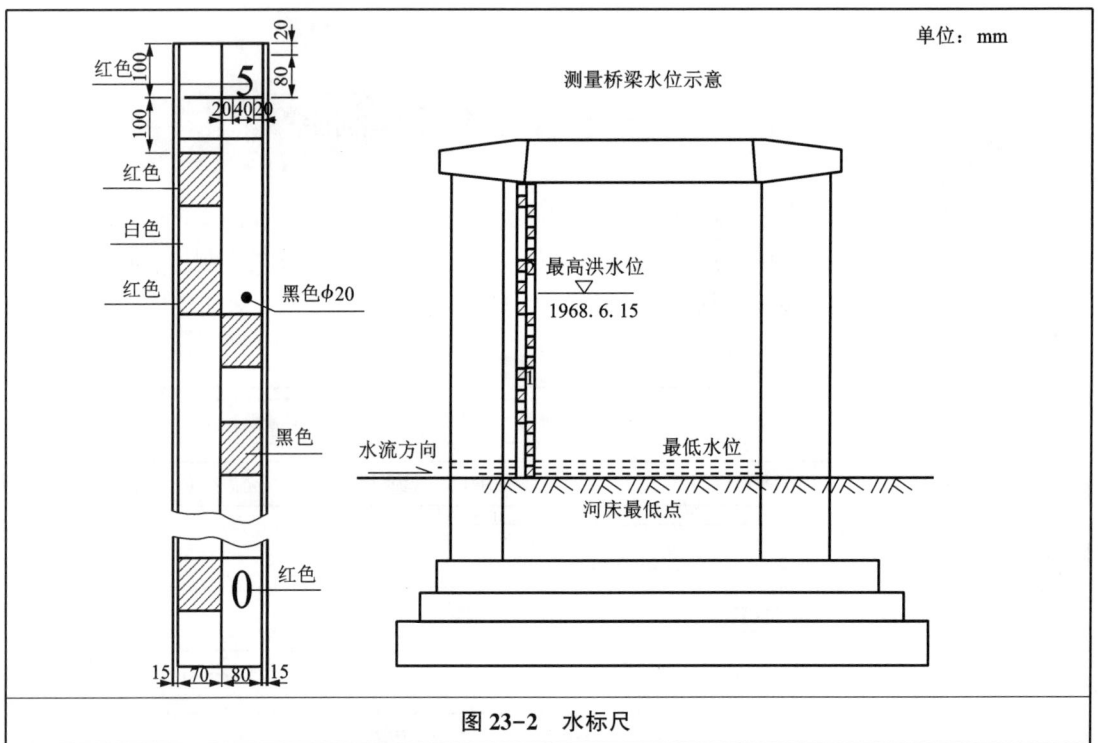

图 23-2 水标尺

附注：（1）水位标以毫米为单位，划分尺度刷在墩台易被人看见的正面上。

（2）对于表面不平的墩台，标尺宜用水泥砂浆抹成错台，利于涂刷。

（3）水位标应设置于离桥台近处的桥墩侧面近上游处，无桥墩则设置于桥台前面，桥墩有高低时设置在最低的桥墩侧面，必要时标尺长度可以增加。

（4）在墩台上书写标码时注意桥墩台面的斜度。

（5）标尺涂白铅油，标码数字及圆点分别用红、黑铅油每隔半米涂写，尺边用黑铅油 15 mm 宽边，字体粗细以 12 mm 为准。

（6）"最高洪水位"（包括年月日）的字体横线及三角点均用红铅油涂写，字高 40~90 mm 为宜。

（7）水位标标高以河床最低点为零点。

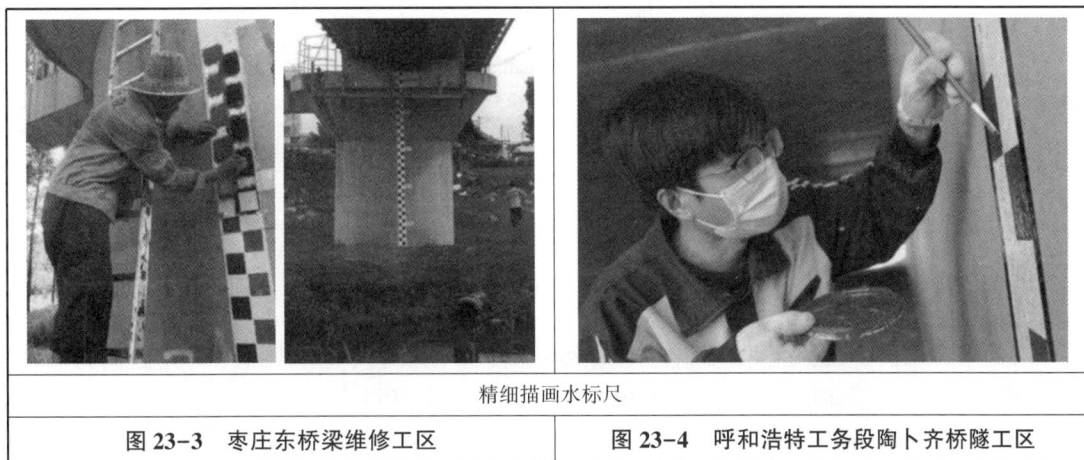

精细描画水标尺

| 图 23-3 枣庄东桥梁维修工区 | 图 23-4 呼和浩特工务段陶卜齐桥隧工区 |

凡跨越江河水库的特大桥、大桥及其他需要了解墩台基础冲刷、河床变化、河道变迁、流量、冰凌等情况的桥梁，均应进行河床断面测量、洪水通过观测、结冰及流冰观测。其他有洪水通过的桥梁和涵洞，只需观测最高洪水位。

3. 河床断面测量

（1）测量时间

常年有水桥梁，至少每年洪水后测量一次；季节性河流上的桥梁，当洪水冲刷河床断面发生变化时，汛后测量一次。

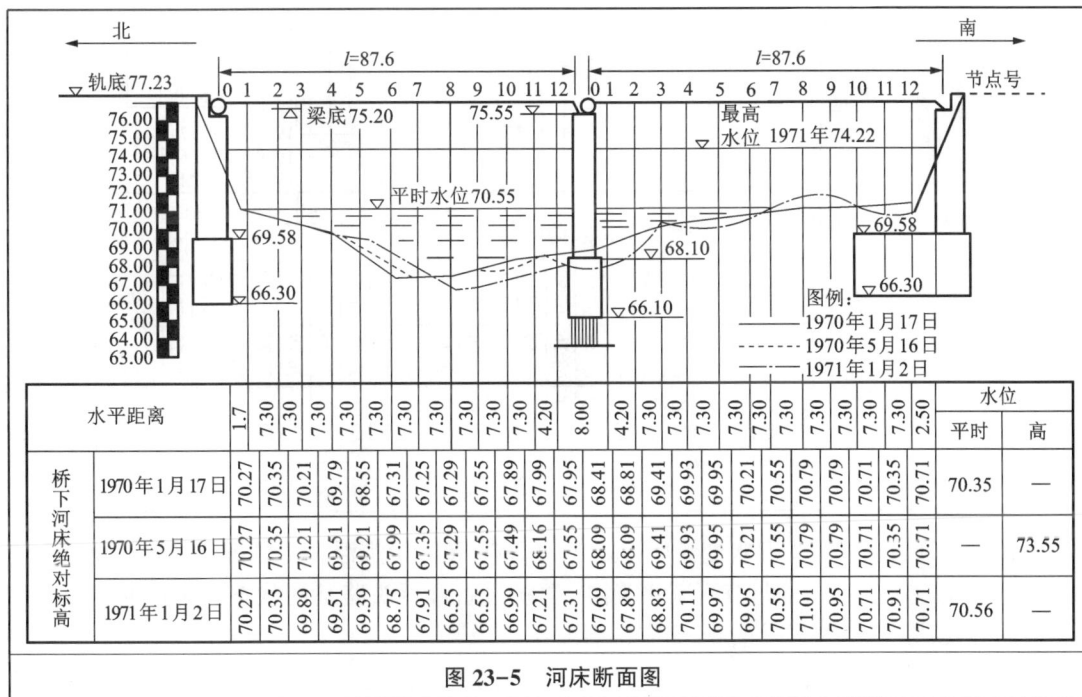

图 23-5 河床断面图

（2）测量地点

一般在桥下及桥梁上下游各 25 m 的三个断面上进行，每次测量的断面应固定。

（3）测量范围

应在桥梁全长范围内进行。

（4）测点位置

应能明确表示出河床断面，每隔 10 m 一个测点，必要时应增加测点；每次测量的测点应相对固定。

（5）测量水下地形

对常年有水的桥梁，需要了解墩台冲淤变化时，应以桥墩中心为圆心，一定距离为半径，测量该范围内的水下地形。必要时，在墩台周边进行潜水摸测。

（6）测量结果

每次测量结果应绘制在图纸上，用不同色笔绘制历年冲刷总图，每五年更换一次。图上应绘有各种水位、轨底、墩台顶、基底、河床的标高及水深、墩台中心线和河床断面。

4. 洪水通过观测

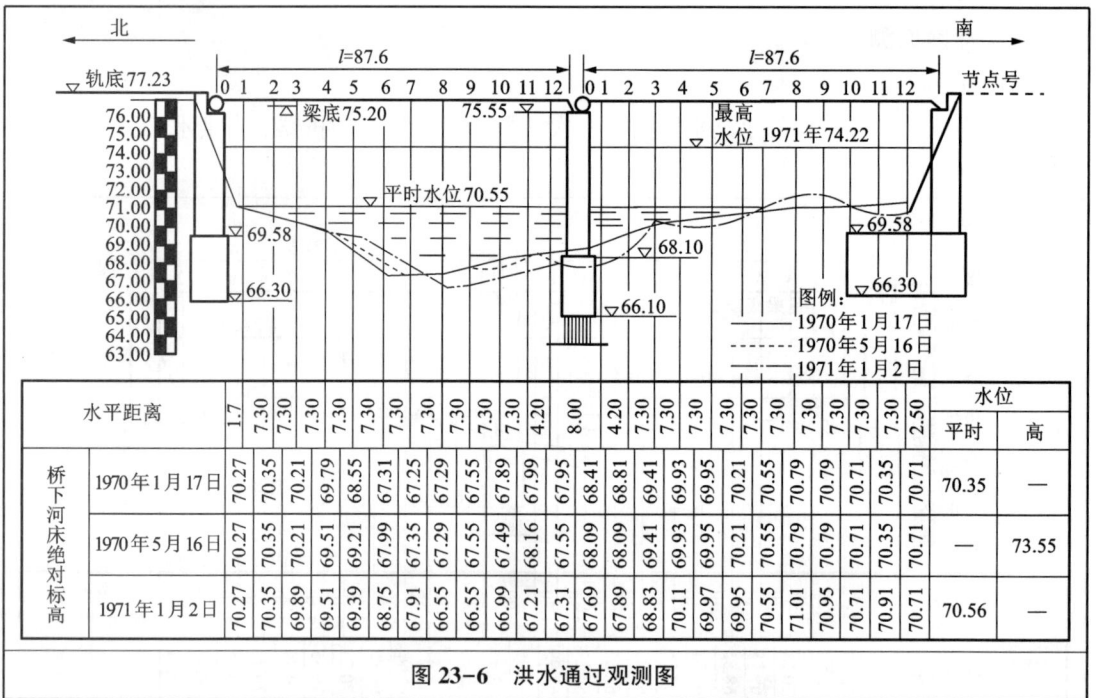

北																									南

轨底77.23　梁底75.20　75.55　最高水位 1971年74.22　平时水位70.55

l=87.6　　l=87.6　节点号 0 1 2 3 4 5 6 7 8 9 10 11 12

69.58　66.30　68.10　66.10　69.58　66.30

图例：
—— 1970年1月17日
‐‐‐‐ 1970年5月16日
— — 1971年1月2日

水平距离	1.7	7.30	7.30	7.30	7.30	7.30	7.30	7.30	7.30	7.30	7.30	4.20	8.00	4.20	7.30	7.30	7.30	7.30	7.30	7.30	7.30	7.30	7.30	2.50	水位 平时	水位 高
桥下河床绝对标高 1970年1月17日	70.27	70.35	70.21	69.79	68.55	67.31	67.25	67.29	67.55	67.89	67.99	67.95	68.41	68.81	69.41	69.93	69.95	70.21	70.55	70.79	70.79	70.71	70.35	70.71	70.35	—
1970年5月16日	70.27	70.35	70.21	69.51	69.21	67.99	67.35	67.29	67.55	67.49	68.16	67.55	68.09	68.09	69.41	69.93	69.95	70.21	70.55	70.79	70.79	70.71	70.35	70.71	—	73.55
1971年1月2日	70.27	70.35	69.89	69.51	69.39	68.75	67.91	66.55	66.55	66.99	67.21	67.31	67.69	67.89	68.83	70.11	69.97	69.95	70.55	71.01	70.95	70.71	70.91	70.71	70.56	—

图 23-6　洪水通过观测图

（1）洪水通过时，应观察水流流向、旋流、斜流、流木、漂浮物等情况，观测水位、水流流速等，同时应监视墩台、调节河流建筑物、防护设备和桥头路基的状态。对排洪能力不足和墩台不稳定易受影响的桥涵，观测应特别加强。

（2）对冲刷严重的墩台，可在该处设置自动记录的测深装置或在洪水通过时使用铅鱼（图 23-7）等设备进行测深，必要时使用仪器测深。

水文缆道测验用铅鱼，按照国家标准生产，是一种用金属铅或铅铁混合铸造成的具有一定重量和细长比外形呈流线型的水文测验器具。

铅鱼的结构——以流线型鱼身为主体，在鱼身的背部装有悬挂机构和流速仪悬杆并与纵横尾及信号源等组成铅鱼整机。

图 23-7　铅鱼

（3）洪水过后，应立即检查河道、河床、防护设备、调节河流建筑物（导流堤、丁坝）和桥头路基的状态。

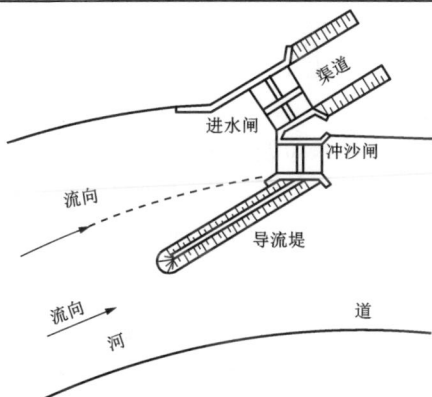

导流堤——用以平顺引导水流或约束水流的建筑物。

导流堤是疏导水流顺利通过桥孔，减少洪水对桥台威胁的调治构筑物。

导流堤设在桥台两侧，平面形状一般为曲线形，有时也采用直线形（两端带有曲线）。曲线形导流堤能把河滩水流平顺而均匀地导入桥孔；直线形导流堤则能把水流逼向对岸，防止洪水冲击桥头。

图 23-8　导流堤

丁坝是与河岸正交或斜交伸入河道中的河道整治建筑物，如图 23-9~图 23-10 所示。

丁坝一般由坝头、坝身和坝根三个部分组成。按照丁坝坝顶高程与水位的关系，丁坝可分为淹没式和非淹没式两种。

图 23-9　几江长江大桥丁坝

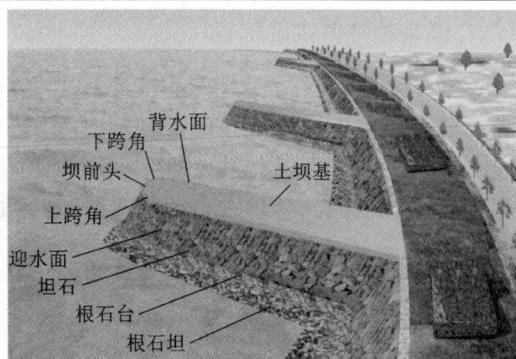

图 23-10　险工丁坝

丁坝是广泛使用的河道整治和维护建筑物，其主要功能为保护河岸不受来流直接冲蚀而产生淘刷破坏，同时它也在改善航道、维护河相以及保护水生态多样化方面发挥着重要作用。

（4）位于泥石流区的桥涵，应注意检查泥石流动态、谷坊内储量和冲积扇的变化。

谷坊——在易受侵蚀的沟道中，为了固定沟床而修筑的土、石建筑物。

谷坊横卧在沟道中，高度一般为 1 m~3 m，最高 5 m。

谷坊主要作用——抬高侵蚀基准，防止沟底下切；抬高沟床，稳定山坡坡脚，防止沟岸扩张；减缓沟道纵坡，减小山洪流速，减轻山洪或泥石流危害；拦蓄泥沙，使沟底逐渐台阶化。

图 23-11　谷坊

（5）设有巡守工的桥梁，应在汛期或水库放水时期每日上午八时观测水位一次，其余时间每旬首日上午八时观测水位一次，并填写水位观测记录。

在主汛期水位上涨时，应增加观测次数，找出当年最高水位及其发生日期。其他排洪桥涵应设洪峰观测水尺，指派专人记录当年最高洪水位。

设备管理单位(工务段或车间)应根据水位观测记录，定期绘制水位曲线图。

5. 结冰及流冰观测

（1）结冰初期，须观测结冰时间、封冰情况和气温、水温、风力及风向等数据。

（2）结冰期，须经常观测冰层厚度、河面及河岸处是否结冰、有无冰槽(亮子)和水温、气温。

（3）解冻期，须观测水位、冰层厚度、冰色及冰槽(亮子)的变化和冰层初期移动时间、流冰密度等，并测水温、风向，以判断流冰的可能流向。

二、经常检查

1. 经常检查方式及部位

（1）经常检查方式——以目测为主，配以简单工具，与日常管理及保养小修结合进行。

（2）经常检查部位——主要是检查桥隧设备状态变化较快和直接影响行车安全的部位(如明桥面桥枕、护木、护轨、各种连接螺栓、梁部裂纹、支座锚栓与横向限位装置、涵洞排洪设施与管节接缝、各种安全检查设备)，并对已发生的病害定时检测。

2. 经常检查周期

1）工区

经常检查工作由桥隧检查工区实施。应根据《桥隧检查计划表》(表 23-1)，每月对钢梁和工务段规定的重要桥隧设备及重点病害设备检查一遍；每半年至少对管内设备全面检查一遍；在每座桥隧综合维修时，应进行一次全面检查。仅通行货车且年运量小于 500 万 t 的线路可适当放宽检查周期。

表 23-1　桥隧检查计划表

顺号	线名	行别	中心里程	桥隧号	设备类别	计划检查日期	检查人	备注
		上、下，单						

注：此表为桥隧检查工区、车间主任(副主任、技术员)经常检查的检查计划，经工务段批准后执行。

2）车间

桥隧车间主任(副主任、技术员)每半年有计划地对管内桥隧设备全面检查一遍，至少每季度对钢梁和工务段规定的重要桥隧设备和重点病害设备检查一遍。

3）工务段

工务段段长至少每年对工务段规定的重点病害设备检查一遍；主管副段长至少每年对工务段规定的重要桥隧设备及重点病害设备检查一遍；桥隧科或路桥科至少每半年对钢梁和工务段规定的重要桥隧设备及重点病害设备检查一遍。

3. 核心表格填报

(1)《桥隧检查计划表》【桥隧检查工区、车间主任(副主任、技术员)】

(2)《桥隧病害观测记录簿》【工务段指定人员】

(3)《桥隧检查记录簿》【桥隧车间主任(副主任、技术员)、桥隧检查工区】

(4)《桥隧检查结果汇总表》【桥隧检查工区】

(5)《桥隧紧急保养通知书》【桥隧车间、桥隧养修工区】

三、定期检查

1. 检查时间

(1)春融——冬季结冰的河流会使水位上涨，并和上游冰凌同时发生，可能撞坏墩台，甚至会堵塞桥孔，堆积成冰坝和冰桥，对桥梁危害大。因此在春融前对破冰棱等防护设备、有大量流冰凌的河流的冰层情况进行详细调查，严密注视开冻情况，采取有效安全措施。

图 23-12　佳木斯松花江铁路特大桥刨冰
（2022 年 4 月）
佳木斯工务段路桥车间

(2)汛前——对桥涵排水通道和调节河流建筑物防护设备进行检查，对上游水库、植被、堤坝等进行调查，以便开展桥涵排水通道疏浚及淤泥、杂草的清理，整修防护设备防洪预抢，制定度汛应急措施。

(3)秋季——开展一年一度的秋季大检查，对桥隧设备各部分状态进行全面细致的检查，根据检查结果进行桥隧设备技术状态评定，拟定病害整治措施，安排设备改善计划。

2. 检查小组

（1）检查工作由工务段桥隧科具体负责，由技术人员、车间、工长、检查工区检查人员参加的检查小组组成，针对各时期的检查重点，仔细检查。

（2）对长大桥隧和重要设备，必要时铁路局集团公司派员参加检查，各级领导和主管部门应对管内设备状态做到心中有数。

3. 检查依据

《铁路桥隧建筑物状态评定标准》【修规附录七】

4. 核心表格填报

(1)《桥隧状态评定记录表》——每座设备

(2)《桥隧状态评定明细表》——劣化桥隧建筑物

(3)《桥隧状态评定报告表》——汇总表

(4)状态分析报告——铁路局集团公司审查汇总后于 10 月底上报国铁集团。

四、临时检查

当桥隧设备遭受地震、洪水、台风、火灾及车船撞击等紧急情况或发生突发性严重病害时，工务段应组织临时检查，必要时由铁路局集团公司组织。

图 23-13　美国亚利桑坦佩镇湖大桥火灾	图 23-14　清淤船撞击京广铁路韶关张滩武水桥
2020 年 07 月 29 日美国联合太平洋铁路表示，公司一列火车于 29 日早上 6 点 15 分脱轨，导致 8 到 10 节车厢起火。	2016 年 03 月 22 日一艘原本由钢缆固定的河道清淤船受洪水冲击失控漂流，撞向京广铁路张滩武水桥第 2 孔 3 号桥墩后侧翻挂卡。（张国栋 摄）

五、专项检查

1. 限界检查

（1）检查时间

重要线路的桥隧限界每五年、其他线路的桥隧限界每十年检查一遍，并根据检查结果绘出每座桥隧综合最小限界图。

（2）限界检测方式

桥隧限界摄影车、桥隧限界检查车。

（3）检测组织机构

铁路局集团公司。

（4）核心表格填报

①《单个桥隧综合最小建筑限界尺寸表》（工桥-9）；

②《线路（区段）桥隧综合最小建筑限界尺寸表》（工桥-10）。

2. 挠度、拱度和跨中横向振幅

（1）工务段——凡跨度在 40 m 及以上的钢梁，由工务段负责至少每三年测量一次挠度和拱度（固定测点位置）。

（2）铁路局集团公司——有病害的钢梁、钢筋混凝土梁和预应力混凝土梁挠度、拱度和跨中横向振幅的测定由铁路局集团公司确定。

挠度测量时，可先测动荷载所产生的挠度，必要时再复测静荷载所产生的挠度。

3. 墩台变位观测的要求及方法

（1）下沉或偏斜的观测

技术复杂、重要桥梁及墩台基础病害严重的桥梁的墩台均应进行下沉或偏斜的观测。墩台标高测量应与附近国家水准点相联系，基准线在观测区以外应有控制系统。

观测工作一般每年一次，经多年观测基本稳定后，可每隔若干年观测一次。历年观测资料应妥善保存，绘制出汇总后的图表，分析了解其变化趋势。

（2）固定观测测点设置

固定观测测点一般应设在墩台顶面的两端，全桥通视；设置强制归心装置，其"标心"既是仪器固定点，又是垂直位移和平面位移的观测点。

（3）观测仪器

观测应尽可能使用精密仪器（精密水准仪，精密经纬仪、全站仪）及相应的配套设施。大跨度桥梁观测墩台间距离的变化可采用激光测距仪。

4. 查明墩台不明基础技术

墩台基础类型和埋深不明时，应采用挖验、钻探、物探（地球物理勘探）、声波、遥感等探测技术予以查明。

5. 桥梁墩台及基础病害检查测试方法

检查墩台及基础是否存在严重病害，可通过测量墩台、承台顶的水平横向振动情况，与同类型墩台相比较，观测其波形、振幅和频率来判定。必要时挖验承台底与桩顶的连接状态。

检查桥墩水下墩身和基础有无裂损、冲空时，可采用水下摄影或摸探等方法。

六、检定试验

1. 检定任务【依据《铁路桥梁检定评估管理办法》】

（1）确定桥梁的承载能力，规定其运用条件；

（2）进行孔径和冲刷调查、检算，确定桥梁的抗洪能力；

（3）调查、分析桥梁病害，提出养护措施和整治意见；

（4）对提报加固、换梁、扩孔、改建的桥梁进行技术状态检定，提出是否需要加固、换梁、扩孔或改建的意见；

(5)参与新建新型结构及加固后重要桥梁的竣工检定；

(6)选择提速区段具有代表性的桥梁，对提速条件下的长期运营性能进行试验评估；

(7)积累桥梁的技术资料，为加强科学管理和提高桥梁检定技术水平创造条件。

2.检定报告

(1)桥梁的历史与特征；

(2)桥梁及养护中存在的问题，提出整治意见；

(3)桥梁各部分的承载能力；

(4)桥梁的抗洪能力；

(5)桥梁的抗震能力(必要时)；

(6)结构的实际工作状态；

(7)桥梁运用条件。

检定报告应在工务段、桥检队存档，技术复杂及病害严重桥梁的检定报告应报中国国家铁路集团有限公司存查。

3.检定需求及时间

(1)新建的特殊结构、技术复杂的桥梁，必须进行全面的检定试验。在竣工移交时，其检定试验报告应作为交接验收资料的一部分一并移交。

(2)运营中的特殊结构、技术复杂的桥梁，铁路局集团公司应每十年进行一次检定，桥梁出现严重病害，可能危及行车安全的，应及时进行检定。

(3)对病害桥梁的检定，工务段应于每年十月末前提出书面申请，经铁路局集团公司批准后纳入下一年度检定计划。

4.检定计划

桥梁检定工作计划由铁路局集团公司工务处负责编制，并纳入铁路局集团公司年度工作计划。

七、状态评定(三级制)

(1)桥隧建筑物状态评定的目的——为了切实掌握桥隧设备的技术状态，确定其运行条件，并针对设备存在的病害，合理安排次年度的综合维修、大修或更新改造计划，改善设备状态。

(2)每年结合秋季设备大检查对逐座设备进行状态评定工作。其状态评定按劣化程度分为 A、B、C 三级，A 级又分为 AA、A1 两等见表 23-2。

表 23-2 劣化等级评定

劣化等级		对结构功能和行车安全的影响	措 施
A	AA	结构物或主要构件功能严重劣化，危及行车安全	其病害一般需要通过大修或更新改造进行整治；当结构物存在影响行车安全的病害时，应采取相应的限速或限载措施，遇紧急情况，应立即采取临时加固措施，并视具体情况，尽快安排彻底整治或列入下一年度的桥隧大修或更新改造计划及时进行整治。
	A1	结构物或主要构件功能严重劣化，进一步发展会危及行车安全	

续表23-2

劣化等级	对结构功能和行车安全的影响	措　施
B	结构物或构件功能劣化，进一步发展，将升至 A 级	其病害一般需要通过维修进行整治(个别病害需要通过大修进行整治)。
C	结构物或构件功能劣化，对其使用功能和行车安全影响较小	其病害可通过维修进行整治，个别病害只需加强观测并根据其变化情况采取相应的措施。

八、技术文件

1.桥隧登记簿【桥隧车间】

凡属铁路固定资产的桥梁、隧道及涵洞均应备有登记簿，记载各主要病害及检查观测结果、设备改善情况以及建筑物上发生的重要事件(如水害、冻害、撞击、火灾事故等)。

2.桥隧建筑物技术图表和秋检报告【工务段、铁路局集团公司和国铁集团】

主要记载桥隧建筑物的基本特征和技术状态，由工务段编制，运用信息化管理，并根据设备变化情况，实时修改技术图表，桥隧状态评定资料每年逐级上报一次。

3.技术特征编制成概况表【工务段、桥隧车间和检查工区】

为便于查阅和使用，工务段可将桥隧设备基本的技术特征编制成概况表。

4.桥隧卷宗【工务段和铁路局集团公司】

桥隧建筑物应建立专门的卷宗，汇总该桥隧的历史、设计、施工、检定、水害、撞击、火灾等有关的图纸、照片、文件等技术资料。

5.竣工文件【工务段和铁路局集团公司】

新建桥隧建筑物及经改建或大修改变主体结构的既有桥隧建筑物竣工文件，应交工务段及铁路局集团公司，及时归档。

任务 23.2　桥隧维修工作制度

一、经常保养

(一)目的

通过保养掌握保养设备的状态变化，及时消除临近超限和严重超限处所，预防病害的发生和发展，确保行车安全平稳。

(二)超限处所分类

(1)"临近超限处所"是指下一次保养前预计可能发生扣 10 分的项目；

(2)"严重超限处所"是指"保养质量评定标准"中扣分为 10 分的项目。

（三）保养分类

（1）紧急保养——及时消灭检查发现的超限处所；
（2）周期保养——预防性保养。

（四）保养周期

（1）钢梁桥（含混合钢梁桥）、木桥枕、明桥面保养周期为 6 个月；
（2）圬工桥、隧道、涵渠保养周期为 1 年~2 年。

（五）保养工作范围

1. 线路

（1）更换连二、横梁边及钢轨接头四根中的失效桥枕；
（2）各种连接铁件、螺栓涂油或更换；
（3）明桥面护轨整修。

2. 桥涵隧

（1）更换桥涵其他木质部分的防腐、修理；
（2）钢梁清扫和补充、拧紧少量高强度螺栓，局部涂层修补；
（3）梁端横向位移的限位装置、防落梁装置复位；
（4）支座清扫、涂油，整修排水坡；
（5）修补圬工梁墩台勾缝，清除梁端石砟及梁缝止水装置内的杂物，疏通排水管；
（6）清除桥下小量淤积，修理砌体圬工；
（7）桥涵限高防护架涂装及不影响结构稳定的小量整修；
（8）涵洞少量清淤，修补涵洞护坡翼墙管节勾缝；
（9）隧道除冰，清理危石及衬砌掉块，疏通排水沟、补充水沟盖板等；
（10）补充作业通道、吊篮等步板，整修危及人身安全的安全检查设备；

3. 附属设备

（1）添补防火设备内的水、砂；
（2）各种标志的刷新和补充；
（3）地道、调节河流建筑物等设备保养；
（4）及时消除可能危及行车安全的病害。

（六）作业质量评定等级

（1）评定工作以养修工区自评、车间组织检查工区定期评定、工务段抽查评定的方式进行。
（2）经常保养质量评定采用缺点扣分办法。以每座设备扣分的总和除以设备维修长度计算平均扣分。平均扣分超过 5 分，或出现单项扣分 10 分者为失格；若平均扣分不超过 5 分，也未出现单项扣分 10 分者为合格。也可理解为平均扣分 5 分为"超限"与"不超限"的界线，出现单项扣 10 分处所即为"严重超限"。

二、综合维修

(一)目的

通过对设备适时的预防性的修理和病害整治,达到延缓状态劣化速率,延长大维修周期和使用寿命的目的。

(二)方式

综合维修采用状态修与周期修相结合的方式。

1. 状态修【全项目】

(1)全面整修

需综合维修的设备,均应整座设备进行。其中,混合桥可分钢梁和圬工梁、特大桥可分段或分孔进行维修。

①桥梁的桥面梁部、支座、墩台基础、河调防护设施和附属设备;

②隧道的洞顶洞门、洞身、隧底、排水设施、边仰坡和附属设备;

③涵洞的进出口、涵身、河调防护设施和附属设备。

(2)对标整修

对照维修验收标准中的项目标准,凡是状态达不到标准的一定要修。

2. 周期修

钢梁桥(含混合桥钢梁)钢杆件和木桥枕明桥面。

(三)要求

(1)项目齐全、作业彻底、一次达标;

(2)修一项、保一项,修一座、保一座。

(四)周期

(1)钢桥(含混合桥钢梁)的维修周期为 2~3 年;

(2)木桥枕明桥面的维修周期为 2~3 年;

(3)圬工桥(含混合桥圬工梁)的维修周期为 4~5 年;

(4)隧道、涵洞、框构桥等设备的维修周期视其技术状态而定。

(五)工作范围

1. 桥面

抽换多层垫板、更换失效桥枕、钢梁明桥面护轨全面整修、各种螺栓除锈涂油、更换失效零部件等。

2. 梁部

钢梁全面找锈腻缝、小面积涂膜保护涂装、更换松动栓钉、加固更换伤损杆件、圬工梁裂缝露筋修补、修理失效防水层、更换接长失效泄水管等。

3. 支座

涂油、整治空吊翻浆、拨正偏移超限、更换失效座板、处理折断锚栓、增设橡胶支座横挡、整修防尘装置等。

4. 墩台

裂缝缺损修补、空洞压浆加固、顶面防排水处理、基础防护整修等。

5. 隧道

边墙漏水整治、排水设施整修、圬工裂损修补等。

6. 涵渠

裂缝露筋修补、接缝渗漏处理、淤土清理疏通、进出口铺砌整修等。

7. 附属设备

人行道、安全检查设备、抗震设施、防火设备、照明设施、报警装置、各种标志等全面整修(含钢质部件除锈涂装、各种螺栓整修加油);调节河流建筑物和防护设备圬工勾缝修补或局部翻修;桥涵上下游各30 m范围清淤,由巡守工在桥梁两端各30 m范围进行外观整理等。

(六)作业质量评定

(1)验收工作要建立工务段、车间、工区的三级验收制度,分级把关,异体监督。

(2)综合维修作业质量评定等级分为合格和不合格。

(3)全部项目一次验收达到合格,可评为"合格",否则为"不合格"。若出现不合格处所,经返修复验合格后,评为"合格'。

任务 23.3　桥隧大修工作制度

一、大修作用

桥隧大修是根据设备状态劣化程度和运输发展需要,恢复或改善设备功能,提高承载抗灾能力,最大限度地延长桥隧的使用寿命。

二、大修分类【工程性质、工作量大小和施工难易程度】

大修根据工程性质、工作量大小和施工难易程度分为重点大修和一般大修。

三、大修工作范围

1. 桥梁大修

(1)整孔更换桥面,包括整孔更换桥枕、换铺分开式扣件、更换护轨、钢梁上盖板、上平纵联的保护涂装、更换上盖板松动和失效铆钉等;【重点大修】

（2）整孔钢梁或整个钢塔架的重新涂装或罩涂面漆；【重点大修】

（3）加固钢梁或钢塔架，包括更换、加固、修理损伤杆件，提高承载能力，扩大建筑限界，改善不良结构，更换大量铆钉和高强度螺栓；【重点大修】

（4）更换钢梁或圬工梁；【重点大修】

（5）加固圬工墩台及基础；【重点大修】

（6）更换墩台；【重点大修】

（7）整治梁端顶死、线间距不足的移梁施工；【重点大修】

（8）孔径不足的桥梁的扩孔；【重点大修】

（9）更换或增设整孔作业的通道和安全检查设备（包括避车台和防火设备）；【一般大修】

（10）更换支座，包括跨度 80 米以上钢梁支座的起顶整正；【一般大修】

（11）整孔圬工的梁裂缝注浆、封闭涂装或钢筋混凝土的保护层中性化裂损、钢筋锈蚀整治；【一般大修】

（12）更换或增设整孔圬工梁拱防水层；【一般大修】

（13）圬工梁横隔板加固、横隔板断裂修补、梁体加固；【一般大修】

（14）更换或修复支承垫石、更换折断的支座销钉；【一般大修】

（15）修复或加固防护及河调建筑物；【一般大修】

（16）整治威胁桥梁安全的河道；【一般大修】

（17）更换整孔作业通道步行板；【一般大修】

（18）加固或恢复桥涵限高防护架；【一般大修】

（19）成段修复或加固桥梁声屏障、防抛网；【一般大修】

（20）整桥栏杆涂装或更换；【一般大修】

（21）更换梁缝止水带、盖板。【一般大修】

2. 隧道大修

（1）加固、更换、增设衬砌或扩大限界；【重点大修】

（2）隧道空洞、掉块、冷缝、防水板切割二衬整治；【一般大修】

（3）加固洞门；【一般大修】

（4）加固明洞；【一般大修】

（5）成段翻修铺底、仰拱；【一般大修】

（6）整治漏水、改善和增设排水设备；【一般大修】

（7）整治洞口边坡、仰坡；【一般大修】

（8）修理隧道消防设施、照明设施、防护门及机械通风。【一般大修】

3. 涵洞大修

（1）加固涵洞，更换盖板；【一般大修】

（2）修复或加固防护及河调建筑物；【一般大修】

（3）整治危及涵洞安全的河道；【一般大修】

（4）孔径不足的涵洞的扩孔。【一般大修】

4. 归属工务管理大修

（1）站内机车检查坑大修；【一般大修】

（2）地道大修。【一般大修】

四、计划编制

1. 编制要求

桥隧建筑物大修应本着整体大修精神，以每座建筑物为单位，将需要进行大修的各个工程项目尽可能安排在同一次大修件名中，避免重复施工，以求节约资金，减少对运输的干扰，提高大修效果。

2. 大修计划任务确定程序

（1）工务段每年上半年提出次年的大修申请，详细填写《桥隧大修项目建议书》（表23-3），报送铁路局集团公司工务处审核。【依据：桥隧大修规划和设备技术状态】

表23-3　桥隧大修项目建议书（A4）

项目	技术要求	单位	数量	估计费用	附注
大修理由： 工务段盖章 年　月　日			铁路局集团公司审批意见： 年　月　日		

（2）铁路局集团公司工务处对工务段报请的大修工程复查后，于10月底前提出次年度《桥隧大修年度建议计划件名表》（表23-4），铁路局集团公司根据紧急程度和投资能力，确定次年度大修任务计划。

表23-4　桥隧大修年度建议计划件名表（A4）

集团公司 ＿＿＿＿年

序号	项目	计量单位	工程数量	预算金额（万元）	主要内容	承办单位	提报理由	备注

（3）专家论证——论证病害原因、程度、发展趋势【整治设计、施工方案复杂的大修项目需进行】。

五、设计文件【铁路局集团公司工务处审查批准】

1. 原则

每项桥隧大修工程均应进行设计并编制设计文件。

2. 设计阶段

（1）一般大修件名——直接进行设计。

(2)重点桥隧大修件名——分两阶段进行设计,即先提出初步设计和概算方案,经铁路局集团公司主管部门审查确定后,再编制技术设计文件。

3.设计文件内容

(1)说明书

建筑物的技术状态和病害情况、设计依据、工程范围、技术标准设计方案施工方法、质量要求、安全措施及其他注意事项。重点大修工程还应有详细的施工图及说明。

(2)设计图表

桥址地形平面图、工程总布置图、纵横断面图、各种结构细节、架空线路布置、基础地质柱状图等图纸及工程数量表、主要说明等。

(3)预算

预算汇总表、单项工程预算表、材料数量和重量表、运输费用计算表、工程数量表和计算清单以及补充单价分析表、路工工费表等,计算费率按有关规定办理。

4.时间期限

(1)全年大修的设计文件应在当年的 6 月底前完成;

(2)在一季度至三季度内施工的件名,设计文件应在开工前 60 天提出;

(3)对个别临时变更或追加的件名,设计文件应在开工前 20 天提出。

六、施工管理

1.总要求

桥隧大修工程,必须有批准的设计文件才能施工。

2.原则

桥隧大修原则上由专业施工单位施工,零小的一般大修工程,可由工务段施工。

3.施工单位准备工作

(1)编制施工组织设计

详细了解设计文件内容,编制施工组织设计,以确定施工组织、施工方法、施工步骤、工程进度和安全防护措施。对施工较复杂的工程,必要时绘制施工网络图。

(2)物资及人员安排

充分做好施工前的准备工作,特别要做好施工计划,以及材料、机具和劳力等具体安排,保证大修任务按计划进行。

(3)技术交底

每件大修工程开工前,应组织设计及有关人员向施工人员进行技术交底。对重点大修工程,铁路局集团公司相关部门和单位必须严格按照施工等级规定确定现场监控人员,做好组织协调和安全监控。

4.竣工后工作

(1)复原

施工影响拆除和受损部分,应全部恢复原状。

（2）现场清理

及时清理工地，清除河道中遗留的阻碍水流的障碍物和桥梁附近的易燃物，清理和回收遗存的材料、工具、备品等。

（3）资料整理

大修施工单位应将施工记录和竣工图等资料整理齐全。对于技术复杂、采用新技术和新工艺的大修工程，应做好施工技术总结，交付验收。

七、检查验收

1. 安全检查制度

（1）施工负责人应在每日工作中、收工前，对当日作业质量和安全情况进行全面检查。

（2）严格执行《铁路营业线施工安全管理办法》的规定。施工单位应加强经常性技术指导，至少每月进行一次检查，尤其是封锁施工时，主管领导必须亲自检查。

（3）对委托或发包给其他单位施工的单项工程，施工单位应派专人负责现场施工的工程质量和施工安全的检查监督，严禁以包代管。

（4）影响线路稳定的施工，应派专人对线路变化情况进行检查，及时对线路不良处所进行整修和保养，并做好记录。

2. 质量监督制度

（1）铁路局集团公司应指派专人认真检查大修工程的安全质量情况。设备管理单位应与施工单位密切配合，指派有关人员经常检查管内大修工程的安全质量，并签订有关协议，明确安全责任。

（2）隐蔽部分的施工、关键工序，现场应旁站监理或监护。施工单位必须派技术人员临场检验，并应事先通知设备管理单位派员会验，检验合格后方可继续施工并详细填写《隐蔽工程检查验收记录表》。重大工程应通知铁路局集团公司检验。

3. 大修工程竣工验收程序

（1）自检

工程竣工后，应先由施工单位按设计文件和《桥隧建筑物修理作业验收标准》（附录九）逐级检验施工质量，并作出检验记录及质量评定。如存在质量不合格或漏项等缺陷，应及时整修完好，同时备齐竣工文件，报请铁路局集团公司验收，并通知有关设备管理单位。

（2）验收

铁路局集团公司在接到施工单位申请办理正式验收的报告后，应立即组织验收。经验收合格，组织设备管理单位和施工单位办理验交手续。

（3）发证

经验收人员检查认为工程内容符合设计文件，工程质量符合验收标准的要求，竣工文件齐全完整时，验收人即应签发《桥隧大修竣工验收证》（表23-5）。如检查认为不合要求时，应指出不合格处所和改正意见，由施工单位继续整修，限期完成，达到标准时再行复验。

表 23-5　铁路桥隧大修竣工验收证(A4)

线别		开工日期	
里程		竣工日期	
建筑物名称		交工日期	
预算编号			
主要工程项目	质量情况		验收意见
工程质量总评			

<table>
<tr><td>施工单位</td><td>设备管理单位</td><td>监理单位</td></tr>
<tr><td>负责人：</td><td>负责人：</td><td>监理工程师：</td></tr>
<tr><td>施工负责人：</td><td>主管工程师：</td></tr>
<tr><td>主管工程师：</td><td>安全质量监督员：</td></tr>
<tr><td>铁路局集团公司验收工程师：</td></tr>
</table>

4.大修施工质量评价等级

桥隧大修工程的施工质量，以每件工程为单位综合评定。

(1)合格——全部工作项目的质量达到合格；

(2)不合格——任何一项工作项目的质量未达到合格。

不合格项目返工整修，经复验达到合格后，评为"合格"。

【习题】

1.铁路桥隧工作制度包括哪些?

2.桥隧大修工作范围?

桥隧基本技术条件

任务 24.1　荷载

一、荷载

列车荷载是铁路机车、车辆等移动装备对线路的作用,与铁路移动装备技术发展紧密相关,是铁路桥隧建筑物结构设计的重要依据。

检定依据:(1)《铁路桥梁检定规范》(铁运函〔2004〕120号);

(2)《铁路桥梁检定评估管理办法》(铁总运〔2015〕70号)。

1. 运营桥涵的承载能力按《铁路桥梁检定规范》进行检算,以检定承载系数 K 表示。

$$K=k/k_{ZKH}、K=k/k_{ZH}、K=k/k_{中} \tag{24-1}$$

$$Q=k_q/k_{ZKH}、Q=k_q/k_{ZH}、Q=k_q/k_{中} \tag{24-2}$$

式中: K——检定承载系数;

k——桥梁各部分的容许换算均布活载;

k_{ZKH}——客货共线铁路 ZKH 荷载的换算均布活载,计入设计动力系数;

k_{ZH}——重载铁路 ZH 荷载的换算均布活载,计入设计动力系数;

$k_{中}$——中—活载的换算均布活载,计入设计动力系数;

Q——运行活载的活载系数;

k_q——运行活载的换算均布活载,计入相应的动力系数。

2. K 应符合的技术要求

(1)桥涵结构应满足 $K \geqslant 1$,即桥梁承载能力满足《铁路列车荷载图式》(TB/T 3466—2016)相应线路类型标准中活载或中-活载要求。

(2)按中—活载及以前荷载标准设计的桥涵,检定承载系数 K 以中—活载标准进行检算。

(3)临时性桥涵容许通过的运行活载,应满足 $Q<K$,其中: Q 为运行活载相当于《铁路列

车荷载图式》相应线路类型标准活载或中—活载的倍数。

3. 承载能力不足(即 $K<1$)的桥涵

(1)应根据其技术状态确定加固、更换或改建。
(2)加固、更换或改建后的桥涵，其承载能力必须达到 $K\geq1$ 的要求。

任务 24.2　限界

1. 概念

限界指的是为了确保机车车辆在铁路线路上运行的安全，防止机车车辆撞击邻近线路的建筑物和设备而对机车车辆和接近线路的建筑物、设备所规定的不允许超越的轮廓尺寸线。

限界是一种规定的轮廓线，这种轮廓线以内的空间是保证列车安全运行所必需的。

图 24-1　站台限界测量机器人(昆明南站)

2. 分类

根据不同的功能要求，铁路限界分为机车车辆限界、建筑限界，即列车在限界内正常运行不会与邻近线路的其他车辆、设备或建筑物发生碰撞。

(1)机车车辆限界——与线路中心线垂直的，限制机车车辆外形尺寸的极限横断面轮廓。【《标准轨距铁路限界 第 1 部分：机车车辆限界》(GB 146.1—2020)】

(2)建筑限界——与线路中心线垂直的极限横断面轮廓。此轮廓内，除机车车辆和与机车车辆有相互作用及相关的设备(车辆减速器、接触线、吊弦、定位器等)外，其他设备或建筑物均不得侵入。【《标准轨距铁路限界 第 2 部分：建筑限界》(GB 146.2—2020)】

3. 桥隧建筑限界概念和设置目的

桥隧建筑限界是一个与线路中心线垂直的横断面，运营中的桥隧建筑限界如不能满足规定要求时，桥隧各部分及其附属设备均不得侵入基本建筑限界(曲线上按规定加宽)。

设置桥隧建筑限界的目的是保证机车车辆的运行安全及建筑物的安全。

4. 铁路列车的运行速度等级

铁路列车的运行速度等级一般划分如下：100~120 km/h 为常速；120~160 km/h 为中

速；160~200 km/h 为准高速或快速；200~400 km/h 为高速；400 km/h 以上为超高速。

5.线路分类

（1）正线——连接车站并贯穿或直股伸入车站的线路。

（2）站线——到发线、调车线、牵出线、货物线及站内指定用途的其他线路。

（3）段管线——机务、车辆、工务、电务、供电等段专用并由其管理的线路。

（4）岔线——在区间或站内接轨，通向路内外单位的专用线路。

（5）安全线——为防止列车或机车车辆从一进路进入另一列车或机车车辆占用的进路而发生冲突的一种安全隔开设备。

（6）避难线——在长大下坡道上能使失控列车安全进入的线路。

6.改建或新建桥隧建筑限界

（1）$v \leqslant 160$ km/h 客货共线铁路桥隧限界（桥隧分开）

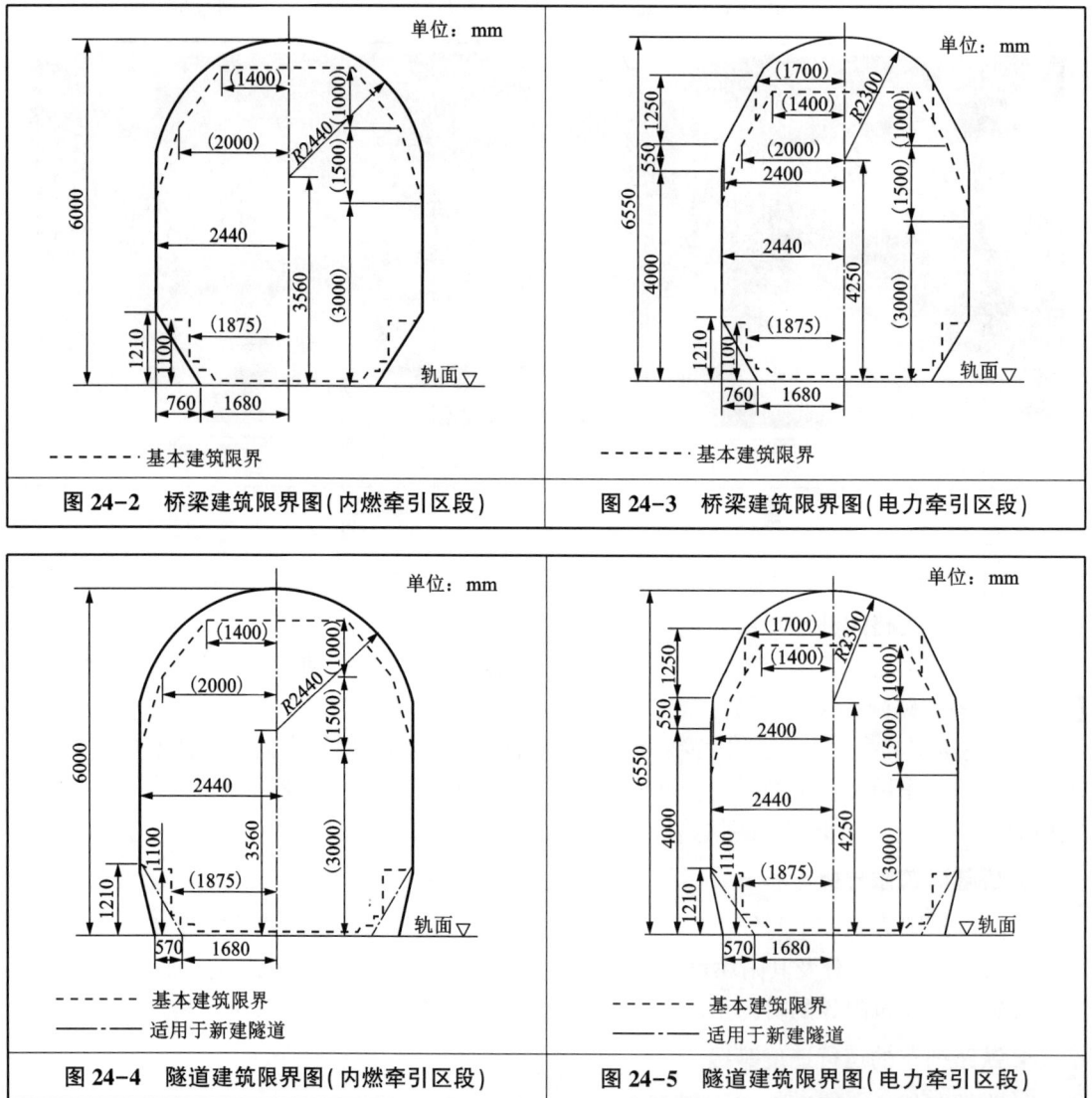

图 24-2　桥梁建筑限界图（内燃牵引区段）

图 24-3　桥梁建筑限界图（电力牵引区段）

图 24-4　隧道建筑限界图（内燃牵引区段）

图 24-5　隧道建筑限界图（电力牵引区段）

（2）$v>160$ km/h 客货共线铁路桥隧限界【桥隧合并】（单位：mm）

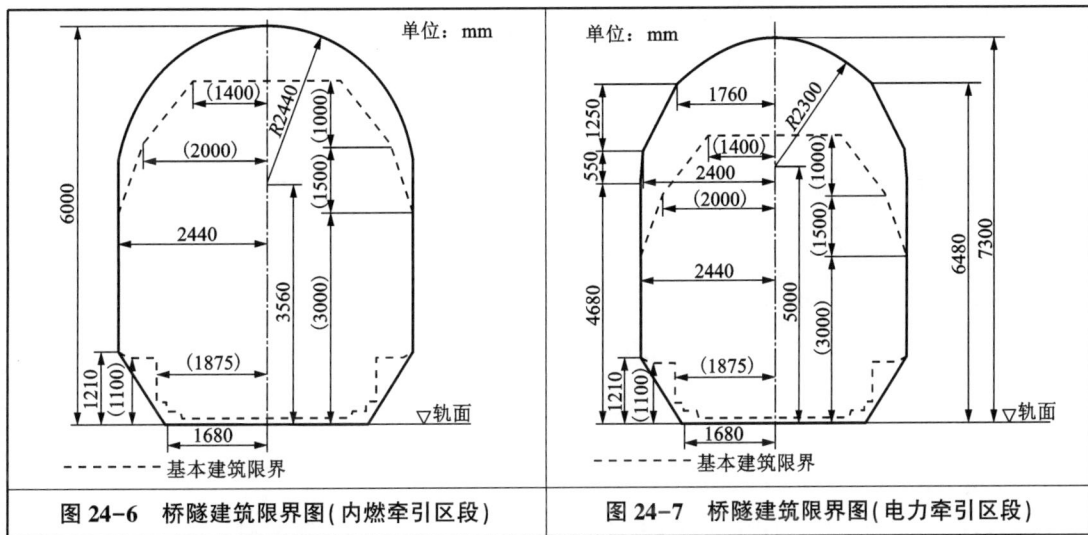

图 24-6　桥隧建筑限界图（内燃牵引区段）

图 24-7　桥隧建筑限界图（电力牵引区段）

7. 运营桥隧基本建筑限界

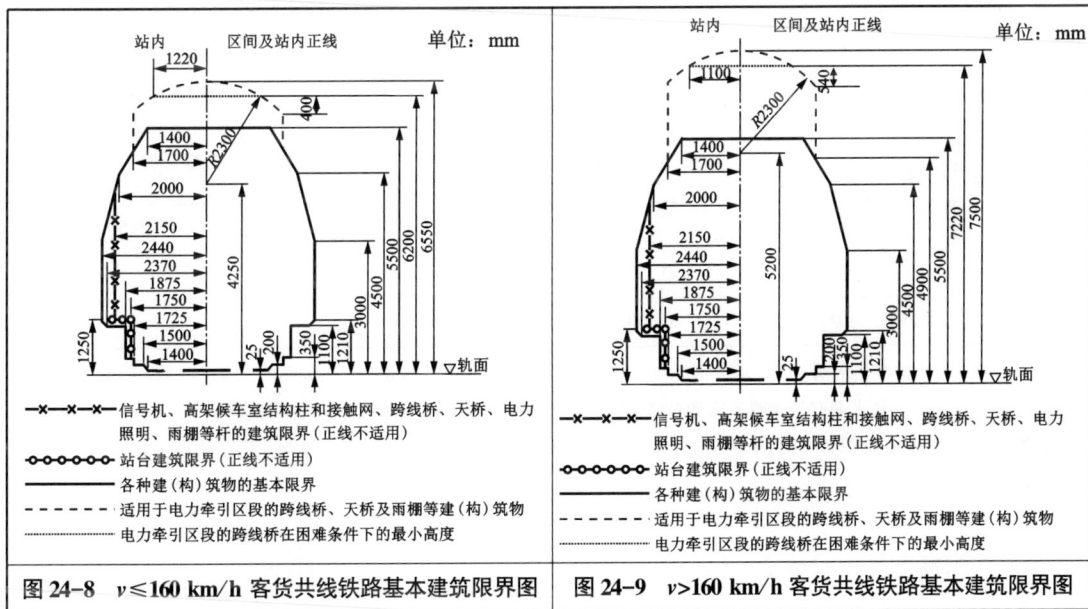

图 24-8　$v{\leqslant}160$ km/h 客货共线铁路基本建筑限界图

图 24-9　$v>160$ km/h 客货共线铁路基本建筑限界图

任务 24.3　孔径及净空

1. 孔径

（1）运营中的行洪桥涵孔径应能正常通过 1/100 频率的检定洪水。

（2）对特大桥及大中桥，若观测洪水（包括调查洪水）频率小于 1/100 但大于 1/300 时，应将观测洪水频率作为检定洪水频率。

（3）对技术复杂、修复困难或重要的特大桥、大桥，还应能安全通过 1/300 校验频率的洪水。

（4）设计洪水频率依据《铁路桥涵设计规范(TB 10002—2017)》确定，见表 24-1。

表 24-1　桥涵洪水频率标准

设计洪水频率		检算洪水频率
桥梁	涵洞	特大桥(或大桥)属于技术复杂、修复困难或重要者
1/100	1/100	1/300

附注：设计洪水频率指的是工程设计时采用的某一洪水重现的概率。例如：1/100 表示，一百年以来出现的最高洪水位。

2. 净空

（1）行洪桥不通航桥孔净空见表 24-2。

表 24-2　桥下净空高度

序号	桥的部位		高出检定水位的最小高度/m		高出校验水位的最小高度/m	
			钢梁	钢筋混凝土或预应力混凝土结构	钢梁	钢筋混凝土或预应力混凝土结构
1	梁底	一般情况	0.25	0.25	0.00	—
		洪水期有大漂流物	1.50	1.25	0.75	0.50
		有泥石流	1.00	1.00	0.50	0.50
2	支承垫石顶		0.00	—	—	—
3	拱肋和拱圈的拱脚		0.00	—	—	—

注：①实体无绞拱桥洪水期无大漂流物时，检定洪水位到拱顶净空高度不应小于拱矢高的 1/4。

②严重泥石流或在洪水期有特大漂流物通过时，可视具体情况，采用大于表列的净空高度。

③表列水位及注①中所指水位应根据河流具体情况，计入可能产生的壅水、浪高、水拱、局部股流涌高、河流超高和河床淤积等影响的高度。

（2）行洪涵洞净空见表 24-3。

表 24-3　涵洞净空高度　　　　　　　　　　　　　　　　单位：m

涵洞净高 H	涵洞类型			
	圆涵	拱涵	盖板涵	框构涵
≤3	≥(1/4)H	≥(1/4)H	≥(1/6)H	≥(1/6)H
>3	≥0.75	≥0.75	≥0.5	≥0.5

注：拱(框构)桥与拱(框构)涵的区分是跨度>6 m，且拱或框构顶至轨底的高度<1 m 为拱(框构)桥，否则为拱(框构)涵。

任务 24.4　刚度

一、刚度概念

刚度指材料或结构在受力时抵抗弹性变形的能力。

二、刚度分类

1. 梁体竖向刚度

挠度是衡量桥跨结构竖向刚度的标志在中—活载静力作用下，桥梁改造时梁体竖向挠度限值应满足表 24-4 及表 24-5 中的规定。

表 24-4　客货共线桥梁竖向挠度限值($v \leqslant 160$ km/h)

桥跨结构		挠度限值
简支钢桁梁		$L/900$
连续钢桁梁	边跨	$L/900$
	中跨	$L/750$
简支钢板梁		$L/900$
简支钢筋混凝土及预应力混凝土梁		$L/800$
连续钢筋混凝土及预应力混凝土梁	边跨	$L/800$
	中跨	$L/700$

附注：L——简支梁或连续梁检算的跨度。

表 24-5　客货共线桥梁竖向挠度限值(160 km/h$<v<$200 km/h)

跨度 L/m		$\leqslant 24$	$24<L\leqslant 40$	$40<L\leqslant 96$
挠度限值	单跨	$L/1000$	$L/900$	$L/900$
	多跨	$L/1400$	$L/1200$	$L/900$

2. 梁体横向刚度

宽跨比是梁体横向刚度的标志。为了防止钢梁横向剧烈振动而导致列车脱轨或影响旅客舒适感，以及在列车荷载作用下桥梁整体丧失稳定，对钢梁桥（特别是大跨度钢桥）的梁体，横向刚度作出限值见表 24-6。

表 24-6　新建或改建桥梁的钢梁宽跨比限值

桥　型	宽跨比限值
下承式简支和连续桁梁	边跨不应小于 1/20
连续桁梁	除边跨外其余各跨不应小于 1/25
简支钢板梁	应小于 1/15

3. 自振频率

（1）简支梁竖向自振频率（中—活载及以前荷载标准设计的桥梁）：

$$n_0 = \begin{cases} \dfrac{80}{L} \\ 23.58L^{-0.592} \end{cases} \qquad (24-3)$$

式中：n_0 为简支梁竖向自振频率限值（Hz）；L 为简支梁跨度（m）。

跨度 16 m 简支梁竖向自振频率应不小于 6.25 Hz。

（2）简支梁横向自振频率：

$$n_h = 60/L^{0.8} \qquad (24-4)$$

式中：n_h 为简支梁横向自振频率限值（Hz）。

适用于梁跨度 $L \leqslant 64$ m 的混凝土梁、下承式钢桁梁、下承式钢板梁和半穿式钢桁梁。

任务 24.5　基础埋置深度

一、概念

墩台的基础埋置深度指由地面到墩台基础底面的距离。

墩台的基础埋置深度主要取决于河流类型及河床的承载能力、抗冲刷能力、冻结深度和冲刷深度等。

二、分类

1. 明挖基础和沉（挖）井基础的基底埋置深度【运营桥梁墩台】

（1）无冲刷处或设有铺砌防护时，基底埋置深度在地面下不应小于 2 m。

（2）有冲刷处，在墩台附近最大冲刷线以下应不小于下列安全值：对于一般桥梁，在检算洪水频率流量下，安全值为 1~5 m 加冲刷总深度（自河床面算起的一般冲刷深度与局部冲刷深度之和）的 10%。

对于技术复杂、修复困难或重要的特大桥、大桥，在检算洪水频率流量下，安全值为 2.5 m 加冲刷总深度的 10%；在校验洪水频率流量下，安全值为检算洪水频率流量时安全值的 50%。

（3）对于冻胀、强冻胀和特强冻胀土，基底埋置深度在冻结线以下应不小于 0.25 m；弱冻胀土的基底埋置深度，应不小于冻结深度；基底埋置深度不满足要求，但无基础冻害出现时，可暂缓处理。

（4）对于不易冲刷磨损的岩石，墩台基础应嵌入基本岩层不小于 0.25~0.5 m（视岩层抗冲性能而定）。如嵌入风化、破碎、易冲刷磨损岩层，按未嵌入岩层计。

2. 桩基础的埋置深度【运营桥梁墩台】

（1）对于冻胀土地区，当承台底设置在土中时，承台底面高程应位于冻结线以下不小于

0.25 m；当承台底设置在不冻胀土层中时，承台埋深可不受冻深的限制。桩入土中深度不明时，承台底在最大冲刷线下不小于 2 m。桩在最大冲刷线下的入土深度必须保证墩台稳定。

（2）对于有流冰的河流，承台底面高程应在最低冰层底面（冻结线）以下不小于 0.25 m；或桩在最大冲刷线下的埋置深度必须保证墩台稳定。

（3）木桩顶面应位于最低地下水位或最低水位以下不小于 0.5 m。

（4）嵌入新鲜岩面以下的钻（挖）孔灌注桩，其嵌入深度不小于 0.5 m。

任务 24.6 抗震

一、概念

1. 地震

地震又称地动、地振动，是地壳快速释放能量过程中造成振动，期间会产生地震波的一种自然现象。地球上板块与板块之间相互挤压碰撞，造成板块边沿及板块内部产生错动和破裂，这是引起地震的主要原因。

据统计，地球上每年发生 550 多万次地震，即每天要发生上万次地震。其中绝大多数地震太小或太远，人们感觉不到。真正能对人类造成严重危害的地震每年大约有十几二十次。能造成特别严重灾害的地震每年大约有一两次。世界 7000 年的文明史（有文字记载的历史）中，经过计算大约有 4.4×10^{10} 次地震。现在，我们给出地震与建设工程的微课资源，如图 24-10。

图 24-10 地震与建设工程视频二维码

2. 震级

震级是指地震的大小，是以地震仪测定的每次地震活动释放的能量多少来确定的，见表 24-7。

表 24-7 震级

震级	人的感觉	对建筑物的影响	其他现象	频率
1	无感	无	无	约每天 8000 次
2	室内个别静止的人有感觉	无	无	约每天 1000 次
3	室内个别静止的人有感觉	门、窗轻微作响	悬挂物微动	每年 49000 次
4	室内多数人有感觉,室外少数人有感觉,少数人惊醒	门、窗作响	悬挂物明显摆动,器皿作响	每年 6200 次
5	室内人普遍有感觉,室外多数人有感觉,多数人惊醒	门窗、屋顶、屋架颤动,灰土掉落,抹灰出现细微裂缝	不稳的器物翻倒	每年 800 次
6	部分人惊慌失措,仓皇出逃	发生损坏,个别砖瓦掉落,墙体微细裂缝	河岸和松散土上出现裂缝,饱和砂层出现喷砂并冒水	每年 120 次
7	大多数人仓皇出逃	局部破坏、开裂,但并不妨碍使用	河岸出现塌方、喷砂、冒水现象,松软土裂缝较多	每年 18 次
8	摇晃颠簸,行走困难	结构受损,需要修理	干硬土上有裂缝	每年 1 次
9	坐立不稳,行走的人可能摔跤	墙体龟裂,局部倒塌,修复困难	多处出现裂缝,滑坡塌方常见	20 年 1 次
10	骑自行车的人会摔跤,处不稳状态的人会摔出几米远,有抛起感	大部倒塌,不堪修复	山崩地裂出现,拱桥破坏	
11	—	毁灭性地震	地震断裂延续很长,山崩常见,拱桥毁坏	
12	—	毁灭性地震	地面剧烈变化,山河改观,一切化为虚无	

3. 烈度

烈度是地震发生时,在波及范围内一定地点地面振动的激烈程度(或释为地震影响和破坏的程度),见表 24-8 所示

表 24-8 烈度

烈度等级	人的感觉或对建筑物的影响	影响或现象
1	无感	仅仪器能记录到
2	微有感	特别敏感的人在完全静止中有感觉
3	少有感	室内少数人在静止中有感觉,悬挂物轻微摆动
4	多有感	室内大多数人,室外少数人有感觉,悬挂物摆动,不稳器皿作响
5	惊醒	室外大多数人有感觉,家畜不宁,门窗作响,墙壁表面出现裂纹

续表24-8

烈度等级	人的感觉或对建筑物的影响	影响或现象
6	惊慌	人站立不稳,家畜外逃,器皿翻落,简陋棚舍损坏,陡坎滑坡
7	房屋损坏	房屋轻微损坏,牌坊,烟囱损坏,地表出现裂缝及喷沙冒水
8	建筑物破坏	房屋多有损坏,少数破坏路基塌方,地下管道破裂
9	建筑物普遍破坏	房屋大多数破坏,少数倾倒,牌坊,烟囱等崩塌,铁轨弯曲
10	建筑物普遍摧毁	房屋倾倒,道路毁坏,山石大量崩塌,水面大浪扑岸
11	毁灭	房屋大量倒塌,路基堤岸大段崩毁,地表产生很大变化
12	山川易景	一切建筑物普遍毁坏,地形剧烈变化动植物遭毁灭

二、世界著名大地震

全球范围内震级较高、破坏特别严重,以及在人类认识地震规律和抗震问题上有历史性意义的地震,见表24-9。

表 24-9　世界著名大地震汇总

序号	地震名称	日期	震级	震中烈度	死亡人数/万人	震源深度/km
1	中国海原大地震	1920-12-16	8.5	12	28.82	17
2	中国唐山大地震	1976-07-28	7.8	11	24.3	11
3	智利大地震	1960-05-22	9.5	10	5.3	33
4	中国汶川大地震	2008-05-12	8.0	11	6.9	14
5	东日本大地震	2011-03-11	9.0	11	1.6	10
6	中国陕西华县地震	1556-01-23	8.0	11	83	20-40
7	中国西藏墨脱地震	1950-08-15	8.6	12	0.33	6

三、一般要求

(1)在震区的铁路桥隧必须按抗震要求进行设计。

(2)抗震设计的方针应以预防为主,按桥隧的重要性和修复难度区别对待,保证重点。

(3)对于Ⅰ、Ⅱ级干线的桥梁按抗震设计建成后,要求在遭受相当于设计烈度的地震影响时,不至于产生大的结构性破坏(如桥梁坠落、墩台倒毁或折断等严重破坏),稍加整修即可正常使用。对于Ⅲ级干线及工业企业标准轨距铁路,要求做到短期抢修后即可恢复通车。

(4)我国发生烈度为7度、8度、9度地震的区域比较广,结合我国国民经济条件,规定设防范围为7度、8度、9度,即位于7度以上地震区的桥梁,须按地震区桥梁设计并设置防震措施。

四、抗震措施

(1)结构对称,刚度均匀有利于抗震(桥孔等跨、桥台采用T形或U形);

(2)特大桥、大中桥若遇可液化土及软土地基时,应适当增加桥长;

(3)桥梁跨越断层带时,桥墩台基础不应设置在严重破碎带上;

(4)使用饱和粉细砂及饱和黏砂土(考虑地基液化失效);

(5)无护面钢筋的墩台,应尽量减少施工缝;

(6)一般在土质地基上的明挖基础桥台,地震时应尽可能向桥心滑移(抗滑稳定性);

(7)桥头路堤填筑及桥墩台明挖基础基坑的回填应夯填密实(减少路堤对桥台的推力);

(8)位于饱和砂土、饱和黏砂土或软土地基上的小桥应设置基础支撑梁;

(9)拼装或墩台的接头应予以加强;

(10)在地震区Ⅰ、Ⅱ级干线上,应估计地震引起的次生灾害(火灾、水灾、瘟疫)的影响;

(11)涵洞的抗震性能比小桥好,应尽量采用。

五、抗震设计的原则

抗震设计原则:小震不坏,中震有修,大震不倒。

按规定,地震作用不与其他附加力同时计算。地震作用的计算方法,详见《铁路工程抗震规范(GB 50111)》。

六、铁路桥隧抗震设防类别

考虑到铁路工程的重要性和震后修复的困难程度,本着确保重点和节约投资的原则,对不同工程给予不同的抗震安全度。

(2022年1月8日1时45分青海海北州门源县发生6.9级地震)

图 24-11 兰新高铁浩门至军马场区间

表 24-10 铁路桥隧抗震设防类别的划分表

划分类别	结构类型	
	铁路桥梁	铁路隧道
A 类	跨越大江、大河，且技术复杂、修复困难的特殊结构桥梁	水下隧道
B 类	(1)客货共线铁路混凝土简支梁跨度大于等于48 m；简支钢梁跨度大于等于64 m；混凝土连续梁主跨大于等于80 m；连续钢梁主跨大于等于96 m； (2)墩高大于等于40 m 的桥梁； (3)常水位水深大于8 m 的桥梁； (4)技术复杂、修复困难的特殊结构桥梁； (5)跨越繁忙正线的跨铁桥梁	—
C 类	(1)墩高大于30 m 小于40 m 的桥梁； (2)常水位水深5~8 m 的桥梁	(1)通过活动断裂带、浅埋、偏压、采空区及矿区、繁华城区、特大跨度(6>15 m)的隧道和明洞； (2)近距离交叉的隧道衬砌
D 类	属 A.B、C 类以外的其他铁路桥梁	属 A、C 类以外的其他铁路隧道工程

七、铁路桥隧抗震措施等级

铁路桥隧抗震设防措施等级见表 24-11。

表 24-11 铁路桥隧抗震设防措施等级

抗震设防烈度 工程类别	6	7	8	9
A 类	7	8	9	专门研究
B 类	7	7	8	9
C 类	7	7	8	9
D 类		7	8	9

八、铁路桥隧抗震注意事项

(1)对运营线设防烈度为 7 度、8 度和 9 度的桥梁，位于 6 度区的 B 类桥梁，Ⅲ、Ⅳ类场地的 C 类桥梁，以及 C 类和 D 类隧道，按照《铁路工程抗震设计规范》(GB 50111)要求进行抗震设防，对抗震能力不足的应逐步采取抗震加固措施。

(2)跨越铁路的跨线桥、天桥、立交明洞、渡槽等建筑物，按不低于该处铁路工程的抗震设防要求进行抗震设计。

(3)位于地震区的桥梁，其上部结构应采取防止落梁、设置要挡块等抗震措施；有条件时可采用减隔震装置，以减小地震作用效应。

（4）地震区棚式明洞，应采取防止落梁的措施。设防烈度8度和9度的地震时，不应采用悬臂式棚洞。

✦ 【思政小故事】

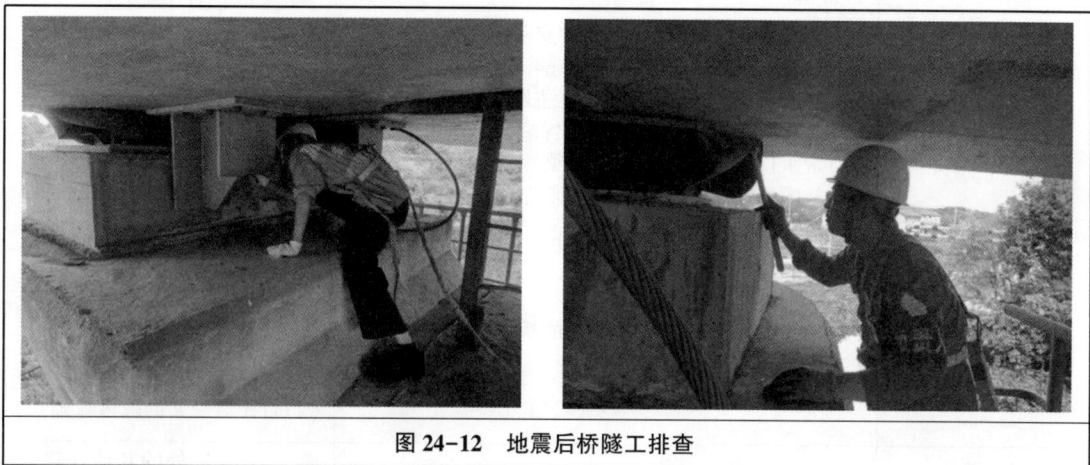

图 24-12　地震后桥隧工排查

2023年8月18日10时39分，四川内江市市中区（北纬29.58度，东经104.87度）发生4.0级地震，震源深度10 km，成都高铁工务段迅速开展地震应急处置，全力保障高铁安全。

内江北桥路、线路车间党支部充分发挥党团员突击队攻坚作用，党团员带头冲锋在前，迅速投入震后安全排查中，全力确保高铁暑运安全。

接到地震应急信息后，简阳南桥路安防工区党员班长肖俊率领作业人员，立即从简阳作业地点赶赴内江资中对桥梁进行震后排查。今天和他一样迅速出击、火线奔赴的人还有很多，他们展现了高铁工务人迎难而上、攻坚克难的决心和坚决确保高铁安全的信心，亮出了成高工务人的风采。

（资料来源：高铁家园）

✦ 【习题】

1. 什么是限界？
2. 墩台的基础埋置深度是多少？
3. 简述震级和烈度的含义。
4. 发生地震时，我们应该怎么办？

桥隧建筑物维护技术标准

任务 25.1　桥面技术标准

一、桥上线路

1.上拱度

（1）设置原因

为保证列车平顺舒适地通过桥梁，并减小由于挠度而产生的列车活载对钢梁的附加冲击力，达到线路动态平顺，设置桥上线路上拱度。

（2）设置条件

跨度在 30 m 及以上的钢梁，桥上线路应设置上拱度；及连续梁的中孔实测或计算挠度小于跨度 1/1600 或<15 mm 时，可不设上拱度。

（3）设置方法

①现行最大荷载（包括冲击）作用下实测竖向挠度的 1/2；开行动车组区段，按动车组和普通客车实测平均挠度之和的 1/2。

②ZKH 或 ZH 活载作用下为计算静挠度的 1/2。

③悬臂梁端部的上拱度可采用按两倍悬臂梁长度的简支梁计算挠度的 1/2 设置上拱度值，自由梁（挂孔）的上拱度值，按简支梁设置。

④连续梁的边跨按简支梁设置。

2.运营桥上线路中线与梁跨设计中线的偏差

（1）钢梁不应大于 50 mm，圬工梁不应大于 70 mm；

（2）行车速度大于 120 km/h 区段，钢梁、圬工梁均不应大于 50 mm。

超过偏差限值时应进行检算，如影响承载能力（即 $K<1$）或侵入限界时，必须进行调整。

3.线路外轨超高设置方法（曲线上明桥面）

（1）在桥枕挖槽限度内调整，此法适用于小超高的曲线上明桥面线路外轨超高。

（2）在墩台顶面做成超高，同时，应检算钢梁斜放后的应力和稳定性，并注意钢梁排水。

（3）用楔形枕木。楔形的薄端厚度至少为 200 mm。桥枕断面特殊，必须自行加工与防腐，故现在使用者不多。

（4）在曲线外侧的桥枕下加垫木垫板，用木螺钉（或螺栓）连接牢固，木垫板净厚不小于30 mm，每边伸出钢梁上翼缘盖板边缘不小于 200 mm，现为大多数曲线桥采用，如图25-1所示。

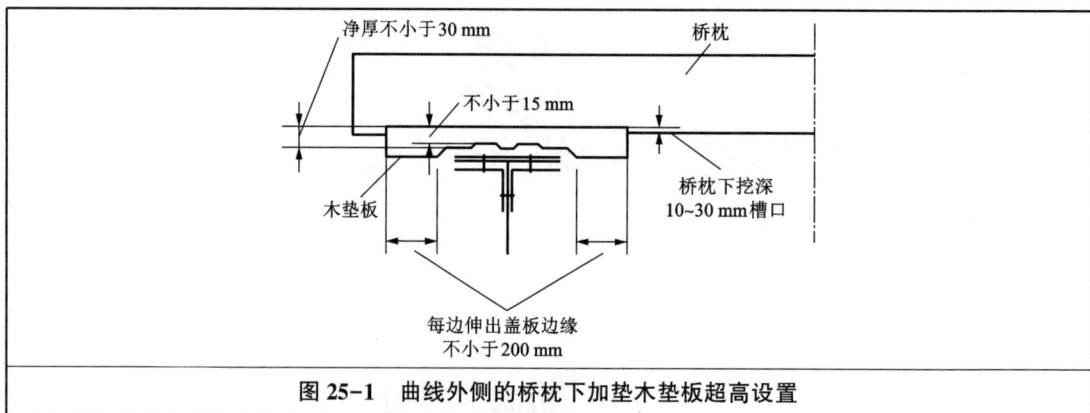

图 25-1　曲线外侧的桥枕下加垫木垫板超高设置

4.钢轨接头禁区

（1）原因

车轮通过钢轨接缝处的空隙发生较大的冲击，使桥梁结构受损。

（2）薄弱部位及应对措施

①桥长在 20 m 及以下的明桥面上，采用 25 m 钢轨跨越。

②允许速度大于 120 k m/h 区段的钢梁明桥面上，建议采用无缝线路跨越。

③钢梁端、无砟无枕梁端、拱桥温度伸缩缝和拱顶处前后各 2 m 范围内，纵横梁连接处距横梁边缘 0.6 m 范围内，采用桥台后 10 m 以外的直线上插入长度大于 6 m 的短轨。

④设有钢轨伸缩调节器的钢梁，在温度跨度（由一孔钢梁的固定支座至相邻梁固定支座或桥台挡砟墙的长度）的范围内，采用将接头焊接铺设长钢轨的方式跨越。

二、木桥枕

1.木桥枕铺设要求

（1）木桥枕净间距为 100~180 mm（横梁处除外）。

（2）木桥枕不能铺设在横梁上，应支撑于主梁或纵梁上，横梁翼边缘应留出 15 mm 及以上缝隙。

（3）横梁两侧木桥枕间净距在 300 mm 以上，且木桥枕顶面高出横梁顶面 50 mm 以上时，应在横梁上垫短枕承托，短枕与护轨应连接牢固，并与基本轨底留出 5~10 mm 空隙。

（4）有桥面系的上承钢梁，木桥枕只能铺在纵梁上（设计容许铺设在主梁翼缘上的除外），在行车情况下不容许压着钢梁连接系。

（5）为调整桥面钢轨的上拱度，木桥枕容许挖深 30 mm 以内的槽口，或使用比标准断面稍厚的木桥枕，也可在木桥枕下加垫木垫板，用螺钉（栓）胶合连接牢固。

（6）木桥枕与螺栓头（铆钉头）接触处可挖钉窝或纵槽。

（7）每根木桥枕应用两根经过防锈处理的直径 22 mm 标准型钩螺栓与钢梁钩紧。

（8）钩螺栓均应安装 110 mm×110 mm×8 mm 的铁垫圈及 6~10 mm 厚的胶垫圈。

（9）在自动闭塞区间，钩螺栓铁垫圈与钢轨扣件间应预留不小于 15 mm 的间隙。

（10）行车速度大于 120 km/h 的区段，钢梁明桥面的钩螺栓不允许有缺少和连二失效。

（11）行车速度大于 160 km/h 的区段，钢桥明桥面的木桥枕必须采用优质木材，断面尺寸的高×宽应不小于 220 mm×260 mm。

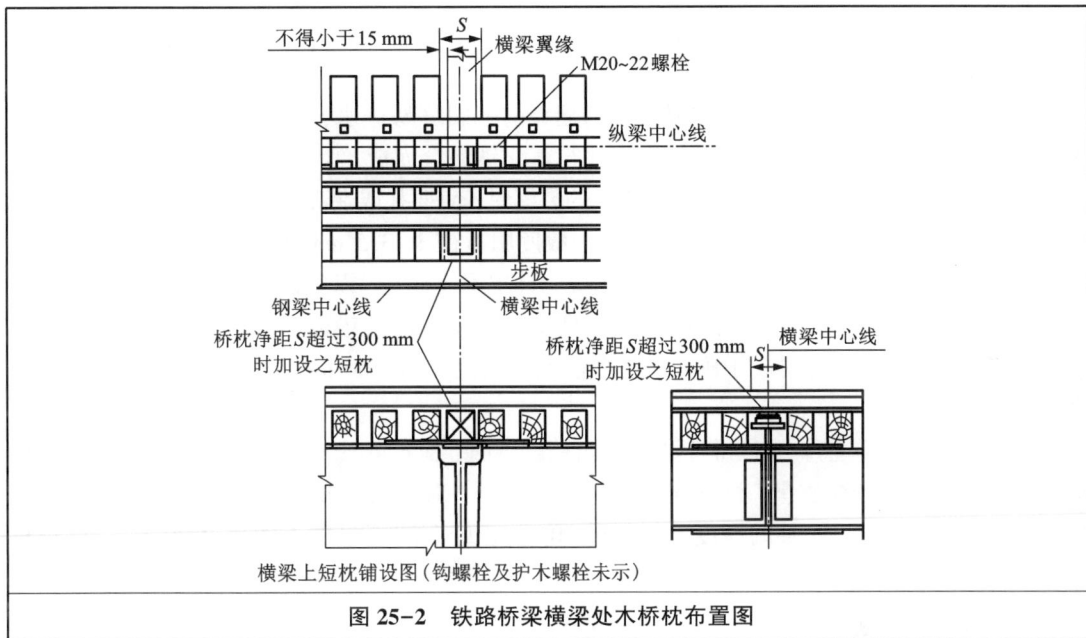

图 25-2　铁路桥梁横梁处木桥枕布置图

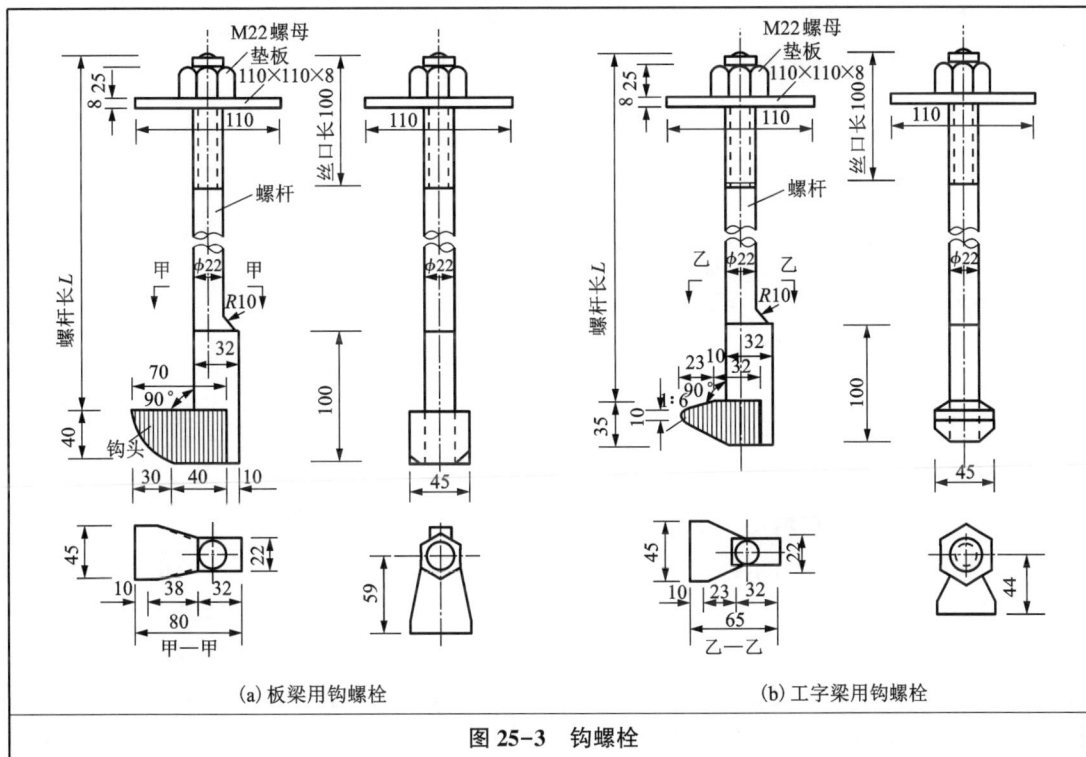

图 25-3　钩螺栓

2. 桥枕防腐

(1)桥枕需经防腐处理后方可使用,使用时应尽量避免损坏它的防腐层。

①桥枕加工新面——应立即涂防腐油或氟化钠浆膏两次;

②螺栓孔——可用烧红的铁钎烫焦或涂刷防腐油防腐;

③道钉孔——应先钻孔注入氟化钠粉末,道钉端蘸煤焦油后再打入。

(2)桥枕应及时做好灌缝、捆扎、削平、挖补工作,防止雨水进入或因积水使枕木产生腐朽。

①灌缝作业——桥枕顶面裂缝及侧面、端头向上裂缝易进水,须灌缝。灌缝材料以弹性为好,一般使用氟化钠浆膏或加温的煤焦油与氟化钠混合而成。

②捆扎作业——桥枕端头有大于 3 mm 的裂缝时,应捆扎或端部钉组钉板,也可加 S 钉、C 钉,事先均应用枕木夹榨器夹紧枕木。捆扎一般使用直径 3~3.5 mm 的铁线捆两圈半捆紧,铁线两头都应在桥枕侧面和顶面钉牢固定。潮湿的枕木不能捆扎,以免枕木干缩时捆扎松弛。

③削平作业——桥枕表层腐朽,以及因列车运行使钢轨或垫板磨损桥枕,产生毛刺或切入枕木深度在 3 mm 以上时应予削平,削平范围为垫板外 30~60 mm,削面呈斜坡状,涂上防腐油帮助排水。

④挖补(镶补)作业——若桥枕磨损或腐朽剧烈时,应挖除腐朽部分并镶补,镶补木料应防腐处理。为提高镶补质量,最好先将桥枕单根换下,对其集中挖补修理,用酚醛树脂胶合牢固后,再换上就位。镶补的厚度不得超过 50 mm,最大刻槽深也不能超过 30 mm,以免桥枕失效。

3. 失效桥枕判断标准

当桥枕出现以下任意一种情形时,则可认为桥枕失效。其中,第(4)条出现的频率较高。

(1)标准断面木桥枕因腐朽、挖补、削平和挖槽累计深度超过 80 mm。

(2)钉孔周围腐朽严重,无处改孔,不能满足持钉及保持轨距的需要。

(3)木桥枕内部严重腐朽。

(4)通裂严重,影响共同受力。

(5)复合材料桥枕板材之间发生开裂。

三、护木

1. 护木接头

护木接头采用半搭接的方式设在桥枕上。护木与桥枕连接处应将护木挖深 20~30 mm 的槽口紧扣在桥枕上。

2. 护木与木桥枕的连接

Ⅰ式连接——将护木与木桥枕、钢梁上翼缘用经过防锈处理(如渗锌处理)的直径 22 mm 标准型钩螺栓连接。

Ⅱ式连接——将护木与每隔一根木桥枕用直径 20 mm 或 22 mm 的螺栓连接,每孔梁两端第一根桥枕与护木必须连接。每根木桥枕与钢梁上翼缘用两根经过防锈处理(如渗锌处理)的直径 22 mm 标准型钩螺栓连接。

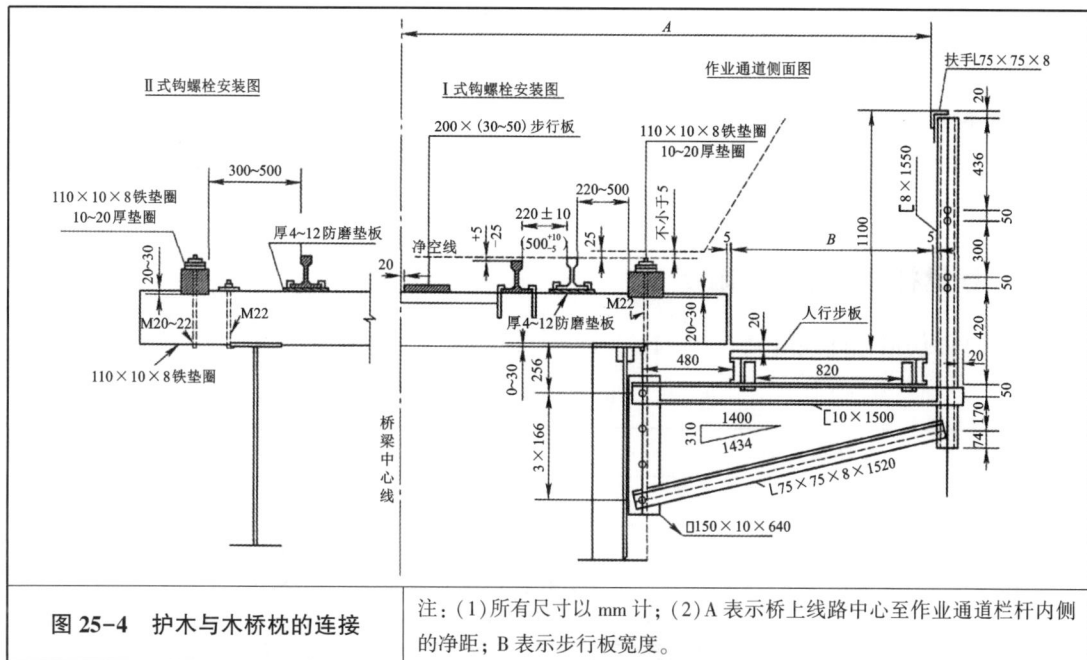

图 25-4　护木与木桥枕的连接

注：(1)所有尺寸以 mm 计；(2)A 表示桥上线路中心至作业通道栏杆内侧的净距；B 表示步行板宽度。

螺栓顶端不应超过基本轨顶面 20 mm。

行车速度大于 120 km/h 区段的钢梁明桥面的护木螺栓不允许有缺少和连而失效。

3.护木内侧与基本轨头部外侧的距离

Ⅰ式连接为 220～500 mm，Ⅱ式连接为 300～500 mm。在钢梁活动端处，护木须断开，并留出空隙，使护木能与钢梁共同移动。

4.护木线型

护木线型应尽可能位于一条直线上。如相邻两孔不能顺直时，应在护木内侧加楔木衔接，在曲线桥上可呈折线。

任务 25.2　钢结构之结构技术标准

一、要求

钢结构应具有要求的刚度、强度和稳定性。

二、检查位置

连接节点、杆件、铆钉、销栓、螺栓、焊缝。

三、钢结构清洁和排水

1.清洁

货物列车散落的矿物、尘屑、盐水和其他化学物品，以及机车喷出的废气均会弄脏钢梁并损坏涂层，扩大锈蚀。雨水的积存或因脏物存水使钢梁处于经常潮湿状态，也会造成涂层损坏，钢梁锈蚀。因此，钢结构应保持清洁，要经常清扫污垢尘土，冬季要及时清除冰雪。

2. 排水

钢梁上的存水处所应设直径不小于 50 mm 的泄水孔。钻设泄水孔会造成杆件截面削弱，形成应力集中，故应检算其强度是否容许。

四、钢梁杆件伤损容许限度

钢梁杆件伤损容许限度见表 25-1。

表 25-1　钢梁杆件伤损容许限度

序号	伤损类别		容许限度	处理措施
1	竖向弯曲		弯曲矢度小于跨度的 1/1000	
2	板梁纵梁横梁	(1)横向弯曲	弯曲矢度小于自由长度的 1/5000，并在任何横向弯曲情况下不超过 20 mm	1)整修 (1)杆件伤损修补 (2)杆件弯曲修正 (3)消除杆件恒载影响 (4)结构改善 2)加固 (1)局部加固 (2)稳定性加固 (3)全面加固 3)更换
		(2)上盖板局部垂直弯曲	$f<a$ 或 $a<B/4$ d—钢板或钢板束的厚度 B—由腹板至盖板边缘的宽度	
		(3)盖板上有洞孔	洞孔直径小于 30 mm，边缘完好	
		(4)腹板上有洞孔	工字梁的洞孔直径小于 50 mm，板梁小于 80 mm，边缘完好	
		(5)腹板受拉部位有弯曲	凸出部分直径小于断面高度的 0.2 倍或深度不大于腹板厚度	
		(6)腹板受拉部位有弯曲，但在受压部位	凸出部分直径小于断面高度的 0.1 倍或深度不大于腹板厚度	
3	桁梁	(1)主梁压力杆件弯曲	弯曲矢度小于杆件自由长度的 1/1000	
		(2)主梁拉力杆件弯曲	弯曲矢度小于杆件自由长度的 1/500	
		(3)主梁腹杆或连接杆件弯曲	弯曲矢度小于杆件自由长度的 1/300	
		(4)洞孔	直径小于杆件宽度的 0.15 倍并不得大于洞孔 30 mm	

五、不良铆钉的容许限度

不良铆钉的容许限度见表 25-2。

表 25-2 不良铆钉的容许限度

序号	不良名称	形状	容许限度	原因	处理措施
1	松动铆钉		无	(1)铆合不良 (2)铆合前钢板未夹紧	更换
2	钉头裂纹		无	(1)铆钉加热过度 (2)铆钉钢质不良	更换
3	烂头		$D \geqslant d+8$ mm $h \geqslant 0.7$ 倍标准顶头高	年久锈蚀	更换
4	钉头部分或全周浮离（用厚 0.2 mm 塞尺检查）		无	(1)钉头和钉杆相接处有圆角 (2)钉头未用顶把顶紧或顶把未对正	更换
5	钉头偏心（拉绳检查钉头与铆钉线位置或观察铆钉两头）		$b \leqslant 0.1d$	铆合不良	根据不良程度确定是否更换
6	钉头局部缺边		$a \leqslant 0.15d$	(1)钉杆过短 (2)顶压不正确	根据不良程度确定是否更换
7	钉头全周缺边		$a \leqslant 0.1d$	(1)钉杆过短 (2)顶压不正确	根据不良程度确定是否更换

续表25-6

序号	不良名称	形状	容许限度	原因	处理措施
8	钉头过小（用样板检查）		$a+b<0.1d$ 或 $c<0.05d$	（1）铆钉壳和钉杆都小 （2）钉杆过短或铆钉孔过大	根据不良程度确定是否更换
9	钉头周围有飞边		$a<3$ mm $b=1.5\sim3$ mm	钉杆过长	根据不良程度确定是否更换
10	铆钉壳打伤钢板		$\delta\leqslant0.5$ mm	铆合不良	根据不良程度确定是否更换
11	埋头铆钉钉头全部或局部缺边		$a\leqslant0.1d$	（1）铆合不良 （2）钉杆过短	根据不良程度确定是否更换

六、高强度螺栓施拧

1.施工预拉力

高强度螺栓的施工预拉力应符合设计要求，欠拧值或超拧值均不应超过规定值的10%。

2.拧紧步骤

先初拧然后终拧。

3.初拧值

根据试验确定，一般取终拧值的40%~70%。

4.终拧方法

（1）扭矩法：

施拧时，使用示功扳手（图25-5）将螺母拧紧到规定的扭矩，初拧扭矩应为终拧扭矩50%左右。扭矩值按下式计算：

$$M=k\times P\times d \qquad (25-1)$$

式中：M 为扭矩值，N·m；k 为扭矩系数；P 为螺栓施工预拉力，kN；d 为螺栓计算直径，mm。

（2）转角法：

初拧扭矩值取螺栓预拉力和螺母转角关系直线段的最低值相应的扭矩。

　　终拧转角用贴有电阻丝片的高强度螺栓测出螺栓预拉力和螺母转角的关系曲线,从而确定终拧转角。

　　在初拧后的螺杆和螺母的端面相对位置画一细线,再用长扳手(图 25-6)或风动扳手(图 25-7)将螺母拧至规定的角度。

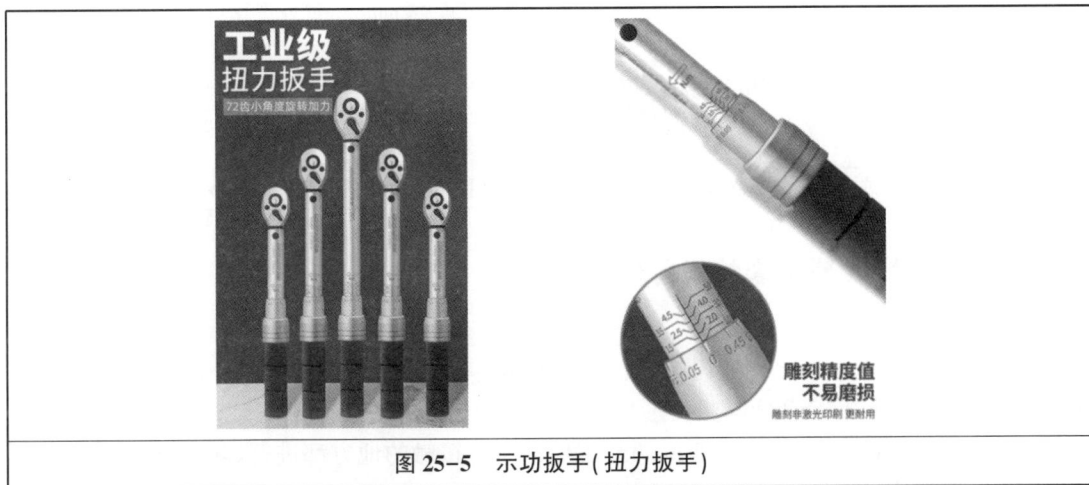

图 25-5　示功扳手(扭力扳手)

| 图 25-6　长扳手(呆口扳手) | 图 25-7　风动扳手 |

5. 注意事项

　　(1)高强度螺栓更换,对于大型节点,同时更换的数量不得超过该节点螺栓总数的 10%,对于螺栓数少的节点,则要逐个更换。

　　(2)在一个连接处(或节点)少量更换的螺栓、螺母及垫圈的材质、规格、强度等级应与原桥上使用者相同,不准混用。

　　(3)高强度螺栓发生超拧时应按报废处置,严禁再次使用。

　　(4)高强度螺栓拧紧后,为防止雨水及潮湿空气侵入板缝,节点板束四周的裂缝均应用腻子封闭。

　　(5)高强度螺栓、螺母和垫圈的外露部分均应进行涂装防锈。

七、钢梁病害

　　钢梁病害见表 25-3。

表 25-3 钢梁病害

序号	类型	超限(需及时处理)
1	裂纹	(1)主桁腹杆铆接头处裂纹长度≥50 mm (2)下承式桁梁的端横梁与纵梁连接处下端裂纹长度≥50 mm (3)受拉翼缘焊接盖板端部裂纹长度>20 mm (4)主梁、纵横梁受拉翼缘边裂纹长度>5 mm,焊缝处裂纹长度≥10 mm (5)纵梁上翼缘角钢裂纹
2	铆栓或铆钉	(6)主桁节点和板拼接接头铆栓失效≥10% (7)主桁构件、板梁结合铆钉松动连续 5 个及以上 (8)纵横梁连接铆钉拔头
3	断面削弱	(9)纵梁受压翼缘、上承板梁主梁上翼缘板件断面削弱≥20%

八、栓焊梁、全焊梁裂纹病害处理措施

（1）概念

栓焊指在栓钉与母材之间通以电流，局部加热熔化栓钉端头和局部母材，并同时施加挤出液态金属，使栓钉整个截面与母材形成牢固结合的焊接方法。

全焊（满焊）指将准备焊在一起的两个工件的所有接触的地方都进行熔焊的焊接方法。

（2）处理措施

栓焊梁、全焊梁裂纹病害处理措施见表 25-4。

表 25-4 栓焊梁、全焊梁裂纹病害处理措施

序号	类型	处理措施
1	钻	在裂缝的尖端钻圆孔，孔的直径大致与钢板厚度相等，但最大不超过 32 mm，裂缝的尖端必须落入孔中
2	拼+钻	用高强度螺栓连接拼接的方法进行加固，加固前裂缝尖端处凡能钻孔者均应钻孔
3	换	抽换杆件或换梁

九、相邻钢梁间及梁端与桥台挡砟墙间的净距处理措施

相邻钢梁间及梁端与桥台挡砟墙间的净距处理措施见表 25-5。

表 25-5 相邻钢梁间及梁端与桥台挡砟墙间的净距处理措施

序号	净距/mm	处理措施
1	<100	经检算及观测不影响正常伸缩者，可暂缓处理
2	[100,300]	满足梁跨的正常伸缩，并不得小于 100 mm
3	>300	可增加悬臂(牛腿)，或在两孔梁间增加连接梁

任务 25.3 钢结构之保护涂装技术标准

一、保护涂装范围

钢梁、钢塔架、钢拱肋、限高防护架、作业通道托架、墩台吊篮、围栏。

二、锈蚀等级

锈蚀等级见表 25-6。

表 25-6　锈蚀等级

锈蚀等级	具体表述
A	大面积覆盖着氧化皮而几乎没有铁锈的钢材表面
B	已发生锈蚀，并且氧化皮已开始剥落的钢材表面
C	氧化皮已因锈蚀而剥落，或者可以刮除，并且在正常视力观察下可见轻微点蚀的钢材表面
D	氧化皮已因锈蚀而剥落，并且在正常视力观察下可见普遍发生点蚀的钢材表面

三、钢料表面清除方法

喷砂、喷丸，手工清理和溶剂擦洗。

四、清理等级

清理等级见表 25-7。

表 25-7　清理等级

序号	主分类	二级分类	具体表述
1	喷射清理 Sa	Sa1 轻度的喷射清理	在不放大的情况下观察时，表面应无可见的油、脂和污物，并且没有附着不牢的氧化皮、铁锈、涂层和外来杂质，见照片 B sa1 、C sa1 和 D Sa1
		Sa2 彻底的喷射清理	在不放大的情况下观察时，表面应无可见的油、脂和污物，并且几乎没有氧化皮、铁锈、涂层和外来杂质。任何残留污染物应附着牢固，见照片 B Sa2、C Sa2 和 D Sa2
		Sa2¹/² 非常彻底的喷射清理	在不放大的情况下观察时，表面应无可见的油、脂和污物，并且没有氧化皮铁锈涂层和外来杂质。任何污染物的残留痕迹应仅呈现为点状或条纹状的轻微色斑，见照片 A Sa2¹/²、B Sa2¹/²、C Su2¹/² 和 D Sa2¹/²
		Sa3 使钢材表观洁净的喷射清理	在不放大的情况下观察时，表面应无可见的油、脂和污物，并且应无氧化皮铁锈涂层和外来杂质。该表面应具有均匀的金属色泽，见照片 A Sa3、BSa3、C Sa3 和 D Sa3
2	手工和动力工具清理 St	St2 彻底的手工和动力工具清理	在不放大的情况下观察时，表面应无可见的油、脂和污物，并且没有附着不牢的氧化皮、铁锈、涂层和外来杂质。见照片 B S2、C St2 和 D St2
		St3 非常彻底的手工和动力工具清理	用 St2，但表面处理应彻底得多，表面应具有金属底材的光泽，见照片 B St3、C St3 和 D St3
3	火焰清理 F1	—	在不放大的情况下观察时，表面应无氧化皮、铁锈、涂层和外来杂质。任何残留的痕迹应仅为表面变色(不同颜色的阴影)，见照片 A F1、B F1、C F1 和 D F1

五、钢梁涂料(涂层)分类

钢梁涂料(涂层)分类见表25-8。

表25-8 钢梁涂料(涂层)分类

序号	涂料(涂层)名称	每道干膜最小厚度/μm	至少涂装道数	总干膜最小厚度/μm	适用部位和环境
1	特制红丹酚醛(醇酸)底漆	35	2	70	限高防护架等桥梁附属钢结构
	灰铝粉石墨或灰云铁醇酸面漆	35	2	70	
2	电弧喷铝层	—	—	200	钢桥明桥面的纵梁、上承板梁、箱形梁上盖板
	环氧类封孔剂	—	1	—	
	棕黄聚氨酯盖板底漆	50	2	100	
	灰聚氨酯盖板面漆	40	4	160	
3	无机富锌防锈防滑涂料	80	1	80	栓焊梁连接部分摩擦面
	或:电弧喷铝层	—	—	100	
4	环氧沥青涂料	60	4	240	非密封的箱形梁和非密封的箱形杆件内表面
	或:环氧沥青厚浆涂料	120	2	240	
5	特制环氧富锌防锈底漆	40	2	80	钢梁主体,用于气候干燥、腐蚀环境较轻的地区
	或:水性无机富锌防锈底漆				
	云铁环氧中间漆	40	1	40	
	灰铝粉石墨醇酸面漆	40	2	80	
6	特制环氧富锌防锈底漆	40	2	80	钢梁主体、支座,用于腐蚀环境较严重的地区和电气化铁路
	或:水性无机富锌防锈底漆				
	云铁环氧中间漆	40	1	40	
	灰色丙烯酸脂肪族聚氨酯面漆	40	2	80	
7	特制环氧富锌防锈底漆	40	2	80	钢梁主体,用于酸雨沿海等腐蚀环境严重、紫外线辐射强、有景观要求的地区和电气化铁路
	或:水性无机富锌防锈底漆				
	云铁环氧中间漆	40	1	40	
	氟碳面漆	35	2	70	

六、清理等级要求

(1)电弧喷铝或涂装环氧富锌底漆时,钢表面清理应达到Sa3级或P Sa3级。

(2)涂装红丹醇酸、红丹酚醛或聚氨酯底漆时,钢表面清理应达到Sa2级或P Sa2级。

（3）非密封的箱形梁和非密封的箱形杆件内表面涂装环氧沥青涂料时，钢表面清理应达到 Sa2 级或 P Sa2 级。

（4）限高防护架、作业通道栏杆、扶手、托架、墩台吊篮、围栏等桥梁附属钢结构及铆钉头、螺栓头或局部维护涂装使用红丹防锈底漆时，钢表面清理应达到 St3 级或 P St3 级。

七、清理粗糙度要求

（1）涂装涂料涂层时，钢表面粗糙度为 25~50 μm，选用最大粗糙度不得超过涂装体系干膜厚度的 1/3。表面粗糙度超过要求时，需加涂一道底漆。

（2）电弧喷铝时，钢表面粗糙度为 50~100 μm；当表面粗糙度超过 100 μm 时，涂层应至少超过轮廓峰 125~150 μm。

八、钢结构的维护涂装

（1）钢梁涂膜粉化达 3 级时，应清除涂层表面污渍，用细砂纸除去粉化物，然后覆盖相应的面漆二道。

（2）涂膜起泡、裂纹或脱落劣化达 2~3 级时，底漆完好，清理损坏区域周围疏松的涂层，并延伸至未损坏的涂层区域 50~80 mm 坡口，局部涂相应的底漆和相应的中间漆、面漆。如要保持涂层表面一致，可在局部涂面漆后，全部再覆盖面漆。

（3）涂膜劣化达 2~3 级生锈时，应清除松散的涂层，直到结合良好的涂层区域为止，表面清理应达到 St3 级或 P St3 级，未损坏的涂层区域边缘按本条第 2 款要求处理，然后局部涂装相应的底漆和相应的中间漆、面漆。如要保持涂层表面一致，可在局部涂面漆后，全部再覆盖面漆。

（4）旧喷锌或铝涂层发生锈蚀劣化类型为 2~3 级生锈时，应除去松动的锌或铝涂层和涂料涂层直到良好结合的锌或铝涂层区域为止，钢表面锈蚀清理应达到 Sa2 级或 P Sa2 级。对于未损坏的涂料和锌或铝涂层区域边缘按本条第 2 款要求处理。对于电弧喷锌或铝涂层清理部位，也可改涂特制环氧富锌防锈底漆二道，然后涂相应的中间漆和面漆。

（5）涂膜局部严重损坏应及时清理和涂装。

九、涂装施工条件

（1）钢表面清理，严禁在雨、雪、凝露和相对湿度大于 80% 及风沙天气进行。

（2）环氧类漆不允许在 10 ℃ 以下施工，水性无机富锌防锈底漆、酚醛漆、醇酸漆、聚氨酯漆、氟碳面漆不允许在 5 ℃ 以下施工。不允许在相对湿度 85% 以上、雨天、雾天或风沙场合进行涂装施工。

（3）电弧喷涂铝涂层作业时，作业环境要求与电弧喷涂作业的间隔时间要求按《热喷涂金属零部件表面的预处理》（GB/T 11373—2017）规定。

（4）钢结构表面清理后应在 4 h 内涂装第一道底漆或电弧喷铝涂层，电弧喷铝完成后应立即覆盖封孔剂。利用列车运行间隔施工时，覆盖封孔剂或涂层前，应对铝涂层表面清洁处理。

（5）涂装涂料涂层需在上一道涂层实干后，方可涂装下一道漆，底漆、中间漆最长暴露时间不超过 7 天。两道面漆间隔若超过 7 天时，需用细砂纸打磨涂层表面成细微毛面后方能涂下一道漆。

十、激光清洗技术

激光清洗可以通过光纤传输，与机器手、机器人相配合实现自动化，实现远距离操作，能清洗到传统方法不易达到的部位，清洗效率高，节省时间，如图 25-8 所示。

（1）操作简单高效清洁新一代表面处理高效绿色清洗技术产品，能清洗不易达到的部位，适用范围广。

（2）绿色环保非接触式清洁，无需化学清洗液，无消耗品，安全环保。

（3）对材料无损伤精确定位，几乎无损伤基材表面，无耗材，通电即用。

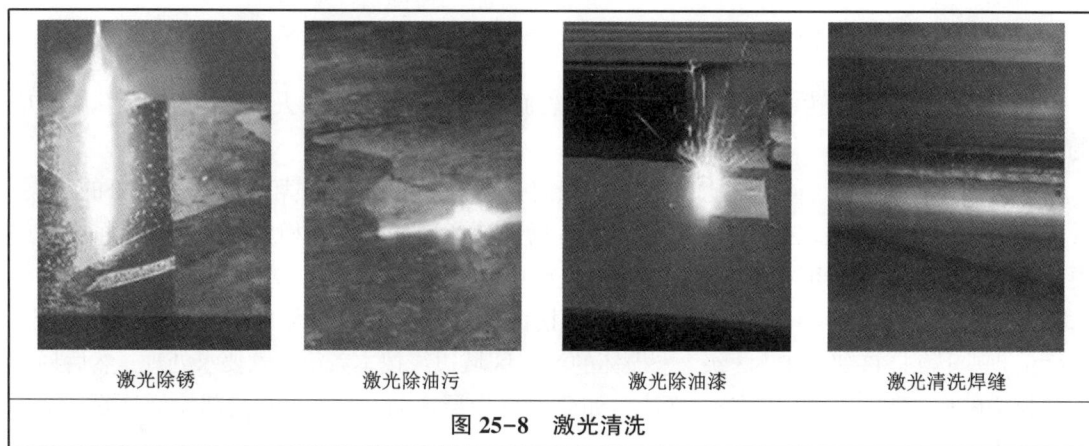

| 激光除锈 | 激光除油污 | 激光除油漆 | 激光清洗焊缝 |

图 25-8　激光清洗

任务 25.4　支座技术标准

一、支座技术标准

（一）运营桥跨结构支座分类【材料】

1. 钢支座

（1）平板支座；

（2）弧形支座；

（3）摇轴支座；

（4）辊轴支座：（支座的传力通过钢板的接触面、变位主要通过钢和钢的滚动来实现）；

（5）圆柱面支座；

（6）铰轴滑板支座；

（7）双曲面支座；

（8）球型支座：（支座的变位主要通过聚四氟乙烯或改性超高分子量聚乙烯板和不锈钢板的平面或曲面滑动来实现）。

2. 橡胶支座

（1）板式支座；

（2）盆式橡胶支座：（支座的传力通过橡胶板来实现，支座位移通过聚四氟乙烯板的滑动或橡胶的剪切变形来实现，支座的转角通过橡胶的压缩或曲面滑动来实现）。

（二）运营桥跨结构支座分类【变形可能性】

（1）固定支座

（2）活动支座：①纵向活动支座；②横向活动支座；③多向活动支座。

（三）支座选用

桥跨结构支座类型见表 25-9。

表 25-9　桥跨结构支座类型

梁跨分类	支座类型						
	钢支座					橡胶支座	
	平板	弧形	圆柱面、双曲面、球形和铰轴滑板	摇轴	辊轴	板式	盆式
钢梁	$L<10$	$10 \leqslant L \leqslant 24$	$L>20$	$24<L \leqslant 48$	$L \geqslant 56$	—	—
混凝土梁	$L \leqslant 8$	$8<L<20$	$L>20$	$20 \leqslant L \leqslant 48$	$L \geqslant 56$	$L \leqslant 20$	$L>20$

注：（1）L 为梁的跨度（m）；

（2）跨度小于或等于 6 m 的简支梁支座，可采用高强石棉板等弹性垫板代替，并在两侧设支撑，防止横向移动。

（四）支座安装及使用要求

1. 支座位置

支座位置安装正确，下座板必须水平安装，支座与梁底及支座与垫石间必须密贴无缝隙，水平各层部件间应密贴无缝隙。

活动支座滚动（滑动）面应保持洁净滑润，保证梁跨自由伸缩、转动。固定支座应稳固可靠。

2. 支承垫石

高度不宜小于 30 cm。

3. 支座锚栓

直径不应小于 25 mm，锚栓埋入墩台深度不得小于 300 mm，支座预留锚栓孔必须填满捣实，螺栓标准件应采用多元合金共渗+钝化处理，其中渗层厚度≥50 μm。

4.滑动面

具有聚四氟乙烯板滑动面的支座应设置可靠的便于拆装的防尘装置。

(五)支座主要病害

1.钢支座主要病害

(1)钢部件裂纹深度≥10 mm，主要受力部位焊缝脱焊。

(2)辊轴支座底板变形凹陷≥3 mm。

(3)销钉剪断。

(4)锚栓折断数量≥25%。

(5)支座位移超限，纵向>5 mm、横向>2 mm。

(6)活动支座不活动。

(7)支承垫石开裂、积水、翻浆。

(8)摇轴倾斜、辊轴位移或倾斜超过容许值。

(9)聚四氟乙烯板磨耗严重，外露厚度不足0.2 mm。

2.板式橡胶支座主要病害

(1)支座压溃，四周出现明显不规则的凹凸、弯曲或扭曲。

(2)支座剪切变形过大，活载作用时剪切变形≥24°，无活载作用时永久剪切变形≥15°。

(3)橡胶剥落掉块，导致加劲钢板表面或周边外露长度>100 mm。

(4)橡胶裂纹宽度≥2 mm，且连续长度达周边长度的50%以上。

(5)支座传动大于相应边长的25%或有脱空。

(6)横向限位装置与梁体间不密贴，限位装置失效。

3.盆式橡胶支座主要病害

(1)盆环开裂或脱焊。

(2)聚四氟乙烯板磨耗严重，外露厚度不足0.2 mm。

(3)位移或转角超限，位移量≥10 mm，转角超过设计值的20%。

(4)锚栓剪断数量>25%。

任务 25.5 桥隧混凝土强度技术标准

一、概念

1.测区

检测结构或构件混凝土抗压强度时的一个检测单元。

2.测点

测区内的检测点。

3. 混凝土强度换算值

混凝土强度检测值通过某种换算关系换算成相当于被测结构物所处条件及龄期下、边长为 150 mm 混凝土立方体试件的抗压强度值。

4. 混凝土强度推定值

相应于混凝土抗压强度换算值总体分布中保证率不低于 95% 的强度值。

二、一般规定

1. 适用范围

回弹法适用于表面质量无明显缺陷的结构或构件混凝土强度检测。

2. 回弹仪选择

（1）50 MPa 以下的混凝土宜选用标称动能为 2.207 J 的回弹仪；

（2）50 MPa 及以上的混凝土宜选用标称动能为 4.5 J 或 5.5 J 的回弹仪。

3. 检测数量

结构或构件混凝土强度可按单个检测或批量检测。批量检测抽检数量不应少于同批结构或构件总数的 50%，且抽检数量不应少于 2 件。

4. 测区设置

（1）测区数：每一个结构或构件的测区数不宜少于 10 个。

（2）间距和距离：相邻两测区的间距应控制在 2 m 以内，测区离构件端部或施工缝边缘的距离宜控制在 0.2~0.5 m。

（3）测区面：检测时回弹仪应与受检测面垂直，测区宜选在混凝土结构或构件的浇筑侧面。

（4）测区位置：测区宜选在构件的两个对称可测面上，当不能布置在对称的可测面上时，也可选在一个可测面上，且应均匀分布。在构件的重要部位及薄弱部位应布置测区，并应避开预埋件。

（5）测区面积：测区的面积不宜大于 0.04 m²。

（6）检测面表面：检测面应为混凝土表面，并应干燥清洁、平整。检测面不应有疏松层、浮浆、油垢、涂层、蜂窝、麻面，必要时可用砂轮清除并打磨平整，且不应有残留的粉末或碎屑。

任务 25.6　圬工梁拱及墩台技术标准

一、圬工梁拱及墩台技术标准

1. 质量要求

圬工梁、拱及墩台应具有要求的强度、刚度、抗渗、耐久性和整体稳定性，并经常保持状态良好。

2. 圬工梁拱、墩台恒载裂缝宽度限值

圬工梁拱、墩台恒载裂缝宽度限值见表 25-10。

表 25-10　圬工梁拱、墩台恒载裂缝宽度限值

梁　别	裂缝部位		最大裂缝限值/mm
预应力混凝土梁	梁体	下缘竖向及腹板主拉应力方向	不允许
		纵向及斜向	0.2
		横隔板	0.3
钢筋混凝土梁及框构	主筋附近竖向		0.25
	腹板竖向及斜向		0.3
石、混凝土拱	拱圈横向及斜向		0.3
	拱圈纵向		0.5
墩台	顶帽		0.3
	墩身	经常受侵蚀性环境水影响	有筋 0.2，无筋 0.30
		常年有水但无侵蚀性	有筋 0.25，无筋 0.35
		干沟或季节性有水河流	0.4
	有冻结作用部分		0.2

3. 主要病害

(1)防排水设施失效,梁体表面泛白浆。

(2)混凝土保护层中性化大于 25 mm。

(3)钢筋混凝土梁沿主筋裂纹流锈水。

(4)混凝土梁碱—集料反应导致梁体产生裂纹。

(5)圬工梁、拱及墩台恒载裂缝宽度大于规定的限值。

(6)混凝土梁跨中道砟厚度不足 20 cm。

(7)相邻跨梁端或梁端与桥台胸墙间顶紧,或相邻跨作业通道栏杆顶紧,影响梁跨自由伸缩。

4. 处理方法

(1)修补

①发现圬工梁拱表面风化、梁体裂损或中性化程度较严重时,应及时修补灌浆,封闭表面,防止设备耐久性进一步恶化。

②混凝土结构的耐久性修补及防护分为钢筋锈蚀修补、混凝土破损修补和混凝土裂缝修补,应符合《铁路混凝土结构耐久性修补及防护》(TB/T 3228—2010)要求。

(2)加固

加固处理方式有表面补强、墩台身包箍、固化土壤、加深或扩大基础、换填卸载等。

①表面补强:当圬工表层风化、剥落、裂缝比较细密且面积较大时,可用挂网喷射水泥

砂浆、钢纤维水泥砂浆和纤维等表面补强方式修补加固。

②墩台身包箍：根据墩台身具体情况，采用在墩台身周围包钢筋混凝土环形箍或整体套箍加固，混凝土强度不小于 C30，钢筋配筋率应不小于 0.2%。墩台基底承载力不足时，可采用固化土壤进行加固。

③固化土壤：在墩台基础之下斜向钻孔(均向墩台中心)或者打入钻管至所需深度，通过孔眼对砾石或砂土层采用压密注浆或分层注浆的方法压注水泥砂浆或化学浆液固化土壤，增强基底承载力，整治不均匀沉降的病害。

④加深或扩大基础：基础承载力不足容易造成墩台裂缝、变形，可通过在原基础周围加打基桩或下沉井、浇筑钢筋混凝土承台与原墩台基础混凝土相连接的方式加深基础，亦可挖开基础，将基底扩大部分的下层土壤先行压实后，用半干硬性混凝土埋填捣实至基础底面标高，然后连接基础周围筑钢筋混凝土与原基础，扩大基础并提高承载能力。

⑤换填卸载：桥台由于台后土壤水平压力太大或冻胀等原因出现裂缝、变形时，可挖开原土壤，换填为片石、碎石或改筑干砌片石等透水性较好的材料或浆砌片石，以减轻桥台的水平压力。

5. 墩台上相邻梁间、梁端与墩台挡砟墙间的间距

表 25-11　墩台上相邻梁间、梁端与墩台挡砟墙间的间距

序号	梁跨/m	墩台上相邻梁间、梁端与墩台挡砟墙间的间距/cm	备注
1	≤16	6	能保证梁体自由伸缩
2	16~40	10	

注：梁端及两片主梁中间的缝隙均应设有挡砟盖板，防止道砟流失。

6. 构造要求

(1)伸缩缝

拱桥跨度大于 10 m 的混凝土边墙或跨度大于 15 m 的石砌边墙，应在拱脚附近设置温度伸缩缝，相邻孔的拱上钢架及钢架与墩台间也应设伸缩缝，缝宽一般为 1.0~2.0 cm。

(2)盖板

并线桥梁梁间因没有明确梁间缝隙的处理方案，存在安全隐患，若安装不了人行道时，应设置混凝土盖板。

(3)步行板缝隙

新线梁端步行板缝隙采用混凝土板会影响梁体自由伸缩，应采用钢步板填充缝隙，并在一端固定。

7. 桥面防排水

(1)原因

大气中的雨水，特别是含有酸性物质的雨水和机车车辆排出的废水，会侵蚀混凝土造成圬工梁拱及墩台损坏。故凡是可能积水的圬桥面及梁端都应加强防排水设施。

(2)防水设置

①圬工梁拱、框构桥及桥台顶面可能被积水渗入的处所，均应铺设防水层。

②防水层应采用耐久性好的材料和 C40 级纤维混凝土保护层，防水层厚度不小于 4 cm。

③若发现圬工体表面有湿润渗水、流锈水白浆时，应查明防水层状态，如有破损应进行修理，必要时予以更换或增设。

④防水层。

防水层分为热沥青防水层和冷作防水层。其中，热沥青防水层由沥青浸制麻布或用沥青玻璃布油毡铺成；冷作防水层分"两布三涂"、"薄膜加筋"两种，这种防水层因防水效果受施工条件影响大，又不环保，早已禁止使用；"TQF-Ⅰ型"防水层(图 25-9)研制于 1998 年，其防水性能及其与基层面间的黏结强度均有较大提高，使用寿命大大延长；高聚物改性沥青防水卷材(图 25-10)于 2007 年开始使用，由高强、聚酯长纤维毡为胎基，采用多喷头火焰烘烤热熔法配套施工的防水层，也是发达国家普遍采用的方法。

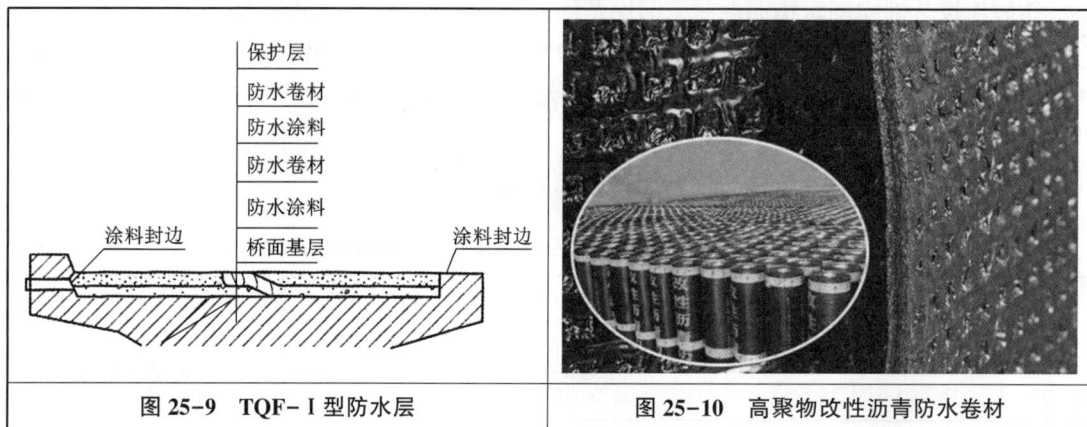

| 图 25-9 TQF-Ⅰ型防水层 | 图 25-10 高聚物改性沥青防水卷材 |

(3)排水设置

①可能积水的圬工表面(墩台顶面、道砟桥面、梁顶部等)均应设不小于 2% 的纵向或横向排水坡，使水能直接流出建筑物或流至较低地点，经由泄水管(或槽)排出。

②每平方米汇水面积应有 4 cm^2 以上的管孔面积，使圬工表面的水能迅速排出。

③泄水桥面排水坡应不小于 2%，泄水管内径不宜小于 15 cm，泄水管向下设置，出水端距离须伸出梁体不小于 15 cm。

④框构桥涵顶面应沿轴向设置人字形排水坡，雨水不应排向路基内。

⑤泄水管可用涂刷沥青防锈漆的铸铁管或 PVC 塑料管。

✦ 【思政大故事】

位于旅顺线 20 km+902 m 的营城子河桥，连日来受暴雨的冲刷使得河床损坏，墩台基础冲刷严重。为了保证墩台基础的稳定不影响行车安全，大连桥隧车间组织职工对冲损的河床进行重新铺砌，先用块石铺砌基础，然后灌注混凝土，如图 25-11～图 25-14 所示。

图 25-11　铺砌块石

经过一天的努力，在大型机械的配合下，块石的铺砌找平已经初步完成，接下来需要人工进行精细找平。

图 25-12　支模

　　支模可是个技术活，在经验丰富的老师傅带领下，通过激光找平仪进行找平、放线，在所有的准备工作到位后下一步工作就是灌注混凝土。

图 25-13　灌注混凝土

　　灌注混凝土的过程中，因为采用地泵灌注，所以需要人工配合对混凝土进行摊平。

图 25-14　完工

河床铺砌工作，很脏、很累，但是可爱的桥梁工人却没有抱怨，没有退缩，有的只是欣慰的笑容。

（资料来源：大连工务段）

任务 25.7　涵洞技术标准

一、技术标准

1. 孔径、净高最低要求

为了便于维修与清除淤积，孔径及净高的最低要求应满足：

（1）排洪涵洞的最小孔径不应小于 1.25 m，且全长不宜大于 25 m；

（2）无淤积的灌溉涵的孔径不应小于 0.75 m。当灌溉涵的孔径为 0.75 m 且净高（或内径）小于 1.0 m 时，长度不宜大于 10 m；净高（或内径）大于等于 1.0 m 时，长度不宜超过 15 m。

2. 缝不漏水

涵身、管节接缝、沉降缝、伸缩缝应不漏水。有压涵洞、倒虹吸管的管节接缝应密不透水，无渗透现象。

3. 涵洞满流

当涵洞出现满流情况时，可采用在入口处抬高管节或增砌漏斗形进口的办法处理，必要时应进行改建或扩孔。涵管裂损严重或管节离缝过大则应进行整治。

4. 涵洞顶高程

涵洞顶不宜高于基床表层底面。涵洞顶控制路肩高程时，涵洞顶可与路肩平齐。

5. 涵洞顶填土厚度

涵洞顶填土厚度不宜小于 0.8 m，站线涵洞填土厚度不宜小于 0.6 m。

6. 涵洞轴长

涵洞轴长不应小于对应高度处路基宽度，并满足路肩安装封闭网（防护栅栏）的要求。

二、主要病害

(1)钢筋混凝土结构裂缝宽度大于等于 0.3 mm；混凝土拱形结构(含砖、石等砌体拱形结构)裂缝宽度大于等于 20 mm。

(2)涵身破损变形、错位、拉开造成漏土或排水不畅，冻害引起线路变形。

(3)涵身、端、翼墙基础冲坏、基底全部或局部冲空。

(4)涵洞基底冒水潜流，洞内渗漏水，影响路基稳定。

(5)涵洞严重腐蚀风化脱落深度≥20 mm，面积≥0.5 m²。

(6)涵洞淤积严重，影响排洪。

(7)涵洞进出口护锥及防护设施冲毁。

(8)废弃的涵洞应采用回填注浆等工程措施维修。

✦ 【思政小故事】

在铁路线上摸爬滚打作业，晴天一身汗、雨天一身泥是常态，而在地势陡峭的长白山开发区铁路线上作业，困难更是增加了不少。面对如此艰苦的作业条件，刘传双始终以积极乐观的心态、永不服输的干劲，带领工区职工除隐患、排险情，用实际行动为筑牢安全屏障贡献力量。

图 25-15 涵洞清淤

"预计明天至后天，通化地区有小到中雨……"2023 年 7 月 12 日一大早，刘传双在查阅天气预报后，带领工区职工到梅集线 114 km 涵洞处检查设备。涵洞内外杂草、杂物需要及时清理，才能确保涵渠排水畅通。涵洞仅有 1.2 m 高，且越深入涵洞、淤泥沉积越厚，作业人员蹲在涵洞内经常会撞头。面对困难，刘传双率先钻进涵洞承担起最艰难的铲土作业，班长官汝文与其配合将铲下来的淤泥和杂草装到簸箕里运出涵洞(图 25-15)。临近中午，火辣辣的太阳炙烤着大地，地表温度接近 40 ℃，闷热的作业环境让他们一个个大汗淋漓。但大家全然不顾，在完成涵洞的清理工作后又赶赴下一处地点进行设备检查。

(资料来源：通化工务段)

任务 25.8　隧道技术标准

一、衬砌及洞门

1. 技术要求

既有线隧道无衬砌地段，应根据隧道状态有计划地补做衬砌或加固。加固隧道底板时应采用钢筋混凝土，底板厚度不小 30 cm。

2. 隧道、明洞主要病害

（1）衬砌开裂、变形、损坏。当出现以下情况：衬砌裂缝长度>5 m、宽度>5 mm；衬砌变形速率>10 mm/年；拱部衬砌压溃范围>1 m²、掉块深度>10 mm；衬砌多条裂缝贯通有掉块可能时，应立即有计划地安排处理。

（2）衬砌风化腐蚀。衬砌严重风化腐蚀会造成衬砌崩塌、剥落。当衬砌腐蚀疏松深度大于衬砌厚度的 1/6、面积在 0.3 m² 以上时应安排处理。

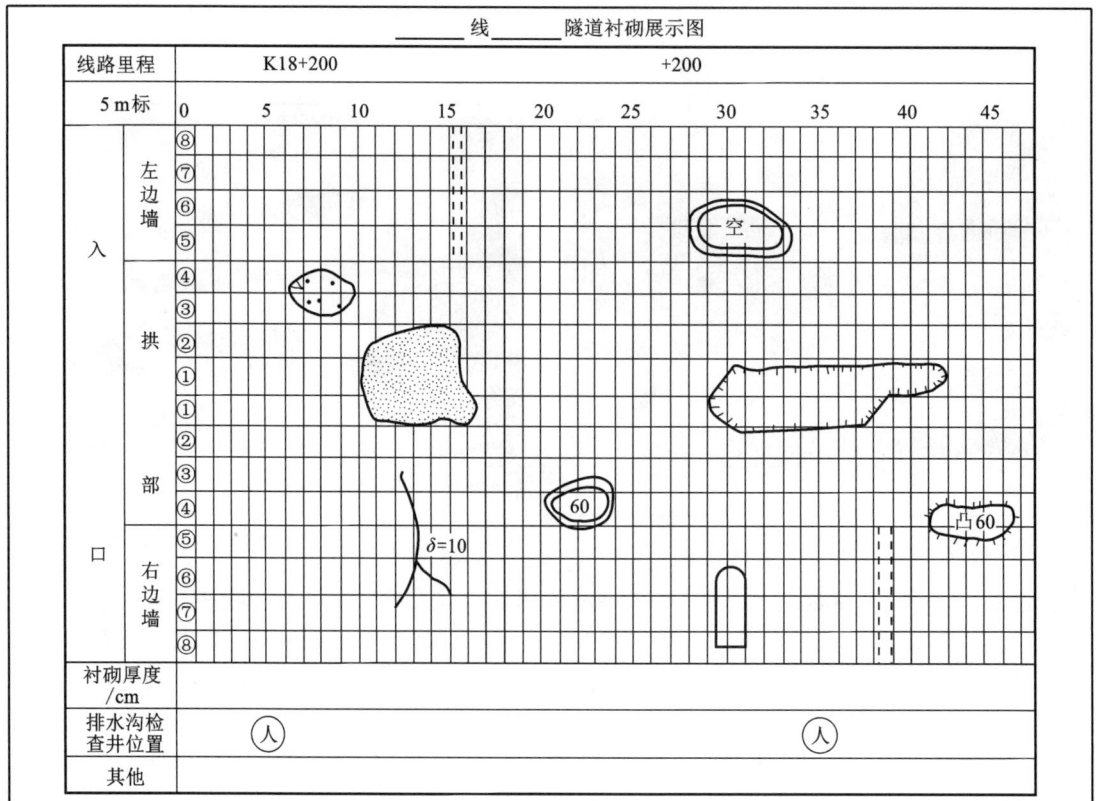

_____线_____隧道衬砌展示图

毛裂纹	漏水
裂缝（图中数字表示该处缝宽）	涌水
裂面产状（↓表示倾向，N70W/30S 表示产状要素）	冰椎
错牙（△标出在凸出一方，分子为水平错距，分母为竖直错距）	结冰
轻腐蚀	冻胀
重腐蚀	检查井
剥落（深度）	避车洞
脱落（空洞）	竖盲沟
凹进（衬砌）	锚杆
凸出（衬砌）	侵限（斜线形状及大小表示侵限范围）
润水	上彭
渗水	下沉
滴水	翻浆冒泥

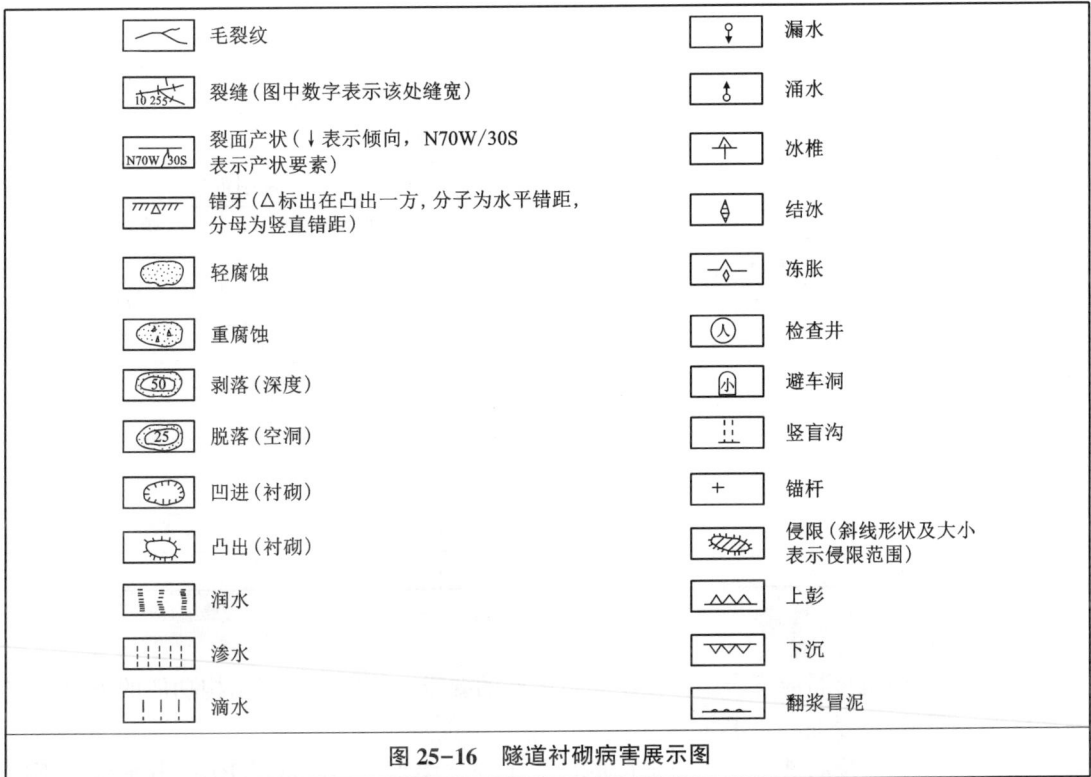

图 25-16　隧道衬砌病害展示图

（3）严重漏水、涌砂、涌水。电力牵引区段隧道拱部漏水，影响接触网正常使用；非电力牵引区段隧道拱部漏水成线；边墙淌水，造成严重翻浆冒泥道床下沉；严寒地区漏水造成结冰侵限；涌水、涌砂浸泡道床。

（4）仰拱、底板损坏。仰拱或底板变形损坏，导致基床下沉、道床翻浆，影响轨道稳定。

（5）排水设施损坏。洞内外排水设施损坏、失效，影响排水功能。

二、隧道建筑材料

1.隧道洞门建筑材料

隧道洞门建筑材料见表 25-12。

表 25-12　隧道洞门建筑材料

材料种类 工程部位	混凝土	钢筋混凝土	砌体
端墙	C25	C30	M10 水泥砂浆砌块石或 C20 片石混凝土
顶帽	C25	C30	M10 水泥砂浆砌粗料石
翼墙和洞口挡土墙	C25	C30	M10 水泥砂浆砌块石
侧沟、截水沟	C20	—	M10 水泥砂浆砌片石
护坡	C20	—	M10 水泥砂浆砌片石

2.隧道衬砌建筑材料

隧道衬砌建筑材料见表 25-13。

表 25-13　隧道衬砌建筑材料

工程部位 ＼ 材料种类	混凝土	钢筋混凝土	喷射混凝土	
			喷锚衬砌	喷锚支护
拱圈	C25	C30	C25	C25
边墙	C25	C30	C25	C25
仰拱	C25	C30	C25	C25
底板	—	C30	—	—
仰拱填充	C20	—	—	—
仰拱预制块	—	C40	—	—
管片	—	C50	—	—
水沟	C25	—	—	—
水沟盖板	—	C30	—	—

3.技术要求

（1）选用的建筑材料应符合结构强度和耐久性的要求。同时，根据结构功能的需要还应满足抗冻、抗渗、抗侵蚀的要求。

（2）寒冷地区有冻害地段和严寒地区的混凝土的抗渗等级不应低于 P10，其他地区不应低于 P8。

（3）隧道在寒冷及严寒地区等易受冻害影响的地段，应采用整体式钢筋混凝土衬砌，其混凝土强度等级应适当提高。

三、防水和排水

1.隧道衬砌漏水分类

（1）渗：地下水从衬砌向外润湿，衬砌表面出现面积大小不等的湿渍；

（2）滴：水滴间断地脱离衬砌滴落的现象，有时为连续出水，即滴水成线的现象，常称为漏水；

（3）淌：漏水连续沿衬砌流淌而下；

（4）冒：有一定压力的水从衬砌或隧底外冒。

2.防水判定标准

依据《地下工程防水技术规范》（GB 50108—2008）的要求，其防水制定标准见表 25-14。

表 25-14　防水判定标准

防水等级	判定标准
一级	不允许渗水，结构表面无湿渍
二级	不允许漏水（漏水的定量标准是结构表面可以有少量湿渍，总湿渍面积不大于总防水面积的 6‰，任意 100 m² 的防水面积上湿渍不超过 4 处，单个湿渍最大面积不大于 0.2 m²）

续表25-14

防水等级	判定标准
三级	有少量漏水点,不得有线流或漏泥沙。任意 100 m² 的防水面积上湿渍不超过 7 处,单个漏水点的最大漏水量不大于 0.2 L/d,单个湿渍最大面积不大于 0.3 m²
四级	有漏水点,不得有线流或漏泥沙。整个工程的平均漏水量不大于 2 L/(m²·d),任意 100 m² 的平均漏水量不大于 4 L/(m²·d)

3. 技术要求

(1)拱部不滴水,边墙不淌水,安装设备的孔眼不渗水;

(2)道床排水畅通,不浸水;

(3)在有冻害地段的隧道,其拱部和边墙基本不渗水,衬砌背后不积水。

4. 整治隧道排水系统标准

(1)排水沟底应在铺底或仰拱底面 0.5 m 以下,排水沟断面宽度应便于清淤。

表 25-15　隧道排水沟不同排水坡下的水力计算排水能力规定

坡度 /‰	侧沟(单侧) 0.3 m 宽×0.15 m 水深		中心水管 内径 60 cm,允满度 0.7		中心水沟 0.6 m 宽×0.4 m 水深	
	流速/(m·s⁻¹)	流量/(m³·h⁻¹)	流速/(m·s⁻¹)	流量/(m³·h⁻¹)	流速/(m·s⁻¹)	流量/(m³·h⁻¹)
1	0.45	73	0.77	541	0.77	665
2	0.64	104	1.09	770	1.09	942
3	0.78	126	1.34	945	1.34	1158
4	0.90	146	1.54	1090	1.54	1331
5	1.00	162	1.73	1219	1.73	1495

(2)在隧道中的分坡平段范围内和车站内的隧道,排水沟底应有不小于1‰的坡度。【水沟坡度一般与线路坡度一致,合适的排水沟应不小于0.3%】

(3)中心排水沟间隔一定长度应设置检查井(清理水沟和检查),沟顶应设有盖板。【设置检查井的目的是便于清理水沟和检查沟;沟顶设盖板的目的是便于养护维修人员行走,避免道砟、杂物掉入沟内】

(4)靠近道床一侧的侧沟墙身应设构造钢筋,并留泄水孔,泄水孔直径为4~10 cm,间距为100~300 cm。【设构造钢筋的目的是提高侧沟抵抗道床侧压的能力;留泄水孔的目的是尽快引入侧沟排走隧底的地下水】

(5)寒冷及严寒地区的排水设备应有防寒设施,或设有在冻结线以下的深埋水沟,防寒措施见表25-16。【寒冷地区指最冷月平均气温(一般为一月份平均气温)在-15~-5 ℃的地区;严寒地区指最冷月平均气温低于-15 ℃的地区】

表 25-16　防寒措施

最冷月平均气温	防寒措施
−15~−10 ℃	应设两侧保温水沟，其设置长度一般为洞口起 200~500 m，保温材料采用矿渣棉时，要防止其受潮失效
−25~−15 ℃	应设置中心深埋水沟
低于−25 ℃	设置防寒泄水洞，断面尺寸不宜小于 1.7 m×1.4 m，坡度不宜小于 3%，轨底至防寒泄水洞底的埋深不小于 5 m

（6）运营中隧道因电气化改造落地时，其原有排水沟应同时下落，沟底至铺底或仰拱底面不得小于 0.5 m，必要时边墙基础亦应下落。【目的是为防止水沟漫溢、道床积水，保证衬砌边墙结构的安全】

5.隧道漏水整治

表 25-17　隧道漏水整治措施

序号	类型	整治措施
1	拱部(或边墙)漏水	(1)快凝水泥或化学堵水材料封堵； (2)围岩及回填层压注普通水泥或特种水泥浆液； (3)衬砌内灌注速凝止水化学浆液； (4)禁止使用水玻璃浆液作永久堵水材料。
2	边墙淌水	边墙内设竖向排水暗槽或边墙背后设竖向盲沟等。
3	施工缝、伸缩缝、沉降缝渗漏	嵌填弹性防水橡胶条、橡胶止水带等。
4	隧底冒水	(1)压注水泥砂浆； (2)加深或增设排水沟； (3)翻修隧底仰拱或铺底等。
5	隧道内漏水结冰	危及行车安全时，应及时刨除。

整治原则：
遵循"防、排、截、堵相结合，因地制宜，综合治理，保护环境"的原则进行整治，达到防水可靠、经济合理的目的。
整治方案：
整治隧道衬砌漏水宜采取"拱堵边排"方案，整治的部位均应设置临时堵漏和柔性防水、刚性防水等防水层，防止堵水材料收缩而渗漏。

任务 25.9　桥梁救援疏散通道

一、设置缘由

高速铁路高架线路形式越来越普遍，单座桥梁长度几十公里的高架桥已为常见，目前最长者已达 165 km。桥梁救援疏散通道是高速铁路防灾救援安全保障体系的重要组成部分，当发生地震、火灾等灾害或电力中断、设备故障等紧急情况时，可以用来快速疏散旅客；在正常情况下，兼顾养护维修通道的功能，供工务、通信信号、供电维护人员上线作业用。桥梁救援疏散通道设置在铁路用地范围内时，沿桥梁全长每隔 3 km 左右，在线路两侧交错设置。为实现快速救援、疏散，通道应与地面道路顺接。

二、组成

疏散通道包括休息平台、梯板、栏杆、梯梁、立柱和基础，其附属设施包括安全防护罩、顶部休息平台安全门、桥上疏散指示标识等。

三、分类

1.顺坡式疏散通道

这类通道适用于桥梁高度 5~20 m，顺坡式一设在无维修通道的一侧；顺坡式二设在有维修通道的一侧，如图 25-17 所示。

2.折向式——适用于桥梁高度 10.6~20 m。

折向式设在无维修通道的一侧，如图 25-18 所示。

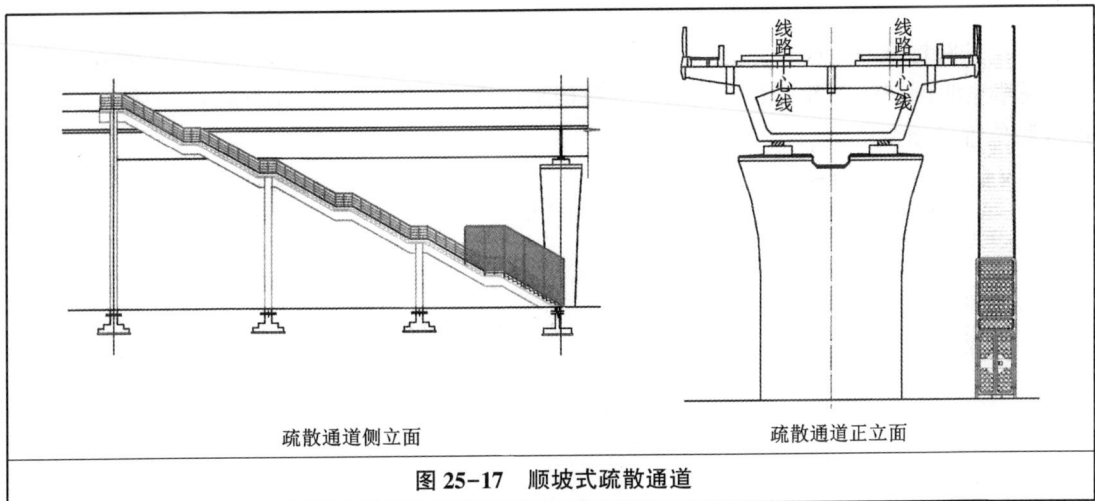

图 25-17　顺坡式疏散通道

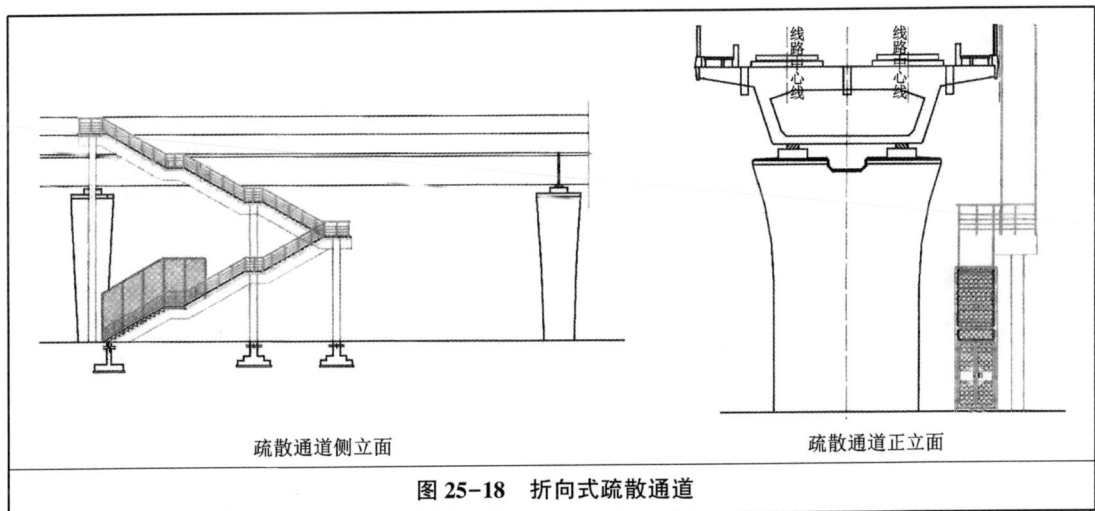

图 25-18　折向式疏散通道

图 25-19　兰新高铁 K2156+177、K2153+184 处疏散通道

四、设置要求

中国铁路标准规定桥长超过 3 km 时，应结合地面道路条件，每隔 3 km（单侧 6 km）左右，在线路两侧交错设置 1 处可上下桥的救援疏散通道，救援疏散通道侧对应的桥上栏杆或声屏障位置应预留出口。

【习题】

1. 上拱度设置的缘由。
2. 桥梁救援疏散通道的分类。

桥隧工单项作业

任务 26.1　桥隧班组一日作业

一、目的与要求

1. 目的：桥隧班组的作业标准化、规范化，确保职工安全生产。
2. 要求：作业人员掌握桥隧作业基本操作规程。

二、适用范围

1. 桥隧工一日作业程序、工作内容、工作要求。
2. 桥隧班组。

三、班前准备

1. 工（班）长：根据月计划编制日生产作业计划，合理分工，制定作业计划单和工（机）具携带清单；结合作业项目、人员、环境等综合因素，提出作业安全注意事项。

2. 根据作业安排，作业人员在点名前准备好作业工（机）具和材料，以及劳动保护用品，并检查其状态、性能是否良好。

3. 作业负责人根据作业计划和作业安全、质量要求，检查作业人员、工（机）具准备到位情况。

4. 防护人员备齐各种防护用品，检查通信设备状态，校对时间、通信频道，确保性能良好。

四、作业程序

1. 点名布置

（1）工（班）长组织职工（劳务工）列队点名，布置当日作业地点、项目、内容，明确工作量及安全、质量要求。

（2）安全质量监督员补充安全注意事项。

2. 上道作业

（1）设置防护

防护人员必须由经考试合格的持证人员担任。驻站联络员必须提前到达车站办理登记手续，详细询问车站值班员，掌握列车运行情况，确认天窗计划的作业地点、项目是一致，并将列车运行情况及时通知工地防护员。工地防护员与驻站联络员联系确认无误后，通知现场作业负责人。

（2）上线确认

作业负责人确认防护到位，掌握列车运行情况后方可通知作业人员上线（进入线路防护栅栏内）。

①工地防护员（联系困难地段增加中间联络员）接到驻站联络员通知后，会同作业负责人，组织作业人员在就近安全通道或在路肩上列队行走，由工地防护员带队，作业负责人殿后，直至作业地点。如需穿越线路，应防护到位确认无车后，方可穿越。

②使用汽车运输时，要确保汽车性能良好。工（机）具、材料装卸、人员上下车时，应注意人身安全及工（机）具装载稳固。

（3）上道确认

上道前工地防护员与驻站联络员对上道地点作业项目、人员及工（机）具进行确认。作业负责人确认防护到位，进行天窗作业前，需接到调度命令后，方可通知作业人员施工作业。

（4）现场作业

①按规进行作业。

②严格执行避车规定；严禁超范围施工。

③严格执行"红线"管理。当上下行"红线"重叠时，任何作业人员及工（机）具一律撤至线路防护栅栏外。

④严格执行工地防护员定时通话和复诵制度。如遇通信联络中断，立即下道，进入安全地点避车；通信联络恢复后须重新确认，无误后方可重新组织上道。

⑤严格落实电气化区段现场作业安全卡控措施。

⑥严禁单人离开作业群体，如遇特殊情况，须告知现场施工负责人，经作业负责人同意，并采取一定的安全措施后，方能离开。

⑦遇恶劣天气（降雾、暴风、雨雪，能见度低于800 m）时，应严格执行相关的劳动安全卡控措施。

（5）作业检查

①作业人员按标准自检。

②负责人对当日作业项目进行全面回检，发现不合格者及时返工，并统计完成工作量和回检数据。

③工（班）长按规定对作业质量、安全进行抽查，及时纠正不符合标准的作业及违章。

3. 下道确认

（1）作业负责人确认作业质量达到要求，作业人员及携带工（机）具、材料已全部撤出限界以外，通知工地防护员作业完毕。

（2）严格执行"工完料清"制度回收材料、清点工（机）具。

（3）撤除防护作业标，清点人数。

（4）返回工区。

（5）下线确认。

待人员、机（工）具全部到达工区或安全区域后，经作业负责人确认无误后通知工地防护员可办理撤除防护手续。驻站联络员接到工地防护员通知，确认所有作业单位均已销记，办理销记手续，经车站值班员签认后，方可撤离。

五、对标

（1）工（班）长组织作业负责人及安全员进行对标，分析当日作业安全质量情况；对作业中存在的安全、质量问题，查找原因，制订措施，落实责任。

（2）工（班）长根据月计划要求以及设备检查情况汇总分析，编制次日工作计划，并汇报车间。

六、桥隧作业思维导图

桥隧作业思维导图如图 26-1 所示。

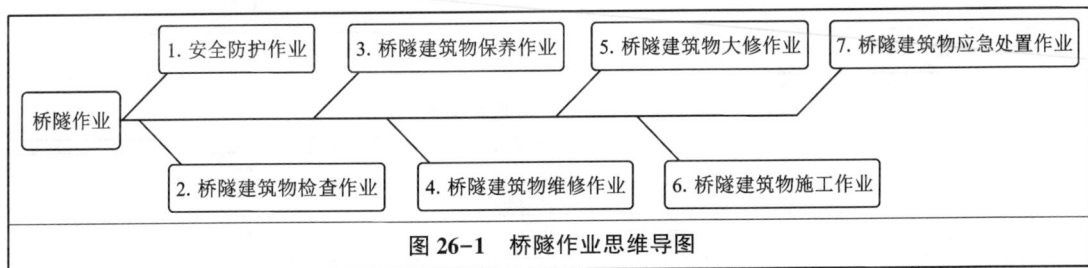

图 26-1　桥隧作业思维导图

七、运统—46

1. 概念

"运统—46"是营业线施工、维修、行车设备故障处理和恢复时办理有关登记的原始记录，是确认设备使用条件的重要依据，同时也是加强行车设备养护、提高设备质量、明确划分责任、确保行车安全的一项重要内容。

2. 分类

（1）《行车设备检查登记簿》如图 26-2 所示。

（2）《行车设备施工登记簿》如图 26-3 所示。

3. 样表

依据广车段技发〔2020〕16 号制定样表。

（1）运统—46 以设备单位、施工单位具体登记内容为准，车站需认真确认行车条件、影响范围。

（2）影响范围、行车条件由设备单位根据实际填写，样张不作为填写具体内容凭证。

（3）粗体字由设备单位填记，斜体字由车站填记。

一、《行车设备检查登记簿》样张

样张 1:《行车设备检查登记簿》填记样张

登记单位(部门):××站　　　　××××年××月××时××分　　　　运统-46

项目	通知时间		到达时间		通知方法	专职联络员到达后签名	消除不良及破损后的时分、签名				
	月日	时分	月日	时分			破损及不良的原因	处理后的设备状态	设备管理单位及车站签名	月日	时分
	12.8	8:30	12.8	8:40	电话	××					
设备名称编号	××或××站:××站间(××线)(KX+×××分 KX+×××)××设备							(检查后处理状态)	××段:××	12.8	8:55
									车站:××	12.8	8:55
故障状态	××										
影响范围	(停用××设备)影响(不影响)××设备使用或经由××区段的正常接发列车及调车作业或××站至××站间(××线)的列车正常运行。××段:××,××;××车站:××,××;××										
作业内容	(有作业要求时由作业单位在此申请)										
给点时间	(年站填写给点命令、时间、车站值班员签名)										

图 26-2　《行车设备检查登记簿》样张

二、《行车设备施工登记簿》样张

样张 2:《行车设备施工登记簿》填记样张

请求施工登记				承认施工			施工后开通检查、销记			施工开通
施工编号	施工项目	月日	时分	(1)影响使用范围(需发的限速或封锁条件) (2)专职联络员签名 (3)车站值班员签名	所需时分	(1)命令号及发令时间 (2)施工起止时间 (3)车站值班员签名 (4)专职联络员签名	月日	时分	(1)恢复使用范围和条件(开通后恢复常速确认) (2)专职联络员签名 (3)车站值班员签名	(1)开通(恢复常速)命令号码及开通时间 (2)专职联络员签名 (3)车站值班员签名
填写施工日计划号	具体施工项目或天窗修	按实际填记	按实际填记	(1)由设备单位填记,可打印裁剪粘贴,但不得超出该栏;粘贴时需驻站联络员加盖红色私人名章。 (2)设备单位:姓名,时间(如有配合单位时,还需一并签认) (3)车站,姓名,时间 盯岗:××	与施工计划一致	(1)调度命令××#,发令时间(车站填记)。 (2)施工起止时间:规实际给点时间填记(车站填记)。 (3)车站:姓名,时间 (4)设备单位:姓名,时间(如有配合单位时,还需并签认) 盯岗:××	按实际填记	按实际填记	(1)由设备单位填记恢复使用范围和条件(开通后恢复常速确认)。 (2)设备单位:姓名,时间(如有配合单位时,还需一并签认) (3)车站,姓名,时间 盯岗:××	(1)车站填记开通(恢复常速)命令号码及开通时间 (2)设备单位:姓名,时间(如有配合单位时,还需一并签认) (3)车站,姓名,时间 盯岗:××

图 26-3　《行车设备施工登记簿》样张

✦✦ 【思政小故事】

　　通化工务段通化桥隧车间第一维修小组成立于 1990 年，现有职工 13 人，平均年龄 40 岁。33 年来，组员们忠实践行"心系桥隧涵、创优保安全"的铮铮誓言，把"列车安全通过"视为一切工作的底线和神圣职责，用实际行动展现新时代铁路人的良好形象。该小组曾获得 2022 年度"通化好人集体"、2023 年度"吉林好人标兵团体"等荣誉，多次被段里评为"先进班组""文明班组"。

（资料来源：《人民铁道》微信公众号）

　　通化工务段通化桥隧车间第一维修小组巡检如图 26-4 所示。

图 26-4　通化工务段通化桥隧车间第一维修小组巡检（2023 年 8 月 13 日）

任务 26.2　安全防护三件套作业

一、防护帽（安全帽）

防护帽（安全帽）的标准依据为【《头部防护　安全帽》（GB 2811—2019）】。

1. 目的与要求

（1）对劳动保护用品有基本认识，牢固树立"安全第一"的意识；
（2）掌握安全帽的使用。

2. 作业流程

（1）概念及作用
安全帽是指对人头部受坠落物及其他特定因素引起的伤害起防护作用的帽子。
（2）种类
①按材质分类。安全帽可以分为塑料安全帽、玻璃钢安全帽、橡胶安全帽、竹编安全帽、铝合金安全帽等。
②按使用场景分类。安全帽可以分为通用型和特殊型，其中特殊型包括电业用安全帽、防静电安全帽、防寒安全帽、耐高温辐射热安全帽、抗侧压安全帽等。
③按外形分类。根据帽壳的设计差异，可以分为圆顶安全帽、V 字安全帽、三筋安全帽、五筋安全帽等。
④按颜色分类。安全帽的级别可以区分为白色、红色、蓝色和黄色等，不同颜色代表不

同的职位或部门。

（3）组成

安全帽的组成及内外侧结构如图 26-5～图 26-7 所示，新型智能安全帽的组成如图 26-8 所示。

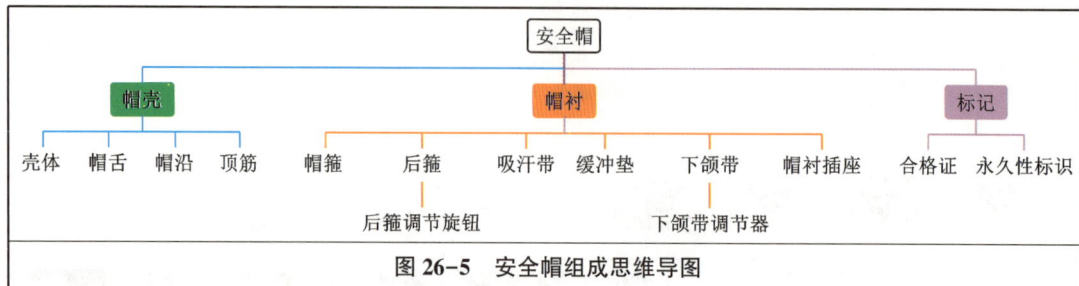

图 26-5　安全帽组成思维导图

①帽壳：承受打击，使坠落物与人体隔开。

②帽箍：使安全帽保持在头上一个确定的位置。

③顶带：分散冲击力，保持帽壳的浮动，以便分散冲击力。

④后箍：头箍的锁紧装置。

⑤下颚带：辅助保持安全帽的状态和位置。

⑥吸汗带：吸汗。

⑦缓冲垫：发生冲击时，减少冲击力。

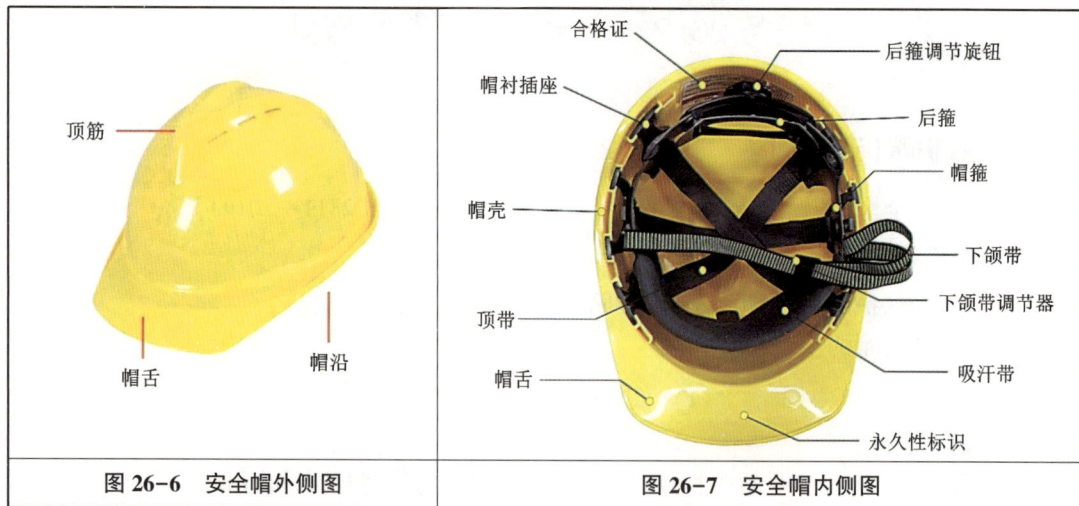

图 26-6　安全帽外侧图

图 26-7　安全帽内侧图

（4）使用条件

在地面 2 m 以上的高处及陡坡上作业，必须戴好安全帽，每次使用前，使用人必须详细检查。

（5）穿戴方法

①戴安全帽前应将帽后调整带按自己头型调整到适合的位置，然后将帽内弹性带系牢。缓冲衬垫的松紧由带子调节，人的头顶和帽体内顶部的空间垂直距离一般在 25～50 mm，至少不小于 32 mm。这样才能保证遭受到冲击时，帽体有足够的空间可供缓冲，平时也有利于头和帽体间的通风。

智能安全帽是由控制芯片、安全帽、智能手机、云服务器组成的物联网安全管理系统,它既是一套独立的安防设备,又是智慧作业的移动信息发布和接收终端。

图 26-8　新型智能安全帽

②安全帽的下颌带必须扣在颌下并系牢,松紧要适度。这样不至于被大风吹掉,或者是被其他障碍物碰掉,或者由于头的前后摆动使安全帽脱落。

③安全帽顶部除了在帽体内部安装了帽衬外,有的还开了小孔通风。但在使用时不要为了透气而随便再行开孔。

3.作业安全

(1)严格执行"天窗"修制度。

(2)未设防护时,严禁上道作业。

(3)邻线来车时,应停止作业。

【专业小知识】

世界上第一个安全帽的发明者是卡夫卡。

二、工作服(防护服)【《铁路一般劳动防护服》(Q/CR 29—2014)】

1.目的与要求

(1)对劳动保护用品有基本认识,牢固树立安全第一的意识;

(2)掌握工作服(防护服)的使用。

2.作业流程

(1)概念及作用

①工作服为黄色带反光条。

②防护服为橘红色带反光条。

铁路职工上道需要穿戴有反光标识的劳保用品,防止因"盲区"造成安全事的发生。而防护服之所以设计成黄色,是因为黄色最为醒目能够被人辨识,利于司机瞭望起到警示作用,提高作业安全。

（2）样服

样服如图 26-9~图 26-13 所示。

图 26-9　广州南高铁工务段工作服

图 26-10　柳州工机段防护服

图 26-11　郑州工务机械段
工务系统上道作业服（夏款）

图 26-12　郑州工务机械段
工务系统上道作业服（防寒款）

图 26-13　郑州工务机械段
工务系统非上道服（夏款）

（3）使用条件

上线作业必须穿好工作服（防护服），作业人员穿工作服，防护人员穿防护服。

3. 作业安全

（1）严格执行"天窗"修制度。

（2）未设防护时，严禁上道作业。

（3）邻线来车时，应停止作业。

三、绝缘鞋【《足部防护　安全鞋》（GB 21148—2020）】

1. 目的与要求

（1）对劳动保护用品有基本认识，牢固树立"安全第一"的意识；

（2）掌握绝缘鞋的使用。

2. 作业流程

（1）概念及作用

绝缘鞋是使用绝缘材质制定的一种安全鞋。绝缘鞋的作用是使人体与地面绝缘，可作为防止跨步电压的基本安全用具，但只能作为其他作业的辅助安全用具。

（2）适用范围

耐实验电压 15 kV 以下的电绝缘皮鞋和布面电绝缘鞋，如图 26-14 和图 26-15 所示，不同类型的绝缘鞋构造如图 26-16~图 26-18 所示。应用于工频（50~60F）1000 V 以下的作业环境中；实验电压 15 kV 以上的耐的电绝缘胶鞋，适用于工频 1000 V 以上作业环境中。

（3）分类

②皮材质 防水易打理　③海波丽鞋垫 柔软吸汗

①欧标塑包头 防砸防压

④凯夫拉中底 不怕穿刺　⑤橡胶大底 耐磨耐穿

图 26-14　电绝缘皮鞋

③编织鞋带　④透气网布内里

①塑钢头　②海波丽鞋垫

⑥凯夫拉中底　⑦EVA轻底　⑧变色装饰条

图 26-15　布面电绝缘鞋

（4）构造

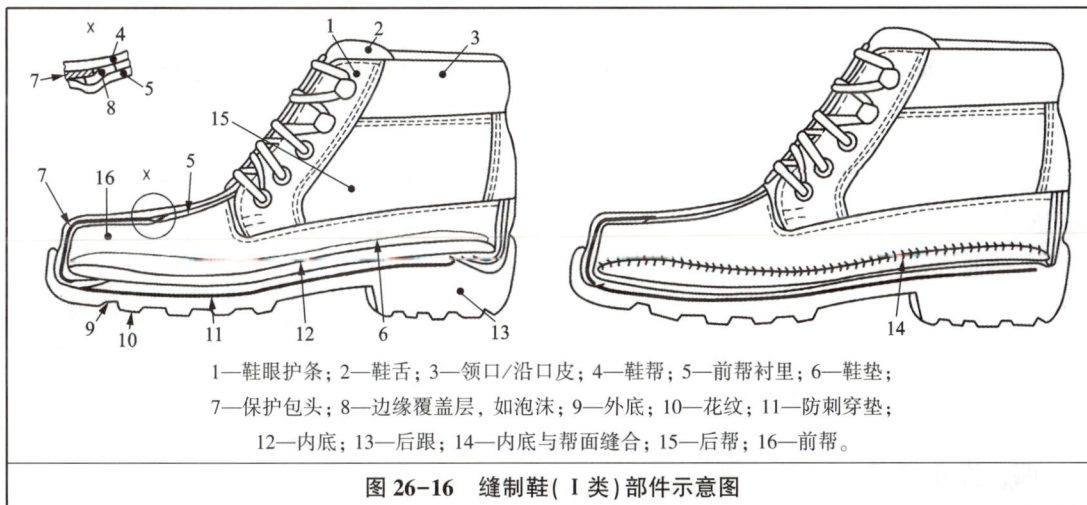

1—鞋眼护条；2—鞋舌；3—领口/沿口皮；4—鞋帮；5—前帮衬里；6—鞋垫；
7—保护包头；8—边缘覆盖层，如泡沫；9—外底；10—花纹；11—防刺穿垫；
12—内底；13—后跟；14—内底与帮面缝合；15—后帮；16—前帮。

图 26-16　缝制鞋（Ⅰ类）部件示意图

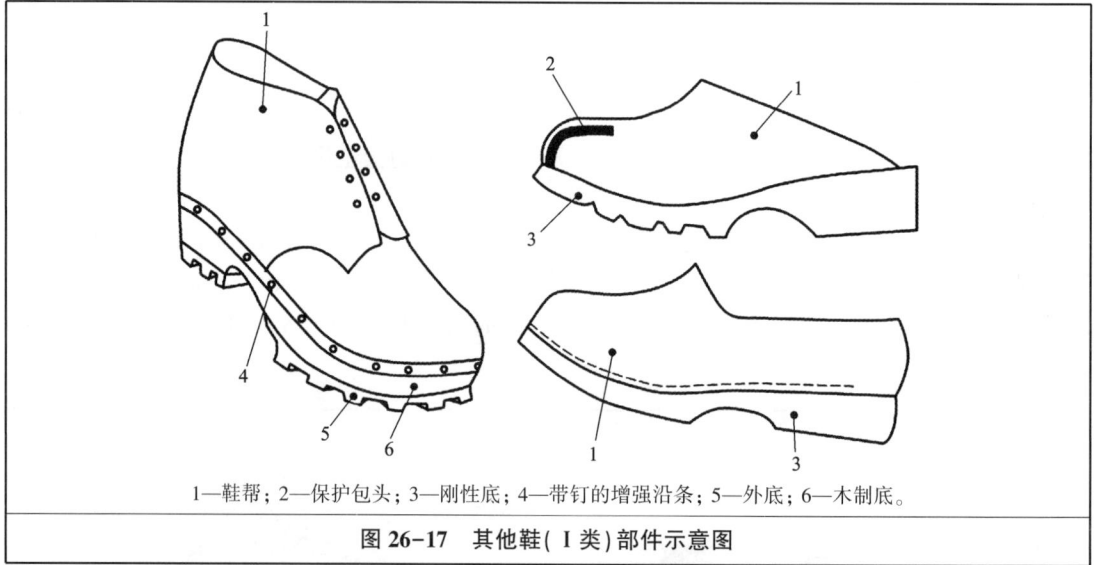

1—鞋帮；2—保护包头；3—刚性底；4—带钉的增强沿条；5—外底；6—木制底。

图 26-17　其他鞋(Ⅰ类)部件示意图

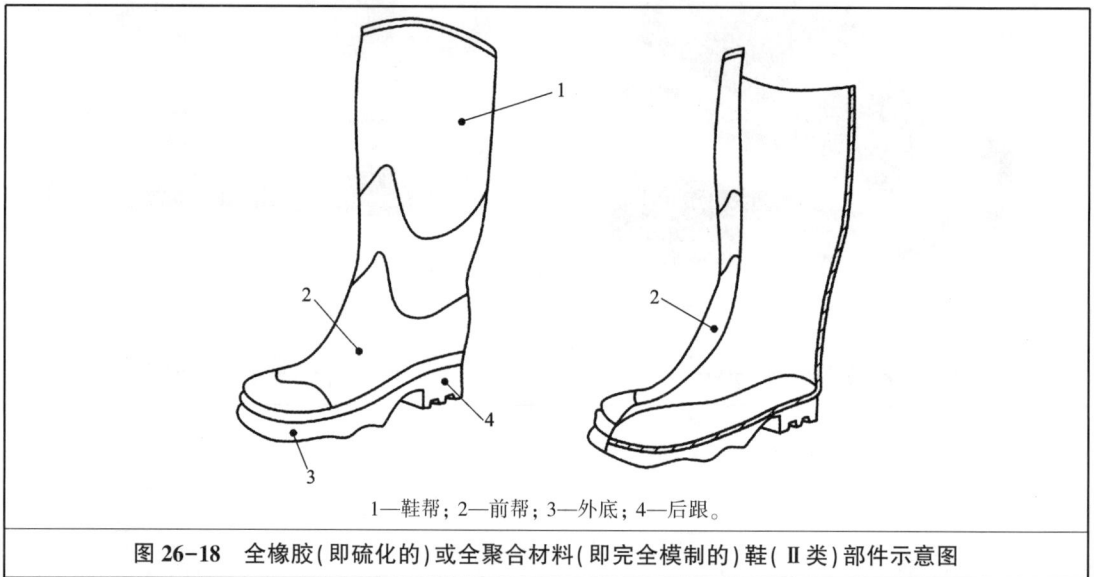

1—鞋帮；2—前帮；3—外底；4—后跟。

图 26-18　全橡胶(即硫化的)或全聚合材料(即完全模制的)鞋(Ⅱ类)部件示意图

(5)使用条件

电气化区段作业人员在日常电气作业中，经常接触带电物体或设备。为了防止跨步电压触电和其他意外触电事故，电气作业人员在作业中必须穿绝缘鞋。

3.作业安全

(1)严格执行"天窗"修制度。

(2)未设防护时，严禁上道作业。

(3)邻线来车时，应停止作业。

四、作业评价

安全防护三件套作业评价见表 26-1。

表 26-1 安全防护三件套作业评价表

姓名： 学号：		班级：	作业任务： 演示安全帽、工作服（防护服）、绝缘鞋的使用		总分：
序号	作业内容	考核内容	评分标准	标准分	扣分因素及扣分	得分
1	作业料具	工具齐全并有效	（1）工具不全少一件扣 2 分。 （2）未确认齐全有效扣 2 分。 （3）使用不当一次扣 2 分。	10		
2	作业程序	（1）作业前 ①向考官申请开始作业。 ②设置防护。	（1）作业前 ①未申请作业扣 5 分。 ②未设置防护扣 10 分。	40		
		（2）作业中 ①认知安全帽、工作服（防护服）、绝缘鞋的作用。 ②认知安全帽、工作服（防护服）、绝缘鞋的使用条件。 ③认知标准化穿戴方法。	（2）作业中 ①未认知安全帽、工作服（防护服）、绝缘鞋的作用一个扣 4 分。 ②未认知安全帽、工作服（防护服）、绝缘鞋的使用条件一个扣 2 分。 ③未正确认知标准化穿戴方法一个扣 2 分。			
		（3）作业后 ①人员、料具撤出限界以外。 ②撤除防护。 ③向考官报告作业完毕。	（3）作业后 ①未检查料具扣 2 分。 ②未按规定撤除防护扣 10 分。 ③未向考官报告作业完毕扣 5 分。			
3	作业质量	（1）清楚安全帽、工作服（防护服）、绝缘鞋的作用。 （2）能认知安全帽、工作服（防护服）、绝缘鞋。 （3）清楚安全帽、工作服（防护服）、绝缘鞋的防护条件。	演示错误每处扣 10 分。	40		
4	作业安全	（1）穿好防护服。 （2）按规定上下道。	（1）未穿防护服扣 5 分。 （2）未按规定上下道扣 5 分。	10		
5	作业时间	规定时间 60 min 内完成。	（1）在规定时间内全部完成不加分。 （2）每超时 1 min 从总分扣 2 分、总超时 5 min 停止作业。	−10~0		

任务 26.3 桥面检查作业

一、目的与要求

1. 目的：调查工作量和设备病害，为下步整治设备做准备。
2. 要求：作业人员掌握桥面检查作业基本操作规程。

二、适用范围

适用于 $v_{max} \leq 160\ km/h$ 普速线路桥面检查作业。

三、作业条件

该作业可在天窗点外进行。

四、工具、机具、材料准备

轨距尺、弦线、钢直尺、塞尺、木折尺、钢轨测量器、水平仪、激光测距仪、检查锤、50 m 皮卷尺、防护服、安全帽、安全绳。

五、作业流程

1. 作业前

检查携带的检查工具是否齐全、有效，利用天窗修作业，在"运统—46《行车设备施工登记簿》"登记，设好现场防护和驻站防护再上线检查。

2. 作业过程及技术标准

（1）基本轨

护轨与基本轨净距标准：采用 60 kg/m 以下基本轨，净距（200±10）mm；60 kg/m 及以上基本轨，净距（220±10）mm。

（2）护轨

量测护轨与基本轨间距，顶面同基本轨的高差，轨底悬空大于 5 mm 处所；检查梭头各部分完好程度、连接牢固程度、量测尖端悬空大于 5 mm 处所，护轨垫板厚度大于 35 mm 处所。

（3）护木

检查护木腐朽程度，护木腐朽或量测垫圈切入深度超过 3 mm 处所，量测护木顶面宽 2 mm 以上裂缝处所。

（4）桥枕

量测桥枕净距；检查桥枕腐朽程度，腐朽部分或量测垫圈切入深度超过 3 mm 处所；量测桥枕顶面宽 2 mm 以上裂缝处所；桥枕端部裂缝宽大于 3 mm 未处理处所；检查连续失效情况，重点检查连续失效处所；检查桥头双枕完好程度，连接牢固程度；防爬设备完好程度。

（5）各种连接零件

检查钩螺栓缺失、失效情况；量测钩螺栓顶面同基本轨的高差；钩螺栓顶高度超过基本轨顶不大于 20 mm；检查道钉齐全程度；量测浮离 2 mm 以上处所。

（6）步行板

检查步行板缺失、翘头、失效情况。

（7）作业通道栏杆

检查栏杆完好程度。

（8）道砟厚度

检查道砟厚度是否满足要求。

（9）防水层

检查防水层是否有破损、是否有效。

（10）排水设施

检查排水设施是否通畅。

（11）梁端止水带

检查梁端止水带是否完好、有效。

（12）线桥偏心

检查线桥偏心是否超限。检查桥上线路中心线和梁跨中心线时，先在梁跨两端找出梁跨中心，在线路上钉一铁线钉，连接已拉紧的铁线，如线路实际中心线与该线不吻合，则每隔一定距离量出其偏差，即可得出线路中心线偏离桥梁中心线的曲线及其最大偏离值（在曲线上则应减去梁跨平分中矢法或切线法布置的设计偏移量）。

3. 作业后及质量验收

（1）作业完毕后检查所携带的工具是否齐全，做到现场"工完料净"。

（2）桥面检查做到全面、详细，不留任何死角，记录病害部位、数据准确。

六、作业安全风险点及防控措施

（1）现场防护员认真瞭望列车，不得做与防护无关的事，来车时及时通知现场检查人员下道避车。作业人员下道避车时做到人员、工具一起进入避车台内避车。

（2）上线检查及下班都要面迎来车方向行走，严格执行"手比、眼看、口呼"制度，现场检查及防护人员要进行互控。

（3）临边作业应设置防护围栏和安全网，悬空作业应有可靠的安全防护设施，未设置隔离设施的高空作业，人员不得垂直施工。作业点超过 50 m、通信不良或瞭望不良地段应增设中间防护员。

（4）在离地面 2 m 以上的高处作业，必须系好安全带或安全绳，戴好安全帽，不准穿带钉或易溜滑的鞋。

（5）天气恶劣，如遇 6 级以上大风或大雨、暴雨等影响作业安全情况时，应停止作业。

（6）作业人员不得在钢轨上坐卧休息。

（7）列车通过时，应停止作业，工具不得侵入限界。

（8）严格执行现场防护员与驻站联络员联系制度，一旦出现联系中断或脱节应立即停止作业并组织人员下道。

七、作业用表

桥面检查作业评价见表26-2。

表26-2 桥面检查作业评价表

姓名： 学号：		班级：	作业任务：按作业标准完成一孔桥面检查			总分：	
序号	作业内容	考核内容	评分标准	标准分	扣分因素及扣分	得分	
1	作业料具	工具齐全并有效	（1）工具不全少一件扣2分； （2）未确认齐全有效扣2分； （3）使用不当一次扣2分	10			
2	作业程序	（1）作业前 ①向考官申请开始作业； ②设置防护	（1）作业前 ①未申请作业扣5分； ②未设置防护扣10分	40			
		（2）作业中 ①确定检查的孔数； ②检查位置及检查方法； ③认知保养标准	（2）作业中 ①未确认或未能准确找到检查孔数一个扣4分； ②检查位置及检查方法掌握不准确一个扣2分。 ③未掌握保养标准一个扣2分				
		（3）作业后 ①人员、料具撤出限界以外； ②撤除防护； ③向考官报告作业完毕	（3）作业后 ①未检查料具扣2分； ②未按规定撤除防护扣10分； ③未向考官报告作业完毕扣5分				
3	作业质量	（1）掌握检查方法及位置； （2）检查出病害、标记正确，记详细； （3）评判正确，无漏检	检查错误每一处扣10分	40			
4	作业安全	（1）穿好防护服； （2）按规定上下道	（1）未穿防护服扣5分； （2）未按规定上下道扣5分	10			
5	作业时间	规定时间60 min内完成	（1）在规定时间内全部完成不加分； （2）每超时1 min从总分扣2分、总超时5 min停止作业	0～-10			

图 26-19　庚鹏（成都高铁工务段优秀共产党员）

庚鹏，男，1985 年 10 月生，中共党员，毕业于中国人民解放军西安政治学院，现任成都高铁工务段江油桥路车间剑门关桥路安防工区桥隧工，2023 年 8 月被评为所在工作段"优秀共产党员"。

2019 年退伍后，庚鹏来到了成都高铁工务段，由于工作地在剑门关，家在乐山，这一南辕北辙的处境让他有过一段时间的迷茫，后来车间党支部书记和工班长多次与他谈心交心，他渐渐转变了思想，认识到自己身为一名共产党员，无论身处何地，都要发挥先锋模范带头作用，要有奉献精神，不应该只想小家，更应该为铁路的大家作出贡献。

这之后，庚鹏迅速调整自己的状态，积极投身到工作当中。面对全新的职业和不熟悉的业务知识，他主动向工班长请教，积极参加车间组织的岗位练兵，在参加业务技能培训时认真学习，通过各种途径提升技能水平，努力成为一名合格的高铁桥隧工。通过不懈努力，他现在已经能担任施工负责人，带领职工完成网内桥隧设备检查、限高架检查、线路防护栅栏检查等各项工作。

图 26-19 为庚鹏工作纪实。

（资料来源：高铁家园）

任务 26.4　桥梁钢结构检查作业

一、作业范围

钢梁桥梁体检查。

二、作业目的

适用于钢梁桥梁体病害检查，为桥梁养护提供基本数据。

三、作业组织要求

（1）劳动组织：一般需要检查人员9名。

（2）机具材料：安全带、安全绳、安全帽、刻度放大镜、石笔、检查锤、刮刀、砂纸、做标记用的红漆、毛笔、望远镜、照相机、5 m钢卷尺、30 m皮尺、直尺。

（3）防护方式：上线检查应在车站设驻站联络员，现场设防护员，在瞭望不良地段及信号不良地段，应增设中间防护联络员。驻站联络员在车站值班员处办理登销记手续，向作业负责人传达调度命令，随时与现场防护员保持联系，通报列车运行情况。

（4）带班盯控：班组长及以上职务人员负责带班盯控。

四、作业程序

1.作业前

（1）确认检查工具、安全防护备品齐全有效。

（2）确认驻站防护员到位，通信设备良好。

2.作业中

（1）钢梁桥梁体设备检查，应检查钢梁与杆件的连接件（铆钉、高强度螺栓、焊缝）有无病害，杆件自身裂纹、脱层、弯曲、扭歪、缺口、空洞以及梁体有无涂装失效、锈蚀。

（2）检查重点：

①杆件弯曲变形可用肉眼检查，也可用弦线测量，检查时应特别注意受压杆件、上连接缀条状态，桁梁下弦及端横梁下翼缘的角钢、盖板和腹板有无局部变形，连接系和拉紧状态。

②主梁与横梁、纵梁与横梁的连接处的母材及焊缝；对接焊缝；拉力及反复应力杆件上的焊缝及邻近焊缝易受热影响的钢材；杆件断面变化处焊缝；连接系节点、加劲肋、横隔板及盖板处裂纹。

③钢梁自身裂纹的检查可以通过观察钢梁表面油漆情况或用包有橡胶的木槌来回敲击听声判断，如出现声音不洪亮、不清脆，传声不均匀又突然中断等情况都表示附近可能有裂纹。此外也可通过滴油或涂白铅油等方法检查钢梁是否有裂纹。

④主桁节点和板拼接接头的铆钉或高强度螺栓有无松动、折断；主桁构件、板梁结合铆钉是否松动；纵横梁连接铆钉是否拔头。

⑤检查钢梁各部是否清洁，尤其是钢梁角落隐蔽部位有无积水积尘。

⑥检查钢梁保护涂装是否失光、变色、粉化、起泡、龟裂、脱落、钢梁锈蚀。检查可眼看手摸或用刮刀除去有怀疑的部位油漆，检查钢梁是否生锈或喷水观察水珠流淌状态来判断漆膜是否完好。

（3）检查方式：

①目视检查：通过目视检查结构是否完整及项点中可能存在的各类隐患，定性描述。

②敲击检查：通过敲击检查进一步确定局部松动、严重开裂等病害。

③工具和仪器测量：通过工具、仪器测量裂纹长度宽度、结构尺寸等，定量描述。

④结构检定：严重结构病害需鉴定其承载能力，对于技术复杂的设备，需借助有资质的专业检测机构完成。

(4)作业回检：作业负责人回检作业质量是否满足各项作业程序及质量标准。

3. 作业后

检查完毕后，检查工具全部收集撤除。

五、作业质量验收的标准

(1)按孔逐项平推检查，检查无遗漏。
(2)在检查记录中详细填写检查内容及日期。
(3)检查发现的病害要用红油漆做出标记。
(4)标注处油漆无流挂，裂纹标记能显示出裂纹的变化情况。

六、作业安全

(1)严格执行《普速铁路工务安全规则》及集团公司相关文件要求，落实有效的防护措施。

(2)一旦发生驻站防护员联络中断，现场防护员立即组织作业人员下道到安全处所避车，待恢复联络后，确认无车方可上道作业。

(3)作业人员上道作业或穿越线路，侵入邻线限界时，必须执行"手比、眼看、口呼"的规定。

(4)落实高空作业安全防护措施，作业人员按规定穿戴好安全帽，系好安全带和安全绳等安全防护用品。

(5)电气化区段设备检查时，作业人员与接触网带电部分保持 2 m 以上的安全距离。

(6)上桥检查时，检查工具仪器等防止坠落桥下。

(7)严格落实上线作业防护避车制度。

七、作业评价

桥梁钢结构检查作业评价表见表 26-3。

表 26-3　桥梁钢结构检查作业评价表

姓名： 学号：		班级：	作业任务：按作业标准完成桥梁钢结构检查作业		总分：	
序号	作业内容	考核内容	评分标准	标准分	扣分因素及扣分	得分
1	作业料具	工具齐全并有效	(1)工具不全少一件扣 2 分； (2)未确认齐全有效扣 2 分； (3)使用不当一次扣 2 分。	10		

续表 26-3

姓名：学号：		班级：	作业任务：按作业标准完成桥梁钢结构检查作业		总分：	
序号	作业内容	考核内容	评分标准	标准分	扣分因素及扣分	得分
2	作业程序	(1)作业前 ①向考官申请开始作业； ②设置防护。	(1)作业前 ①未申请作业扣5分； ②未设置防护扣10分。	40		
		(2)作业中 ①钢梁桥梁体设备检查； ②目视检查； ③敲击检查； ④工具和仪器测量； ⑤结构检定。	(2)作业中 ①未检查未记录，每项扣2分； ②检查位置错误每项扣2分； ③现场未标记每项扣2分； ④未汇总工作量或错漏每项扣2分。			
		(3)作业后 ①人员、料具撤出限界以外； ②撤除防护； ③向考官报告作业完毕。	(3)作业后 ①未检查料具扣2分； ②未按规定撤除防护扣10分； ③未向考官报告作业完毕扣5分。			
3	作业质量	(1)掌握检查方法及项点； (2)病害处所分析准确； (3)标记正确，无漏检； (4)记录规范，无涂改。	检查错误每一处扣10分。	40		
4	作业安全	(1)穿好防护服。 (2)按规定上下道	(1)未穿防护服扣5分。 (2)未按规定上下道扣5分。	10		
5	作业时间	规定时间60 min内完成。	(1)在规定时间内全部完成不加分。 (2)每超时1 min从总分扣2分、总超时5 min停止作业。	0~-10		

八、作业实景

作业人员的桥梁钢结构检查作业情况如图 26-20~图 26-28 所示。

图 26-20　钢梁检查

襄渝铁路嘉陵江铁路钢梁大桥(重庆工电段重庆北桥路车间北碚桥路维修工区)

图 26-21　手动打磨机进行桥梁栏杆除锈整治作业

益湛铁路线 807 km 处铁路桥

玉林工务段岑溪桥机队

图 26-22　用手动打磨机进行桥梁支架除锈整治作业

益湛铁路线 807 km 处铁路桥

玉林工务段岑溪桥机队

图 26-23　蹲在"吊篮"里进行桥梁病害整修作业

益湛铁路线 807 km 处铁路桥

玉林工务段岑溪桥机队

图 26-24　掀开人行道板对托架进行

除锈和病害整修作业

益湛铁路线 807 km 处铁路桥

玉林工务段岑溪桥机队

【思政小故事】

　　三门峡桥隧车间杨连第大桥隧工区职工发扬"登高精神"，认真维护桥梁，做好每一次维护作业，肩负守护大桥安全畅通的伟大使命，成了新时期的平凡英雄。

图 26-25　认真排查桥枕裂纹病害
三门峡桥隧车间杨连第大桥隧工区

图 26-26　全面检查钢梁外部梁体运用状态
三门峡桥隧车间杨连第大桥隧工区

图 26-27　清洁、擦拭桥梁支座
三门峡桥隧车间杨连第大桥隧工区

图 26-28　严把螺栓紧固质量关
三门峡桥隧车间杨连第大桥隧工区

任务 26.5　钢结构锈蚀检查作业

一、适用范围

适用于 $V_{max} \leqslant 160$ km/h 线路钢结构锈蚀的检查作业。

二、作业目的

进行钢结构锈蚀的检查，为桥面整修提供依据。

三、作业条件

该作业可在天窗点外进行。

四、工具、机具、材料准备

放大镜,刮刀,手电,小喷壶。

五、作业流程

1.作业前

按规定防护,并检查工具,提前讲解检查要点。

2.作业过程及技术标准

(1)眼看:面漆粉化、漏底或锈蚀、龟裂、起泡、剥落等现象较明显,极易看出。对不太明显的细小裂纹及针类状吐锈等可用放大镜检查。漆膜表面有不正常的鼓起或角落部位用灯光照射凹凸不平说明下面可能有锈蚀。

(2)手摸:用手指擦摸油漆表面,如有粉末沾手,说明漆膜已粉化。

(3)刮刀铲:用刮刀铲铲起漆膜,如成条状卷起,红丹色泽鲜艳,说明油漆良好;如漆膜发脆或粉末状,红丹底漆黑暗,说明油漆已经失效或接近失效。

(4)喷水:在漆膜表面喷水,如水珠很快流淌,说明漆膜完好;如很快往里渗透扩散,说明漆膜已粉化,渗水深度即失效厚度。

3.作业后及质量验收

检查完毕后彻底清点现场的工具,检查数据记录是否真实,检查记录是否填写清楚病害的具体部位和面积,严重处所需留存音像资料。

六、技术标准

(1)粉化:油漆膜受日光及空气的氧化作用,继失光变化而产生粉化现象。

(2)锈蚀:钢铁锈蚀主要是电化学过程,油漆可以尽可能地防止水和氧气与钢铁相接触。

(3)龟裂:漆膜破裂露出钢料表面,或开裂漏底,形如龟背上的花纹。

(4)剥落:漆膜裂碎呈片状,其表面掀起,一触即碎或虽比较软韧但可成张揭起。

(5)起泡:漆膜下钢料锈蚀,以及膜下有潮气或挥发性液体存在造成漆膜鼓起。

七、作业安全风险项点及防控措施

(1)按规定设好防护,来车时防护员及时通知桥下检查人员停止检查,做到手扶稳脚踏牢。

(2)梁内检查人员应注意脚下,防止蹬空;在检查过程中拴好安全带、戴好安全帽。

(3)使用的检查工具放置稳固,防止掉到桥下。

八、作业评价

钢结构锈蚀检查作业评价表见表 26-4。

表 26-4　钢结构锈蚀检查作业评价表

姓名： 学号：		班级：	作业任务：按作业标准完成钢结构锈蚀检查作业		总分：	
序号	作业内容	考核内容	评分标准	标准分	扣分因素及扣分	得分
1	作业料具	工具齐全并有效	（1）工具不全少一件扣 2 分； （2）未确认齐全有效扣 2 分； （3）使用不当一次扣 2 分	10		
2	作业程序	（1）作业前 ①向考官申请开始作业； ②设置防护	（1）作业前 ①未申请作业扣 5 分； ②未设置防护扣 10 分	40		
		（2）作业中 ①眼看； ②手摸； ③喷水	（2）作业中 ①未检查未记录，每项扣 2 分； ②检查位置错误每项扣 2 分； ③现场未标记每项扣 2 分； ④未汇总工作量或错漏每项扣 2 分			
		（3）作业后 ①人员、料具撤出限界以外； ②撤除防护； ③向考官报告作业完毕	（3）作业后 ①未检查料具扣 2 分； ②未按规定撤除防护扣 10 分； ③未向考官报告作业完毕扣 5 分			
3	作业质量	（1）掌握检查方法及项点； （2）病害处所分析准确； （3）标记正确，无漏检； （4）记录规范，无涂改	检查错误每一处扣 10 分	40		
4	作业安全	（1）穿好防护服； （2）按规定上下道	（1）未穿防护服扣 5 分； （2）未按规定上下道扣 5 分	10		
5	作业时间	规定时间 60 min 内完成。	（1）在规定时间内全部完成不加分； （2）每超时 1 min 从总分扣 2 分、总超时 5 min 停止作业	-10~0		

✦ 【思政小故事】

"铁路架在半山腰，火车飞驰冲云霄"是对陇海铁路杨连第大桥的生动描述。杨连第大桥位于陇海铁路上行线 783 km 909 m、下行 783 km 894 m 处，高 48 m、长 172.5 m，跨越深谷，山势险峻，是贯通陇海铁路的一座关键桥梁。

图 26-29 作业前，明确分工
并加强安全教育

图 26-30 一丝不苟完成除锈作业

图 26-31 桥隧工悬吊
在桥梁下进行除锈作业

杨连第大桥是以"登高英雄"杨连第名字命名的陇海铁路八号桥，也是我国铁路线上唯一一座以人名命名的桥梁。

共产党员杨连第出生于1919年，是中国人民解放军一级战斗英雄。1949年2月，杨连第光荣地成为一名中国人民解放军铁道兵。1949年9月，为保证解放军顺利挺进大西北，在抢修陇海铁路八号桥过程中，杨连第制作单面脚手架，仅以一块木板为掩护，徒手攀上45 m高的桥墩，连续实施爆破百余次，整平5座桥墩顶面，提前数天完成了大桥修复任务，并荣获了"登高英雄"称号。1950年，杨连第被评为铁道兵战斗英雄。因在抗美援朝中抢通线路不幸牺牲，杨连第被中国人民志愿军追授为"一级英雄""特等功臣"，他生前所在连队被命名为"杨连第连"。

现如今，"登高英雄"杨连第在这里完成登高壮举的故事已经过去73年了，一代又一代的铁路人用实际行动继承和发扬着"登高精神"，继续肩负守护大桥安全畅通的伟大使命，成了新时期的平凡英雄。

(资料来源于：《中国铁路》微信公众号)

任务 26.6 混凝土梁拱检查作业

一、目的与要求

(1)目的：检查梁拱存在的病害，确保设备运行良好。

(2)要求：作业人员掌握要领，熟练检查的操作步骤，能分析病害原因，制定相应整治措施。

二、工具、材料准备

钢卷尺、石笔、木折尺、塞尺、游标卡尺、检查锤、扳手、放大镜等。

三、作业程序

1.点名分工

工(班)长组织职工(含劳务工)列队点名，明确作业分工项目、内容及时间，所有职工

(含劳务工)均应按规定穿戴劳动保护用品。

2.工(机)具检查

落实专人对工(机)具性能及安全性进行检查确认,防止损伤的工(机)具被带入作业现场,影响作业进度和质量。

3.设置防护

现场设置现场防护员,现场防护员必须由经考试合格的职工担任。施工作业前,必须指派驻站联络员,联络员需提前 40 min 到达车站办理登记手续,加强与车站值班员联系,全面了解列车运行情况并及时通知现场防护员。

4.作业准备

到达作业现场后,作业负责人必须与驻站联络员、现场防护员进行联络,确认各防护员到位及其通信设备完好。

5.检查作业

(1)检查是否出现梁钢筋锈蚀、混凝土溃碎、脱落等情况;检查钢筋混凝土梁、预应力及部分预应力混凝土梁顺主筋方向是否出现水平裂纹,记录缝宽超过限值的垂直裂纹及斜裂纹的变化和发展,并绘制平面展示图。

(2)检查悬臂梁的锚梁和集梁在动力荷载作用下的技术状态,并检查受拉部位有无裂纹。

(3)检查下沉所造成的裂纹及支座的状态,检查长跨连续梁活动伸缩装置的工作状态。

(4)检查装配式梁拱及预应力混凝土串联梁的各连接部位在动荷载作用下有无开裂。

(5)梁拱有渗水、泛碱或漏水现象时应检查防水层是否完好。

(6)每年应提前计划,对圬工梁的中性化深度进行检测。

(7)检查预应力混凝土梁上拱度变化及桥面道砟厚度不匀情况。

(8)梁体与桥台胸墙、相邻梁端、相邻跨人行道是否顶紧,能否自由伸缩。

(9)混凝土梁施工接缝是否开裂。

(10)梁上无砟轨道混凝土底座和凸型挡台外露部分是否出现裂纹。

(11)梁缝止水装置是否开裂、脱落,排水是否畅通、有无漏水。

(12)梁体混凝土横隔板是否有裂纹、掉块、露筋。

(13)地震区防落梁设施是否稳固、完整。

6.质量验收标准

(1)检查地点数据记录规范,标记正确,并能准确绘制平面展示图。

(2)检查项目齐全,无漏检、无漏项。

(3)检查方法正确,对病害处所能分析原因并制订正确的整修措施。

7.撤除防护

(1)现场防护员根据作业负责人要求,撤除现场防护。

(2)待人员、工(机)具全部到达安全区域后,作业负责人通知驻站联络员,驻站联络员办理销记手续,锁好通道门后,方可撤离。

四、作业安全风险项点及防控措施

（1）未设好驻站防护前禁止检查作业，驻站联络员每 3~5 分钟与现场防护员联系一次，确保信息畅通。

（2）作业人员上下梁拱前，先检查检查梯状态，进入吊篮后检查步板状态，按规定戴好安全帽、系好安全带。

（3）上下梁拱时应抓好扶牢，注意瞭望，确认无车方可上下。

五、作业评价

混凝土梁拱检查作业评价表见表 26-5。

表 26-5　混凝土梁拱检查作业评价表

姓名：　　　班级： 学号：			作业任务：按作业标准完成混凝土梁拱检查作业	总分：		
序号	作业内容	考核内容	评分标准	标准分	扣分因素及扣分	得分
1	作业料具	工具齐全并有效	（1）工具不全少一件扣 2 分； （2）未确认齐全有效扣 2 分； （3）使用不当一次扣 2 分	10		
2	作业程序	（1）作业前 ①向考官申请开始作业； ②设置防护	（1）作业前 ①未申请作业扣 5 分； ②未设置防护扣 10 分	40		
		（2）作业中 ①检查梁、拱； ②检查支座； ③检查止水装置； ④检查防落梁设施； ⑤做好检查观测记录	（2）作业中 ①未检查未记录，每项扣 2 分； ②检查位置错误每项扣 2 分； ③现场未标记每项扣 2 分； ④未汇总工作量或错漏每项扣 2 分			
		（3）作业后 ①人员、料具撤出限界以外； ②撤除防护； ③向考官报告作业完毕	（3）作业后 ①未检查料具扣 2 分； ②未按规定撤除防护扣 10 分； ③未向考官报告作业完毕扣 5 分			
3	作业质量	（1）掌握检查方法及项点 （2）病害处所分析准确 （3）标记正确，无漏检 （4）记录规范，无涂改	检查错误每一处扣 10 分	40		
4	作业安全	（1）穿好防护服 （2）按规定上下道	（1）未穿防护服扣 5 分； （2）未按规定上下道扣 5 分	10		
5	作业时间	规定时间 60 min 内完成	（1）在规定时间内全部完成不加分； （2）每超时 1 min 从总分扣 2 分、总超时 5 min 停止作业	-10~0		

✦ 【思政小故事】

哈大高铁是中国第一条高寒高铁，全线 2/3 的路段设在高架桥上，全线共有 162 座桥梁，总长 663 km。

桥梁工除了要在夜间"天窗"时段对桥梁桥面设施及疏散通道、声屏障等附属设备等进行检修，白天还要负责对限高防护架、防撞墩、桥梁和涵渠等高铁周边安全设施进行逐项检查，如图 26-32 所示邹国强在检查安全情况。

图 26-32 邹国强（沈阳高铁维修段长春西高铁路桥车间公主岭南路桥工区桥梁工）

每个桥墩上都给维修人员预留了检查梯，但是为了防止非工作人员攀爬，检查梯距离地面都有一定的距离，每次作业必须先从梯子爬到检查梯后才能进入梁内检查。"邹国强指着距离地面约 15 m 高的检查梯介绍道。

五年来，连邹国强自己也记不住有过多少次这样的攀爬，但每次攀爬他依然心存敬畏，他说每次攀爬都是对自己的身体和生理极限的挑战。

墩台上地方小、设备多，一些狭窄的位置只能塞下一个人，爬进去需要熟练的技巧，稍不小心身上就会被磕得又青又紫。"施工结束后，尽管寒风凛冽，但邹国强和同事的脸上满是汗水，每个人都成了"大花脸"。工作辛苦，但对于自己身上担的那份责任，邹国强有着很清晰的认识："为了守护好旅客和高铁的绝对安全，恶劣的环境，我们都得往前冲。"

（资料来源：《人民铁道》微信公众号）

任务 26.7 支座检查作业

一、目的与要求

(1)目的：检查支座存在的病害，确保设备状态运行良好。
(2)要求：作业人员掌握要领，熟练检查的操作步骤，分析病害原因，制定相应整治措施。

二、工具材料

钢卷尺、石笔、木折尺、塞尺、游标卡尺、检查锤、扳手、放大镜等。

三、作业程序

1. 点名分工

工(班)长组织职工(含劳务工)列队点名，明确作业分工项目、内容及时间，所有职工(含劳务工)均应按规定穿戴劳动保护用品。

2. 工(机)具检查

落实专人对工(机)具性能及安全性进行检查确认，防止损伤的工(机)具被带入作业现场，影响作业进度和质量。

3. 设置防护

现场设置现场防护员，现场防护员必须由经考试合格的职工担任。施工作业前，必须指派驻站联络员，联络员需提前 40 min 到达车站办理登记手续，加强与车站值班员联系，全面了解列车运行情况并及时通知现场防护员。

4. 作业准备

到达作业现场后，作业负责人必须与驻站联络员、现场防护员进行联络，确认各防护员到位及其通信设备完好。

5. 检查作业

(1)测量辊轴(或摇轴)支座和弧形支座的位移量和梁温值，位移量不允许超过容许值。弧形支座位移量超过容许值或固定支座不固定时，应起顶梁身检查活动支座销有无异常、固定支座是否符合标准。

(2)测量辊轴(或摇轴)支座位移时应检查辊轴有无变形、磨损。

(3)对使用时间久、铺设无缝线路、位于长大坡道及曲线上的桥梁应认真检查上下锚栓(特别是弧形支座)有无弯曲断裂，如有剪断，还应检查墩台有无变位。

(4)检查上下座板与梁身及支座垫石间是否密贴，有无三条腿等不良现象，支座各部分是否完好。

(5)观测柔性墩上的固定支座有无变形，检查活动支座的变位方向是否与温度变化相符、倾斜度是否在容许范围之内。

(6)检查平板橡胶支座有无不良的剪切外鼓变形，支座与梁身及支承垫石间是否密贴，支座有无限位装置。

（7）发现裂纹后的检查监控工作：

①在每条裂纹的起点或终点，与裂纹相垂直处以红油漆面线作记号。

②进行裂纹编号。

③量出裂纹的部位、走向、宽度、长度、分布情况及特征，用坐标法绘制裂纹展示图，记录检查日期及气温。

④用带刻度的放大镜在固定地点测量裂纹宽度。

⑤深度检查：裂纹较浅时，可在裂纹中注射酚酞溶液，然后开凿至不显红色为止，测量其深度；也可采用超声仪测量混凝土裂缝深度。

（8）视裂纹发展情况作定期检查：

①对照记录和标记，观测裂纹长度、宽度和深度的发展情况。

②观测是否开裂或折断。

（9）支座的检查方法

①固定支座是否设在纵向水平作用力的前端，活动支座的活动情况是否符合标准。

②将辊轴支座的实际纵向位移量与计算的正常位移量相比较，定期测量其实际纵向位移量和梁温值。

③实地观察支座经常产生的其他病害，如支承垫石裂损、支座不平、陷槽、积水、翻浆、流锈、锚栓折断等，通过小锤敲击、尺量和塞尺检查、过车时用手触摸等办法进行判别。

④橡胶支座可用水平杆及水平尺对支承垫石顶面标高检查。局部缝隙可用塞尺检查。边缘凸裂、钢板锈蚀、膨胀等可用眼看或放大镜检查。橡胶支座的纵向及横向剪切变形可用万向百分表检查。

6. 质量验收标准

（1）检查地点数据记录规范，标记正确，并能准确绘制平面展示图。

（2）检查项目齐全，无漏检、无漏项。

（3）检查方法正确，对病害处所能分析原因，确定正确的整修措施。

7. 撤除防护

（1）现场防护员根据作业负责人要求，撤除现场防护。

（2）待人员、工（机）具全部到达安全区域后，作业负责人通知驻站联络员。驻站联络员办理销记手续、锁好通道门后方可撤离。

四、作业安全风险项点及防控措施

1. 未设好驻站防护前禁止检查作业，驻站联络员每 3~5 min 与现场防护员联系一次，确保信息畅通。

2. 作业人员上下墩前，先检查检查梯状态，进入吊篮后检查步板状态，按规定戴好安全帽、系好安全带。

3. 上下桥墩时应抓好扶牢，注意瞭望，确认无车方可上下。

五、作业评价

支座检查作业评价表见表 26-6。

表 26-6　支座检查作业评价表

姓名：　　　　　班级： 学号：			作业任务：按作业标准完成一孔支座检查	总分：		
序号	作业内容	考核内容	评分标准	标准分	扣分因素及扣分	得分
1	作业料具	工具齐全并有效	(1) 工具不全少一件扣2分； (2) 未确认齐全有效扣2分； (3) 使用不当一次扣2分	10		
2	作业程序	(1) 作业前 ①向考官申请开始作业； ②设置防护	(1) 作业前 ①未申请作业扣5分 ②未设置防护扣10分	40		
		(2) 作业中 ①确定检查的孔数； ②按照检查项目对支座全面检查记录； ③对病害处所现场做出标记； ④按作业项目对病害整修作业工作量进行汇总	(2) 作业中 ①未检查未记录，每项扣2分； ②检查位置错误每项扣2分； ③现场未标记每项扣2分； ④未汇总工作量或错漏每项扣2分			
		(3) 作业后 ①人员、料具撤出限界以外； ②撤除防护； ③向考官报告作业完毕	(3) 作业后 ①未检查料具扣2分； ②未按规定撤除防护扣10分； ③未向考官报告作业完毕扣5分			
3	作业质量	(1) 掌握检查方法及项点； (2) 病害处所分析准确； (3) 标记正确，无漏检； (4) 记录规范，无涂改	检查错误每一处扣10分	40		
4	作业安全	(1) 穿好防护服； (2) 按规定上下道	(1) 未穿防护服扣5分； (2) 未按规定上下道扣5分	10		
5	作业时间	规定时间 60 min 内完成	(1) 在规定时间内全部完成不加分； (2) 每超时 1 min 从总分扣 2 分、总超时 5 min 停止作业	-10~0		

✦ 【思政小故事】

　　南昆铁路 K11+567 m 处，左江大桥横跨江面之上，灰色的钢架在冬日阳光下愈显恢宏雄伟。

　　定睛看去，桥面上人影闪动，那是南宁工务段南宁东路桥车间彭文广（图 26-33）带队在对桥梁设备进行检查，查看护轨梭头是否偏移、桥枕是否失效、是否存在空吊……铁锤敲击螺丝钉发出的声响里蕴藏了大量的信息。

　　桥面下，南宁路桥车间主任罗维城（图 26-34）手握检查小锤，正在巡察保养桥底墩台上的螺栓，事无巨细逐一把关。两三个小时的攀爬与下蹲，罗维城的衣服早已湿透。

| 图 26-33　彭文广正在攀爬检查梯 | 图 26-34　罗维城认真检查桥梁支座 |

（资料来源：《南宁铁道》）

任务 26.8　圬工梁拱及墩台检查作业

一、适用范围

适用于 $v_{max} \leqslant 160$ km/h 圬工梁拱及墩台的检查。

二、作业目的

进行圬工梁拱及墩台的检查，为下一步整修提供依据。

三、作业条件

该作业项目在天窗点外进行。

四、工具、材料准备

刻度放大镜、红油漆或红铅笔、酚酞溶液、水泥砂浆、手锤、铁钎子、安全帽。

五、作业流程

1.作业前

检查作业前要备好检查工料具，穿戴好安全防护用品。

2.作业过程

（1）按规定设置好防护。

（2）在裂缝的起点和终点，用红油漆或红铅笔与裂缝相垂直处画细线，并注明检查年、月、日。

（3）选择裂缝平直段作为放置刻度放大镜测量裂缝宽度的固定点，量出裂缝宽度。

（4）量出主要裂缝的部位、走向、宽度、长度及分布特征，用坐标法绘制裂缝展示图，记录检查日期及气温。

（5）检查裂缝深度：在裂缝中注射酚酞溶液，然后凿开至不显红色为止，测量其深度。

（6）选择适当地点，做灰块或玻璃测标，观测裂缝是否在发展。测标做法是先将该部位圬工表面凿毛，洗净，再用1∶2水泥砂浆或石膏在裂缝上抹成厚10~15 mm的长方形或圆形灰块，或用石膏将细条状玻璃固定在裂缝两侧。

（7）观测：按检查周期观测裂缝在列车荷载作用下有无开合、发展的迹象。在观测中，如果灰块开裂，就说明裂缝有发展变化。由于玻璃测标在裂缝处的断面特小，玻璃不能承受拉力，若裂缝变动，玻璃就会断裂。

（8）做检查观测记录时，要将观测到的裂缝变化情况，随时做好详细记录，针对裂缝病害状况，应提出整治措施。

3. 作业后

每日检查完毕，人员撤出限界以外后，检查负责人通知现场防护员撤除防护。现场防护员撤除防护后，通知驻站防护员检查作业完毕。驻站防护员确认后，在车站进行销记。

4. 技术标准

圬工梁拱和墩台的裂缝宽度限值见表26-7。

表26-7　裂缝宽度限值

梁别	裂缝部位		最大裂缝限值/mm
预应力混凝土梁	梁体	不允许	不允许
		0.2	0.2
		0.3	0.3
钢筋混凝土梁及框构		主筋附近竖向	0.25
		腹板竖向及斜向	0.3
石、混凝土拱		拱圈横向及斜向	0.3
		拱圈纵向	0.5
墩台		顶帽	0.3
	墩身	经常受侵蚀性环境水影响	有筋0.20，无筋0.30
		常年有水但无侵蚀性	有筋0.25，无筋0.35
		干沟或季节性有水河流	0.4
		有冻结作用部分	0.2

六、作业安全风险项点及防控措施

（1）按规定戴好安全帽，上下墩台时抓好扶牢，防止滑脱摔伤。

（2）材料工具要放稳，不要掉到桥下。

（3）上下墩台时要随时瞭望，及时避车。

（4）脚手架必须满足工作安全条件，按要求搭设牢固。

（5）用梯子时要支牢，坡度不要过陡。

（6）高空作业时要戴好安全带。

（7）凿除圬工时要戴好护目镜、手套。

七、作业评价

圬工梁拱及墩台检查作业评价表见表 26-8。

表 26-8　圬工梁拱及墩台检查作业评价表

姓名：　　　　班级： 学号：		作业任务： 按作业标准完成圬工梁拱及墩台检查作业			总分：	
序号	作业内容	考核内容	评分标准	标准分	扣分因素及扣分	得分
1	作业料具	工具齐全并有效	（1）工具不全少一件扣 2 分； （2）未确认齐全有效扣 2 分； （3）使用不当一次扣 2 分	10		
2	作业程序	（1）作业前 ①向考官申请开始作业； ②设置防护	（1）作业前 ①未申请作业扣 5 分； ②未设置防护扣 10 分	40		
		（2）作业中 ①在裂缝的起点和终点做标记并测量； ②检查裂缝深度； ③观测； ④做好检查观测记录	（2）作业中 ①未检查未记录，每项扣 2 分； ②检查位置错误每项扣 2 分； ③现场未标记每项扣 2 分； ④未汇总工作量或错漏，每项扣 2 分			
		（3）作业后 ①人员、料具撤出限界以外； ②撤除防护； ③向考官报告作业完毕	（3）作业后 ①未检查料具扣 2 分； ②未按规定撤除防护扣 10 分； ③未向考官报告作业完毕扣 5 分			
3	作业质量	（1）掌握检查方法及项点； （2）病害处所分析准确； （3）标记正确，无漏检； （4）记录规范，无涂改	检查错误每一处扣 10 分	40		
4	作业安全	（1）穿好防护服； （2）按规定上下道	（1）未穿防护服扣 5 分； （2）未按规定上下道扣 5 分	10		
5	作业时间	规定时间 60 min 内完成	（1）在规定时间内全部完成不加分； （2）每超时 1 min 从总分扣 2 分、总超时 5 min 停止作业	−10~0		

任务 26.9 桥涵限高架检查作业

在铁路桥涵出口外端不远处,铁路桥涵都会设置限高架。顾名思义,限高架的作用就是限制过往车辆的高度。实施桥涵限高架检查作业,从而对限高架损坏问题进行整修加固,目的是保障路外行车安全,让限高架成为铁路桥的保护伞。

一、作业目的

对桥涵限高防护架的限高、结构状态、标志标示等进行全面检查,为下步养修作业奠定基础,确保限高防护架结构稳定,状态完好,起到限高防护作用。

二、作业条件

栅栏网外作业。

三、工具、材料准备

检查锤、卷尺、测距仪、扭力扳手、相机、梯子、对讲机、记录本、检查梯等。

四、作业流程

1. 作业前

(1)检查红外测距仪、卷尺、扭力扳手,确保检查工具在标定有效期内。

(2)对相机、对讲机等充电,确保有效使用。

(3)作业负责人根据需要确认公路防护已到位,通知作业人员检查作业。

2. 作业中

(1)检查限高防护架标志标牌是否齐全、完好、准确;架体设置是否符合要求,架体结构是否存在变形,架体保护涂装是否失效;观察周围道路情况,检查限高防护架是否起到防护作用。

(2)对架体下及桥涵设备内净高复测,检查限高是否与实际相符,架体下净高是否比设备内净高低 20 mm 至 100 mm。

(3)检查主柱底部是否积水,预埋螺栓是否松动,焊缝有无脱焊现象,对焊缝有怀疑处应铲除涂装并细致检查。

(4)检查防护架立柱与横梁连接处等薄弱部位的焊接、锈蚀。

(5)作业人员应随同检查和记录,将存在的病害和缺陷及时报工区,对于重点病害,工长应及时安排复查并报车间。

3. 作业后

撤除防护后作业结束。

五、质量标准

（1）设置宽度不得小于道路路面的实际宽度。

（2）设置距桥梁边缘的距离应满足铁路安全保护区距离的规定（因条件限制等原因无法满足规定的距离要求时可适当调整）。

（3）限高防护架设置净高：限高架横梁底至路面应低于桥涵下净高 20 mm 至 100 mm，并与"限高"警示标志一致。

（4）除有特殊要求外，限高防护架要按规定涂刷黄黑相间警示条纹。

（5）病害及缺陷记录应准确、详细。

六、安全风险提示

（1）防止车辆伤害：在公路上检查时，应用锥筒设置临时防护，指派专人指挥交通并防护，指挥交通人员要站在道路边缘安全地带，确保自身安全。

（2）防止高处坠落：上下梯子时要抓牢踩稳，不得穿易溜滑或带钉的鞋子；高处作业时，必须戴好安全帽，按规定使用安全带（绳、网）。梯子摆放平稳并捆扎固定，要有专人扶稳。

（3）严禁患有禁忌证人员登高作业。

七、铁路局安全红线警示

（1）作业人员作业中有违反下列规定，触碰作业人员"两违"安全红线的，应当给予开除处分并依法解除劳动合同。

①安全防护人员（现场防护员、驻站联络员）当班饮酒并担当防护工作的。

②易燃易爆禁止明火场所作业人员违章抽烟或擅自动用明火的。

（2）作业人员作业中有违反下列规定，触碰作业人员"两违"安全红线的，一经检查发现，应当调离原岗位、内部待岗三个月，性质严重并构成事故的责任人，按事故责任进行惩处。

①施工作业人员作业期间打牌（含各类游戏）、饮酒、赌博或擅离岗位的。

②铁路从业人员无证操作需要持证操作的设备设施的。

③铁路从业人员高空（基准面 2 m 及以上）作业不系安全带，不按规定戴安全帽的。

④作业人员未按规定周期对设备进行检查，致使行车设备出现失格等严重安全隐患的。

八、作业用表

桥涵限高防护架的检查作业见表 26-9。

表 26-9 桥涵限高防护架的检查作业

姓名： 学号：		班级：	作业任务：按标准完成桥涵限高防护架检查作业		总分：	
序号	作业内容	考核内容	评分标准	标准分	扣分因素及扣分	得分
1	作业料具	工具齐全并有效	(1)工具不全少一件扣2分； (2)未确认齐全有效扣2分； (3)使用不当一次扣2分	10		
2	作业程序	(1)作业前 ①向考官申请开始作业； ②工(机)具检查； ③设置防护	(1)作业前 ①未申请作业扣5分； ②未进行工(机)具检查扣5分； ③未设置防护扣10分	40		
		(2)作业中 ①对限高防护架记录病害处所重点检查特别是经常被撞的； ②按照检查项目对限高防护架全面检查记录； ③对病害处所现场做出标记； ④汇总工作量：按作业项目对病害整修作业工作量进行汇总	(2)作业中 ①未对记录病害处所进行观测，每项扣2分； ②检查位置错误、漏项每项扣2分； ③现场未标记每项扣2分； ④未汇总工作量或错漏每项扣2分			
		(3)作业后 ①人员、料具撤出界限以外； ②撤除防护； ③向考官报告作业完毕	(3)作业后 ①未检查料具扣2分； ②未按规定撤除防护扣10分； ③未向考官报告作业完毕扣5分			
3	作业质量	(1)掌握检查方法及项点； (2)病害处所分析准确，对限高防护架不能马上处理的损坏(如：防护架横梁断裂跌落等)，应现场做好记录，马上向段调度及车间汇报，同时工区应派人看守； (3)标记正确，无漏检； (4)记录规范，无涂改	检查错误每一处扣10分	40		
4	作业安全	(1)穿好防护服； (2)按规定上下道	(1)未穿防护服扣5分； (2)未按规定上下道扣5分	10		
5	作业时间	规定时间60 min内完成	(1)在规定时间内全部完成不加分； (2)每超时1 min从总分扣2分、总超时5 min停止作业	0~-10		

九、现场实景

限高架检查作业现场实景如图 26-35~图 26-36 所示。

| 图 26-35　奎屯工务段桥梁车间
限高架检查作业 | 图 26-36　锡林浩特综合维修段白旗桥梁车间
限高架检查作业 |

任务 26.10　涵洞(渠)、倒虹吸检查作业

对涵洞(渠)、倒虹吸定期检查,可以了解涵渠的健康状况,进而及时发现病害或控制病害的发展。对病害形成客观翔实的统计资料,为涵渠的维修、加固和技术改造等提供重要参考。

一、作业目的

发现病害,为保养提供依据。

二、作业条件

天窗点内或栅栏网外作业。

三、工具、材料准备

检查锤、塞尺、钢卷尺、照明设备、头灯、刻度放大镜、记号笔、照相机、"前方施工禁止通行"警示牌、锥桶、安全警示绳等。

四、作业流程

1. 作业前

(1)明确检查作业项目、内容及时间;

(2)根据当日检查项目进行安全预想;

（3）根据检查项目准备检查工具、防护用品等。

2.作业中

（1）涵洞检查：检查涵洞节间接缝、沉降缝、伸缩缝有无漏水，防水胶条是否脱落，涵身有无混凝土结树裂纹、破损变形、错位、拉开等现象造成漏土或排水不畅，端墙、翼墙基础冲坏、基底局部冲空，基底冒水潜流、洞内渗水，涵洞严重腐蚀风化、脱落、淤积严重，涵洞进出口护锥及防护设施冲毁等，交通涵有无积水等。

（2）倒虹吸检查：检查节间密封有无渗水、沉淀池有无淤积、出入口与渠道连接的渐变段铺砌加固是否牢固，排污栅、溢洪道闸门是否破损等。

3.作业后

确认清点工（机）具，撤除防护后作业结束。

五、质量标准

（1）排洪涵洞的最小孔径不应小于 1.25 m，且全长不应大于 25 m；当全长大于 25 m 时，孔径相应加大。

（2）无淤积的灌溉涵孔径不应小于 1 m，长度不宜超过 15 m；当全长大于 15 m 时，孔径相应增加。

（3）各接缝、沉降缝位置正确，接缝填料嵌填密实，接缝表面平整，无间断、裂缝、空鼓、漏水现象。

（4）涵洞内不得遗留建筑垃圾、柴草等杂物。

（5）洞身顺直，进出口、洞身、沟槽等衔接平顺，无阻水现象。

（6）帽石、一字墙或八字墙等应平直，与路线边坡、线形匹配，棱角分明。

（7）外露混凝土表面平整，色泽一致。

六、安全风险提示

（1）严格执行工务五项禁令、双命令制度，按规定设置防护。

（2）确认涵洞内空气良好方可入内检查。

（3）上下边坡注意脚下以免踩空摔伤。

（4）在检查交通涵时应做好公路交通防护，设置防护锥筒，专人防护并引导车辆。

（5）严格执行人员、工（机）具、材料进出通道门及作业点作业结束后清点、确认、拍照制度。

（6）夜间作业应配好照明设备。在大于 2 m 及以上的高处或陡坡上作业应戴好安全帽，使用安全带、安全绳。

七、铁路局安全"红线"警示

1.作业人员"两违"安全红线规定

（1）作业人员作业中有违反下列规定，触碰作业人员"两违"安全红线的，应当给予开除处分并依法解除劳动合同。

①机动车驾驶员当班饮酒并驾驶车辆的。

②安全防护人员(现场防护员、驻站联络员)当班饮酒并担当防护工作的。

③易燃易爆禁止明火场所作业人员违章抽烟或擅自动用明火的。

(2)作业人员作业中有违反下列规定,触碰作业人员"两违"安全红线,一经检查发现,应当调离原岗位、内部待岗三个月,性质严重并构成事故的责任人,按事故责任进行惩处。

①铁路从业人员无证操作需要持证操作的设备设施的。

②铁路从业人员高空(基准面2 m及以上)作业不系安全带,不按规定戴安全帽的。

2.高铁、客车岗位安全红线规定

高铁、客车岗位作业人员作业中有违反下列规定,触碰高铁、客车岗位安全红线的,一经检查发现,必须退出高铁、客车岗位,至少一年内不得从事与高铁、客车作业有关的工作。退出后,同工种不能安排的可降低级工种安排,本地不能安排的可异地安排,易岗易薪,确实起到警示作用。性质严重并造成事故的责任人,按事故责任进行惩处。

(1)作业人员和机具无调度命令进入高铁线路内的。

(2)高铁作业人员发生作业机具、材料遗留高铁线路内的。

(3)客运列车运行区段作业人员违章进行施工、检修、故障处理,天窗点外违规上道或违规使用机具上道作业的。

(4)客运列车运行区段发生施工作业人员、行车指挥人员在不具备放行客车条件下,违规放行旅客列车的。

(5)旅客列车径路上作业人员在作业中发生轨旁设备、防护设施、工具材料侵入机车车辆限界的。

(6)作业人员未落实高铁通道门管理制度,造成高铁通道门未关闭且无人管理的。

八、作业用表

涵洞(渠)、倒虹吸检查作业见表26-10。

表26-10　涵洞(渠)、倒虹吸检查作业

姓名： 学号：		班级：	作业任务：按标准完成涵洞(渠)、倒虹吸检查作业		总分：	
序号	作业内容	考核内容	评分标准	标准分	扣分因素及扣分	得分
1	作业料具	工具齐全并有效	(1)工具不全少一件扣2分； (2)未确认齐全有效扣2分； (3)使用不当一次扣2分	10		
2	作业程序	(1)作业前 ①向考官申请开始作业； ②工(机)具检查； ③设置防护	(1)作业前 ①未申请作业扣5分； ②未进行工(机)具检查扣5分； ③未设置防护扣10分	40		

续表 26-10

姓名： 学号：		班级：	作业任务：按标准完成涵洞（渠）、倒虹吸 检查作业		总分：	
序号	作业内容	考核内容	评分标准	标准分	扣分因素及扣分	得分
2	作业程序	（2）作业中 ①对涵洞（渠）、倒虹吸记录病害处所重点检查； ②按照检查项目对涵洞（渠）、倒虹吸全面检查记录； ③对病害处所现场做出标记； ④汇总工作量：按作业项目对病害整修作业工作量进行汇总	（2）作业中 ①未对记录病害处所进行观测，每项扣2分； ②检查位置错误、漏项每项扣2分； ③现场未标记每项扣2分； ④未汇总工作量或错漏每项扣2分	40		
		（3）作业后 ①人员、料具撤出限界以外； ②撤除防护； ③向考官报告作业完毕	（3）作业后 ①未检查料具扣2分； ②未按规定撤除防护扣10分； ③未向考官报告作业完毕扣5分			
3	作业质量	（1）掌握检查方法及项点； （2）病害处所分析准确； （3）标记正确，无漏检； （4）记录规范，无涂改	检查错误每一处扣10分	40		
4	作业安全	（1）穿好防护服； （2）按规定上下道	（1）未穿防护服扣5分； （2）未按规定上下道扣5分	10		
5	作业时间	规定时间60 min内完成	（1）在规定时间内全部完成不加分； （2）每超时1 min从总分扣2分、总超时5 min停止作业	0~-10		

任务 26.11 钢筋绑扎作业

一、适用范围

铁路桥梁人行道板、铁路隧道水沟盖板等钢筋混凝土制作中的钢筋布设和制作。

二、人员

经过岗位专项培训、熟悉工务维修工作性质和任务的作业人员 2 名。

三、作业工具

作业中的常用工具如图 26-37~图 26-46 所示。

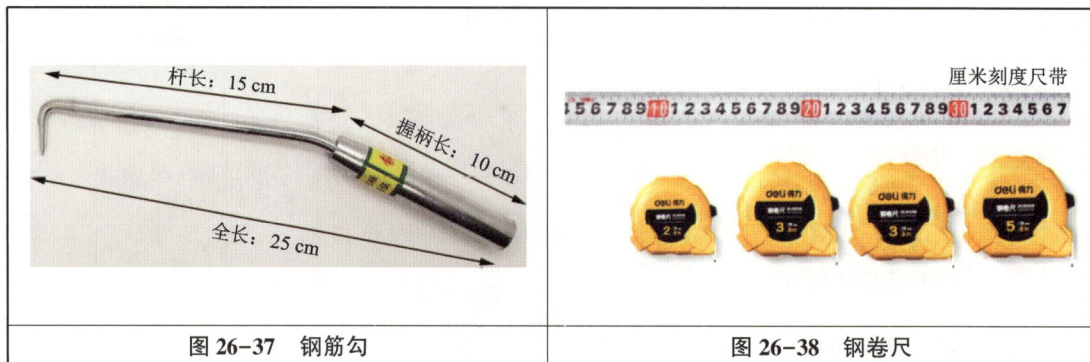

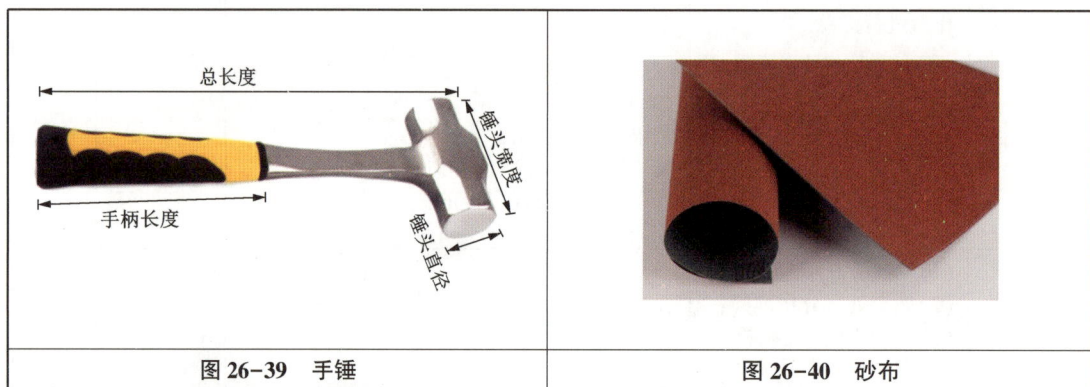

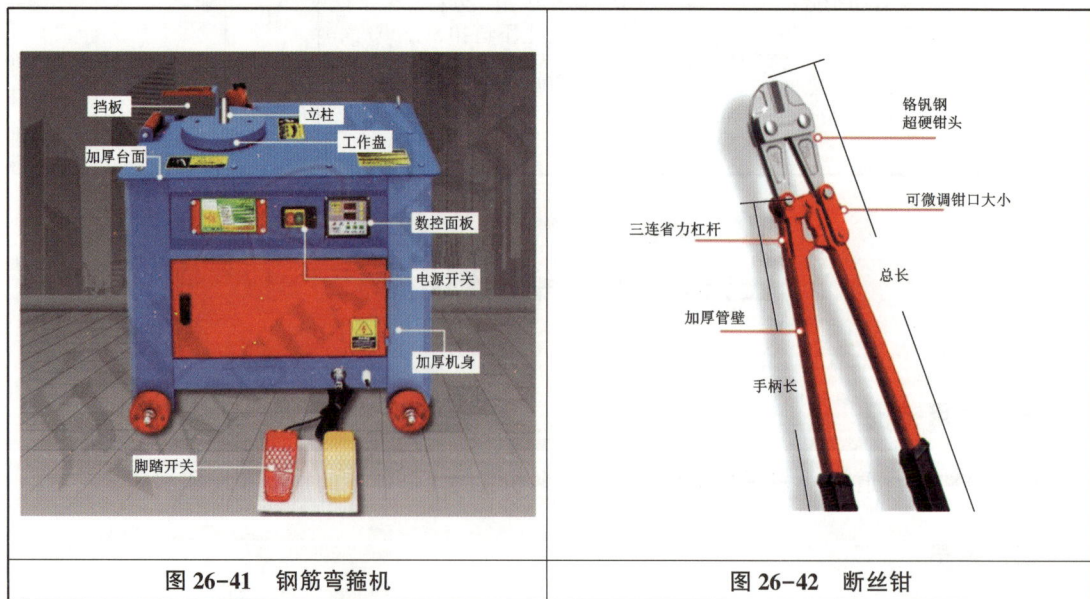

图 26-37 钢筋勾

图 26-38 钢卷尺

图 26-39 手锤

图 26-40 砂布

图 26-41 钢筋弯箍机

图 26-42 断丝钳

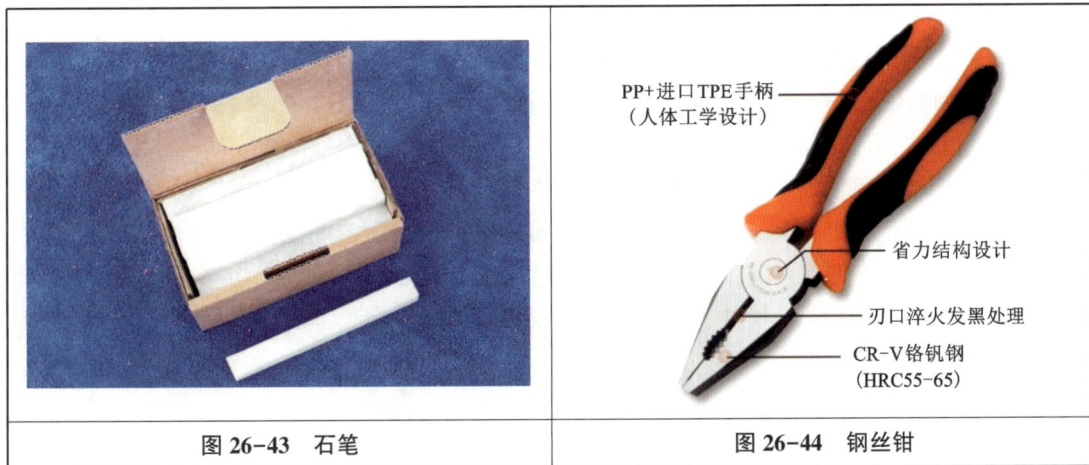

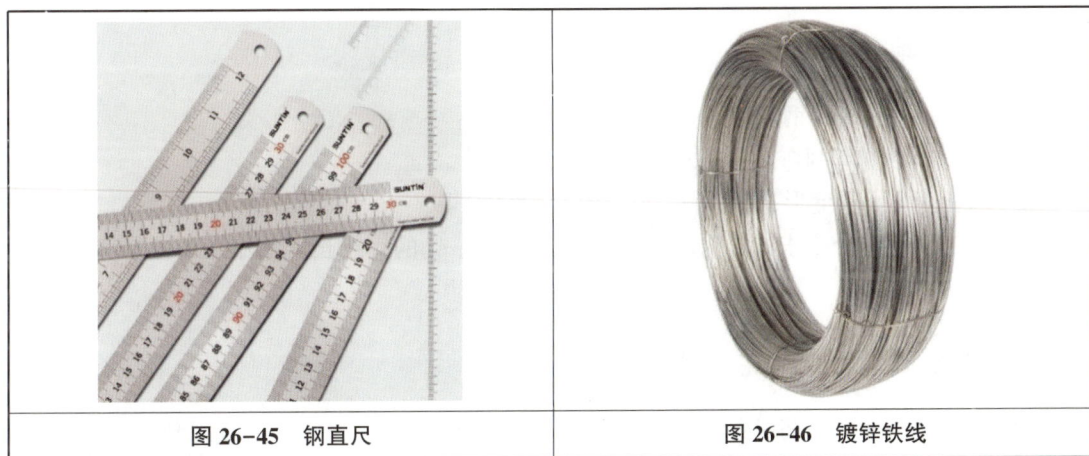

图 26-43　石笔

图 26-44　钢丝钳

PP+进口TPE手柄
（人体工学设计）

省力结构设计

刃口淬火发黑处理

CR-V铬钒钢
（HRC55-65）

图 26-45　钢直尺

图 26-46　镀锌铁线

四、作业程序

1. 作业前

检查工具齐全良好，识读任务单中的配筋图。

2. 作业中

（1）下料：

①根据配筋图，计算下料长度。

②弯制钢筋的计算方法：

钢筋下料长度＝直段长度+斜段长度+6.25d+弯钩增加长度−弯钩伸长值

（2）标注：用量尺和石笔将所要安装钢筋的位置及间距画出来，并注明钢筋编号以便对号摆料和绑扎，有模板的地方画在模板上，没有模板的地方可画在地上或钢筋上。

（3）除锈、摆料：将钢筋表面的铁锈、油污清除干净，根据画好的钢筋位置排好钢筋，其顺序从里向外，从下向上。摆料时注意钢筋接头应按规定错开。

（4）绑扎：

①摆好料后，用铁线在钢筋交叉点上绑扎，直径 6~10 mm 的钢筋用 22 号、24 号铁线，

直径 12~25 mm 的钢筋用 20 号铁线。

②每扣用两根铁线为宜，安装钢筋时应按设计图纸或规定的保护层厚度在扎好的钢筋构件的底部、侧面依次安放垫块。

③垫钢筋构件底部时，相邻两块垫块间的距离为 0.8 m，呈盘格状。

④垫钢筋构件侧面时，垫块要用铁线绑在钢筋上，以防掉落。

⑤梁拱及其他钢筋密集的构件中，可在多排钢筋之间垫短钢筋以保护其设计间距。

⑥绑扎时，铁线绑扎方向错交、绑成"八字"，稳定性好。

⑦检查核对钢筋规格、尺寸、根数有无错误，构件的轮廓尺寸及细部尺寸有无超限，绑扎是否牢固等，并作记录。

3. 作业后

清理作业现场，余料工具入库，清扫。

五、质量验收标准

(1)除锈彻底，矫正钢筋顺直。

(2)在工作台上弯制弯钩，误差控制在±0.5 mm。

(3)绑扎稳固、不变形、不歪斜，尺寸符合设计要求。

(4)弯钩角度符合要求，弯钩内径不得小于 2.5d，钩的直线长度不小于 3d，钢筋网尺寸符合设计要求。

六、安全风险

(1)在模板里绑扎钢筋时，不可踩模板的横棱或斜撑，以防模板变形或踩断伤人。

(2)除锈人员要将袖口扎紧，戴好口罩、护目镜、手套，以防铁锈粉末侵入人体，双层作业时，应戴安全帽。

(3)手工弯筋时，扳手要托平，人要站稳，用力要慢，不应过猛，以防扳手脱手伤人。

(4)脚手架及钢筋骨架上不得放置工具、箍筋、短钢筋等，以防掉落伤人。

(5)使用电气设备时操作规范，以防触电。

七、作业用表

依据《铁路桥涵混凝土结构设计规范》(TB 10092—2017)第 6.3.2 条、第 6.3.8 中的条板及钢筋构造，假设：受力钢筋 N1：4ϕ12 外径 13.9 mm 、分布钢筋 N2：4ϕ8 mm；钢筋左右侧混凝土保护层厚度为 20 mm。

表 26-11　铁线产品参数

型号	直径/mm	1 kg 长度/m	一卷质量/kg
8#铁丝	4.0	5	25
10#铁丝	3.5	7	25
11#铁丝	3.2	7	25

续表26-11

型号	直径/mm	1 kg 长度/m	一卷质量/kg
12#铁丝	2.8	8	25
14#铁丝	2.2	14	25
16#铁丝	1.6	22	25
18#铁丝	1.2	35	25
20#铁丝	0.9	55	25
22#铁丝	0.7	85	24
24#铁丝	0.5	115	10

表 26-12　人行道板钢筋制作钢筋下料长度计算　　　　单位：mm

考题编号	人行道步板尺寸			最下层钢筋砼保护层厚度	最上层钢筋砼保护层厚度	最小钢筋砼保护层厚度	N1 钢筋		N2 钢筋	
	L（长度）	B（宽度）	H（厚度）				长度	间距	长度	间距
（1）	480	340	70	20						
（2）	480	340	75	22						
（3）	480	340	80	24						
（4）	480	380	70	26						
（5）	480	380	75	28						
（6）	480	380	80	20						
（7）	520	340	70	22						
（8）	520	340	75	24						
（9）	520	340	80	26						
（10）	520	380	70	28						
（11）	520	380	75	20						
（12）	520	380	80	21						
（13）	480	340	70	22						
（14）	480	340	80	23						
（15）	480	380	70	24						
（16）	480	380	80	25						
（17）	520	340	70	26						
（18）	520	340	80	27						
（19）	520	380	70	28						
（20）	520	380	80	29						

备注：φ12 外径 13.9 mm；钢筋左右侧混凝土保护层厚度为 20 mm。

表 26-13 作业通道步板钢筋作业评价表

姓名： 学号：		班级：	作业任务： 作业通道步板钢筋作业	总分：		
项目		考核内容	评分标准	标准分 （100）	扣分因素 及扣分	得分
作业 条件		1. 设好现场防护；	未规定设置防护，扣 5 分。	10		
		2. 领取任务工单，如缺失，补全工单。	未补全，扣 5 分。			
作业 程序	1. 作业 前	(1) 从桥隧工实训室领取钢卷尺、钢直尺、划线笔、钢筋钩子、无存储功能计算器、钢丝刷、图纸、砂纸、22 号镀锌铁线、老虎钳、工作手套，备好记录表、记录板、笔及钢筋原材。	料具、量具不全，每缺一件扣 1 分。	10		
		(2) 按规定着装，穿戴劳保用品，同时检查工器具是否状态良好。	漏项或未检查扣 2 分。			
	2. 作业 中	(1) 识读施工图纸，完成识图记录；	识读正确，错误一项扣 1 分。	40		
		(2) 用钢尺量钢筋长度，根据施工图选取下料长度；	下料长度允许偏差±5 mm，选取钢筋弯曲度超过 10% 或下料长度超过允许偏差值，每根扣 1 分。			
		(3) 检查钢筋是否生锈，并用工具对钢筋进行除锈处理；	钢筋未检查每根扣 1 分，钢筋有表面浮皮、铁锈清除不彻底每处扣 0.5 分。			
		(4) 根据布筋图间距在相应钢筋上做好记号；	间距允许偏差±5 mm。未画线每根扣 1 分，钢筋间距不符合设计要求每根扣 1 分。			
		(5) 用一面顺扣方法绑扎钢筋。	一面顺扣未成八字形分布每两相邻交叉点扣 0.5 分，箍筋未紧围主筋每交叉点扣 0.5 分。			
	3. 作业 后	清理现场、清点整理工器具、撤除防护。	清理现场、清点整理工器具、撤除防护，不符合，每项扣 3 分。	10		

续表 26-13

姓名: 班级: 学号:		作业任务: 作业通道步板钢筋作业	总分:		
项目	考核内容	评分标准	标准分（100）	扣分因素及扣分	得分
作业质量	1.除锈彻底，矫正钢筋顺直； 2.在工作台上弯制弯钩，误差在±0.5 mm 以内； 3.绑扎稳固、不变形、不歪斜，尺寸符合设计要求； 4.弯钩角度符合要求，弯钩内径不得小于 2.5d，钩的直线长度不小于 3d，钢筋网尺寸符合设计要求。	不符合，每项扣 2.5 分。	10		
作业安全	1.穿戴好必要的劳动保护用品，高空作业时应系好安全带；	不符合，每项扣 5 分	20		
	2.工具失落、人员滑倒及碰伤手脚不得出现。	工具失落、人员滑倒及碰伤手脚每项扣 2 分。			
作业时间	30 min	提前不加分，每超 1 min 扣 1 分，超 10 min 停止作业。	−10~0		

八、现场实作图纸

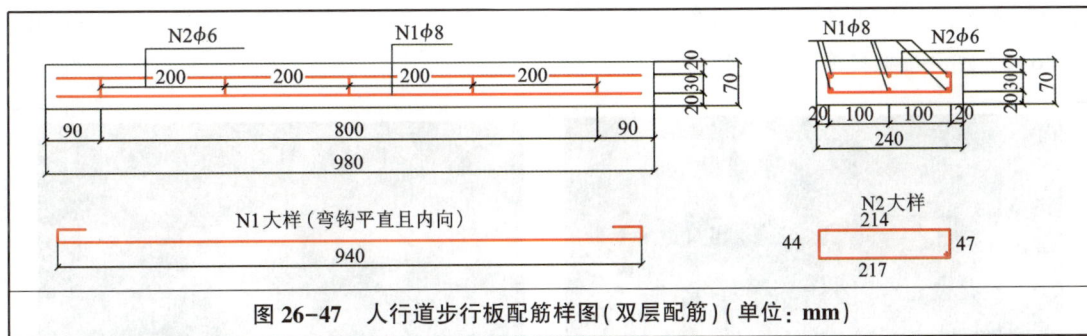

图 26-47 人行道步行板配筋样图（双层配筋）（单位：mm）

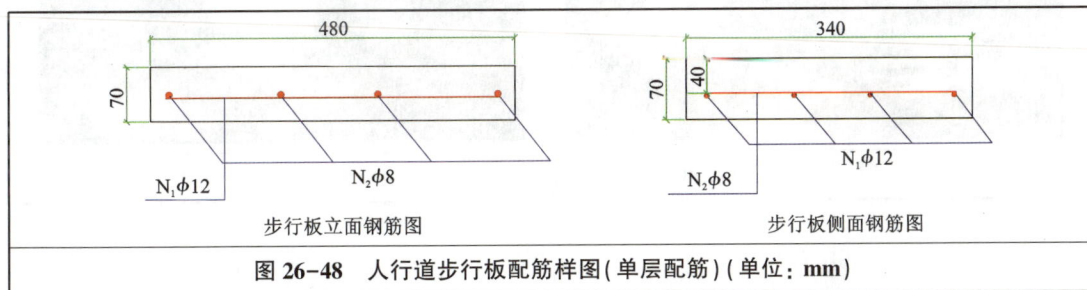

图 26-48 人行道步行板配筋样图（单层配筋）（单位：mm）

九、学员作业实景图

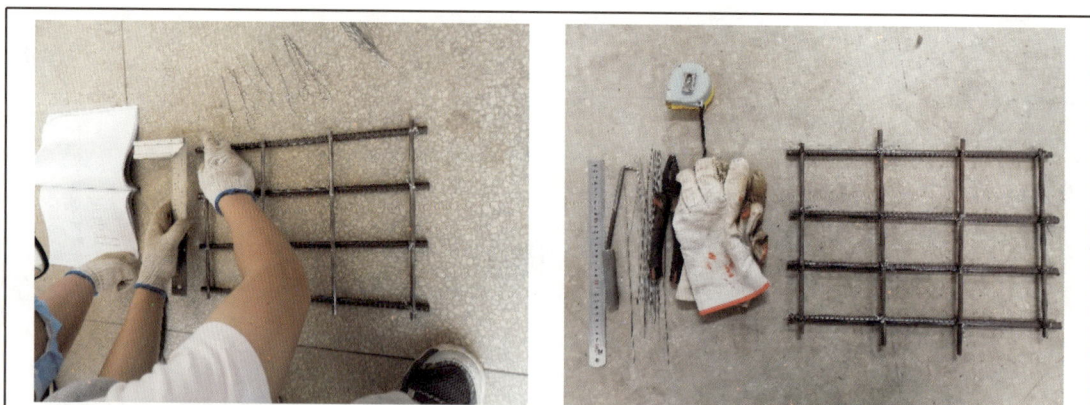

图 26-49　人行道步行板(单层配筋)

1. 作业准备：(1)工机具；(2)材料；(3)安全防护；
2. 作业流程：(1)识图并记录；(2)下料；(3)除锈；(4)画线；(5)绑扎；
3. 检查(依据：作业标准)；
4. 清理。

【思政大故事】

"工具清点完毕，准备开始工作！"随着工长一声令下，打破了货联线 K1+149 凌晨寂静，淄博工务段潍坊桥梁车间高密养修工区的桥隧工们开启了步行板的更换工作。图 26-50～图 26-55 为步行板更换作业实景图。

图 26-50　货联线 K1+149 步行板更换工作

图 26-26　防护员就位

图 26-51　使用卷扬机将步行板(120斤/块)运输至桥面上

图 26-52　清理细碎的混凝土残渣

图 26-53　防锈油漆粉刷，防生锈

图 26-54　将新更换的步行板放置归位

图 26-55　收工

　　潍坊桥梁车间高密养修工区原计划更换 50 块步行板，但在大家的不懈努力之下，150 min 之内，更换 78 块步行板，高质高效、保质保量地超额完成任务，表现了出色的职业素养和技术水平，展现了安全、高效、智慧、文化、美丽五个新济铁的完美风貌。

（资料来源：淄博工务段）

任务 26.12　人行道栏杆除锈油漆作业

一、适用范围

人行道栏杆除锈油漆。

二、人员要求

作业人员 1 名、防护员 2 名。作业人员要经过岗位专项培训并考试合格，熟悉桥梁维修的工作性质和任务，掌握铁路桥梁的基本知识。防护员要经过防护知识培训并考试合格，熟悉当日作业项目、列车密度等。

三、作业工具

图 26-56　油漆刷

图 26-57　安全帽、安全带

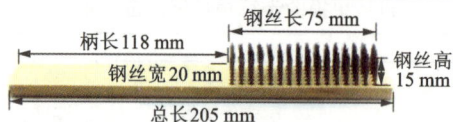

柄长 118 mm　钢丝长 75 mm　钢丝高 15 mm
钢丝宽 20 mm
总长 205 mm

商品名称	木柄钢丝刷
商品材质	原木手柄+钢丝刷
铜刷毛孔	6×16：96孔

图 26-58　钢丝刷

图 26-59　砂布

图 26-60　除锈铲

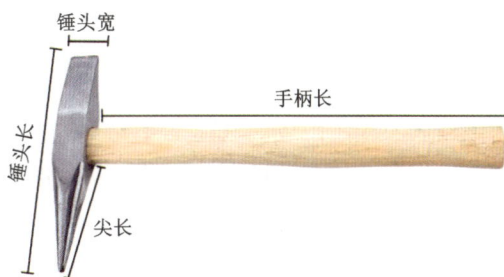

图 26-61　敲锈锤

图 26-62　棉纱

图 26-63　油漆桶（调漆）

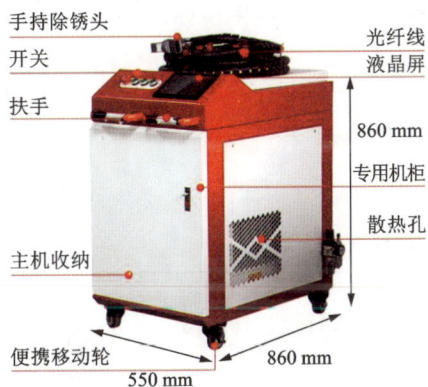

图 26-64　手持连续式激光除锈机

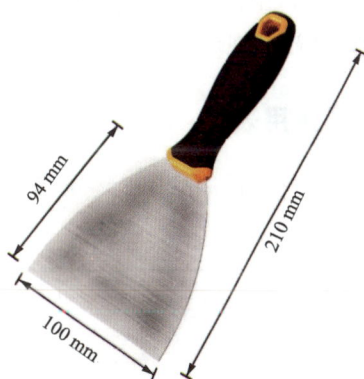

图 26-65　铲锈刀

四、作业程序与质量标准

1.作业前

(1)进入施工现场应将施工方案、安全注意事项及质量要求向施工人员交底。

(2)检查并使用劳动保护用品和安全带等防护设施。

2.作业中

(1)用除锈铲除掉表面旧漆膜,用钢丝刷打磨并清擦干净。

(2)选择合适漆料并调配、搅拌,使其黏度适中、无沉淀。

(3)涂刷底漆、面漆各两度。在涂次层油漆前,应先将前层油漆表面轻轻打磨光洁,并清擦干净,然后施涂。涂刷完应恢复表面原有的标志。

3.作业后

清理作业现场,清洗工具和容器。

五、质量验收标准

1.除锈彻底,清擦干净。

2.油漆均匀,底、面漆各涂两度,无漏涂、无皱纹、无流挂、无脱皮和鼓包现象,表面清洁油漆光泽好。

六、安全风险

1.桥面作业应拴好安全带。

2.注意瞭望,及时避车。

3.按规定穿戴劳动保护用品。

4.严格执行国家铁路局《铁路营业线施工安全管理办法》(国铁运输监〔2021〕31号)文件规定,设好驻站和现场防护。

七、作业用表

人行道栏杆除锈油漆作业评价表见表26-14。

表26-14 人行道栏杆除锈油漆作业评价表

姓名: 学号:		班级:	作业任务: 按作业标准完成20 cm长人行道栏杆除锈油漆作业		总分:	
序号	作业内容	考核内容	评分标准	标准分	扣分因素 及扣分	得分
1	作业料具	所有工具及材料齐全并有效	(1)工具不全少一件扣2分; (2)未确认齐全有效扣2分; (3)使用不当一次扣2分	10		

续表 26-14

姓名： 学号：		班级：	作业任务： 按作业标准完成 20 cm 长人行道栏杆除锈油漆作业		总分：	
序号	作业内容	考核内容	评分标准	标准分	扣分因素及扣分	得分
2	作业程序	(1)作业前 ①向考官申请开始作业； ②设置防护	(1)作业前 ①未申请作业扣5分； ②未设置防护扣10分	40		
		(2)作业中 ①除锈； ②打磨； ③擦揩； ④涂装； ⑤质量回检	(2)作业中 ①除锈不良每 cm² 扣1分，损伤钢件深度超过 0.5 mm 每处扣10分； ②涂层未打磨彻底干净每平米扣5分； ③新旧油漆连接不符合要求每处扣5分； ④油漆漏涂、厚度不符合要求每处扣5分； ⑤底层涂装不干净、湿润进行涂装每次扣10分； ⑥浪费油漆，余量超过总用量的10%，每超1%扣3分； ⑦未质量回检扣2分			
		(3)作业后 ①人员、料具撤出限界以外； ②撤除防护； ③向考官报告作业完毕	(3)作业后 ①未检查料具扣2分； ②未按规定撤除防护扣10分； ③未向考官报告作业完毕扣5分			
3	作业质量	(1)钢料表面无残留污泥、油垢铁锈、旧漆皮和氧化皮； (2)钢料表面洁净均匀，露出金属光泽； (3)钢料表面无 0.5 mm 及以上刀痕锤印； (4)涂油表面清洁，加涂面漆时，表面打磨彻底，擦拭干净，无污垢及失效漆膜； (5)漆膜均匀、层数、厚度符合规定(一般部位底漆二度、面漆二度，个别易损坏或施工困难部位底漆二度、面漆三度，干膜总厚度为 150~200 μm)； (6)油漆无漏涂、裂纹、斑点、脱皮、鼓泡、流淌、皱纹，表面光泽好，上层漆膜应均匀盖住下层，新旧油漆衔接平顺整齐，新油漆压盖旧漆 3~5 mm； (7)各种标志描绘齐全、字迹清晰无遗漏	(1)钢料表面残留污泥、油垢、铁锈旧漆皮和氧化皮，每处扣2分； (2)钢料表面不洁净，未露出金属光泽，每处扣2分； (3)钢料表面有 0.5 mm 及以上刀痕锤印，每处扣2分； (4)涂油表面清洁，加涂面漆时，表面打磨不彻底，未擦拭干净，有污垢及失效漆膜。每处扣2分； (5)漆膜不均匀、层数厚度不符合规定(一般部位底漆二度、面漆二度，个别易损坏或施工困难部位底漆二度、面漆三度，干膜总厚度为 150~200 μm)。每处扣2分； (6)油漆滑涂、裂纹、斑点脱皮、鼓泡、流淌、皱纹，表面光泽好，上层漆膜应均匀盖住下层，新旧油漆衔接不平顺整齐，新油漆未压盖旧漆 3~5 mm。每处扣2分； (7)各种标志描绘不齐全、字迹不清晰遗漏，每处扣2分	40		

续表 26-14

姓名： 学号：		班级：	作业任务： 按作业标准完成 20 cm 长人行道栏杆除锈 油漆作业		总分：	
序号	作业 内容	考核内容	评分标准	标准分	扣分因素 及扣分	得分
4	作业 安全	（1）穿好防护服； （2）按规定上下道； （3）作业中不得碰手、碰脚； （4）料具及时下道不得乱扔	（1）未穿防护服扣 5 分； （2）未按规定上下道扣 5 分； （3）作业中碰手、碰脚扣 5 分； （4）料具未下道、乱扔扣 10 分	10		
5	作业 时间	规定时间 60 min 内完成	（1）在规定时间内全部完成不加分； （2）每超时 1 min 从总分扣 2 分、总超时 5 min 停止作业	-10~0		

八、学员作业实景图

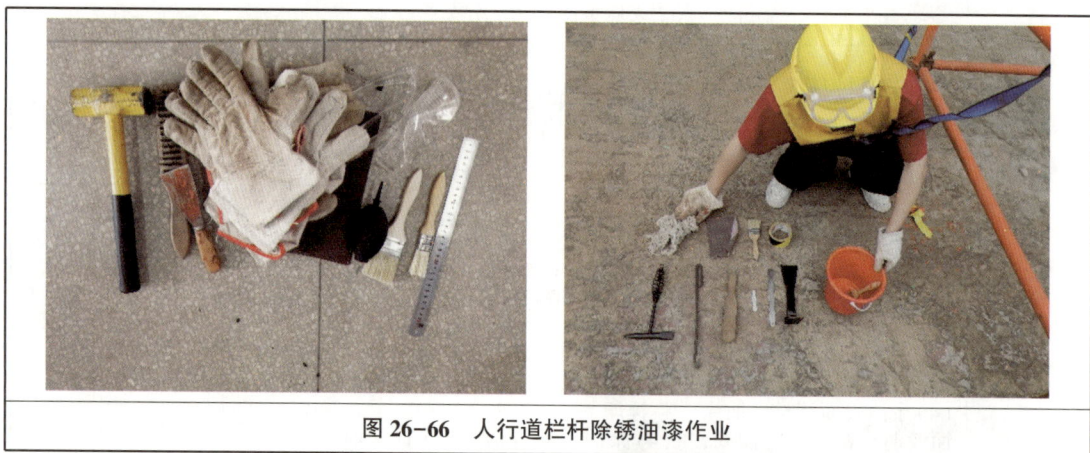

图 26-66　人行道栏杆除锈油漆作业

✦ 【思政大故事】

　　广西南防铁路主线全长超过 153 km，途经南宁、钦州、防城港等地，全线共有桥梁 101 座。

　　在这条铁路线上，中国铁路南宁局集团有限公司广西沿海铁路公司钦州工务段钦州普铁桥隧车间的桥隧工作队要定期对这 100 多座铁路桥上的围栏等附属设施进行除锈作业，以保障列车运行安全。

　　这是一项并不复杂的工作，但却考验着工人们的耐心和毅力。仅铁路桥上的一个小小三角铁制支架，就需要工人用除锈刀来回打磨 100 多次、钢丝刷擦拭 40 多回，再用棉纱清理 10 余遍后才能刷上防锈漆，而防锈漆也需要先后涂刷 5 遍。作业中，工人们经常面临飞溅的铁屑和锈尘，但他们仍像"啄木鸟"一样，严格执行着每一项作业标准，保质保量完成铁路大桥的除锈工作。

工人步行走向预定的施工作业点

图 26-67 钦州工务段钦州普铁桥隧车间 1

工人们进行除锈作业

图 26-68 钦州工务段钦州普铁桥隧车间 2

工人用除锈刀进行除锈作业

图 26-69 钦州工务段钦州普铁桥隧车间 1

工人用除锈刀对铆钉进行除锈

图 26-70 钦州工务段钦州普铁桥隧车间 2

工人们悬空进行除锈作业

图 26-71 钦州工务段钦州普铁桥隧车间 1

路边列队避让来往列车

图 26-72 钦州工务段钦州普铁桥隧车间 2

工人们对桥墩上栏杆进行除锈作业
图 26-73 钦州工务段钦州普铁桥隧车间

工人们给栏杆刷上第一道防锈漆
图 26-74 钦州工务段钦州普铁桥隧车间

（资料来源：新华网）

任务 26.13 桥枕捆扎作业

一、适用范围

（1）新铺设木桥枕。
（2）木桥枕端头裂缝处理，防止裂缝发展。
（3）既有捆扎钢丝松弛、拉断等失效。
（4）有作业条件的木桥枕中部裂缝处理。

二、作业条件

（1）桥上桥枕在天窗时间内作业。
（2）新制桥枕在桥下作业。

三、作业工具及材料

（1）工具：紧线器、克丝钳、手锤、枕木夹紧器、划线工具等。
（2）器具：角尺、钢卷尺。
（3）材料：$\phi4.0$、$\phi3.5$ 镀锌低碳钢丝等。

四、标准和质量要求

（1）捆扎位置距木桥枕端部 80~100 mm，钢丝与木桥枕轴线垂直，偏斜小于 5 mm，每孔梁的捆头应成一直线。

（2）钢丝捆扎 2~3 圈，端头做成弯钩钉在侧面。捆扎钢丝紧牢，无松弛。钢丝与木桥枕各面密贴，缝隙小于 0.5 mm；两股钢丝无重叠，间隙小于 1 mm。

五、作业流程

1.清理桥枕表面

清除裂缝内石子等杂物及凸出木桥枕表面的污垢。

2. 丈量位置划线

3. 制作扒钉

用钢丝截取长 50 mm，弯制成 U 形，两端切成尖形。

4. 下料

用尺丈量，确定钢丝长度后截取。

5. 捆扎

裂缝宽度大于 2 mm、长度大于 300 mm 时，应用枕木夹紧器夹紧木桥枕，使裂缝愈合。捆扎时，先将钢丝一端弯成 65°~80°、长 30 mm 的弯钩，钉入木桥枕侧面距顶面 40 mm 处，再将钢丝绕桥枕 2~3 周，用紧线器拉紧，边捆扎边用小锤敲打钢丝，使其与枕面密贴、方正。捆紧后分别用扒钉将钢丝两端钉牢。剪断钢丝后，将末端弯钩后钉入桥枕，再用扒钉固定。

6. 作业回检并开通线路、回收料具

作业负责人对作业质量进行全面检查，确认工(机)具不侵限，确认放行列车条件。

六、安全风险提示

(1)作业前按规定设好防护，邻线来车时停止作业，按有关规定下道(或在避车台内)避车，人员、材料、工(机)具不得侵入限界。

(2)高处作业应扎安全带，防止跌落桥下。

(3)正确使用劳动保护用品，多人一同作业时拉开适当距离。

(4)使用紧线器时防止蹬脱伤人，不准坐在紧线器杆上作业。

七、作业表格

依据《普速铁路桥隧建筑物修理规则》(铁总工电〔2018〕125 号)第 3.1.10 条和表 3.1.10 木桥枕尺寸，假设每道桥枕捆扎 2 箍，捆线搭接长度为 8~10 cm，捆线头及 U 形马钉边长要求≥1.5 cm，请列算式计算每根捆线的下料长度？(精确至 1 mm)

计算过程及结果列在表 26-15 中。

表 26-15 计算桥枕捆扎作业下料长度

考试题号	木桥枕标准断面或实际桥枕尺寸/mm			计算过程(精确至 1 mm) 注：U 形马钉中间段按 1 cm 计	计算下料长度/mm
	宽度	高度	长度		
1	220	240	3000		
2	220	260	3000		
3	220	280	3000		
4	240	300	3200		
5	240	320	3400		
6	218	258	3010		
7	219	259	3005		
8	217	257	3002		
9	216	258	2998		
10	220	258	3001		

八、作业评价

桥枕作业评捆扎评价表见表 26-16。

表 26-16　桥枕作业评捆扎评价表

姓名：　　　　班级： 学号：		作业任务：桥枕捆扎作业	总分：		
项目		考核内容	评分标准	标准分（100）	扣分因素及扣分	得分
作业条件		(1) 设好现场防护	未规定设置防护，扣 5 分	10		
		(2) 领取任务工单，如缺失，补全工单	未领取、未补全，扣 5 分			
作业程序	1.作业前	(1) 从桥隧工实训室领取钢直角尺、木直尺、3 磅手锤、克丝钳、镀锌铁线、石笔、工作手套，备好记录表、笔、安全规则	料具、量具不全，每缺一件扣 2 分	10		
		(2) 按规定着装，穿戴劳保用品，同时检查工器具是否状态良好	漏项或未检查扣 2 分			
	2.作业中	(1) 用直角尺确定捆扎位置，距桥枕端部 10~15 cm，并划线	位置不正确、距端头距离偏差大于 ±1 cm，每头扣 5 分	40		
		(2) 捆扎作业，捆线密贴桥枕	捆线松动或与枕木面间有 2 mm 及以上空隙每处扣 3 分；捆线搭接长度为 3~5 cm，偏差超出 ±1 cm 每根扣 2 分			
		(3) 边捆扎边用小锤敲打铁线，使其与枕木表面密贴、方正、捆紧	捆线长度方向重叠、分开（超过 2 mm）、歪斜每处扣 1 分			
		(4) 用铁线制作 6 个 U 形马钉，U 形马钉边长要求少于 1.5 cm	缺少 1 个或边长少于 1.5 cm 扣 1 分			
		(5) 捆紧后分别用自制 U 形马钉将两端钉牢，剪断铁线，铁线两头均应钉固在桥枕侧面、上部各 2 个	未钉牢每个扣 1 分 U 形马钉每少钉一个扣 2 分			
	3.作业后	清理现场、清点整理工器具、撤除防护	清理现场、清点整理工器具、撤除防护，不符合，每项扣 3 分	10		

续表 26-16

姓名：　　　　班级： 学号：		作业任务：桥枕捆扎作业	总分：		
项目	考核内容	评分标准	标准分 （100）	扣分因素 及扣分	得分
作业质量	（1）捆扎位置距木桥枕端部 80~100 mm，钢丝与木桥枕轴线垂直，偏斜小于 5 mm，每孔梁的捆头应成一直线 （2）钢丝捆扎 2~3 圈，端头做成弯钩钉在侧面。捆扎钢丝紧牢，无松弛。钢丝与木桥枕各面密贴，缝隙小于 0.5 mm；两股钢丝无重叠，间隙小于 1 mm	不符合，每项扣 5 分	10		
作业安全	（1）作业时穿戴胶鞋、安全帽、手套，不得出现工具失落、人员滑倒及碰伤手脚	作业时未穿戴胶鞋、安全帽、手套，每项扣 1 分，工具失落、人员滑倒及碰伤手脚每项扣 1 分	20		
	（2）作业过程中应注意来车情况，及时下道	未及时下道和跨越线路时、未执行一站二看三通过，不符要求每次扣 2 分			
作业时间	30 min	提前不加分，每超 1 min 扣 1 分，超 10 min 停止作业	−10~0		

【专业小知识】

一站二看三通过
（1）"一站"：必须站在机车车辆限界外方并站稳。
（2）"二看"：目视左右有无机车车辆运行，并用手指左右确认(双手携带物品时除外)；
（3）"三通过"：确认无机车车辆运行或机车车辆运行不影响安全、脚下无障碍物后，方可迅速通过。

九、学员作业实景图

图 26-75　桥枕捆扎作业

十、工程实景

2022 年 3 月 9 日正午，阳光明媚。中国铁路武汉局集团有限公司武汉桥工段武汉长江大桥车间桥梁工利用120 分钟的天窗时间，完成 260 根新桥枕捆扎整固任务，桥枕捆扎作业采用不锈钢材质新工艺捆扎桥枕，桥枕不仅质量可靠，而且大大提高工效。工作实景如图26-76~图 26-79 所示。（天窗时间：12 时 45 分—14 时 45 分）。

图 26-76 墨斗为桥枕捆扎精准定位
武汉桥工段武汉长江大桥车间桥梁工区

图 26-77 桥枕套上钢轧带，然后用刮刀调整正位
武汉桥工段武汉长江大桥车间桥梁工区

图 26-78 桥枕套上钢轧带，然后用刮刀调整正位
武汉桥工段武汉长江大桥车间桥梁工区

图 26-79 自制定位器对螺丝进行固定，电钻对螺丝进行紧固
武汉桥工段武汉长江大桥车间桥梁工区

【思政小故事】

钢梁桥明桥面木桥枕手工制作主要包含计算、画线、锯槽、挖槽削平、钻螺栓孔、防腐处理、桥枕捆头 7 大流程，使用的工具如图 26-80 所示。目前桥枕制作主要依靠手工，制作过程费时费力，木桥枕尺寸、刻槽深度、制作成效，无法精准控制，影响木桥枕质量及使用寿命。

芜湖工务段路桥科 QC 小组齐心攻关，制作出桥枕刻槽机(图 26-81)应用于日常零星更换木桥枕制作(图 26-82)，提升效率效益，并获得国家专利如图 26-83 所示。

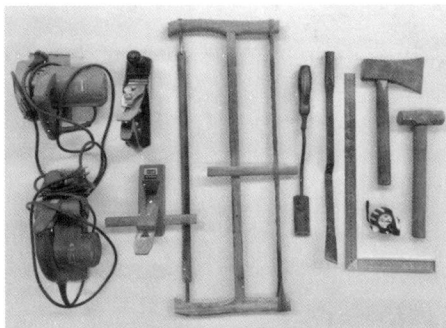

图 26-80　钢梁明桥面木桥枕制作工具
（原先工具）

图 26-81　桥枕刻槽机主视图
（新发明）

图 26-82　木桥枕制作刻槽成型

图 26-83　一种木桥枕刻槽装置

（资料来源：《人民铁道》）

任务 26.14　支座更换作业

一、适用范围

适用于普速铁路钢筋混凝土简支梁支座更换作业。

二、作业目的

(1)对桥梁支座活动端位移超限无法正常归位的病害进行一次性整治。
(2)保证桥梁设备的完好受力状态，确保运输安全。

三、作业条件

(1)该作业必须在封锁点内进行(桥墩台上准备工作可以在慢行条件下进入并作业)。

（2）作业完毕执行阶梯提速。

（3）需要工务段对锁定轨温和作业时的轨温超过 10 度的情况进行预处置，应力放散。

（4）桥上涉及供电、电务、通信专业的设备时，需要相关设备单位配合。

四、工具、机具、材料准备

（1）发电机、空压机、液压泵站、千斤顶、枕木头、硬杂木、支垫钢板、水平尺、氧气乙炔气、切割枪、电焊机、扳手、小撬棍、抹子、水桶、卷扬机。

（2）新支座、锚栓、灌浆材料、107 胶、1~2 mm 铁垫板。

（3）道尺、钢轨温度计、螺栓扳手、叉子、铁锹、扒镐、丁字扳手、大撬棍。

五、作业流程

1. 作业前

（1）人员机具到位。

（2）工务应力放散（在判断是否需要后）。

（3）挖出梁缝处的石砟、纵向支挡、露出横向盖板。

（4）挂设安全网。

（5）拆除影响起梁的附属设备。

（6）电缆防护。

（7）设置梁体斜撑方木。

（8）放置好动力电器设备泵站及顶镐并调试。

（9）凿除垫石及锚栓。

2. 作业过程及技术标准

（1）拆除梁缝前后扣件：相邻梁跨距梁端 15 m，本梁跨距梁端 5 m 为宜。

（2）顶起梁体：能取出旧支座为宜，一般为 8~10 cm，保证每孔梁下的四台同型号的顶镐同步平稳、顶起后还要防止梁体纵向移动，在梁缝处用硬杂木填死。

（3）更换支座：将既有的病害支座撤出，安设新支座，对位要精确。按照《普速铁路桥隧建筑物修理规则》（铁总工电〔2018〕125 号）要求，润滑油饱满，还要正确安装防震板，用灌浆料锚固好锚栓，找平层和既有砼面用 107 胶粘接。

（4）落梁：确保同步落下，位置正确；需要调整时，再起一次，不得损坏支座或使支座位移。

（5）用砂浆恢复既有排水坡。

（6）安装支座防护罩。

3. 作业后及质量验收

（1）恢复线路，安装并拧紧扣件，线路几何尺寸符合《普速铁路线路建筑物修理规则》（铁总工电〔2018〕125 号）。

（2）解除对电缆的防护，由专业单位检查。

（3）附属设施恢复，扶手栏杆、检查梯的焊接质量要经监护人员确认。

（4）移除工具设备及安全防护设施。

六、作业安全风险项点及防控措施

（1）电缆光缆损坏风险防控，应与设备所属单位签署协议，明确责任加强监护，专业防护，全过程盯控。

（2）人身安全的风险防控，主要措施是高空作业防坠落，人员提前培训，不适合高空作业的人员不上桥作业，设置好安全网，佩戴好安全绳，作业人员相互控制，默契配合。

（3）料具侵限影响开通后行车，风险防控应认真检查料具，撤出护网后方可开通，需要留在桥梁范围的机具，捆绑牢固不得侵限，并留有看守人员，专人负责。

（4）千斤顶不同步引起梁体倾斜风险的防控，应在顶起时用标尺观察顶起是否同步，严格控制速度为 20 mm/min，起梁总高度控制在 100 mm，且需使用同一种型号的千斤顶，梁体与千斤顶、千斤顶底座与墩台顶之间及各层钢板之间均垫一层石棉垫。

（5）锚栓孔凿开后梁体位移风险的防控，应用硬木及石砟块塞入凿开的锚栓孔，临时固定支座锚栓，用方木斜撑 T 形梁体。

（6）不得将施工用车停留在桥梁正下方，防止坠落物砸伤，遇到桥下有公路或居民区时要做好相应防护。

七、作业用表

支座更换作业评价见表 26-17。

表 26-17　支座更换作业评价表

姓名： 学号：		班级：	作业任务：按作业标准完成支座更换作业		总分：	
序号	作业内容	考核内容	评分标准	标准分	扣分因素及扣分	得分
1	作业料具	工具齐全并有效	（1）工具不全少一件扣 2 分； （2）未确认齐全有效扣 2 分； （3）使用不当一次扣 2 分	10		
2	作业程序	（1）作业前 ①向考官申请开始作业； ②设置防护	（1）作业前 ①未申请作业扣 5 分； ②未设置防护扣 10 分	40		
		（2）作业中 ①顶梁； ②拆除旧的病害支座； ③更换新支座； ④作业质量回检	（2）作业中 ①抬梁、更换支座作业流程顺序不正确，扣 5 分； ②抬梁、更换支座作业漏项扣 5 分； ③未质量回检扣 2 分			
		（3）作业后 ①人员、料具撤出限界以外； ②撤除防护； ③向考官报告作业完毕	（3）作业后 ①未检查料具扣 2 分； ②未按规定撤除防护扣 10 分； ③未向考官报告作业完毕扣 5 分			

续表 26-17

姓名: 学号:		班级:	作业任务:按作业标准完成支座更换作业		总分:	
序号	作业 内容	考核内容	评分标准	标准分	扣分因素 及扣分	得分
3	作业 质量	(1) 顶升梁高度是否符合规范要求; (2) 拆除旧病害支座的螺栓顺序是否正确; (3) 安装新支座位置是否正确,误差是否在规定范围内	(1) 顶升梁高度不符合规范要求,每次扣 10 分; (2) 拆除旧病害支座的螺栓顺序不正确,每处扣 2 分; (3) 安装新支座位置不正确,扣 20 分,误差未在规定范围内扣 10 分	40		
4	作业 安全	(1) 穿好防护服; (2) 按规定上下道	(1) 未穿防护服扣 5 分; (2) 未按规定上下道扣 5 分	10		
5	作业 时间	规定时间 60 min 内完成	(1) 在规定时间内全部完成不加分; (2) 每超时 1 min 从总分扣 2 分、总超时 5 min 停止作业	-10~0		

八、工程实景

珠烟线 K3+442 桥为预应力钢筋混凝土 T 形梁桥,桥全长 494.71 m,本桥采用 YZM 系列圆柱面钢支座,固定支座第 1~7 孔设于珠方,第 8~15 孔设于烟台北方。青岛工务段在对该桥检查中发现,第 1#、5#、6#、13#、14#桥墩出现病害,对梁体受力十分不利,病害继续发展将严重影响桥梁设备及行车安全。

图 26-84　珠烟线 K3+442 桥更换圆柱面钢支座作业(青岛工务段)

随着封锁命令的下达，封锁点内采用 1 台高压泵站控制 4 台千斤顶，用压力表和标尺观察 4 台千斤顶的作业情况，以保证 4 台千斤顶的同步升降。

图 26-85 青岛工务段更换圆柱面钢支座作业 1

在顶升至 70~135 mm 时，将既有支座移出，顶起过程中，四台千斤顶共同承担梁体的重量，并用短枕木头将梁底与墩顶之间顶紧后，进行更换支座作业。

图 26-86 青岛工务段更换圆柱面钢支座作业 2

起梁过程中严格控制起梁速度在 20 mm/min，起梁总高度控制在 135 mm 内，同时注意梁体倾斜，倾斜超过 10 mm 应立即停止起梁，待处理后方可继续起梁。

图 26-87 青岛工务段更换圆柱面钢支座作业 3

安装新支座，拧紧上板锚栓，将新支座与梁体贴合，千斤顶回落，支座对位，并复核标高。

图 26-88　青岛工务段更换圆柱面钢支座作业 4

支座下板锚栓孔支模，浇筑速凝高强支座灌浆料，达到强度后，拧紧支座下摆锚螺栓螺母。

图 26-89　青岛工务段更换圆柱面钢支座作业 5

恢复线路扣件，恢复横向盖板处道砟等，对线路进行整细，并确认线路达到开通条件。

图 26-90　青岛工务段更换圆柱面钢支座作业 6

任务 26.15　墩台裂纹整治作业

一、作业目的

对墩台裂纹进行整治，保持墩台稳定性，确保桥梁安全。

二、作业准备

1. 工作量调查

作业前进行工作量调查。

2. 工(机)具、材料准备

上道前检查工(机)具的安全性能，作业前后进行确认，以防止侵限或遗留在线路上。

(1)工(机)具：钢丝刷、毛刷、钢钎、手锤、秤、量杯、瓦工工具筛子、水桶、手动压浆泵、管路、压浆嘴、钻子；风动时采用空压机、储气罐、油水分离器、压力灌浆桶。

(2)材料：ZV 胶、水泥、腻子。

3. 基本作业人员

作业负责人 1 人，作业人员 2~3 人。

4. 作业布置

按照维修作业一次标准化流程，提前做好工作量调查，编制作业方案，并进行分工布置。

三、作业流程及标准

1. 裂缝表面处理

(1)裂缝两侧 50 mm 范围内混凝土表面，用钢丝刷刷去浮渣碎粒、尘土，用钢钎凿去起壳、风化疏松层(必要时进行凿毛处理)，打磨整平。

(2)凿缝：检查裂纹，确定凿缝长度，凿缝长度要超过裂纹长度。根据所需形状画线，先用扁钢钎凿两侧，再用尖钢钎凿中间，逐步深入直到所需深度及形状。

(3)用无水乙醇或丙酮擦去表面油垢，做到表面平整洁净。

(4)清理时注意裂缝中不能进水，也不能被尘土堵塞，必要时用工业吸尘器吸出尘土。

2. 粘贴注浆嘴

(1)先用自黏性胶带将注浆嘴按确定位置固定，注浆嘴间距根据裂缝宽度确定。

(2)裂缝宽度为 0.3~1 mm 时，其间距为 150~250 mm。

(3)裂缝宽度为 1 mm 以上时，其间距为 250~400 mm。

(4)每条裂缝至少要粘贴两个注浆嘴，即裂缝两端各粘一个。

(5)注浆嘴的进浆孔必须对准裂缝，并骑缝相贴，用封闭材料将注浆嘴牢牢粘贴在混凝土表面，应特别注意注浆嘴周围及注浆嘴与裂缝交接处要仔细封闭好，既要保证注浆嘴通浆，又不能在注浆嘴周边漏浆，保证注浆成功。

(6)应绘制裂缝分布图，标明注浆嘴位置，并编制代号。

3. 封闭

裂缝两侧 50 mm 范围内均匀涂刷 1~3 道底浆(水泥：ZV 胶＝1：1)。

4. 试压

(1)用手压注浆泵或风动压力灌浆桶把无水乙醇或丙酮压注入裂缝中，检查注浆嘴粘贴和裂缝封闭的质量，防止漏气或通气，如有漏气处用腻子堵塞。

(2)采用空压机风力把每个注浆嘴通气 15 min 以上，把裂缝中的水分和溶剂吹干。

5. 压力注浆

(1)确定注浆压力。试压时应采用低压力长时间慢速注浆方法，压力要逐步增加，按每隔 10 min 增压 0.1 MPa 的速度，最高增压至 0.4 MPa。

(2)估算注浆量。为保证一次注浆成功，避免浆量配制过多造成浪费，或配制过少注浆不够饱满影响质量的情况，应恰当估算出注浆质量，一般可按试压情况估算，也可按下列经验公式计算：估算注浆量＝裂缝长度×裂缝宽度×裂缝深度×浆液比重×损耗系数。

(3)压力注浆。注浆量备料配合比为水泥：ZV 胶：水＝1：0.4：适量，采用手压注浆泵或风动压力灌浆桶注浆。

同一条裂缝各注浆嘴应同时注浆，每个注浆孔注浆时间不少于 40 min，以确保浆液渗入细微的裂缝深处，使已裂损的混凝土成为整体受力结构。

6. 整平抹缝

注浆后第二天(相隔 10 h 以上)，将注浆嘴逐个凿除，不平整处用封闭材料刮抹平整。

7. 检查

按照作业质量标准对墩台裂纹修补质量进行检查，发现不符合要求的，及时整改，确保作业质量达标。

8. 作业结束

清扫作业现场，回收清理料具。

9. 完工会

收工后，施工(作业)负责人组织召开完工会，对当日作业质量及安全情况进行总结。

四、主要质量标准

(1)补修宽 0.2~0.3 mm 的裂纹时将裂纹凿成一条外口宽约 20 mm、深 3~7 mm 的 V 形槽。补修宽大于 0.3 mm 的裂纹时将裂纹凿成一条外口宽约 20 mm、内口宽约 6 mm、深 7~15 mm 的梯形槽。

(2)用毛刷将缝内的石碴粉清刷干净，并用丙酮清洗。

(3)砂浆拌和均匀，不要过稀，手握不粘、不散即可。

(4)涂浆均匀，无漏涂。

(5)勾缝压实、平顺、光滑、宽度一致，边缘直顺、色泽均匀。

(6)浆液充满裂纹与空隙，封闭涂层均匀、饱满、平整。

(7)裂缝表面无冒漏浆液痕迹，与原圬工结合良好，无重茬。

五、安全风险

(1)风险名称：人身伤害

(2)防控措施：

①在 2 m 以上高空作业时应搭设脚手架，且应搭设牢固。

②管路堵塞时，应切断风路，修理时不准对向眼睛，施工完毕必须清洗管路。

③相应作业时戴护目镜、口罩、手套，系安全带等。

④必须在天窗点内进行检查或天窗点外作业（按规定执行），来车时及时进入安全处所避车，执行同出同归制度。

⑤拌和砂浆时不要站在顺风处，避免吸入有毒气体。

⑥高空作业应戴好安全帽、系好安全带、安全绳。

⑦工具、料具不得乱扔、乱放，不得侵入基本建筑限界。

六、现场实作案例

"壁可法"修补工艺：表面清理、标记注入位置、黏接注入座、密封裂纹、灌注修补裂缝。

"壁可法"修补工艺：表面清理、标记注入位置、黏接注入座、密封裂纹、灌注修补裂缝。

图 26-91 精霍线 k213+173 m 皮里青河大桥（奎屯工务段路桥专修队）

七、作业用表

墩台裂纹整治作业评价见表 26-18。

表 26-18　墩台裂纹整治作业评价表

姓名：　　　班级： 学号：		作业任务： 按作业标准完成长 250 mm 墩台裂纹整治			总分：	
序号	作业内容	考核内容	评分标准	标准分	扣分因素及扣分	得分
1	作业料具	所有工具，量具及材料齐全并有效	（1）工具不全少一件扣2分； （2）未确认齐全有效扣2分； （3）使用不当一次扣2分	10		
2	作业程序	（1）作业前 ①向考官申请开始作业； ②设置防护	（1）作业前 ①未申请作业扣5分； ②未设置防护扣10分	40		
		（2）作业中 ①凿缝操作规范； ②清扫灰缝操作规范； ③拌合环氧树脂砂浆操作规范； ④涂浆液操作规范； ⑤勾缝操作规范	（2）作业中 ①凿缝时长度不符合要求、操作步骤不规范，一处扣5分； ②灰缝内有灰尘、泥砂，一处扣5分； ③拌合环氧树脂砂浆配合比不确扣10分； ④涂浆液时存在漏涂、流挂，一处扣5分； ⑤勾缝砂浆下坠、流淌，一处扣5分			
		（3）作业后 ①人员、料具撤出限界以外； ②撤除防护； ③向考官报告作业完毕	（3）作业后 ①未检查料具扣2分、人员未撤离扣10分； ②未按规定撤除防护扣10分； ③未向考官报告作业完毕扣5分			
3	作业质量	（1）凿缝 ①修补宽 0.2~0.3 mm 的裂纹时，将裂纹凿成一条外口宽 20 mm，深约 3~7 mm 的 V 形槽； ②修补宽大于 0.3 mm 的裂纹时将裂纹凿成一条外口宽约 20 mm，内口宽约 6 mm，深 7~15 mm 的梯形槽； （2）缝内用丙酮清洗； （3）砂浆拌和均匀，不要过稀，手握不粘不散即可； （4）勾缝压实、平顺、光滑，宽度边缘一致、直顺、色泽均匀、规定时间内凝固	（1）凿缝不符合要求，一处扣5分； （2）缝内未用丙酮清洗，一处扣5分； （3）砂浆拌合不均匀、过稀，一处扣5分； （4）勾缝未压实、不平顺、不光滑、宽度不致、边缘不直顺、色泽不均匀，规定时间内未凝固，一处扣5分	40		

续表 26-18

姓名：学号：	班级：		作业任务：按作业标准完成长 250 mm 墩台裂纹整治		总分：	
序号	作业内容	考核内容	评分标准	标准分	扣分因素及扣分	得分
4	作业安全	(1)穿好防护服； (2)按规定上下道； (3)必须在"天窗"点内进行或天窗点灰外作业(按规定执行)，来车时及时进入安全处所避车，执行同出同归制度； (4)拌合砂浆时不要站在顺风处，避免吸入有毒气体伤人； (5)高空作业戴好安全帽、系好安全带、安全绳； (6)工、料具不得乱扔、乱放，不得侵入基本建筑限界	(1)未穿防护服扣5分； (2)未按规定上下道扣5分； (3)未及时进入安全处所避车、未执行同出同归制度，一处扣10分； (4)拌和砂浆时站在顺风处，一次扣10分； (5)高空作业未戴好安全帽、未系好安全带、安全绳； (6)工、料具乱扔、乱放，一处扣5分	10		
5	作业时间	规定时间 60 min 内完成	(1)在规定时间内全部完成不加分； (2)每超时 1 min 从总分扣 2 分、总超时 5 min 停止作业	−10~0		

八、学员作业实景图

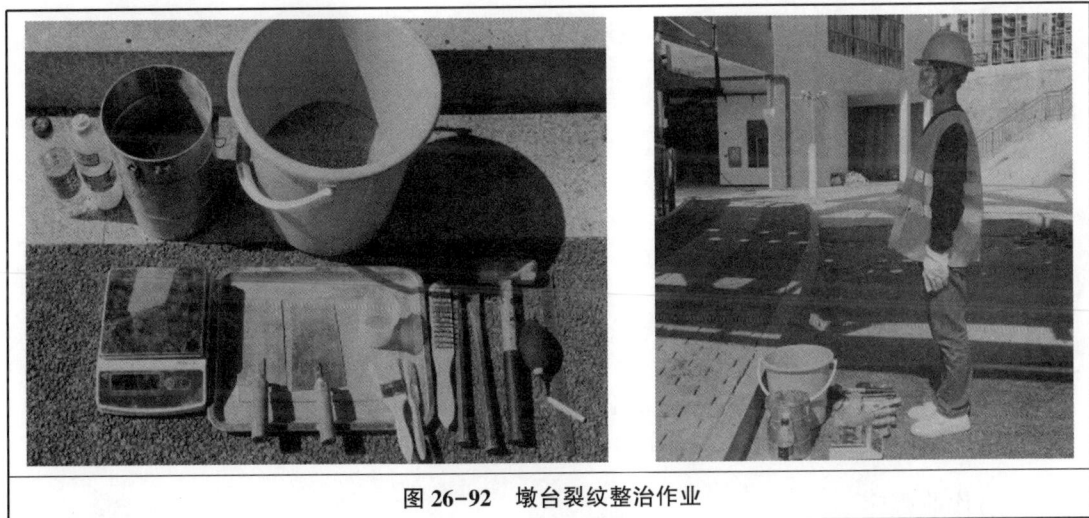

图 26-92　墩台裂纹整治作业

✦ 【思政小故事】

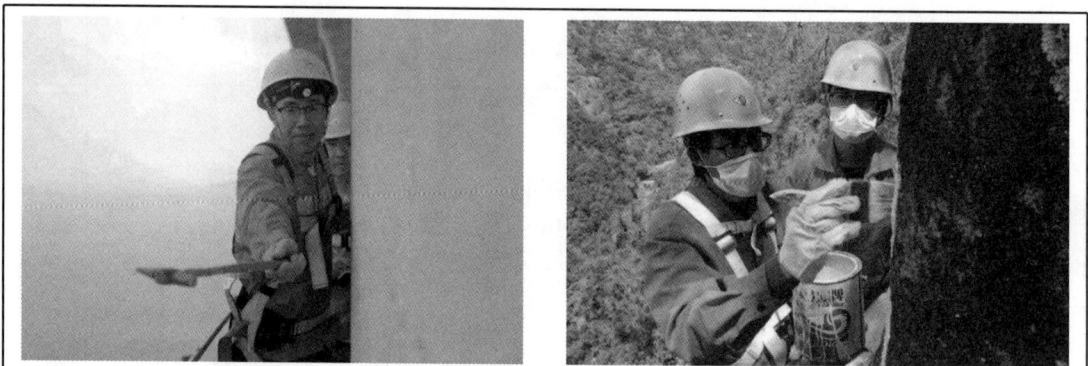

图 26-93　郭学民(福州工务段)

　　刚入路不久,郭学民(图 26-93)在一次砂浆抹面作业时,按照书本中的比例和好水泥砂浆,信心满满地往挡墙上抹,没想到砂浆一上墙就噼里啪啦往下掉。工友们调侃他:"秀才,是书上写错了还是你干错了?"郭学民瞬间涨红了脸。

　　凭借勤学苦练,他的业务技能突飞猛进。在 2015 年江西省"振兴杯"第十一届南昌铁路职业竞赛中,郭学民获得桥隧工项目第二名。

　　经过 13 年锤炼,从桥梁工到班组长,从安全工长到车间管理干部,郭学民将当好"高铁安全卫士"作为了自己的使命与追求。福建省金牌工人、江西省青年岗位能手、火车头奖章、全国铁路劳动模范……一项项荣誉见证了他的付出与成长。

(资料来源:人民铁道)

任务 26.16　桥隧涵标志作业

一、桥隧涵各种标志刷新

(一)作业目的

便于桥隧涵检查及维修。

(二)作业条件

(1)设驻站、远端、现场防护员,桥上用对讲机或电话防护,利用列车间隔时间作业。
(2)由工班长或指派能胜任其工作的桥隧工带班。

(三)作业程序

1.准备作业

(1)防护:插好作业牌,设置驻车站、远端、现场防护员,持对讲机防护。

(2)料具：刮刀、钢丝刷、排笔、油刷、油漆、字版。

2.作业顺序

(1)铲除、清刷标志上的旧字、污垢。

(2)涂刷白调和漆至少两遍。

(3)喷涂、描写新字号。

(4)编号顺序按规定依次排列。

3.作业结束

清理现场清洗工具、撤除防护。

(四)作业质量

(1)位置或样板符合要求。

(2)字样准确、标志清晰。

(3)喷涂底字无流淌。

(五)作业安全

(1)开行动车地段，在动车组通过前 30 min 应停止作业，作业人员到线路外侧不小于 3 m 外的安全地点避车。视线不良地段应增设中间联络员。

(2)避车时工具应带出桥外，工具不侵限。

(3)施工作业不伤手脚。

(4)不浪费材料。

(六)作业评价

桥隧涵各种标志刷新作业评价表见表 26-19。

表 26-19 桥隧涵各种标志刷新作业评价表

姓名： 学号：	班级：	作业任务： 按作业标准完成桥隧涵各种标志刷新作业		总分：
项目及配分	考核内容	评分标准	标准分（100）	扣分因素及扣分	得分
作业条件	1.设驻站、远端、现场防护，桥上用对讲机或电话防护，利用列车间隔时间作业	未规定设置防护，扣 100 分	15		
	2.由工班长或指派能胜任其工作的桥隧工带班	违反规定，扣 15 分			

续表 26-19

姓名： 学号：		班级：	作业任务： 按作业标准完成桥隧涵各种标志刷新作业		总分：		
项目及 配分		考核内容	评分标准		标准分 （100）	扣分因素 及扣分	得分
作业程序	1. 准备作业	(1)防护：插好作业牌，设置驻车站、远端、现场、远端防护贯，持对讲机防护	未规定设置防护，扣 100 分		35		
		(2)料具：刮刀、钢丝刷、排笔、油刷、油漆、字版	料具不全，每缺一件扣 5 分				
	2. 作业顺序	(1)铲除、清刷标志上的旧字、污垢	未铲除标志上的旧字、污垢，扣 3 分				
		(2)涂刷白调合漆至少两遍	少刷一遍，扣 3 分				
		(3)喷涂、描写新字号	喷涂、描写不清楚、有花边，扣 3 分				
		(4)编号顺序按规定依次排列	未按要求操作，扣 3 分				
	3. 作业结束	清理现场、清洗工具、撤除防护	未清理现场、清洗工具、撤除防护，每项扣 3 分				
作业质量		1. 位置或样板符合要求	字样不符合要求，扣 5 分		30		
		2. 字样准确，标志清晰	标志不清晰，扣 5 分				
		3. 喷涂底字无流淌	喷涂底字有流淌、花边，每项扣 3 分				
作业安全		1. 开行动车地段，在动车组通过前 30 min 应停止作业，到线路外侧不少于 3 m 外的安全地点避车。瞭望条件不良地段应增设中间联络员	违反规定扣 100 分		15		
		2. 工具不侵限	瞭望不良地段未增设中间联络员扣 100 分				
		3. 施工作业不伤手脚	工具侵入限界，扣 100 分				
		4. 不浪费材料	有轻伤，每次扣 10 分				
效率		1. 刷新标号标 35 min/个 2. 刷新隧道公尺标 3 min/个 以下） 3. 刷新水标尺 32 min/m(2 m 以下） 4. 刷新水尺标 65 min/m(2 m 以上）	提前不加分，每超 1 min 扣 1 分		10		

二、隧道画箭头

(一)作业目的

标示隧道安全处所,以便作业人员避车。

(二)作业条件

(1)插好作业牌,设置驻车站远端现场防护员,持对讲机防护。
(2)带班由级别不低于班长的或能胜任的桥隧工担任。

(三)作业程序

(1)插好作业牌,设置驻车站远端现场防护员,持对讲机防护。
(2)定出箭头位置,清除污垢。
(3)画出箭头尺寸线。
(4)备好熟石灰或白色油漆。
(5)搅拌均匀后粉刷。

(四)作业质量

(1)箭头距离钢轨面的高度 1.5 m,高度误差±3 cm,箭头至避车洞中心线距离 10 m,距离误差±5 cm。
(2)箭头尺寸:箭头长 80 cm,尾部长 80 cm,尾部宽度 20 cm,箭头的斜角至尾部宽度 15 cm。
(3)避车洞白边宽 30 cm。
(4)涂刷整齐、洁白。

(五)作业安全

(1)开行动车地段,在动车组通过前 30 min 应停止作业,进入避车洞内避车。
(2)避车时工具应带入避车洞内。
(3)作业时应戴手套、护目镜。

(六)作业评价

隧道画箭头作业评价表见表 26-20。

表 26-20 隧道画箭头作业评价表

姓名: 学号:	班级:	作业任务: 按作业标准隧道完成画箭头作业		总分:		
项目及配分	考核内容	评分标准		标准分	扣分因素及扣分	得分
作业条件	1.插好作业牌,设置驻车站远端、现场持对讲机防护	未按规定设置防护扣 100 分		10		
	2.带班不低于班长或能胜任的桥隧工担任	违反规定要求,扣 15 分				

续表 26-20

姓名： 学号：	班级：		作业任务： 按作业标准隧道完成画箭头作业	总分：		
项目及 配分	考核内容		评分标准	标准分	扣分因素 及扣分	得分
作业 程序	1. 插好作业牌，设置驻车站、远端、现场持对讲机防护		未按规定设置防护扣100分	35		
	2. 定出箭头位置，清除污垢		未标出箭头位置或未清理污垢，扣3分			
	3. 画出箭头尺寸线		未画线，扣5分			
	4. 备好熟石灰或白色油漆		未按要求准备，扣3分			
	5. 搅拌均匀后粉刷		搅拌不均匀，扣3分			
作业 质量	1. 箭头距离钢轨面的高度1.5 m，箭头至避车洞中心线距离10 m，距离误差±5 cm		箭头高度误差±3 cm，距离误差±5 cm，扣5分	30		
	2. 箭头尺寸：箭头长80 cm，尾部长80 cm，尾部宽度20 cm，箭头的斜角至尾部宽度15 cm。		箭头尺寸误差±2 cm，扣3分			
	3. 避车洞白边宽30 cm		宽窄不一致，有毛边，扣5分			
	4. 涂刷整齐、洁白		不整齐、洁白、每项扣3分			
作业 安全	1. 开行动车地段，在动车组通过前30 min应停止作业，进入避车洞内避车		违反规定未进入避车洞内避车，扣100分	15		
	2. 避车时工具应带入避车洞内		工具侵入限界，扣100分.			
	3. 作业时应戴手套、护目镜		未正确使用劳保用品，每项扣5分			
作业 时间	限时15 min/个		提前不加分，每超1 min扣1分	10		

任务 26.17　桥隧混凝土构件抗压强度检测作业

一、作业目的

确保铁路桥隧混凝土强度满足运营要求。

二、作业条件

(1)设驻站、远端防护。现场防护，桥上用对讲机或电话防护，利用列车间隔时间作业。

(2)由工班长或指派能胜任其工作的桥隧工带班。

三、作业程序

1.准备作业

(1)防护：插好作业牌，设置驻车站、远端、现场防护员，持对讲机防护。

(2)料具：回弹仪(图 26-94~图 26-95)、碳化深度测量仪(图 26-96~图 26-97)、钢尺、记录笔、检测记录表、不带编程的计算器、石笔。

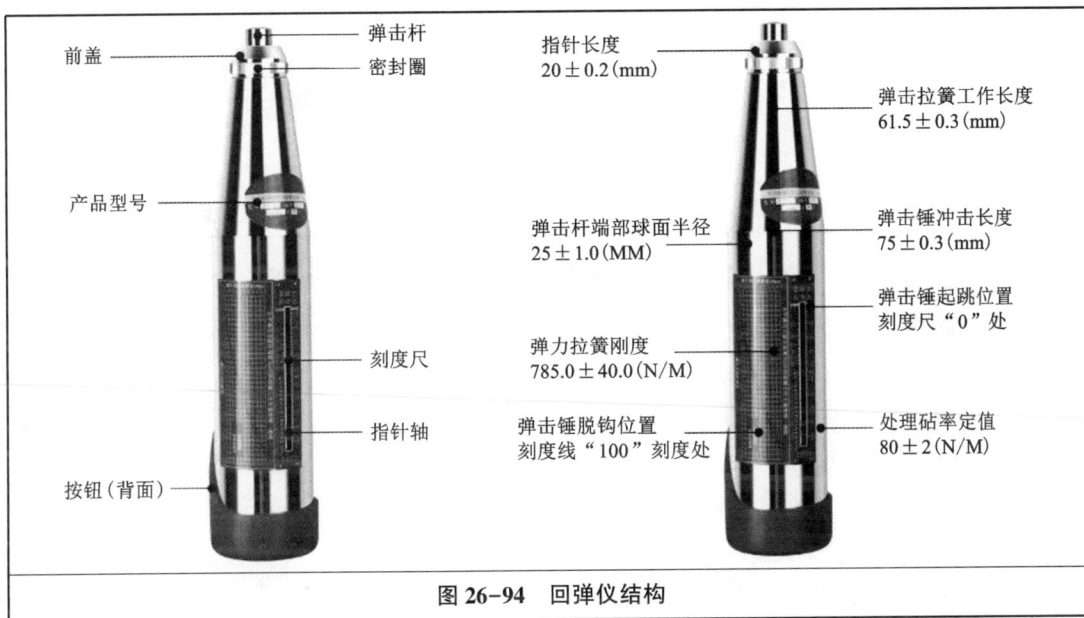

图 26-94　回弹仪结构

前盖　弹击杆　密封圈　产品型号　刻度尺　指针轴　按钮(背面)

指针长度 20±0.2(mm)
弹击拉簧工作长度 61.5±0.3(mm)
弹击杆端部球面半径 25±1.0(MM)
弹击锤冲击长度 75±0.3(mm)
弹击锤起跳位置 刻度尺"0"处
弹力拉簧刚度 785.0±40.0(N/M)
弹击锤脱钩位置 刻度线"100"刻度处
处理砧率定值 80±2(N/M)

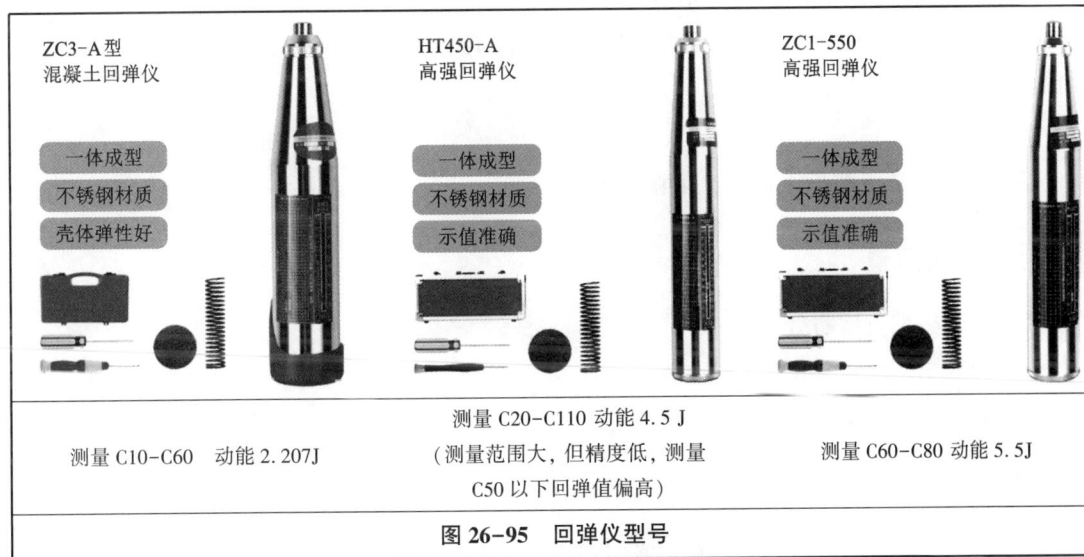

ZC3-A 型 混凝土回弹仪
一体成型
不锈钢材质
壳体弹性好
测量 C10-C60　动能 2.207J

HT450-A 高强回弹仪
一体成型
不锈钢材质
示值准确
测量 C20-C110 动能 4.5 J
(测量范围大，但精度低，测量 C50 以下回弹值偏高)

ZC1-550 高强回弹仪
一体成型
不锈钢材质
示值准确
测量 C60-C80 动能 5.5J

图 26-95　回弹仪型号

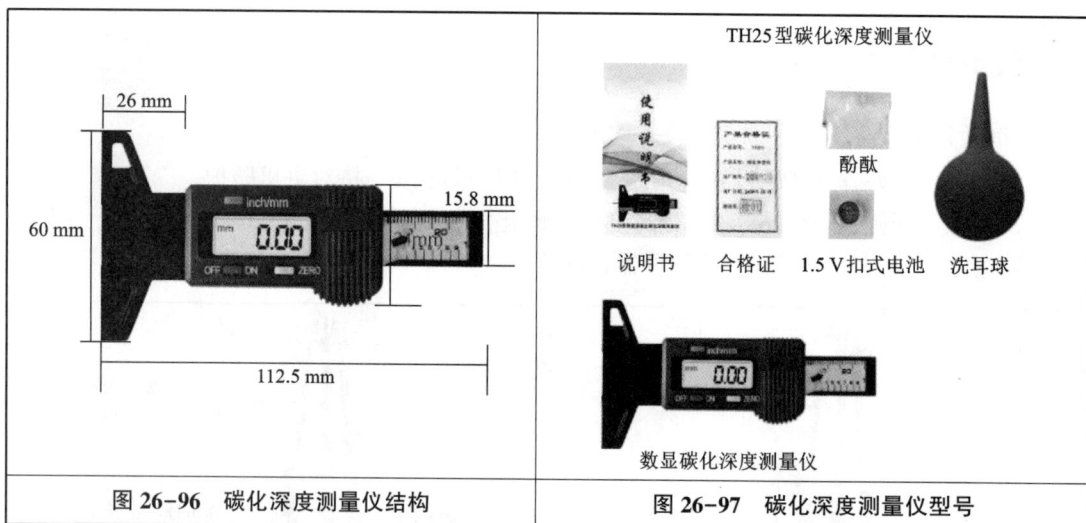

图 26-96　碳化深度测量仪结构

图 26-97　碳化深度测量仪型号

（3）规范：《铁路工程结构混凝土强度检测规程》（TB 10426—2019）。

2. 作业顺序

（1）正确选取测区（相邻测区间隔小于 2 m）、测点，清理测区。

（2）确定测区 10 个，测区面积不宜大于 0.04 m²（0.09 m²），每测区 16(12) 个网格，均衡分布（注：括号内是新规范计划采用的数值）。

（3）正确使用回弹仪在测试面进行回弹测试。

（4）正确快速读取回弹值并记录。

（5）根据原始数据计算每个测区回弹平均值。

（6）测量碳化深度值，测点数不应少于结构或构件测区数的 30%。

（7）查阅《铁路工程结构混凝土强度检测规程》（TB 10426—2019），并填写每测区强度换算值。

3. 作业结束

清理现场，清点整理工器具，撤除防护。

四、作业质量

（1）原始数据真实有效。

（2）内容填写清楚、齐全、修改规范。

（3）数据计算无误。

五、作业安全

（1）桥上、隧道作业时注意瞭望，及时避车。

（2）如需搭设必要的脚手架或用简易吊架作业，使用前应注意检查。

（3）穿戴好必要的劳动保护用品，高空作业时应系好安全带。

（4）所有工具应放置牢稳，不得侵入限界。

六、作业评价

铁路桥隧混凝土抗压强度检测作业评价表见表 26-21。

表 26-21 铁路桥隧混凝土抗压强度检测作业评价表

姓名： 学号：		班级：	作业任务：按作业标准完成铁路 桥隧混凝土抗压强度检测作业	总分：		
项目及 配分		考核内容	评分标准	标准分 （100）	扣分因素 及扣分	得分
作业 条件		1. 设驻站、远端、现场防护， 桥上/隧道中用对讲机或电话 防护，利用列车间隔时间作业	未规定设置防护，扣 100 分	15		
		2. 由工班长或指派能胜任其 工作的桥隧工带班	违反规定，扣 15 分			
作业 程序	1. 准 备 作 业	(1) 防护：插好作业牌，设置 驻车站、远端、现场、远端防 护贯，持对讲机防护	未规定设置防护，扣 100 分			
		(2) 料具：回弹仪 1 台、钢尺 1 把、、记录笔 1 支、检测记 录表 1 张、不带编程的计算器 1 个、石笔 1 支	料具不全，每缺一件扣 5 分			
		(3) 规范：《铁路工程结构混 凝土强度检测规程》（TB 10426—2019）	未带规范扣 5 分			
	2. 作 业 顺 序	(1) 正确选取测区（相邻测区间 隔小于 2 m）、测点，清理测区；	相邻测区间隔大于 2 m 或测区清 理不干净，每项扣 1 分	55		
		(2) 确定测区 10 个，测区面积 不宜大于 0.04 m²，每测区 16 个网格，均衡分布；	测区数不符合、测区面积大于 0.04 m² 或测区网格数不符合，每 项扣 1 分。			
		(3) 正确使用回弹仪在测试面 进行回弹测试；	按要求正确完成操作计 9 分，每 1 处不满足规范要求扣 1 分。			
		(4) 正确快速读取回弹值并 记录；	数据读取错误，每项扣 1 分			
		(5) 根据原始数据计算每个测 区回弹推算值；	填写错误，每项扣 1 分，扣完 为止。			
		(6) 测量碳化深度值，测点数 不应少于结构或构件测区数 的 30%；	未测量碳化深度值，测点数不符， 每项扣 1 分			
	3. 作 业 结 束	清理现场、清点整理工器具、 撤除防护	清理现场、清点整理工器具、撤除 防护，每项扣 3 分			

续表 26-21

姓名： 学号：	班级：	作业任务：按作业标准完成铁路桥隧混凝土抗压强度检测作业		总分：		
项目及配分	考核内容	评分标准	标准分（100）	扣分因素及扣分	得分	
作业质量	内容填写清楚、齐全、修改规范；	不符合扣 5 分	10			
作业安全	1. 桥上、隧道作业时注意瞭望，及时避车；	违反规定扣 100 分；	20			
	2. 如需搭设必要的脚手架或用简易吊架作业，使用前应注意检查；	瞭望不良地段未增设中间联络员扣 100 分				
	3. 穿戴好必要的劳动保护用品，高空作业时应系好安全带；	有轻伤，每次扣 10 分				
	4. 所有工具应放置牢稳，不得侵入限界。	工具侵入限界，扣 100 分				
作业时间	30 min	提前不加分，每超 1 min 扣 1 分，超 10 min 停止作业	0～-10			

七、记录表

铁路桥隧混凝土抗压强度检测记录表见表 26-22。

表 26-22　铁路桥隧混凝土抗压强度检测记录表（标称动能：　　　　）

姓名： 学号：		班级：		作业任务：按作业标准完成铁路桥隧混凝土抗压强度检测									
检测地点					检测日期		年	月	日		时		分
碳化深度：		mm	测区1	测区2	测区3	测区4	测区5	测区6	测区7	测区8	测区9	测区10	
测点回弹值 R_i	测点1												
	测点2												
	测点3												
	测点4												
	测点5												
	测点6												
	测点7												
	测点8												
	测点9												
	测点10												

续表 26-22

姓名： 班级： 学号：		作业任务：按作业标准完成铁路桥隧混凝土抗压强度检测									
检测地点						检测日期		年　月　日		时　　分	
碳化深度：　　　mm		测区 1	测区 2	测区 3	测区 4	测区 5	测区 6	测区 7	测区 8	测区 9	测区 10
测点回弹值 R_i	测点 11										
	测点 12										
	（测点 13）										
	（测点 14）										
	（测点 15）										
	（测点 16）										
测区平均回弹值 R_m（16 选 10）											
测试角度（上、下、度数）											
测试面（顶、底、侧）											
修正后回弹值	角度修正值										
	角度修正后										
	测面修正值										
	测面修正后										
测区混凝土强度换算值 $f^c_{cu,i}$											
修正后的强度换算值 $f^c_{cu,i}$											
混凝土换算值平均值 $m_{f^c_{cu}}$	$m_{f^c_{cu}} = \dfrac{\sum\limits_{i=1}^{n} f^c_{cu,i}}{n} =$										
混凝土换算值标准差 $S_{f^c_{cu}}$	$S_{f^c_{cu}} = \sqrt{\dfrac{\sum\limits_{i=1}^{n}(f^c_{cu,i})^2 - n(m_{f^c_{cu}})^2}{n-1}} =$										
测区混凝土换算值 最小值 $f^c_{cu,min}$	$n = \qquad ; \quad f^c_{cu,min} =$										
强度推定值 $f_{cu,e}$	$f_{cu,e} = f^c_{cu,min} = \qquad (n<10);$ $f_{cu,e} = m_{f^c_{cu}} - 1.645 S_{f^c_{cu}} = \qquad (n \geqslant 10)$										

八、学员作业实景图

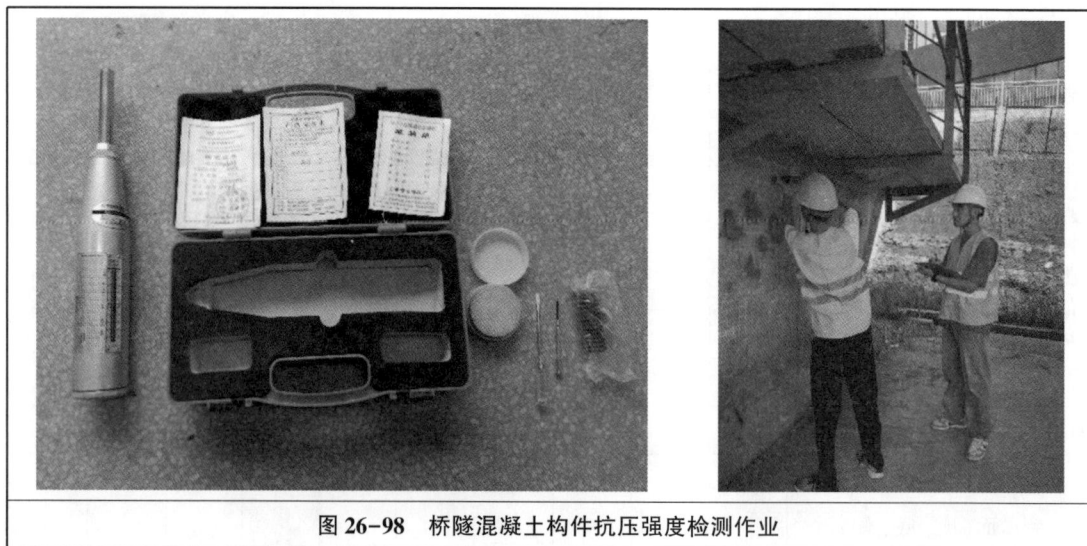

图 26-98　桥隧混凝土构件抗压强度检测作业

任务 26.18　隧道衬砌裂损及变形检查作业

一、适用范围

适用于 $v_{max} \leqslant 160$ km/h 线路隧道衬砌裂损、变形的检查。

二、作业目的

检查隧道衬砌破损、变形，为下一步整修提供依据。

三、作业条件

该作业项目在天窗点外进行。

四、工具、机具、材料准备

手电筒，钢卷尺，照相机，刻度放大镜，红油漆或红铅笔，酚酞溶液、水泥砂浆，水准仪，手锤，钎钉，垂球，G 网手机、对讲机。

五、作业流程

1.作业前

按规定设置防护。

2.作业中

(1)衬砌裂缝变化检查。

①隧道衬砌裂缝(纹)的检查、观测方法是测量其长度、走向、宽度和深度,描述裂纹形状,还要用红油漆画出它的始终点,用测标(灰块测标、玻璃测标等)观察有无变化;宽度也可用带有刻度的放大镜测量,把观测日期及结果记入隧道登记簿内,并绘制隧道衬砌病害展示图。

②对裂缝的扩张程度及其错距检查即在裂缝两侧完好圬工中埋入两钎钉(其中一个为 L型),两钎钉的尖端相交于一点。当衬砌裂缝扩张时,除了可量得其扩张程度外,还可以测量裂缝的错距。

(2)衬砌变形观测。

①当衬砌边墙(或拱脚)发生变形时,可在其变形部位埋设钎钉,钎钉上悬挂垂球,与埋设在隧底的固定点对位。如变形发展,可以从测标上读出相应变化值。用这个方法观测变位时,还应量测钎钉与固定点的垂直距离,以便求算角变位。

②利用洞内观测系统仪器定期测量各段衬砌的垂直位置和水平位置,以判定各部分是否产生变形,测量垂直位置用水准仪对衬砌边墙、洞门,拱圈上的固定测点进行抄平,一般每段衬砌要测量其拱顶、拱脚和轨顶上的 1 m 处两侧边墙沿点(测点埋入固定标钉)的标高。衬砌的水平位置可用钢尺丈量边墙上相对测标间和拱脚间宽度及各段的长度的方式测量;必要时,还需测量衬砌的横断面。

③测量所得的裂缝、变形和衬砌的纵横断面资料,应与以往资料作比较,从而判别病害有无发展或出现新的病害。

3.作业后

清理作业现场。

六、技术标准

1.衬砌开裂、变形、损坏

(1)衬砌裂纹长度>5 m、宽度>5 mm;衬砌变形速率>10 mm/年;拱部衬砌压溃范围>1 m² 、掉块深度>10 mm。衬砌多条裂缝贯通,有掉块可能时应有计划地安排处理。

(2)衬砌严重风化、腐蚀造成衬砌崩塌、剥落;衬砌腐蚀疏松深度大于衬砌厚度的1/6、面积在 0.3 m² 以上。

七、作业安全风险项点及防控措施

(1)安排专人在隧道所处区间相应车站驻站,并做好有关登记。

(2)做好驻站人员与现场负责人间的联系,负责人尽可能地掌握列车运行动向。

(3)在盲区段,应根据现场实际情况增设联络员,做好联络工作。

(4)上道作业按规定防护,来车时及时下道避车。

八、作业用表

隧道衬砌裂损及变形检查作业评价表见表26-23。

表 26-23 隧道衬砌裂损及变形检查作业评价表

姓名： 班级： 学号：			作业任务： 按作业标准完成隧道衬砌裂损及变形检查作业		总分：	
序号	作业内容	考核内容	评分标准	标准分	扣分因素及扣分	得分
1	作业料具	工具齐全并有效	(1)工具不全少一件扣2分； (2)未确认齐全有效扣2分； (3)使用不当一次扣2分	10		
2	作业程序	(1)作业前 ①向考官申请开始作业； ②设置防护	(1)作业前 ①未申请作业扣5分； ②未设置防护扣10分	40		
		(2)作业中 ①搭设脚手架； ②敲击检查； ③现场标记问题； ④核实确认问题； ⑤作业质量回检	(2)作业中 ①隧道衬砌裂损及变形检查作业流程顺序不正确，扣5分； ②隧道衬砌裂损及变形检查作业漏项扣5分； ③未质量回检扣2分			
		(3)作业后 ①人员、料具撤出限界以外； ②撤除防护； ③向考官报告作业完毕	(3)作业后 ①未检查料具扣2分； ②未按规定撤除防护扣10分； ③未向考官报告作业完毕扣5分			
3	作业质量	(1)搭设脚手架是否稳固，是否做好保护接触网和钢轨措施； (2)是否正确做好隧道病害现场标记； (3)是否按要求对隧道检查的问题拍照并记录清楚； (4)对隧道衬砌疑似病害是否核实确认问题	(1)搭设脚手架不稳固，未做好保护接触网和钢轨措施。每项扣5分； (2)隧道病害现场标记存在偏差，每项扣5分； (3)未按要求对隧道检查的问题进行拍照，记录不清楚每项扣5分； (4)对隧道衬砌疑似病害是否核实确认问题，每次扣10分	40		
4	作业安全	(1)穿好防护服； (2)按规定上下道	(1)未穿防护服扣5分； (2)未按规定上下道扣5分	10		
5	作业时间	规定时间60 min内完成	(1)在规定时间内全部完成不加分； (2)每超时1 min从总分扣2分、总超时5 min停止作业	0~-10		

【思政小故事】

张伟，是中卫工务段平凉桥隧车间崇信桥隧检查工区工长、工人首席技师。参加工作 30 多年来，他坚守一线、兢兢业业、敬业奉献，在攻坚克难、节省成本、培训育新人等方面充分发挥党员先锋模范作用，荣获"铁路工匠""火车头奖章"及全国铁路"劳动模范"等多项荣誉称号。

张伟所在的工区位于宝中线六盘山脉地区。这里山大沟深，为确保管内 176 座桥梁、40 座隧道及 644 座涵洞的安全，他总结出"三定一图"检测法，对每处设备病害进行准确定性、定位、定量分析，实现了桥隧设备状态评定 100% 准确。张伟是设备检查队伍里的"排头兵"，更是病害整治队伍中的"先锋战士"。每年都主动向车间申请参与春检，对发现的影响走行的灌木、路基边坡水渠病害进行整治，保障汛期行车安全。从去年到现在，他带领班组中级工排查路外安全隐患 167 处，砍伐危树 10320 棵，冬季隧道除冰 210 立方米。

（资料来源：兰州铁道报）

任务 26.19　隧道渗漏水检查作业

一、适用范围

适用于 $v_{max} \leqslant 160$ km/h 线路隧道漏水的检查。

二、作业目的

检查隧道漏水，为下一步整修提供依据。

三、作业条件

隧道渗漏水作业项目在天窗点外进行。

四、工具、机具、材料准备

水桶、盛水器皿。

五、作业流程

1.作业前

按规定设置防护。

2.作业中

（1）调查及划段。

根据实地调查，将衬砌按漏水原因、程度和变化规律分为若干段。再按每个段，详细记录衬砌漏水的形式、范围和漏水量。

（2）观测漏水量。

①对湿润、渗水及漏水量很小，不易量得漏水者，可注意观测其渗漏的起止日期及其变化规律。

②漏水量观测一般可用容器直接量测，记录装漏容器的单位时间，以求得其漏水量。对比较大的漏水点都应尽量观测，并根据各时期漏水量，掌握其最大和平均值。

3.作业后

清理作业现场。

六、技术标准

1.严重漏水、涌砂、涌水

电力牵引区段隧道拱部漏水，影响接触网正常使用；非电力牵引区段隧道拱部漏水成线；边墙淌水，造成严重翻浆冒泥，道床下沉；严寒地区漏水造成结冰侵限；涌水、涌砂浸泡道床。

2.隧道漏水程度划分

（1）润湿：衬砌表面出现湿痕，但不成滴下落；

（2）渗水：衬砌表面出现水痕，三分钟以上汇积成滴下落；

（3）滴水：水滴间断缓慢下落；

（4）漏水：水滴间断地急速下落；

（5）射水：水成股连续下落；

（6）涌水：水流成柱下落或冒射，以围岩的地下水涌出的形式进入隧道，来势极猛，破坏力较大。

七、作业安全风险项点及防控措施

（1）安排专人在隧道所处区间相应车站驻站，并做好有关登记；

（2）做好驻站人员与现场负责人间的联系，负责人尽可能地掌握列车运行动向；

（3）在盲区段，应根据现场实际情况增设联络员，做好联络工作；

（4）上道作业按规定防护，来车时及时下道避车。

八、作业用表

隧道渗漏水检查作业评价表见表26-24。

表 26-24 隧道渗漏水检查作业评价表

姓名: 学号:		班级:	作业任务:按作业标准完成隧道渗漏水检查作业		总分:		
序号	作业内容	考核内容	评分标准	标准分	扣分因素及扣分	得分
1	作业料具	工具齐全并有效	(1)工具不全少一件扣2分; (2)未确认齐全有效扣2分; (3)使用不当一次扣2分	10		
2	作业程序	(1)作业前 ①向考官申请开始作业; ②设置防护	(1)作业前 ①未申请作业扣5分; ②未设置防护扣5分	40		
		(2)作业中 ①调查及划段 ②观测漏水量	(2)作业中 ①调查及划段不正确扣10分; ②漏水量观测不正确扣10分			
		(3)作业后 ①人员、料具撤出限界以外; ②撤除防护; ③向考官报告作业完毕	(3)作业后 ①未检查料具扣2分; ②未按规定撤除防护扣10分; ③未向考官报告作业完毕扣5分			
3	作业质量	(1)掌握检查方法及位置; (2)检查出病害、标记正确,记详细; (3)评判正确,无漏检	检查错误每一处扣10分	40		
4	作业安全	(1)穿好防护服; (2)按规定上下道	(1)未穿防护服扣5分; (2)未按规定上下道扣5分	10		
5	作业时间	规定时间60 min内完成	(1)在规定时间内全部完成不加分; (2)每超时1 min从总分扣2分、总超时5 min停止作业	0~-10		

任务 26.20　隧道除冰作业

一、适用范围

适用于铁路隧道工务除冰作业。

二、作业目的

清理隧道内起拱线以下结冰,确保行车设备良好。

三、作业条件

（1）本作业适用于隧道内除冰作业。

（2）本作业适用于天窗点内作业。

（3）作业负责人由不低于工班长的人员担任。

四、工具、材料准备

大锤、撬棍、手锤、土镐、钢钎、铁锹、筲帚、抬筐、抬杠、升降梯、打冰杆、照明灯具。

五、作业流程

1.作业前

（1）点名分工

负责人组织施工人员列队点名，明确作业负责人、作业分工项目、作业内容、主要技术标准、人员分工，所有施工人员均应按规定使用劳动保护用品。

要明确驻站联络员、现场防护员、远端防护员和中间联络人员（联系困难地段）安排。

（2）安全预想

根据当日作业项目进行全员安全预想。

（3）工（机）具检查

作业人员对工（机）具性能及安全性进行检查确认，防止将损伤的工（机）具带入作业现场，影响作业安全、进度和质量。

（4）设置防护

①防护员必须由经考试合格的职工担任。驻站联络员提前 40 min 到达车站办理登记手续，了解列车运行情况，及时通知现场防护员。

②现场防护员按要求准备好防护标牌，设置防护。

2.作业中

（1）人机转移

①现场防护员接到驻站防护员通知后，会同作业负责人组织所有作业人员在就近作业通道或在路肩上行走至作业地点附近的安全地带。

②需汽车运输时，应掌握汽车性能，工（机）具搬上搬下、人员上下等过程中，应注意人身安全。

③需穿越公路，应在公路上指派防护人员，指挥车辆和人员通行。

（2）作业准备

按照责任分工准备好除冰工具。

（3）进入隧道除冰作业

作业负责人确认防护已到位，并接到施工命令（命令号、施工起讫时间）后，通知作业人员上道作业。

（4）基本作业

①人工破冰：用除冰工具将起拱线以下的冰锥（柱）破掉。

②将破下的冰块运至隧道以外并放置在限界以外安全地点。

③检查隧道结冰情况，确定下次除冰地点。

（5）下道避车

①作业人员禁止在两线间停留、站立。

②根据邻线列车速度要求，按规定距离执行下道避车制度。

③下道避车时，面迎列车方向，防止车上绳索等物伤人。

④作业负责人督促各小组负责人检查两线间及邻线上是否有工（机）具侵限。

3. 作业后

（1）验收

①由作业负责人组织验收，确保除冰及清理质量。

②组织专人检查作业区域内的工（机）具及散落冰块，防止遗漏及散落侵限。

③严格执行工完料净制度，对不能回收的料具，应堆放整齐，并安排人员看守。

（2）撤除防护

①现场防护员根据作业负责人的要求，撤除现场防护。

②待人员、工具全部到达安全区域后，作业负责人通知驻站联络员，驻站联络员方可撤离。

（3）检查与分析

作业负责人组织对标，分析当日作业安全、质量情况；对作业中存在的安全、质量问题，查找原因，制定措施，落实责任。

六、技术标准

（1）除冰后实际限界必须满足最大级超限货物的装载限界加 100 mm 的要求。

（2）道床上冰面厚度控制在钢轨头部下缘以下。

七、作业安全风险项点及防控措施

1. 安全防护不到位

（1）严格落实天窗修管理制度；

（2）通信不良或瞭望不良地段应增设中间联络员；

（3）严格执行现场防护员与驻站联络员联系制度，每 3~5 分钟联系一次，及时、准确预报、确保来车信息。一旦出现联系中断或脱节应立即停止作业并组织人员下道；

（4）跨越线路走行时，应严格执行"手比、眼看、口呼"制度。

2. 触电伤害

（1）所有使用的工具必须与牵引供电设备高压带电部分保持 2 m 以上的距离；

（2）接触网回流线 2 m 以内除冰必须使用绝缘工具；

（3）电气化铁路区段作业人员必须严格执行《电气化铁路有关人员电气安全规则》。

3. 高空作业坠落

（1）升降梯必须放置稳妥并安排专人看护，防止梯子倾覆；

（2）上梯子作业人员必须站稳，佩戴好安全带。

4.冰块飞溅伤害

作业人员应佩戴好护目镜，防止冰块飞溅伤害。

八、作业用表

隧道除冰作业评价表见表 26-25。

表 26-25　隧道除冰作业评价表

姓名：　　　　班级： 学号：			作业任务：按作业标准完成隧道除冰作业		总分：	
序号	作业内容	考核内容	评分标准	标准分	扣分因素及扣分	得分
1	作业料具	工具齐全并有效	（1）工具不全少一件扣 2 分； （2）未确认齐全有效扣 2 分； （3）使用不当一次扣 2 分	10		
2	作业程序	（1）作业前 ①向考官申请开始作业； ②工(机)具检查 ③设置防护	（1）作业前 ①未申请作业扣 5 分； ②未进行工(机)具检查扣 5 分； ③未设置防护扣 10 分	40		
		（2）作业中 ①人工破冰； ②冰块运输； ③检查隧道结冰情况，确定下次除冰地点； ④作业质量回检	（2）作业中 ①人工破冰作业流程顺序不正确扣 5 分； ②冰块运输作业流程顺序不正确扣 5 分； ③未检查隧道结冰情况，确定下次除冰地点，扣 5 分； ④未质量回检扣 2 分			
		（3）作业后 ①人员、料具撤出限界以外； ②撤除防护； ③向考官报告作业完毕	（3）作业后 ①未检查料具扣 2 分； ②未按规定撤除防护扣 10 分； ③未向考官报告作业完毕扣 5 分			
3	作业质量	（1）除冰后实际限界必须满足最大级超限货物的装载限界加 100 mm 的要求； （2）道床上冰面厚度控制在钢轨头部下缘以下	（1）除冰后实际限界未满足最大级超限货物的装载限界加 100 mm 的要求，扣 20 分； （2）道床上冰面厚度未控制在钢轨头部下缘以下，扣 20 分	40		
4	作业安全	（1）穿好防护服； （2）按规定上下道	（1）未穿防护服扣 5 分； （2）未按规定上下道扣 5 分	10		
5	作业时间	规定时间 60 min 内完成	（1）在规定时间内全部完成不加分； （2）每超时 1 min 从总分扣 2 分、总超时 5 min 停止作业	0～-10		

✦ 【思政大故事】

　　7 月的长白山区，山高林密、溪水潺潺，山脚下的梅集线犹如一条长龙蜿蜒，一列列火车穿山洞、越山谷、跨大桥呼啸而过，身着黄色作业服的通化工务段通化桥隧车间第一维修小组职工翻山下河、进隧入涵，对线路质量、桥涵状态、轨道配件等设备进行仔细检查，确保运输安全畅通。

　　今年 49 岁的刘传双 (图 26-99) 是这个维修小组的工长，他所在的工区主要承担着梅集等铁路沿线 209 km 内 19 座隧道、120 座桥梁、387 座涵渠的养护和维修任务。多年来，他与工区职工战严寒、斗酷暑，为铁路事业倾注了自己全部的智慧和汗水，在平凡的岗位上书写了不平凡的业绩。他本人先后获得集团公司"优秀共产党员""先进生产者"等荣誉称号，今年又被评为集团公司"新时代·沈铁榜样"。

图 26-99　刘传双 (通化工务段通化桥隧车间第一维修小组职工)

　　老岭隧道由于建设年代久远、地质结构复杂等原因，常年需要重点整治维护。特别是冬季，隧道内温度一直保持在 -30 ℃左右，山体里的积水渗透到隧道内形成积冰。为了创造安全的运输环境，刘传双带领工区职工及时对隧道拱顶冰挂，道床、线路及边墙积冰进行清除。隧道内除冰作业需要利用"天窗"时间来进行，每个"天窗"时间为 2~3 h。在这有限的时间里，刘传双与工友不但要把隧道内的积冰除掉，还要使用编织袋将刨下来的冰运出隧道，整个作业过程就是一场与时间的赛跑。在黑暗阴冷的隧道里，他们头戴照明灯、手握大头镐，挥动间冰花四溅，一声声回响响彻山谷。飞溅的碎冰、呼出的哈气迅速在他们的身上结霜，一个"天窗"下来，打冰人自己也成了"冰人"。作为工长，刘传双不仅要时刻掌握除冰的进度，还要了解每名作业职工的体能状态。用他的话讲，刨冰这个活靠的就是大家齐心协力。

（资料来源：锦州机务段）

任务 26.21　隧道排水设施整修作业

一、目的与要求

(1)目的：满足隧道排水泄洪的需要，确保行车设备良好。
(2)要求：作业人员掌握要领，熟练操作。

二、适用范围

隧道有天沟、吊沟、中心沟、暗沟、盲沟、检查井、集水井等排水设施。

三、工(机)具材料

(1)工(机)具：小型混凝土拌和机、砂浆 拌和机、单轨小车、铁桶、拾筐、方头铁锹、钻子、手锤、灰盘、泥抹、灰浆桶、硬刀、撬棍、瓦刀、勾缝刀、跳板等(工机具粘贴反光标记)。
(2)材料：水泥、砂子、钢筋、石子、木板或钢模等。

四、作业程序

1.点名分工

工(班)长组织职工(含劳务工)列队点名，明确作业分工项目、内容及时间，所有职工(含劳务工)均应按规定使用劳动保护用品。

2.风险提示

(1)要有充足的照明，作业人员要按规定穿藏劳保用品。
(2)作业人员使用的机具材料和掀起的盖板不得侵入限界。
(3)在隧道内施工，派专人设置防护，与车站经常保持联系。
(4)在电气化区段作业要穿绝缘胶鞋，避免与带电体接触，防止触电事故发生。

3.工(机)具检查

(1)由带班人对材料、工(机)具、照明灯具进行校对，确认工机具性能良好并确定维修地点。
(2)照明灯具必须满足作业需求，由专人负责，施工前必须检查照明设备的状态，严禁设备带病上道。夜间施工作业前将照明灯具布置完毕。

4.设置防护

(1)防护人员必须由经考试合格的职工担任。驻站联络员提前 40 min 到达车站办理登记手续，了解列车运行情况，及时通知现场防护员。
(2)现场防护员按要求设置防护。

5.作业准备

准备工料具，施工作业前对作业人员充分进行安全教育。

6. 施工作业

（1）在隧道内作业前要备好照明。

（2）排水沟清理：

①用小撬棍掀开暗沟盖板。用方头铣挖除沟内的污泥和杂物，并运出隧道外。

②清理完毕要盖好暗沟盖板，安放平稳，大缝要用砂浆堵塞抹平。

（3）更换补充水沟盖板

①拆除旧盖板，对支承表面要作清理找平。

②清除沟内的泥土及杂物，运出隧道外。

③铺设新盖板，注意找平找齐，不留大缝，安放平稳。

（4）翻修破损、下沉、断裂的侧沟：

①如果侧沟较深，凿除原破损部分，影响线路稳定时必须安装吊轨以加强线路的稳定。

②揭开水沟盖板，清挖淤泥，并运出隧道外。

③如果破损段落较长，应分段凿除破碎圬工，每段长 2~4 m，有水时做好引排，把弃砟清除干净。

④若是浆砌片石侧沟，应找平基面，挂好线。按要求的配合比拌和砂浆，开始砌筑。砌完后沟槽内砂浆要抹面，养生 7 天后，方可盖水沟盖板。

⑤浇筑混凝土侧沟：制立模板，清洗模板并涂刷润滑剂。基底铺 2~3 cm 厚的 M10 水泥砂浆。按比例配料拌和混凝土，搅拌均匀，灌筑捣实，找平顶面并压光，覆盖终凝后养生 7 天以上，拆模拆吊轨，回填，安装盖板。

（5）修理排水沟，拆除原裂损圬工物体，凿除松动部分，用清水洗净，再按原样修补完好，用草袋覆盖浇水，养生 7 天以上。

7. 质量验收标准

保持水沟排水畅通；护坡及护底无坍塌、无断裂、无渗漏、无潜流；排水沟内无淤积，暗沟要掀开盖板清理，保持水流畅通，把杂物、污泥运到洞口以外适当的地方；水沟盖板损坏，缺少要全部更换，铺设平整、安放稳固；翻修后的水沟断面要与原水沟断面一样，接茬平顺光滑，结合良好，所用混凝土强度不低于 C15，砌石砂浆强度不低 M10；隧道上方如有塌陷造成隧道上方积水应及时回填夯实；冬季隧道防排水设施有结冰时应及时除冰并做好防寒处理。

8. 撤除防护

（1）现场防护员根据作业负责人要求，撤除现场防护。

（2）待人员、工（机）具全部到达安全区域后，作业负责人通知驻站联络员，驻站联络员办理销记手续后，方可撤离。

五、检查与考核

作业负责人组织进行对标，分析当日作业安全质量情况，对作业中存在的安全、质量问题，查找原因，制定措施，落实责任。

六、作业用表

隧道排水沟清理作业评价表见表 26-26。

表 26-26　隧道排水沟清理作业评价表

姓名：　　　班级：　　　学号：			作业任务：完成隧道排水沟清理作业		总分：	
序号	作业内容	考核内容	评分标准	标准分（100）	扣分因素及扣分	得分
1	作业料具	工具、量具及材料齐全并有效	(1)工具、量具及材料不全少一件扣2分； (2)未确认齐全有效扣2分； (3)使用不当一次扣2分	10		
2	作业程序	(1)作业前 ①向考官申请开始作业； ②设置防护	(1)作业前 ①未申请考试扣5分； ②未设置防护扣10分	40		
		(2)作业中 ①掀开井(沟)盖； ②清淤； ③恢复井(沟)盖； ④转运淤泥； ⑤作业质量回检	(2)作业中 ①隧道排水沟清理作业流程顺序不正确，扣5分； ②未质量回检扣2分			
		(3)作业后 ①人员、料具撤出限界以外； ②撤除防护； ③向考官报告作业完毕	(3)作业后 ①未检查料具扣2分； ②未按规定撤除防护扣10分； ③未向考官报告作业完毕扣5分			
3	作业质量	(1)掀开井(沟)盖是否达到质量标准； (2)清淤是否彻底，排水顺畅，淤泥是否转运出栅栏外； (3)井(沟)盖是否及时恢复	(1)盖板破损一块扣2分； (2)排水沟旁混凝土破坏一处扣5分； (3)淤积物未运出栅栏外妥善堆放，扣10分； (4)返修后集水井内壁不平顺，扣5分； (5)盖板未及时恢复，扣5分	40		
4	作业安全	(1)穿好防护服； (2)按规定上下道； (3)作业中不得碰手、碰脚； (4)料具及时下道不得乱扔	(1)未穿防护服扣5分； (2)未按规定上下道扣5分； (3)作业中碰手、碰脚扣5分； (4)料具未下道、乱扔扣10分	10		
5	作业时间	规定时间60 min内完成	(1)在规定时间内全部完成不加分； (2)每超时1 min从总分扣2分、总超时5 min停止作业	0~-10		

七、学员作业实景图

隧道排水设施整修作业，如图 26-100 所示。

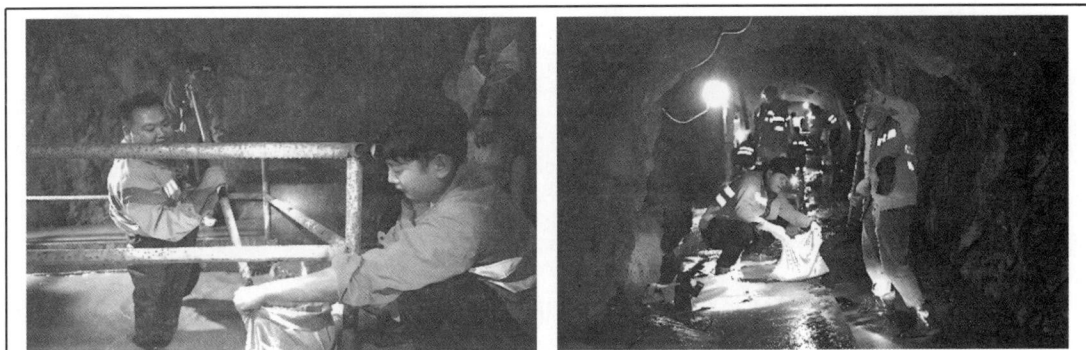

图 26-100　隧道排水设施整修作业 (武九高铁南阳隧道)
(九江桥工段庐山路桥车间高铁桥隧维修岗位人员岗前资格性实作培训)

✦ **【思政小故事】**

　　2018 年 1 月，刘爽被提拔为本溪新城高铁桥房车间副主任，主要负责维护沿线的涵洞、桥梁、限高架、路堤路堑、防护网，对隧道沿线山体进行定期排查，提前排除松动的岩石，清理山顶积水点等工作。在茂密的山林中，刘爽在前方为大家开路，手脚并用艰难前行，常常一个路段下来，他的手上、脸上都是划伤，汗水浸湿的衣服如洗过一般。这样一走就是两三个月，刘爽从来没叫过一次苦，并且高质量完成本职工作。

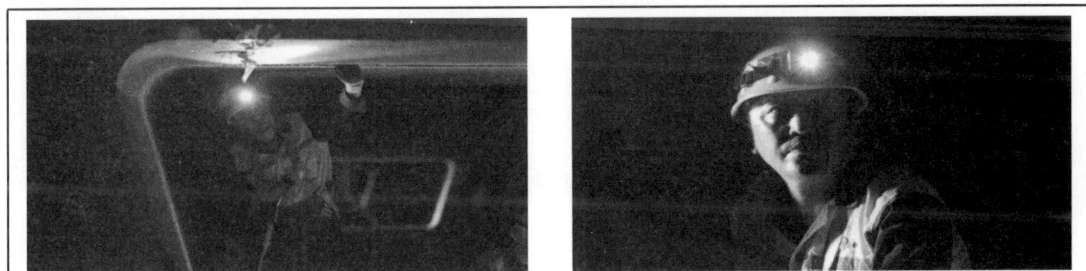

图 26-101　隧道排水专项检查
刘爽(本溪新城高铁桥房车间)

　　2021 年，台风"烟花"过境，持续性降雨给桥隧设备带来很大影响，刘爽主动请缨，坚持吃住在基地。为确保设备运用状态，每次降雨结束后，刘爽立即带队开展雨后设备专项检查，白天攀山越岭进行隧道地表排查，夜间利用"天窗"时间进入隧道进行渗漏水检查。8 月初的天气，隧道内外温差较大，职工穿着被汗水浸湿的作业服进入隧道，瞬间感到透心凉。借着头灯和强光手电，刘爽带领职工在隧道内一处处仔细检查各部位设备状态，湿漉漉的作业服也随着时间的推移慢慢被体温"烘干"了……

(资料来源：延吉工务段)

任务 26.22　现场防护员作业

一、目的与要求

1. 目的：确保人身与行车安全。
2. 要求：责任心强，培训合格，熟悉防护业务。

二、适用范围

除客专及相关联络线、特长隧道以外的其他线路上进行的各种检查、施工、作业时的防护作业。

三、工具材料

防护员上岗证、GSM-R 手机、防护电话（GSM-R 信号未覆盖区域）、对讲机带耳麦、信号旗、信号灯、短路铜线、铜喇叭、通话记录本、笔、钟表、警戒线、作业标等。根据施工作业类型还应携带以下防护用品：

（1）慢行施工作业：移动减速信号牌（并标明列车限制速度）和终端信号牌、减速地点标、"T"字移动减速信号牌（120 km/h<$v_{允许}$≤160 km/h 区段）。

（2）封锁施工作业：移动停车信号牌 2 块。

（3）封锁带慢行施工作业：移动停车信号牌、移动减速信号牌和终带信号牌、减速地点标、"T"字移动减速信号牌（120 km/h<$v_{允许}$≤160 km/h 线路）。

四、作业程序

1. 点名分工

掌握当日施工作业项目、作业位置、地形情况、作业现场的瞭望距离及防护注意事项。

2. 风险提示

（1）防护人员必须穿着专用服装，夜间上道作业时穿反光专用防护服，持证上岗。

（2）现场防护员必须及时将列车运行信息向现场作业负责人及全体作业人员通报。

（3）未设置防护时，严禁作业人员进入防护栅栏。

（4）上道前，现场防护员必须与驻站联络员联系确认作业地点两端的列车运行情况，并通知作业负责人。

（5）如果联系中断，现场防护员立即通知现场作业负责人停止作业下道避车，待恢复联系并确认无车后方可上道作业。

（6）现场两端防护员单人往返作业时，应在路肩或路旁行走。因特殊原因需通过道口或跨越线路时，应执行"手比眼看口呼"，做到"一停二看三通过"，严禁来车时抢越。

（7）现场防护员在路肩防护，不得在轨枕头、道心及两线间防护作业。需在站内两线间

(线间距大于 6.5 m)防护时，要注意身体不得侵入邻线，并注意本线来车。

（8）现场防护员严禁兼职、兼岗、离岗、串岗，防护期间严禁从事与防护无关的工作。

（9）现场防护员随施工作业队伍同出、同入、同转场。

3. 防护备品检查

检查防护备品，确保状态良好。

4. 作业准备

（1）身着防护员专用服装，佩戴上岗证及臂章。

（2）根据当天工作性质和安排，带齐防护备品。

（3）与驻站联络员调试通话，校对时间。

5. 防护作业

（1）标志设置：

①作业牌设在施工地点两端 500~1000 m 处列车运行方向左侧（双线路在线路外侧）的路肩上。

②移动停车信号牌设在施工地点两端 20 m 处线路中心。

③减速地点标设在施工地点两端 20 m 处本线外侧。

④移动减速信号牌和终端信号牌设在施工地点前后 800 m 处本线外侧。120 km/h$<v_{允许}\leqslant$ 160 km/h 线路，按不同速度等级增设"T"字移动减速信号牌。

（2）防护员站位：

现场防护员应站在距本线作业地点 20 m 附近，两端防护员按不同线路速度等级规定的防护距离站在本线作业地点前后，且瞭望条件较好的位置。瞭望条件不良地点应增设中间联络员。

6. 天窗点外防护

（1）与驻站联络员确认后进入防护栅栏，带领作业人员沿路肩一字排开走向工地（复线地段应选择面向来车方向前进），防护员走在最前方，作业负责人走在最后方。

（2）到达作业地点后，向驻站联络员（中间联络员）报告防护项目和防护地点，并准确掌握列车运行情况，确认无车时方可允许作业人员上道作业。

（3）接驻站联络员列车预报后，复诵车次、时间、站名，然后吹喇叭，通知作业人员做下道准备，做好通话记录。

（4）接驻站联络员或中间联络员确报列车接近时，要复诵确认，然后吹喇叭，通知作业人员、机具下道，再与驻站联络员确认。当列车已接近作业地点规定下道的距离，作业人员仍未下道时，连续短吹喇叭声警告。如可能危及行车和人身安全时，向来车方向立即显示停车手信号，待危险因素消除后及时撤除停车信号

（5）作业期间准确及时预、确报来车，确保作业人员、机具及时下道。

（6）作业人员、机具下道后，认真检查机具是否侵入限界、人员避车位置是否妥当。

7. 维修天窗防护

（1）根据作业负责人指令，及时向驻站联络员申请封锁命令。

（2）复诵、抄录封锁命令，并向作业负责人汇报。

（3）单线地段在作业地点附近设置一名显示停车手信号的中间防护员，双线地段在作业地点附近本线一侧的路肩上设置一名显示停车手信号的中间防护员，并在距作业地点两端 500～1000 m 的邻线设置作业标。

（4）作业过程中应每隔 3～5 min 与驻站联络员联络一次，同时加强瞭望。邻线来车时，通知作业人员停止作业，并注意人员、机具是否侵入限界。

（5）作业结束后现场防护员根据施工负责人指令，向驻站联络员申请开通线路。

8. 施工天窗防护

（1）根据施工负责人指令，及时向驻站联络员申请封锁命令。

（2）复诵、抄录封锁命令后，向施工负责人汇报，并按示意图进行防护。

（3）防护类型分为移动停车信号防护类、移动减速信号防护类、作业标防护类三类。具体如下：

①移动停车信号防护类如图 26-103～图 26-116 所示。

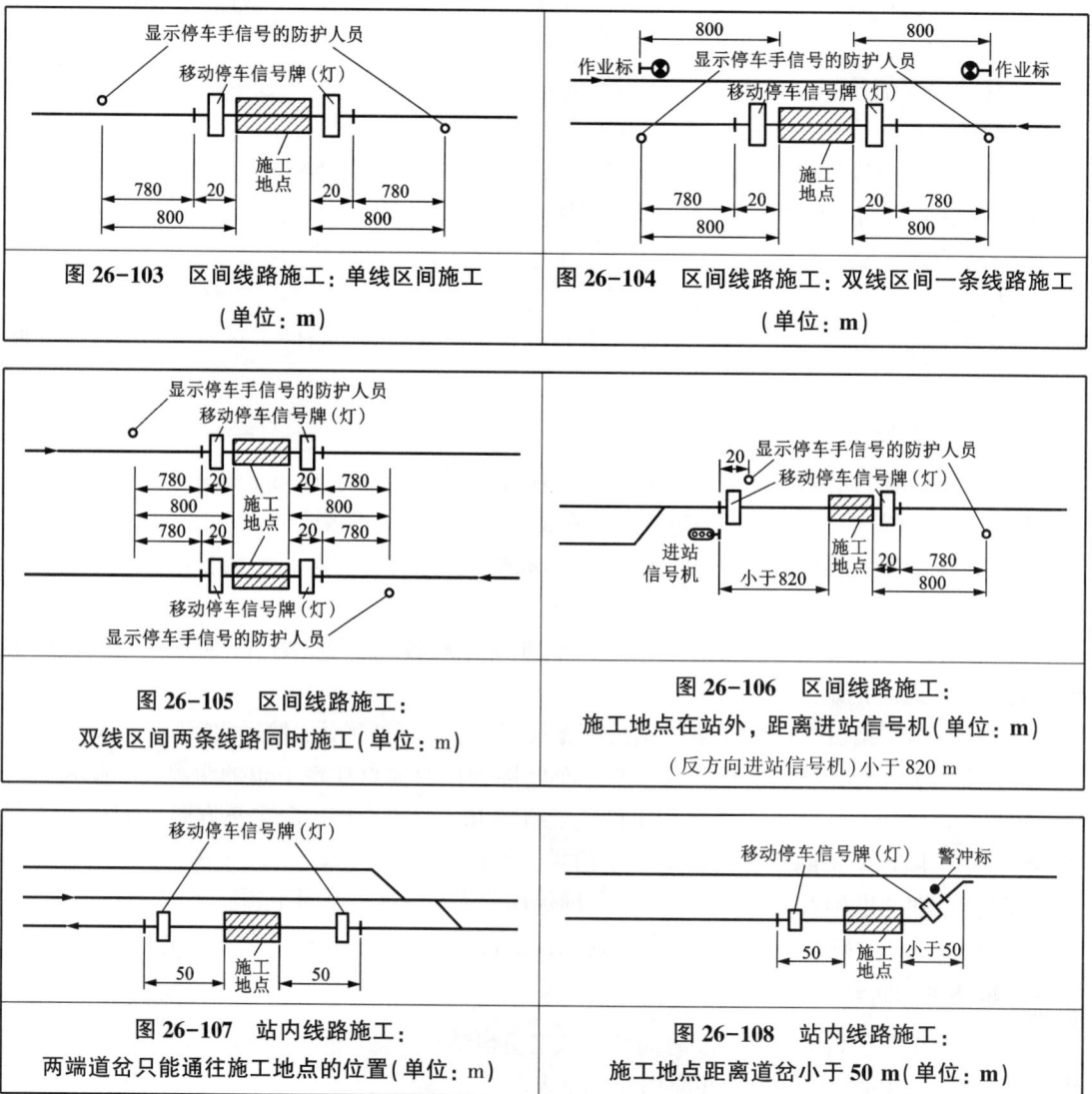

图 26-103　区间线路施工：单线区间施工
（单位：m）

图 26-104　区间线路施工：双线区间一条线路施工
（单位：m）

图 26-105　区间线路施工：
双线区间两条线路同时施工（单位：m）

图 26-106　区间线路施工：
施工地点在站外，距离进站信号机（单位：m）
（反方向进站信号机）小于 820 m

图 26-107　站内线路施工：
两端道岔只能通往施工地点的位置（单位：m）

图 26-108　站内线路施工：
施工地点距离道岔小于 50 m（单位：m）

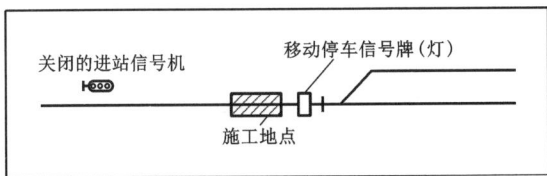

图 26-109　站内线路施工：进站道岔外方线路上施工

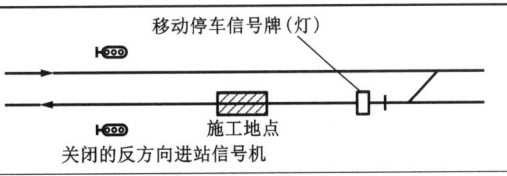

图 26-110　站内线路施工：
双线区段，在反方向进站信号机至出站道岔的线路

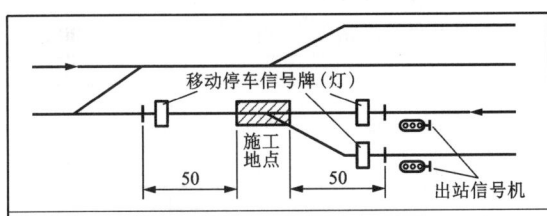

图 26-111　站内道岔上施工：
一端距离施工地点 50 m
另一端两条线路距离施工地点 50 m

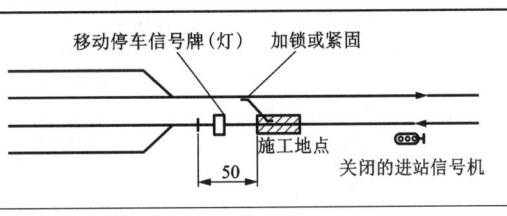

图 26-112　站内道岔上施工：在进站道岔上施工

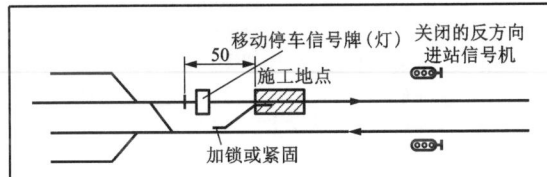

图 26-113　站内道岔上施工：在出站道岔上施工

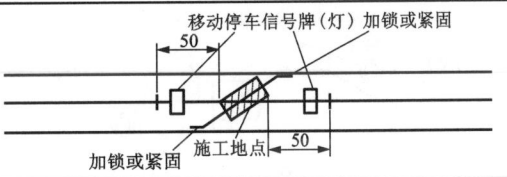

图 26-114　站内道岔上施工：在交分道岔上施工

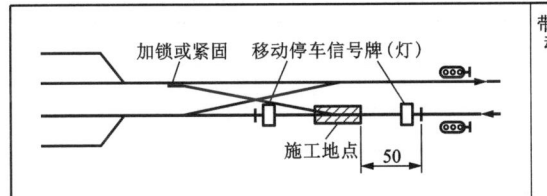

图 26-115　站内道岔上施工：
在交叉渡线的一组道岔上施工

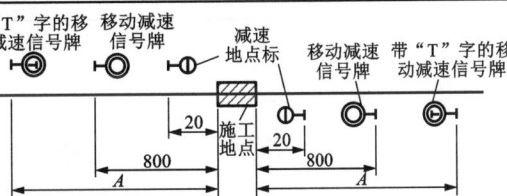

图 26-116　区间线路施工：单线区间施工

②移动减速信号防护类如图 26-117~图 26-126 所示。

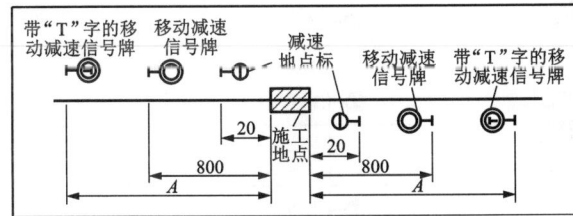

图 26-117　区间线路施工：单线区间施工

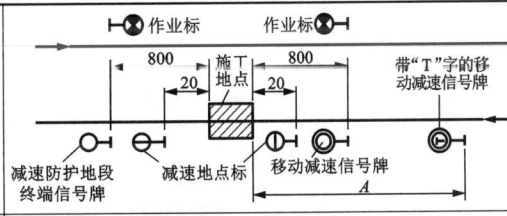

图 26-118　区间线路施工：
双线区间在一条线路上施工

图 26-119　区间线路施工：
双线区间两条线路同时施工

图 26-120　区间线路施工：
施工地点距离进站信号机（或站界标）小于 800 m

图 26-121　在站内正线线路上施工：单线

图 26-122　在站内正线线路上施工：双线

图 26-123　在站内正线道岔上施工：单线

图 26-124　在站内正线道岔上施工：双线

图 26-125　在站线线路上施工

图 26-126　在站线道岔上施工

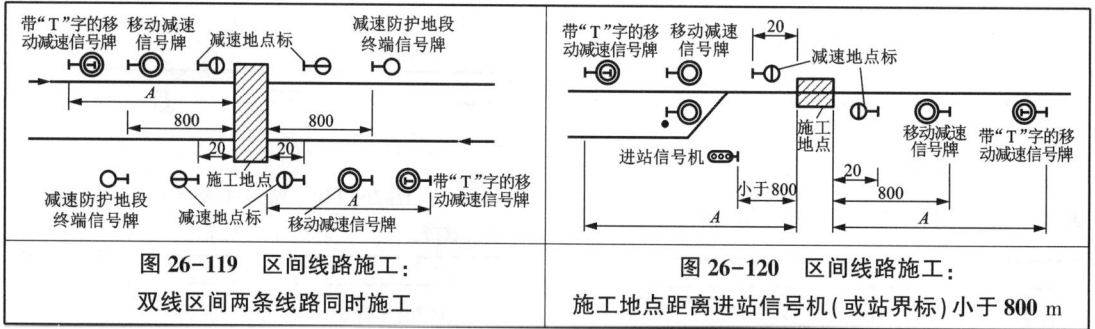

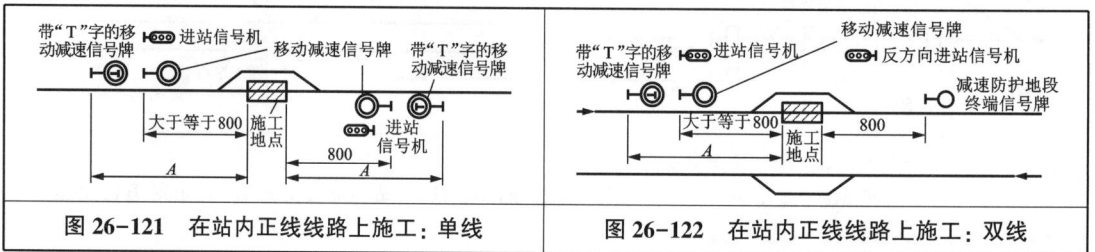

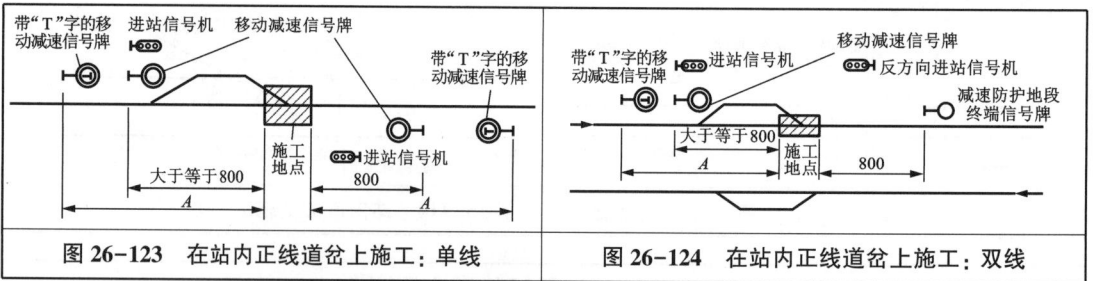

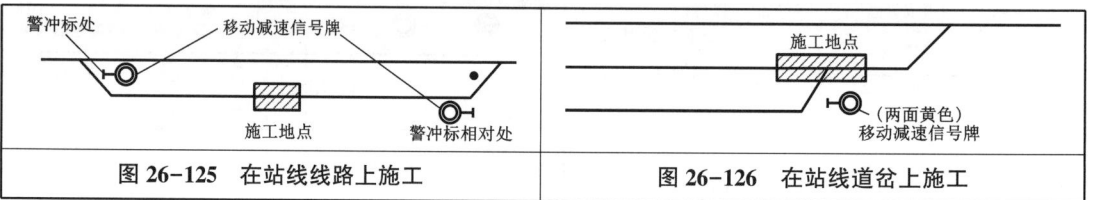

③作业标防护类如图 26-127 所示。

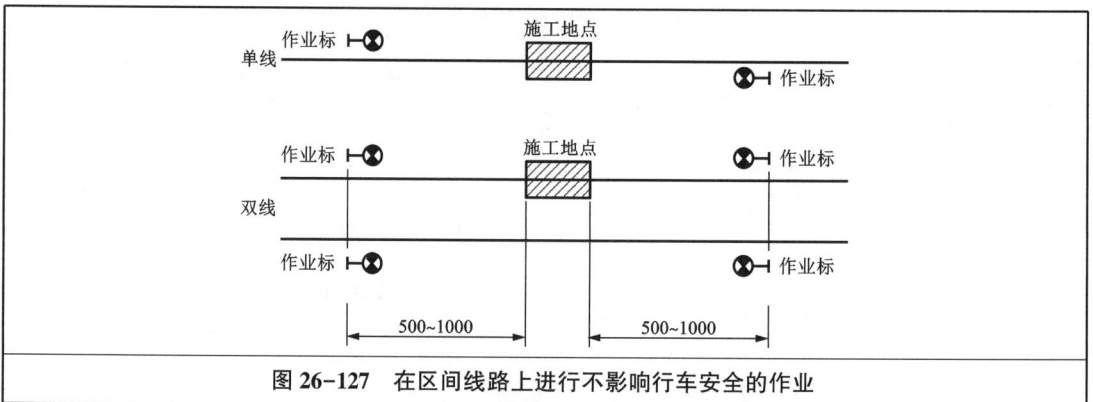

图 26-127　在区间线路上进行不影响行车安全的作业

9. 下道避车

（1）作业人员在距钢轨头部外侧距离不小于 2 m 以外下道避车，如桥梁、隧道内则进入避车台（洞）避车。

（2）进入桥梁避车台避车时，每个避车台避车人员不得超过 5 人（不包括机具），避车台上放置机具时，避车人员要相应减少。

（3）作业机具、材料不得侵入限界，距离小于 6.5 m 的两线间不得停留人员或放置机具、材料等。

（4）下道规定如表 26-27 所示。

表 26-27　下道规定

序号	类型	速度	下道要求
1	邻线来车 本线来车	$v_{max} \leq 60$ km/h	不小于 500 m
		60 km/h$<v_{max} \leq 120$ km/h	不小于 800 m
		120 km/h$<v_{max} \leq 160$ km/h	不小于 1400 m
2	本线不封锁 邻线（线间距<6.5 m）	邻线速度 $v_{max} \leq 60$ km/h	本线可不下道
		60 km/h$<$邻线 $v_{max} \leq 120$ km/h	来车可不下道，但本线必须停止作业
		邻线 $v_{max} > 120$ km/h 时	下道距离不小于 1400 m
		瞭望条件不良	邻线来车时本线必须下道
3	本线封锁时 邻线（线间距<6.5 m）	邻线 $v_{max} \leq 120$ km/h	本线可不下道
		120 km/h$<v_{max} \leq 160$ km/h	本线可不下道，但本线必须停止作业

10. 作业完毕

（1）经施工作业负责人检查确认线桥设备状况符合放行列车条件后，方能撤除防护。

（2）得到施工作业负责人命令后，方能通知驻站联络员结束施工作业，撤除通话设备，按规定带领施工作业人员返回。

五、技术质量标准

1. 现场防护员

（1）现场防护员在工作期间须佩戴耳麦，做到坚守岗位、集中精力、认真瞭望，不得与他人闲谈，不得做与工作无关的事情，不得兼做其他工作。

（2）现场防护员在作业开始、作业结束以及防护转移时均应及时通知驻站联络员。

（3）为防止通话设备发生意外故障，现场防护员与驻站联络员必须经常保持联系，至少每 3~5 min 通话 1 次。

（4）每名现场防护员防护地段一般范围不得超过 300 m，瞭望条件不良时（含夜间）不得超过 200 m，且所防护的人员及机具必须在现场防护员的视线范围。

2. 两端防护员

（1）按规定着装，佩戴上岗证和臂章，根据不同的施工作业内容，带齐防护信号用品。

（2）根据施工作业性质，到达规定防护位置，并熟悉线路环境。

（3）根据指令，正确设置各种施工作业防护，并及时反馈信息。

（4）坚守岗位，加强瞭望，邻线、本线来车时，及时通知现场防护员。

（5）按规定要求，做好施工防护预案和日志记录。

3. 中间联络员

（1）按规定着装，佩戴上岗证和臂章，根据不同的施工作业内容带齐防护信号用品。

（2）熟悉线路环境，站位准确，迅速、准确地将施工作业现场命令传递给两端防护员，并及时反馈信息。

（3）遇意外突发情况，能在本节点进行应急处理。

（4）按规定要求，做好施工防护预案和日志记录。

六、信号备品

线（桥）车间、工区和巡道、巡守小组的防护信号备品数量，应按表 26-28 规定配备，信号备品如图 26-128~图 26-141 所示。

表 26-28　防护信号备品表

名称	单位	单线			双线		
		车间	工区	巡道巡守	车间	工区	巡道巡守
作业标	个		4			6	
停车信号	个		2			4	
减速信号	个		2			4	
减速地点标	个	1	2			4	
双面信号灯	盏		4	1/人	1	6	1/人
喇叭	个		6	1		6	1
红色信号旗	面	2	6	3	2	9	3
黄色信号旗	面	2	6	1	2	6	1
短路铜线（自动闭塞区间）	条		2	1		4	2
无线电话机	台	2	4	2	2	5	2
有线电话机	台	2	4	2	2	4	2
"T"字减速信号	个		4			4	

设在施工线路及其邻线距施工地点两端 500~1000 m 处
司机见此标志须长声鸣笛，注意瞭望

图 26-128　作业标

图 26-129　停车信号（昼间）

【表面有反光材料的红色方牌】

图 26-130　停车信号（夜间）

【柱上红色灯光】

图 26-131　减速信号

【表面有反光材料的黄底黑字圆牌，标明列车限制速度】

图 26-132　"T"字减速信号

【施工及其限速区段，在减速信号牌外方增设的特殊减速信号牌为表面有反光材料的黄底黑"T"字圆牌】

图 26-133　减速地点标(正面)

图 26-134　减速地点标(背面)

设在需要减速地点的两端各 20 m 处。正面表示列车应按规定限速通过地段的始点，背面表示列车应按规定限速通过地段的终点

图 26-135　双面信号灯

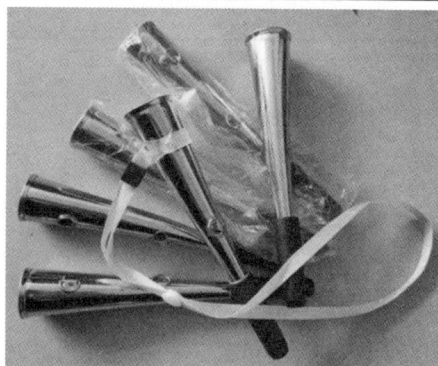

图 26-136　喇叭

图 26-137　红色信号旗

图 26-138　黄色信号旗

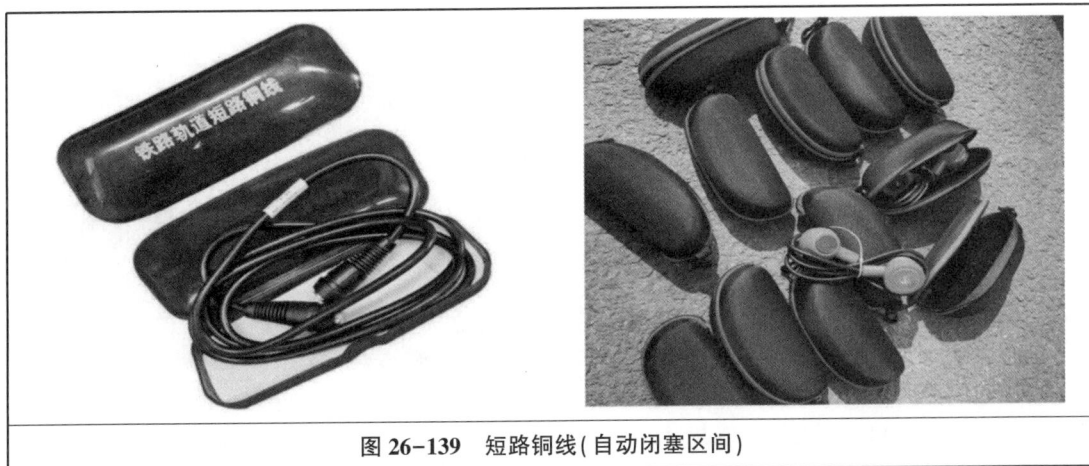

图 26-139　短路铜线 (自动闭塞区间)

图 26-140　无线电话机

(GSM-R 铁路专用轨道三防手机)

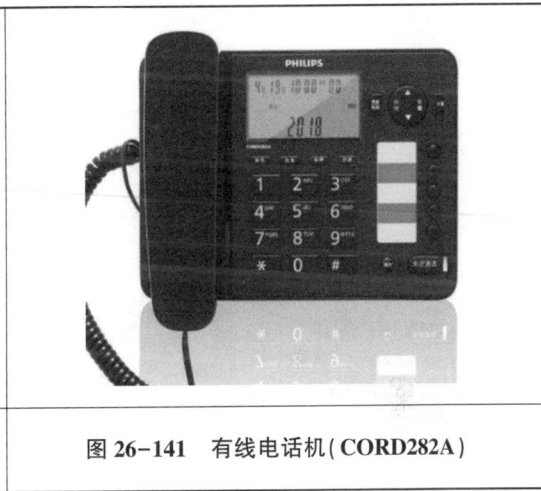

图 26-141　有线电话机 (CORD282A)

七、漫"话"现场防护员日常事

图 26-142　清点防护用品

入网前认真清点防护用品:对讲机、视频记录仪、防护员证、口笛、信号红黄旗等。

图 26-143　联控

入网前与驻站联络员联控,告知作业组人数、负责人、防护员姓名、编号等情况,请求入网。

图 26-144　前往作业地点

防护员带队，前往作业地点，按固定的路线行走，接到邻线有列车信息时，所有人员停止走动，面向列车，防止列车坠物伤人。

图 26-145　防护

到达作业地点，现场防护员须选好安全岛（与作业人员间隔 5~10 m），接到给点的通知，经确认后，通知作业人员开始作业。防护员面对来车方向站立瞭望，注意收听列车联控信息，严禁扎堆聊天和做与防护无关的事情，执行 3~5 分钟通话试验制度，保障作业人员安全。

图 26-146　避车

临线来车时，组织所有作业人员在安全区域同侧集中避车。

图 26-147　跨越线路

转换作业地点跨越线路时须与驻站联络员联系，经同意后确认无车时，要认真执行"一站、二看、三确认、四通过"和"手比、眼看、口呼"制度，并组织作业人员快速通过。

图 26-148　作业完毕

作业完毕下道时站在队尾，防止人员掉队，作业人员安全出网到达工区后，告知驻站联络员停止列车预报。

【资料来源：中国铁路郑州局集团有限公司】

八、作业用表

演示停车信号牌(红牌)视觉信号评价表见表 26-29。

表 26-29　演示停车信号牌(红牌)视觉信号评价表

姓名： 学号：		班级：	作业任务：演示停车信号牌(红牌)视觉信号		总分：	
序号	作业内容	考核内容	评分标准	标准分	扣分因素及扣分	得分
1	作业料具	工具齐全并有效	(1)工具不全少一件扣2分； (2)未确认齐全有效扣2分； (3)使用不当一次扣2分	10		
2	作业程序	(1)作业前 ①向考官申请开始作业； ②设置防护	(1)作业前 ①未申请作业扣5分； ②未设置防护扣10分	40		
		(2)作业中 ①认知停车信号牌(红牌)防护方法； ②认知停车信号牌(红牌)备品数量； ③认知标准化使用方法	(2)作业中 ①未认停车信号牌(红牌)防护方法一个扣4分； ②未认知减速地点标备品数量一个扣2分； ③未正确认知标准化使用方法一个扣2分			
		(3)作业后 ①人员、料具撤出限界以外； ②撤除防护； ③向考官报告作业完毕	(3)作业后 ①未检查料具扣2分； ②未按规定撤除防护扣10分； ③未向考官报告作业完毕扣5分			
3	作业质量	(1)认知停车信号牌(红牌)； (2)认知停车信号牌(红牌)在区间的防护方法； (3)认知停车信号牌(红牌)在站内的防护方法； (4)认知停车信号牌(红牌)在站内道岔上的防护方法	演示错误每一处扣10分	40		
4	作业安全	(1)穿好防护服； (2)按规定上下道	(1)未穿防护服扣5分； (2)未按规定上下道扣5分	10		
5	作业时间	规定时间60 min内完成	(1)在规定时间内全部完成不加分； (2)每超时1 min从总分扣2分、总超时5 min停止作业	0~-10		

表 26-30 演示手持无线电台(对讲机)、有线电话机的使用

姓名： 学号：		班级：	作业任务： 演示手持无线电台(对讲机)、有线电话机的使用		总分：	
序号	作业内容	考核内容	评分标准	标准分	扣分因素及扣分	得分
1	作业料具	工具齐全并有效	(1)工具不全少一件扣2分； (2)未确认齐全有效扣2分； (3)使用不当一次扣2分	10		
2	作业程序	(1)作业前 ①向考官申请开始作业； ②设置防护	(1)作业前 ①未申请作业扣5分； ②未设置防护扣10分	40		
		(2)作业中 ①认知手持无线电台(对讲机)、有线电话机的使用方法； ②认知基本的通信联络方式； ③认知标准化联控用语	(2)作业中 ①未认知手持无线电台(对讲机)、有线电话机的使用方法一个扣2分； ②未认知基本的通信联络方式一个2分； ③未正确认知标准化联控用语一个扣2分			
		(3)作业后 ①人员、料具撤出限界以外； ②撤除防护； ③向考官报告作业完毕	(3)作业后 ①未检查料具扣2分； ②未按规定撤除防护扣10分； ③未向考官报告作业完毕扣5分			
3	作业质量	(1)认知停车信号牌(红牌)； (2)认知停车信号牌(红牌)在区间的防护方法； (3)认知停车信号牌(红牌)在站内的防护方法； (4)认知停车信号牌(红牌)在站内道岔上的防护方法	演示错误每一处扣10分	40		
4	作业安全	(1)穿好防护服； (2)按规定上下道	(1)未穿防护服扣5分； (2)未按规定上下道扣5分	10		
5	作业时间	规定时间60 min内完成	(1)在规定时间内全部完成不加分； (2)每超时1 min从总分扣2分、总超时5 min停止作业	0~-10		

【思政小故事】

"驻站防护员，烟墩线路工区作业人员到达作业地点栅栏外，现场防护员徐永刚（图 26-149）与驻站防护员试通话。"15 时 30 分，烟墩线路车间现场防护员徐永刚，手拿对讲机向驻站防护员汇报。"上行无车，下行无车，可以上道"，在正式上道前，徐永刚和工友们一起执行眼看、手比、口呼制度，这是确保安全的必备程序。

徐永刚，作为百里风区的一名防护员，入路 20 余年来，从见习生到线路工高级技师，再到公认的"金牌"防护员；数十年如一日，坚守在防护员岗位上默默奉献，用标准的防护用语诠释着对安全生产的责任。

图 26-149　徐永刚（哈密工务段）

（资料来源：哈密工务段）

【习题】

1. 简述下道避车要点。
2. 简述现场防护员作业流程。

任务 26.23　防洪应急处置作业

一、作业目的

加强工务系统防洪应急处置抢修工作，确保铁路行车安全和运输畅通，有效预防、控制暴雨和洪水灾害及由此引发的山体崩塌、滑坡、泥石流等地质灾害，提高灾害发生后的应急反应能力，确保行车安全。

二、作业条件

天窗作业。

三、工具、材料准备

发电机、对讲机、作业标、铁锹、编织袋、九齿耙、信号牌、安全带、安全帽、安全绳、救生衣、抢险料具等。

四、作业流程

1. 作业前

(1)遇工务防洪突发事件时，应第一时间启动相应预案，组织抢险人员、工(机)具、材料赶赴现场。对防洪地点进行现场勘察，现场制定并组织实施抢险方案，在防洪抢修过程中及时优化方案，危及行车安全时必须做到先防护、后处理。

(2)上道前检查工(机)具的安全性能，禁止工(机)具等带病上道作业，作业前后进行确认，以防止侵限或遗留在线路上。

2. 作业中

(1)在接到车站值班员、工务段调度防洪应急处置通知时，应立即组织检查、抢险，同时指派驻站联络员、作业负责人。

(2)驻站联络员根据作业负责人的通知，在《行车设备检查登记簿》内进行登记，车站值班员根据登记要求办理。

(3)作业负责人接到调度命令与驻站联络员进行核实后，立即组织检查和处置，并向驻站联络员和工务段调度汇报。

3. 作业后

(1)完成处置后，由现场负责人确定放行列车条件，并向驻站联络员和工务段调度汇报。

(2)驻站联络员根据作业负责人确定的列车放行条件进行登记。

五、质量标准

(1)防洪工作始终贯彻"建重于防、防重于抢"的指导思想，努力实现由被动抢险向主动防范转变。防洪应急响应以保证旅客人身安全为最高原则。

(2)根据铁路灾害情况，请求有关地方人民政府协助做好伤员和灾民的救治与安置、维护铁路灾区治安秩序、向铁路提供必要的救援物资等工作，帮助铁路抗洪救灾，尽快恢复铁路运输。

(3)依靠科技，提高效率。铁路防洪应急工作要适应现场的要求，依靠现代科学技术，积极运用先进的科技手段和装备，不断提高抗灾、救灾水平。

六、安全风险提示

(1)防洪抢险前，必须建立安全防护体系，方可进行防洪抢险应急处置。

(2)选择安全快捷出行方式，以最快速度赶到现场。

(3)防洪抢险现场的料具必须整理稳固，不得侵入机车、车辆限界，更不得因震动或其他原因使工具材料等侵限。

七、作业用表

防洪应急处置作业见表 26-31。

表 26-31 防洪应急处置作业

姓名： 学号：	班级：		作业任务：按标准完成防洪应急处置作业		总分：	
序号	作业内容	考核内容	评分标准	标准分	扣分因素及扣分	得分
1	作业料具	工具及材料齐全并有效	(1)工具材料不全少一件扣2分； (2)未确认齐全有效扣2分； (3)使用不当一次扣2分	10		
2	作业程序	(1)作业前 ①向考官申请开始作业； ②工(机)具检查； ③设置防护	(1)作业前 ①未申请作业扣5分； ②未进行工(机)具检查扣5分； ③未设置防护扣10分	40		
		(2)作业中 ①根据应急预案，确定作业负责人、驻站防护人员，并作分工布置； ②根据故障地点和类别，组织抢修人员及机具材料赶场； ③应急处置的作业程序； ④设置好防护体系上道检查，检查设备状态； ⑤汇报抢修情况	(2)作业中 ①未口述应急预案扣5分，未确定关键岗位人员及分工扣10分； ②未设置防护上道，取消成绩； ③应急处置的作业程序不正确扣10分； ④未及时汇报抢修情况扣10分，未确认列车放行条件，盲目放行列车，取消成绩			
		(3)作业后 ①人员、料具撤出限界以外； ②撤除防护； ③向考官报告作业完毕	(3)作业后 ①未检查料具扣2分； ②未按规定撤除防护扣10分； ③未向考官报告作业完毕扣5分			
3	作业质量	(1)应急处置完成后满足放行列车条件； (2)抢修情况汇报及时准确	(1)应急处置完成后不满足放行车条件，取消成绩； (2)抢修情况汇报不及时、不准确扣10分	40		
4	作业安全	(1)穿好防护服； (2)按规定上下道	(1)未穿防护服扣5分； (2)未按规定上下道扣5分	10		
5	作业时间	规定时间60 min内完成	(1)在规定时间内全部完成不加分； (2)每超时1 min从总分扣2分、总超时5 min停止作业	0~-10		

八、学员作业实景图

图 26-150　防洪应急处置作业演练

九、现场实景【中国铁路上海局集团有限公司防洪应急演练】

| 图 26-151　发现水害拦停列车 | 图 26-152　溜坍地段打桩加固 |

| 图 26-153　轨道车运送抢险工具及挖机 | 图 26-154　应急抢险恢复线路 |

【专业小知识】

（1）洪水概念。

洪水是指特大的径流，这种径流往往因河槽不能容纳而泛滥成灾。根据形成的水源和发生时间，一般可将洪水分为春季融雪洪水和暴雨洪水两类。

洪水是一种自然水文现象，只有当洪水威胁到人类安全和影响社会经济活动并造成损失时，才称为洪水灾害。

（2）洪水等级划分。

①一般洪水：重现期小于 10 年；

②较大洪水：重现期 10~20 年；

③大洪水：重现期 20~50 年；

④特大洪水：重现期超过 50 年。

【习题】

1. 桥隧单项作业的分类是什么？

2. 钢筋绑扎作业流程是什么？

桥隧检测工具使用与维护

任务 27.1　钢卷尺的使用与维护

一、起源

程大位(1533—1606 年)，"卷尺之父"，中国明代著名数学家、珠算家、发明家。程大位于 1578 年发明了世界上第一把卷尺，称作"丈量步车"，如图 27-1 所示。

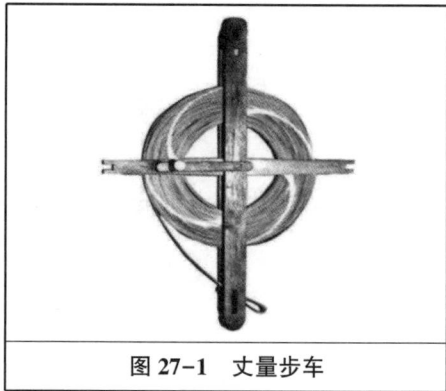

图 27-1　丈量步车

二、分类

钢卷尺可分为三类：自卷式卷尺、制动式卷尺、摇卷式卷尺。

三、组成

卷尺由八个部件构成：外壳、尺条、制动、尺钩、提带、尺簧、防摔保护套和贴标，如图 27-2 所示。

（1）外壳：ABS 新塑料材质，外表有光泽质感；抗摔、耐磨、不易变形；

（2）尺条：采用厚度为 10 丝(0.10 mm)的 50# 一级带钢；尺面为最先进的环保油漆，无味、光滑耐磨、色彩鲜艳，尺面刻度清晰明亮；

（3）制动：具有上、侧、底三维制动，手控感更强；

（4）尺钩：铆钉尺钩结构，不易变形，确保测量更加精准；

（5）提带：橡胶、尼龙两种材质，高档优质，结实耐用、手感好；

（6）尺簧：一般采用 50# 碳钢、65# 锰材质，韧性强、精确度高；

（7）防摔保护套：优质塑料，防止摔坏和碰撞破损，增强耐用性；

（8）贴标：可根据客户要求贴标生产。

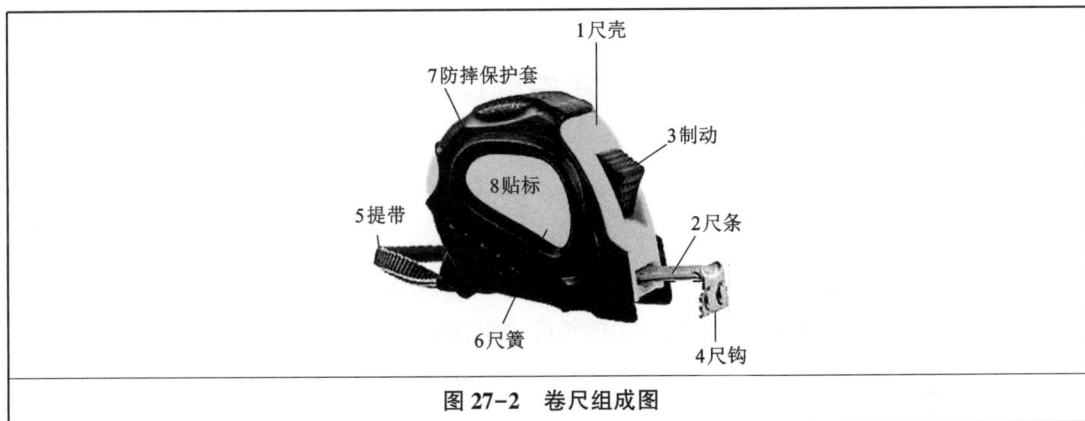

图 27-2　卷尺组成图

四、钢卷尺使用

(1)用卷尺测量时，将尺钩挂在被测件边缘即可。使用时不要前倾后仰、左右歪斜。如需测量直径但又无法直接测量时，可通过测量圆周长来求得直径。

(2)用钢卷尺测量时，拉力不宜过大。尺的长度是以在 20 ℃、50N 拉力标准状况下的测得值为依据。因此使用时的拉力要与检定时的拉力一致，这样可减小误差。

(3)不同温度环境下使用钢卷尺时，应通过线膨胀公式将测量值换算成 20 ℃的值。

$$\Delta L = La(t-t_0) \tag{27-1}$$

式中：L—钢卷尺标称长度，mm；

　　　a—线胀系数，11.5×10^{-6}℃；

　　　t—测量时温度（35 ℃）；

　　　t_0—标准温度（20 ℃）。

例题 27-1　有一个 30 m 钢卷尺，在温度为 35 ℃环境中使用，修正值为-1.8 mm，计算实际长度。

解：$\Delta L = La(t-t_0) = 30 \times 10^3 \times 11.5 \times 10^{-6} \times (35-20) = 5.18$ mm

30 m 钢卷尺的实际值为 30000+5.18-1.8=30003.38 mm。

五、钢卷尺维护

(1)尺带的刻线面一般镀镍、铬或其他镀层，应保持清洁。测量时尽量不要使其与被测面摩擦，防止划伤。

(2)拉尺带时不要用力过猛，用毕徐徐退回尺带。使用自卷式卷尺，拉出时要平拉，收卷时要用手将尺带往回送一下，避免猛地一下收卷，将尺带扭弯或折断。使用制动式卷尺，应先按下制动按钮，然后拉出尺带，用毕按下按钮，尺带自动卷进。

(3)尺带只能卷不能折。

(4)用后将尺带上的油污水渍揩干，防止锈蚀。

六、相关规范

《标准钢卷尺检定规程》(JJG 741—2022)

任务 27.2 塞尺的使用与维护

一、定义

塞尺又称测微片或厚薄规，是用于检验间隙的测量器具之一，横截面为直角三角形，在斜边上有刻度，利用锐角正弦直接将短边的长度表示在斜边上，从而读出缝的大小。

二、分类

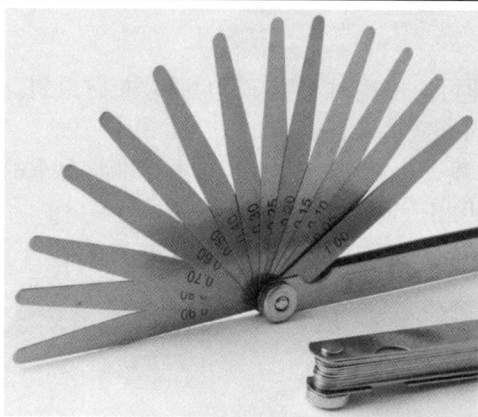

图 27-3 插片式塞尺

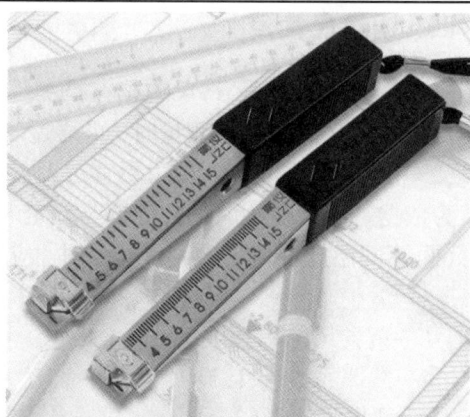

图 27-4 楔形塞尺

三、楔形塞尺组成

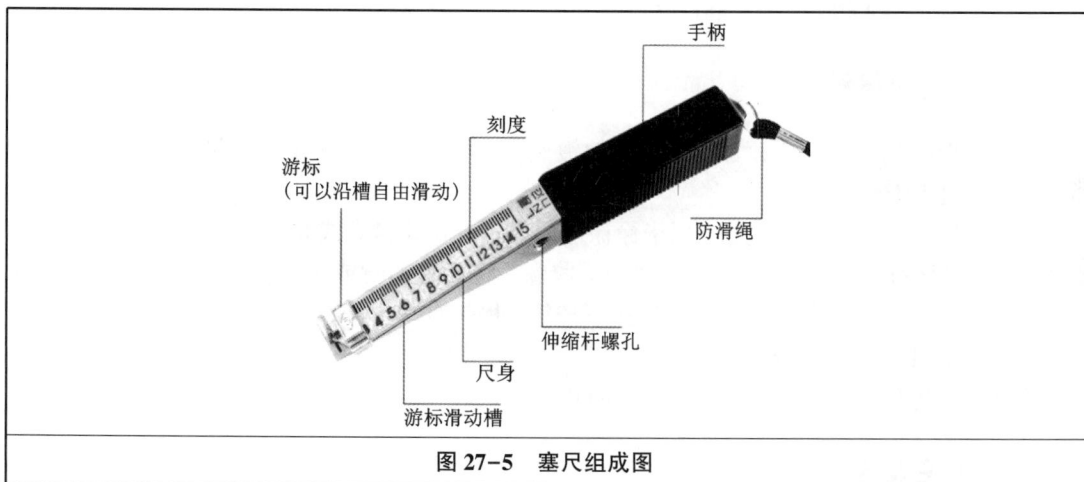

图 27-5 塞尺组成图

四、使用

（1）用干净的布将塞尺测量表面擦拭干净，不能在塞尺沾有油污或金属屑末的情况下进行测量，否则将影响测量结果的准确性，如图 27-6 所示。

（2）将塞尺插入被测间隙中，来回拉动塞尺，感到稍有阻力，说明该间隙值接近塞尺上所标出的数值；如果拉动时阻力过大或过小，则说明该间隙值小于或大于塞尺上所标出的数值。

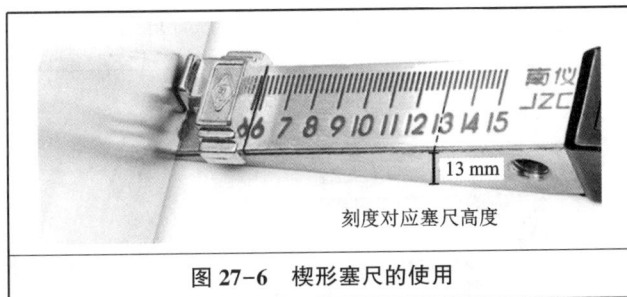

刻度对应塞尺高度

图 27-6　楔形塞尺的使用

（3）进行间隙的测量和调整时，先选择符合间隙规定的塞尺插入被测间隙中，然后一边调整，一边拉动塞尺，直到感觉稍有阻力时拧紧锁紧螺母，此时塞尺所标出的数值即被测间隙值。

五、维护

（1）不允许在测量过程中剧烈弯折塞尺，或用较大的力硬将塞尺插入被检测间隙，否则将影响塞尺的测量表面或零件表面的精度。

（2）使用完后，应将塞尺擦拭干净，并涂上一薄层工业凡士林，然后将塞尺折回夹框内，以防锈蚀、弯曲、变形而损坏。

（3）存放时，不能将塞尺放在重物下，以免损坏塞尺。

任务 27.3　游标卡尺

一、游标卡尺起源

珍藏在北京的国家博物馆中的"新莽铜卡尺"，如图 27-7 所示，经过专家考证，它是全世界发现最早的卡尺，制造于公元 9 年，距今已有 2000 多年。

图 27-7　新莽铜卡尺

二、游标卡尺用途

游标卡尺是一种测量长度、内外径、深度的量具，其用途如图 27-8 所示。

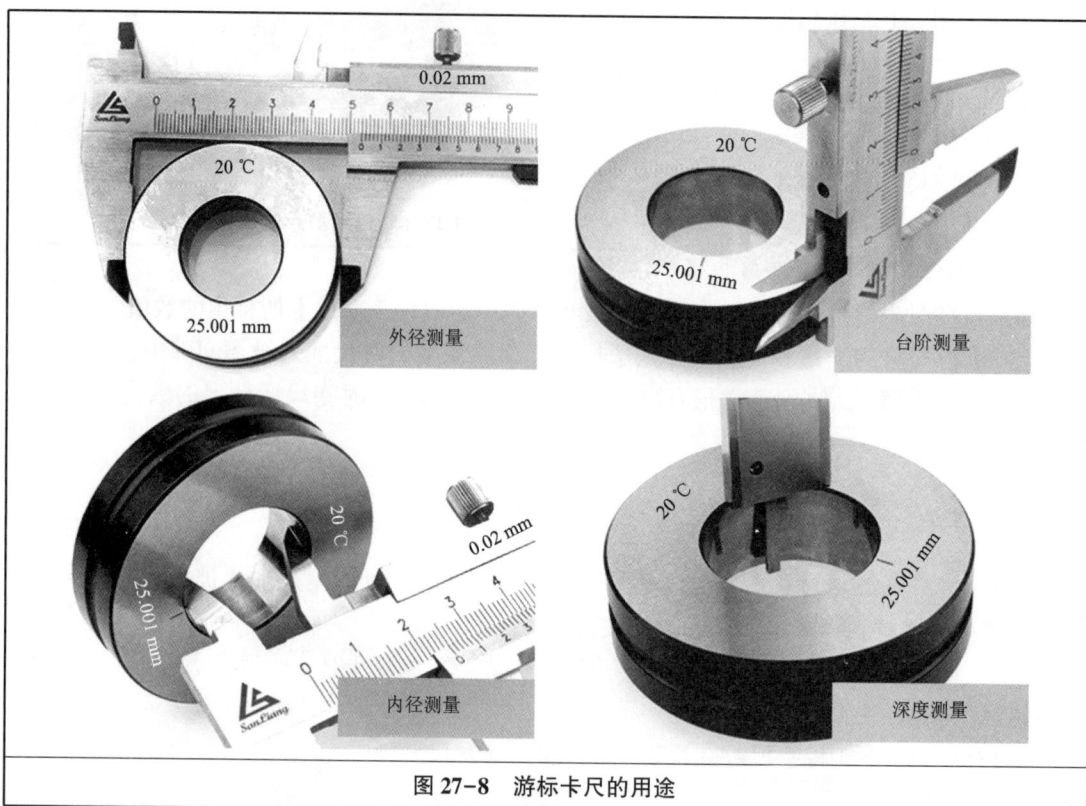

图 27-8　游标卡尺的用途

三、游标卡尺组成

游标卡尺由主尺和游标组成，如图 27-9 所示。

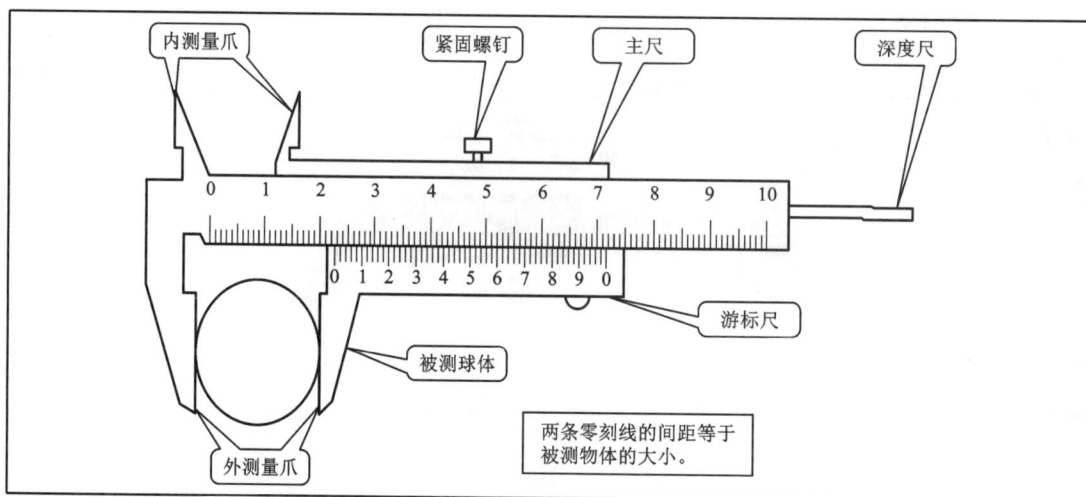

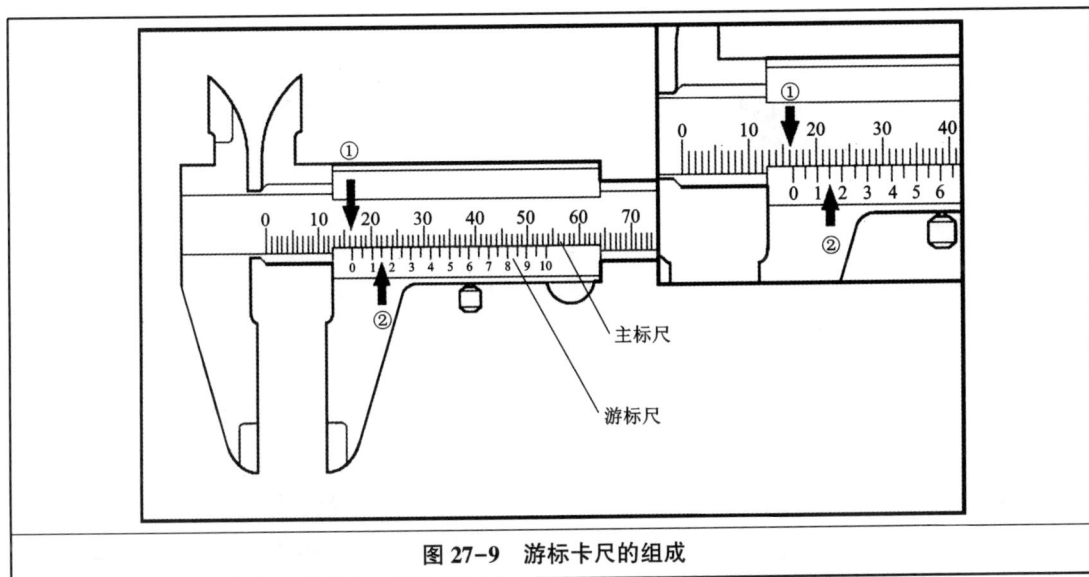

图 27-9　游标卡尺的组成

四、游标卡尺使用

1. 操作

(1) 在使用前，松开锁紧螺钉，移动尺框，用布将尺身及测量面擦干净，检查卡尺是否归零，如未归零，应送技质部或有关部门调整。

(2) 松开千分尺的固紧螺钉，校准零位，向后移动外测量爪，使两个外测量爪之间距离略大于被测物体。

(3) 一只手拿住游标卡尺的尺架，将待测物置于两个外测量爪之间，另一手向前推动活动外测量尺，至活动外测量尺与被测物接触为止。

(4) 读数时，应使视线正对刻线读数。

2. 读数

(1) 先读整数——看游标零线的左边，尺身上最靠近的一条刻线的数值，读出被测尺寸的整数部分。

(2) 再读小数——看游标零线的右边，数出游标第几条刻线与尺身的数值刻线对齐，读出被测尺寸的小数部分(即游标读数值乘其对齐刻线的顺序数)。

(3) 得出被测尺寸——把上面两次读数的整数部分和小数部分相加，就是卡尺的所测尺寸。

测量值＝主尺整毫米数+格数×精确度

例题 27-2　图 27-10 中游标卡尺的读数是多少?

解：$2+9×\dfrac{1}{10}=2.9$ mm

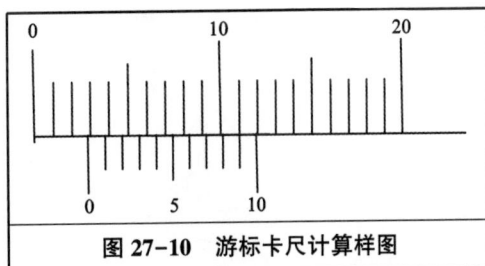

图 27-10　游标卡尺计算样图

3. 要点

(1) 格数不估读。

（2）精确度=总格数的倒数。

（3）读数时必须以 mm 为单位，有必要时再转化为其他单位。

（4）答案一定是精确度的整数倍。

（5）末位的"0"不能舍掉。

五、游标卡尺维护

（1）不允许把卡尺的两个测量爪当做螺钉扳手用，或把测量爪的尖端用作划线工具、圆规等。

（2）不允许用卡尺代替卡钳、卡板等，在被测件上来回推拉。

（3）移动卡尺的尺框和微动装置时，不要忘记松开紧固螺钉；但也不要松得过量，以免螺钉脱落丢失。

（4）测量结束要把卡尺平放，尤其是大尺寸的卡尺，否则尺身会弯曲变形。

（5）带深度尺的游标卡尺，用完后，要把测量爪合拢，否则较细的深度尺露在外边，容易变形甚至折断。

（6）卡尺使用完毕，要擦净上油，放到卡尺盒内，注意不要锈蚀或弄脏。

（7）长期不用时应将它擦上黄油或机油，两量爪合拢并拧紧紧固螺钉，放入卡尺盒内盖好。

【习题】

1. 钢卷尺读数方法。
2. 游标卡尺读数方法。

项目28

自然灾害及异物侵限监测系统

自然灾害及异物侵限监测系统应实现对铁路沿线风、雨、雪、地震及上跨铁路的道路桥梁异物侵限的实时监测，为调度指挥及维护管理提供报警信息，具备条件时还应提供大风、地震等监测预警信息。

自然灾害及异物侵限监测系统应采用铁路局集团公司中心系统、现场监测设备两级架构，包括铁路局集团公司中心系统、现场监测设备及系统网络等，涵盖风监测系统、雨监测系统、雪监测系统、地震监测系统和异物侵限监测系统等五个子系统。

一、风监测系统

铁路沿线山区垭口、峡谷、河谷、桥梁及高路堤等区段宜设置风速风向监测点，如图 28-1 所示。

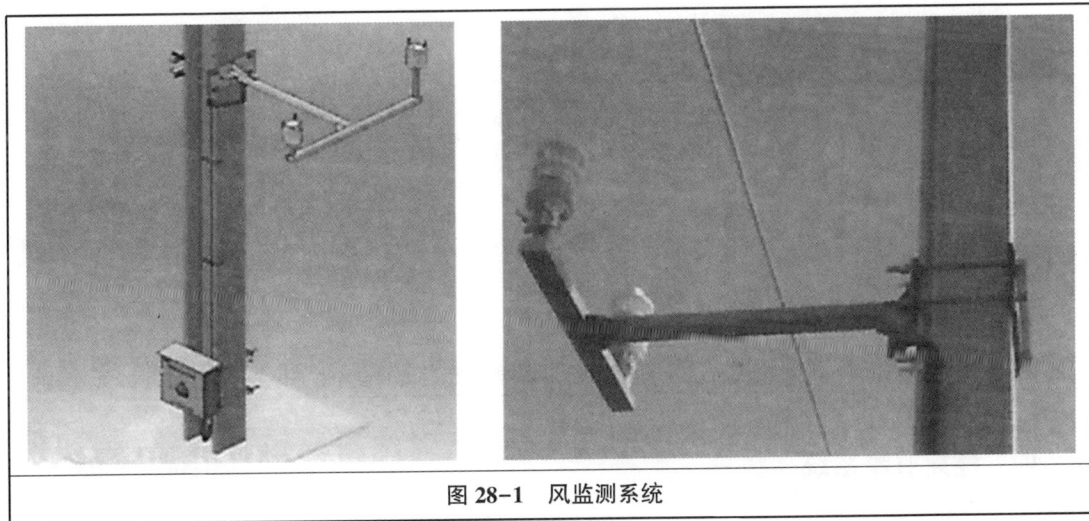

图 28-1　风监测系统

二、雨监测系统

雨量监测点应设置于路基地段和艰险山区铁路易发生滑坡、泥石流及危岩、落石或崩塌地段等处所，如图 28-2 所示。

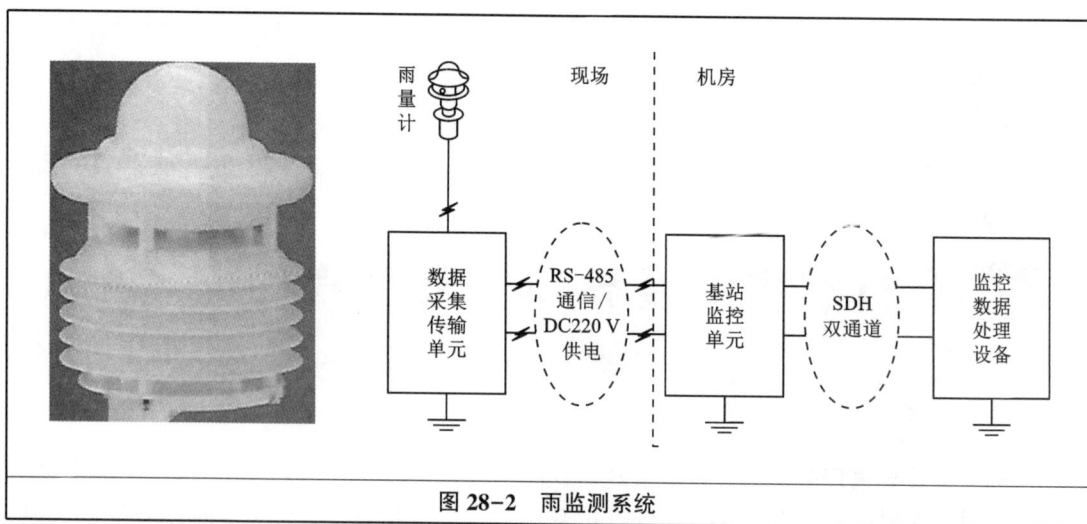

图 28-2　雨监测系统

三、雪监测系统

铁路沿线近二十年来最大积雪深度 3 cm 及以上的区段应设置雪深监测点，如图 28-3 所示。

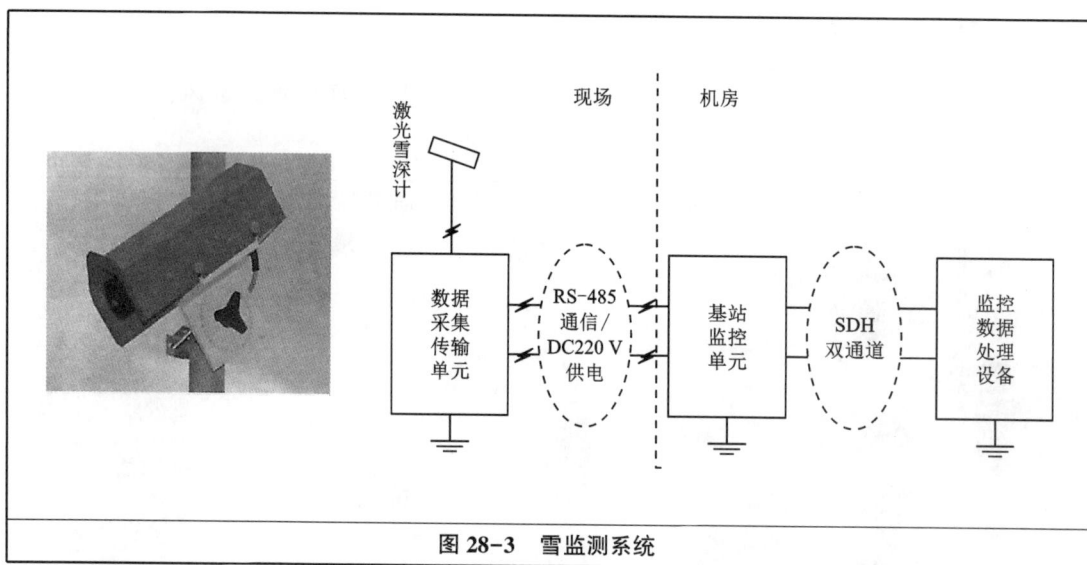

图 28-3　雪监测系统

四、地震监测系统

综合防灾安全监控系统能够对铁路沿线的地震信息进行处理，当监测到的地震波达到设定的报警门限值时，提前采取诸如控制牵引变电所、切断接触网电源等措施，停止列车运行，最大限度地降低灾害损失，系统同时还要向运营调度中心发出报警信息，如图 28-4 所示。

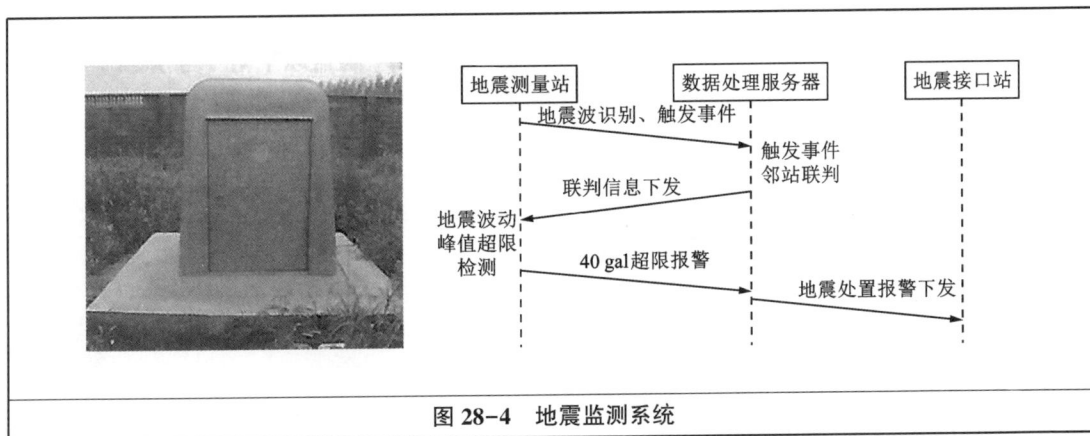

图 28-4　地震监测系统

五、异物侵限监测系统

设计速度大于 160 km/h 区段上跨铁路的道路桥梁处应设置异物侵限现场采集设备。当监测到发生异物侵限时，系统能够根据侵限实际情况发出预警或报警信息，通知相关维修部门或立即对列车运行进行管制，同时，系统向运营调度中心发出报警信息，如图 28-5 所示。

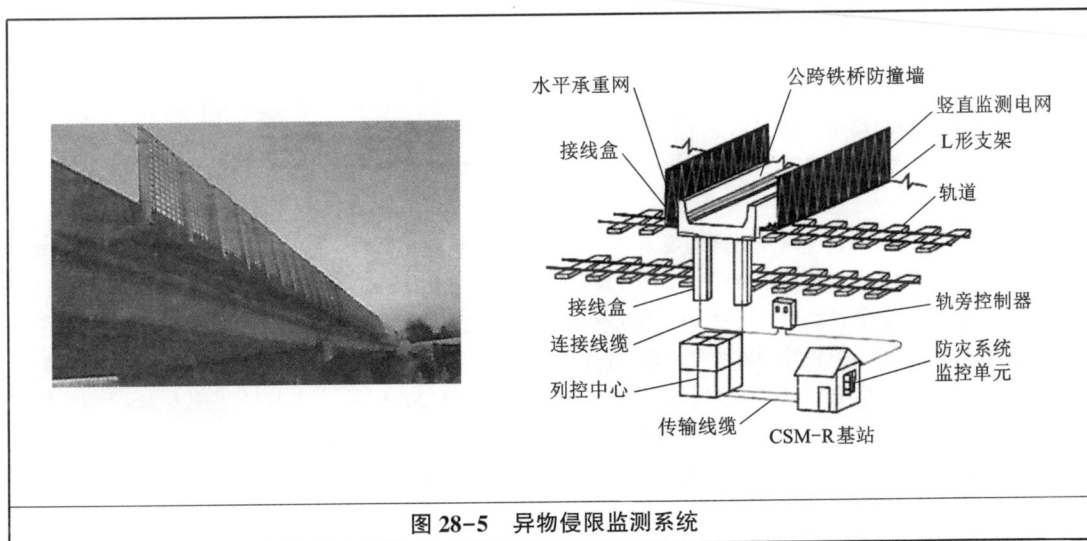

图 28-5　异物侵限监测系统

【习题】

1. 风监测系统如何设置地点？
2. 地震监测系统如何工作？

参 考 文 献

[1]铁道第三勘察设计院集团有限责任公司.铁路桥涵设计规范(TB 10002—2017)[S].

[2]中铁二院工程集团有限责任公司.铁路隧道设计规范(TB 10003—2016)[S].

[3]孙立功,杨江朋.桥梁工程(铁路)[S].

[4]中华人民共和国国家标准.混凝土结构设计标准(GB 50010—2010)[S].

[5]宋秀清,刘杰.隧道施工(第二版)[S].

[6]耿大新,方焘,万钰锋.隧道工程[S].

[7]彭立敏,刘小兵.隧道工程[S].

[8]王承礼,徐名枢.铁路桥梁[S].

[9]国家铁路局.铁路桥涵混凝土结构设计规范(TB 10002—2017)[S].

[10]中国国家铁路集团有限公司.普速铁路工务安全规则(铁工电〔2023〕54号)[M].北京:中国铁道出版社公司,2023.

[11]中国铁路总公司.高速铁路工务安全规则[M].北京:中国铁道出版社,2014.

[12]中国铁路成都局集团有限公司.高速铁路工电供一体化基础知识[M].北京:中国铁道出版社有限公司,2019.

[13]中国铁路总公司.普速铁路线路修理规则[M].北京:中国铁道出版社,2019.

[14]中国铁路总公司.普速铁路桥隧建筑物修理规则[M].北京:中国铁道出版社,2018.

[15]中国铁路总公司.普速铁路桥隧建筑物修理规则条文说明[M].北京:中国铁道出版社有限公司,2019.

[16]中国铁路总公司.高速铁路桥隧维修岗位[M].北京:中国铁道出版社,2018.

[17]何江斌,常罗.桥梁施工与维护[M].北京:中国铁道出版社,2023.

[18]郭发忠.桥涵工程[M].4版.北京:人民交通出版社股份有限公司,2022.

[19]张丽,晏杉.隧道工程[M].4版.北京:人民交通出版社,2022.

[20]郑健.中国高速铁路桥梁[M].北京:高等教育出版社,2008.

[21]赵勇,肖明清,肖广智.中国高速铁路隧道[M].北京:中国铁道出版社,2016.

[22]戴公连,宋旭明.漫话桥梁[M].北京:中国铁道出版社,2009.

[23]王效良,景诗庭.漫话隧道[M].北京:中国铁道出版社,2009.

[24]王德风,尹淑华.桥史[M].沈阳:辽宁少年儿童出版社,2021.

[25]中国国家铁路集团有限公司.高速铁路线路维修规则(铁工电〔2023〕106号).北京:中国铁道出版社有限公司,2023.

后 记

铁路桥梁与隧道的交响

钢轨如龙，蜿蜒远方，钢骨身躯，承载希望。

桥梁凌空，横跨江海，隧道幽深，穿山越岭长。

晨曦初照，露珠微光，桥上风景，如画般流淌。

列车飞驰，破晓而出，轰鸣声中，是新日的歌唱。

江海滔滔，波光粼粼，桥下流水，诉说着过往。

钢轨之下，基石沉稳，支撑起通往未来的方向。

隧道漆黑，星点灯火，照亮前行，不畏艰难多。

石壁森森，回声荡漾，是历史的低语，是岁月的歌。

风过桥头，轻轻吹拂，带走了尘埃，留下了温度。

隧道尽头，曙光初现，是希望的灯塔，是初心的归宿。

钢轨延展，无尽无休，桥与隧，交织成画轴。

每一段桥隧，每一颗心，都在这行程中，找到了归属。

钢与石的交响，力与美的融合，桥梁与隧道，共谱华章。

桥隧见证着时代的变迁，也守护着梦想与远方。

在钢轨的尽头，在桥隧之间，我们找到了前行的力量。

无论风雨如何，无论路途多远，都有这桥隧巨龙，伴我们勇敢前往。

杨维国　许红叶

2024 年 11 月